文
景
———
Horizon

社科新知　文艺新潮

普 莱 希 特 哲 学 史 ①

认识世界

ERKENNE
DIE
WELT

EINE GESCHICHTE DER PHILOSOPHIE

古代与中世纪哲学

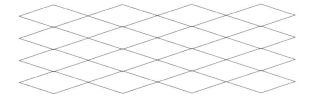

RICHARD DAVID PRECHT

[德] 理查德·大卫·普莱希特——著 王俊 等——译

上海人民出版社

献给科隆那些处事老练、富有教养的伊朗出租车司机

宇宙由故事构成，而非原子。

——穆里尔·鲁凯泽（Muriel Rukeyser）

目录

中世纪哲学

附 录

导　言

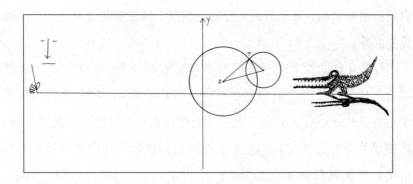

很高兴你拿起这本书。或许你还不知道，你将由此开启一段多么漫长而奇妙的哲学之旅。你如果打算沿着适才踏上的这条道路继续走下去，将会步入变化多端的思想风景之中：从西方哲学的发源地美丽的小亚细亚海岸，一直到中世纪后期的修道院和书斋、教堂和大学。接下来的几卷将带领你穿过整个欧洲，直到你今天生活的这个世界。

我将局限于西方哲学，虽然如我们所知，像波斯、中国、印度及其他文化也有自己重要的哲学史。但如果要书写这些哲学史，则须对其文化有非常准确的认识，并掌握他们的语言。此外，这样一项工程极易变得漫无尽头。即便仅限于西方，设法不让读者在浩瀚的资料中丢失全貌，亦是一个重大挑战。

在这里，我不会对你的诸多问题做出肯定或确切的回答。所有重大的哲学问题都是开放的问题，而每一个回答又会立即引发新的问题。伟大的法国怀疑论者及人文主义者蒙田（Michel de Montaigne）曾说过："令我们感到幸福的是享受，而不是占有。"这句话总是适用于那些致力于研究哲学史中多样的思想、观念、论证以及推论的人。研究智慧的思想，描述它，理解它，然后进一步思考，这是一项令人享受的精神活动。阅读是与他人的大脑一道思考，而领悟读到的内容则是与自我持续的对话。吸引人的，是这一前景，即能够比之前更加明达地思考世界。

你手中的这部哲学史不是辞典或者百科全书，它也不是关于重要哲学家的历史。哲学词典和百科全书并不罕见，很多工具书也非常不错。此外还有无数关于哲学史的整体描绘，其中不少相当出色。然而尽管所有这些作品都想要超越时间的限制，它们都不可避免地从其时代的视角来考察哲学史。比如在 19 世纪初，黑格尔（Georg Wilhelm Friedrich Hegel）还能够相信，哲学是一条上升的路线，在他自己的工作中实现完满的终结。而黑格尔的年轻对手叔本华（Arthur Schopenhauer），已然愤怒地批评这样一种被彻底诠释的哲学史了。阅读一段被完全评定了的历史，就像"吃别人咀嚼过的食物"。

之后的哲学史家比黑格尔更为谨慎。他们放弃了依据自己的兴趣对历史做完美的整体构思。但是，认为哲学史是向真理持续迈进的历史这一思想，始终贯穿其历史中的大部分时间。直至 20 世纪的进程中，这种乐观主义才渐渐对于我们变得陌生。哲学思想的前进并不必然意味着真理的揭示与明了。今天在我们看来，真理这个概念在很多方面就已是值得怀疑的。因此，我们在某些地方更聪明，但也因此绝不是智慧的。或许用罗伯特·穆齐尔（Robert Musil）的话来说："我们在前行中迷失！"

书写哲学史的一个特别的困难就在于，我们今天已经争论得足够频繁的那个问题，即，哲学到底是什么。对于一些人来说，哲学是一门**精确的科学**（也就是那些语言逻辑学），对于另一些人来说，则毋宁有些类似于**思想技艺**，即一种技艺，它思考美丽而又睿智的语句。两种观点之间存在巨大的鸿沟。因为在这两种彼此争论的见解背后隐藏着差异极大的观点，即在哲学中究竟隐含或应当隐含多少科学或自由风格。哲学论证的说服力在逻辑上是否类似于自然科学？或者哲学是更为审美化的，像艺术一样？

这二者都有其论据以及传统。在它们的创立者柏拉图（Plato）和亚里士多德（Aristoteles）看来，哲学是关于正确生活的追问。为了过这样一种生活，我必须懂得很多。而我只有通过一个有充分根据的并由此为"真"的观点，才能获得确切的知识。因此，在古典传统中，哲学有些类似于关于知识的科学。亚里士多德将逻辑推论引进哲学并借此建立了科学思考的前提。直至19世纪，几乎所有哲学家都追随这两位伟大的希腊哲人，将他们的专业视为科学或者凌驾于所有其他学科之上的超科学。所有其他特殊科学都栖居于哲学这片屋檐下，哲学应当协助它们——由此才能正确地理解哲学自身。

其中一种情况是，到黑格尔时代为止的几乎所有哲学家都怀有如下出发点，即存在唯一一种哲学，就如同也存在唯一一种数学和唯一一种物理学一样。黑格尔在这种程度上书写哲学史——那基本是最早的哲学史作之一，即仿佛这栋思想建筑客观地存在于世界上。整个建筑的黏合剂是被称为理性的建筑材料。由此，康德（Immanuel Kant）与黑格尔等伟大的哲学家相信，理性也是超时间的、客观的。因此，哲学家的全部工作就在于，以理性的方式洞悉世界，以此促使永恒的真理大白于天下。

今天对于我们而言，对唯一一种哲学和唯一一种理性的这种信仰已变得陌生。最晚是在20世纪初，我们就不得不承认，唯一一种理性并不存在。康德所说的"理性的普遍源泉"，已经挥发成众多个别的发源地。如果谁要努力实现某种程度上的理性，也只能在字面上实践。他不仅得遵从一种逻辑，还要遵循一种语法。并且他要使用一种语言，这种语言并非永恒不变，而是受文化的限制和浸染。而只要人们愿意，

14

哲学应当成为科学的要求也能在这些变化的迹象中得以保持。只是哲学现在已不再是关于知识的科学，而是关于那些符合逻辑或者不合逻辑的命题的科学，通过这些命题人们确立起关于这个世界的看法。诚然，这样的一门科学不再**解释**，而只是**描述**。这就是影响巨大的分析哲学在弗雷格（Gottlob Frege）和维特根斯坦（Ludwig Wittgenstein）之后所走的道路。

与之相反的观点是，哲学思想是思想的艺术。它在对黑格尔的批判中脱颖而出。叔本华，还有尼采（Friedrich Nietzsche）怀着冲天之怒摧毁了对**唯一一种**理性的信仰以及所有建基于其上的哲学。在19世纪的进程中，我们越来越多地处理的是**世界观**，而非**世界建筑**（Weltgebäuden）。哲学家不再是认识这个世界，而是向它投去极富主观性的目光。他权衡，评价，争论，使问题尖锐化，并且面对世界和生活强调一种特别伦理学的或者美学的立场。与此同时，在艺术中也发生了同样的事。艺术也不再呈现客观的可见之物，而是使主观之物可见。

叔本华和尼采的哲学用文学的笔触精心构思，试图以美学的方式让读者沉浸其中。在18世纪的法国哲学中我们就已遇到同样的情形，即以散文式的代替科学式的。卢梭（Rousseau）、狄德罗（Diderot）或者伏尔泰（Voltaire）不囿于体系思考，他们创造了思想雕塑、思想形象或者"哲学论断"（Philosopheme），以取代原先的那些哲学。就如艺术形成了很多风格和主义，那些世界观哲学也与此相似。人们不再建造一座大楼，而是凸显一种思想**风格**，而世界观就成了标志。这种传统沿袭至今，尤其是在其发源地法国。

将哲学视作科学还是思想的艺术——在这两种情况下，人们会对这一问题形成大相径庭的观点，即研究哲学史究竟在多大程度上是有意义的。在分析哲学家看来，研究哲学史是相当多余的。如前文所提到的，分析哲学家将他们的职业视为一门科学，是可以与那些具体科学相类比的。而众所周知，这些具体科学深入聚焦于当下的问题与知识状况。一个将要成为医生的人为什么要学习一堆医学史？大概除了自牛顿以来一直还具有适用性的万有引力定律之外，一位物理学家还必须了解多少文艺复兴时期或者巴洛克时期物理学的谬误和推论？ 16

　　以这样一种观点看来，哲学史也呈现为理论和假说的集合，这与今天影响广泛的语言分析式哲学研究之情形不再完全吻合。我在大学期间对哲学史也不是特别感兴趣。我并不乐意成为史学家，而是想"知道什么是正确的"。我不想埋首于哲学文献中的各色历史，而是要探寻超越时间的真理：历史是辩证的进程吗？人们能以逻辑的方式论证人权吗？是否存在诸如真理或者正义之类的东西，它们在这个世界上能否一以贯之？

　　教授们研究这些宏伟的问题，但一般而言大多时候都只触及边缘。德国大学的课程表上有大量关于柏拉图和亚里士多德、笛卡尔（René Descartes）、康德、黑格尔、尼采等等的讲授课和研讨课，这展示了一幅完全不同的图景。看起来，在这里历史明确支配着当下。由此人们可以推断，很多教授显然不持这一观点，即认为在哲学史中，先贤的哲学会随着一位新的思想者的出现而消亡，变得毫无意义。"哲学"更多地呈现为一种以文化的方式保存超越时代之价值的行为。哲学学习者首先应该琢磨透这一点，才能从根本上掌握哲学知识。

　　我的方式是要对两种要求均加以考虑。这本书不是哲学，也非简单地就是哲学史。借用康德的表述，它是"关于哲学的哲思历史"（philosophierende Geschichte der Philosophie），此外它要尽可能地通俗易懂，并且披上大段故事叙述的外衣。一方面，所讲述的哲学家和他们 17
的思想应当在时代背景中加以介绍和讨论。如果没有政治、社会史和经济史的提示，很多思想和观念就会显得很深奥。哲学家的生平不会在书中从头到尾地展示。哲学思想并不是从真空中形成的，也不是在后人与先贤之间进行讨论的空间中产生的。比如说，古希腊并非仅仅从柏拉图和亚里士多德的哲学中产生，社会生活和经济生活也以某种方式存在于其间。不如说，人们的生活和思考受到社会和经济状况的影响，而哲学以某种方式存在于其中。

与此相反，对于历史状况和时代基调的单纯陈述的确无法令读者满意。几乎所有古代世界的问题都仍是我们的问题：什么是好的生活？什么是真理？是否有正义？如果有，它如何可能？生命是否有意义？人在自然和宇宙中居于何种地位？是否有上帝？如此等等。这些问题如同一条红线贯穿了对人类历史的反思。如果人们想要恰当地评价这些反思，就必须从今天的视角出发，将过去哲学家的观点分类、评价并区分其优劣。因此，正是在这个发展交汇点上，过去的理论总是反复与今天的思想发生关联。

此外，人们很容易陷入这样的危险中，即将古希腊、中世纪、文艺复兴时期、巴洛克时期和启蒙时期的哲学家视为某个特定的哲学流派或者思想学派的代表。然而如前文提到的，按照他们的自我理解，绝非如此。他们不像后来的哲学家那样，努力强化自己的标签、自己的历史身份，而是围绕世界整体而努力。柏拉图既不属于柏拉图学派，也不是一个柏拉图主义者。笛卡尔不为笛卡尔主义锻枪铸剑，而是为探索这个世界费心劳力，别无他选。对于一部哲学史的作者而言，这就意味着，要万分谨慎地避免对历史做出归类、贴上标签。那种分类编目的做法常常极为轻易地就掩盖了他真正想要揭示的东西。

每一段历史描述中最困难的问题始终是选择与评价。鉴于整个写作计划的篇幅限制，这一计划将分为多卷。这样一部哲学史是不完满的，并且它也不想完满！相反，我总是一再地决定挑选特定的视角。书写历史意味着选择并置入关联之中。而这些评价自然是高度主观的，哪怕评价的意图并非如此。任何一种普遍化对事实的个体性而言都是不公平的，对于思想和理念的个体性也是如此。因此，在此呈现的哲学史仅仅是**一种**（eine）哲学史。就如同所有其他的历史一样，它不可避免地有所粗疏、忽略。

对于这段哲学史最重要的认识兴趣，也不在于对所有重要的哲学家进行尽可能完整的阐明。没人知道到底谁才是最重要的哲学家，这就是问题的开始。因此有这样的哲学家，由于他们时至今日在哲学史中还**保持着重要性**，因此看起来很重要。除此之外，也有一些哲学家，他们**曾经**一度对哲学很**重要**，但是今天很少受到关注。还有一些哲学家和讨论，在古代哲学史上仅**受少许关注**，但是以今天的观点来看它们很有启发性并且极为有趣。还有，人们尤其应该想到那些**在他们的时代完全无足轻重**的哲学家，比如叔本华，以及尼采。后者今天被看作那个时代最重要的哲学家，但是他巨大的声望是在死后才获得的。而一些哲学家的情况则刚好相反，**时代精神**曾赋予他们巨大的重要性，但是今天他们已失去影响力。我们又该如何对待那些具有极大影响力的哲学式的思想家，比如马克思（Karl Marx）、弗雷格或者卢曼（Niklas Luhmann），按照他们的自我理解，他们**根本不是哲学家**。

这种情况就要求，哲学史不能完全按照编年的方式讲述那些被选出的哲学家。一些个别问题总是会被着重加以评价和说明。而这整部著作可被视为一种连载小说，它谈及的是那些始终同样重要的问题，而这些问题具有其常新的时代外衣。

无论如何，这样一种"历史"总是一次令人棘手的冒险。人们过于仓促，就像那些游客，他们在多米尼加共和国的海滩上、在豪华度假村的栅栏后度假，而后声称已经认识了这个国家。因而最终人们应当谦虚道，他们并没有书写哲学史，而只是在传承的狭小道路上留下一个新的脚印，这个传承形成了那样一些图景，时至今日我们将之与那些时代对应起来。

19

亲爱的读者们，如果在阅读本书的过程中，哲学向你呈现的并非只是知识领域甚或"专业"，那么这部哲学史的任务就算达成了。因为所有哲学最终都不只是专业知识的获取。在 20 世纪之前，大部分伟大的思想家都不是专业人士，也不是哲学教授。维特根斯坦说："哲学不是理论，而是行动。"这种行动让我们对生活和共同生活中经常出现疑问的假设和断言更为敏感。你的目标不再像以前那样是唯一一种真理（*die* Wahrheit）。热爱真理的人不会吹嘘自己占有了真理！你的目标是扩展我们思考和生活的范围。做哲学是对我们思考工具的磨砺，其寄希望于，我们能稍微更自觉地体验到我们存在的有限时间。而这可能只是为了，去理解我们尚未理解的东西。

20

理查德·大卫·普莱希特

科隆，2015 年 7 月

雅典学园

哲学的非现实魔法

　　雅典的一个美丽夏日，天空是地中海般的蓝色，飘着少许云彩。阳光照进由四扇拱门隔开的富丽堂皇的大厅。58 位古希腊人在这座教学大楼的小台阶上或站着，或蹲坐着，或蜷伏着，或斜躺着，他们在从事所有职业中最美好的一种：哲学思考！

　　他们以或明显或细微的姿势，讨论、沉思、写作或计算，构思与争辩。人们可以在他们的脸上看到钦佩、惊讶、好奇、疑问、怀疑以及深深的沉思。这就是那张关于什么是哲学以及哲学家如何从事哲学的画，在我们的文化记忆中别无第二幅。

　　这幅没有名字的画是一幅壁画，它挂在梵蒂冈宫廷里教皇尤利乌斯二世（Julius II）的私人居室中。当然，我们相信所有人都知道这幅

22 　画所展示的内容以及它被称作什么:《雅典学园》。它的创作者拉斐尔（Raffael）在 1509—1511 年间完成了这幅作品，却未给其命名。直到一百多年后，意大利的画界同仁伽斯帕雷·切利奥（Gaspare Celio）才给了这幅画一个众人皆知的名字。

　　拉斐尔 27 岁时，他像一颗闪耀的明星从艺术氛围浓厚的佛罗伦萨来到了罗马。他第一次为教皇工作，是为一座新建住宅三楼的房间绘制壁画。这是一份来自最高级别的委托，也有着最高的要求。尤利乌斯二世在历史上被马丁·路德（Martin Luther）称作"吸血鬼"，这位冷酷无情、生性好战的教会之主一步步确立了罗马教廷的权威。究竟是为什么，这位圣座之上的暴君要在他的私人居室内挂一幅有关哲学的画作？

　　这项任务非常棘手。拉斐尔对哲学知之甚少，他是一位画家，而绘画是一项精致的手工技艺。人们向其他画师学习绘画，但并不在学院里研究绘画。拉斐尔要绘画的房间原先乃是计划用来做尤利乌斯二世规模浩大的私人图书馆。后来这个房间被更名为签字厅（*Stanza della Segnatura*），尤利乌斯的继任者将在此进行审判。拉斐尔在墙壁上的绘画涉及的其他主题有神学、法律、德性和美的艺术。世界上的所有知识与诗艺都将在此房间内交汇，共同彰显教皇的自我价值观念和教廷的要求，即，使一切相互统一。

　　然而，哲学适合这里吗？这里所聚集的任何一位古希腊哲学家都不信仰犹太教—基督教的上帝。但在教皇的神学家们看来，古代哲学，尤其是柏拉图哲学，与基督教并无冲突。佛罗伦萨人马尔西利奥·费奇诺（Marsilio Ficino）和乔万尼·皮科·德拉米兰多拉（Giovanni Pico della Mirandola）将柏拉图主义变得令宫廷得以接受，甚至入了教廷的法眼。由此人们怀着强烈的意愿并且毫不顾及其哲学上的缺陷完成了

23 　以下任务：将柏拉图视作基督教的先驱，完美地将其与亚里士多德和普

罗提诺（Plotin）归为一类，并与摩西（Moses）和耶稣（Jesus）一道排入同一个族谱中。

据说拉斐尔在壁画上忠实地画下了这一切。画的中央出现的是柏拉图和亚里士多德，仿佛两个具有神圣风格的超人形象。在一幅晚些的尼德兰版画中，人们甚至还赋予他们圣像的光环，并且将之运用到彼得（Petrus）和保罗（Paulus）身上。柏拉图和亚里士多德周围，是其他卓越的古希腊哲学家和科学家。毕达哥拉斯（Pythagoras）跪在左前方，正在一本书上书写，第欧根尼（Diogenes）倚靠在台阶上，欧几里得（Euklid）（或是阿基米德［Archimedes］？）在右前方摆弄着圆规，鼻子小而翘的苏格拉底（Sokrates）穿着橄榄绿的长袍，正在和一位长发论战者打着手势。

为了把 58 个人物一一辨认出来，那些艺术史家，主要是 19 世纪的艺术史家费尽了心机。然而，他们的所有猜测仅仅是推断而已。事实上，我们只能再辨识出另外三位，而他们根本不是古希腊哲学家！位于前面穿深色衣服者，通常被认为是赫拉克利特（Heraklit）的那位，却有着拉斐尔的重要竞争者米开朗琪罗（Michelangelo）的容貌。而拉斐尔自己也处于画的右前部边缘处。他戴着深色头巾，有一副苍白的天使般的面孔，站在他的助手、穿白色衣服的索多玛（Sodoma）身旁。

把同时代的人偷偷放到历史题材的画中去，这一做法在文艺复兴以及之前的中世纪都司空见惯。即使柏拉图也并非是完全按照他那座古代最有名的半身雕塑所展现的样子画的。同时代人很容易在他的容貌上看到达·芬奇（Leonardo da Vinci）的面容。对他们来说这并不难想象，因为随着达·芬奇年龄的增长，他的形象风格很像古希腊哲学家。然而达·芬奇只是从视觉上看更像柏拉图，他的哲学偶像则是亚里士多德。

拉斐尔画了一个仿佛是寻常可见的哲学家群体，就像一位恰巧站在旁边、置身事外的访客一定能感知到的情形那样。这幅画直到 16 世纪初还是完全新鲜的。总的来说，如果哲学要在画上被永久保留，它通常要以女性形象来比喻。与此相反，拉斐尔却已然在我们眼前展现了一段生动叙事，它出自柏拉图的对话《普罗泰戈拉篇》(*Protagoras*)：

> 我们进到里头，看见普罗泰戈拉在柱廊下来回散步，而走在他身旁的，一边是希波尼库之子卡里亚、伯利克里之子帕拉卢斯——也就是卡里亚的同母异父兄弟、格劳孔之子卡尔米德；而另一边是伯利克里的另一个儿子克珊西普，远处是菲罗美鲁之子胙力庇得，还有门德的安提谟鲁……而那些紧随其后、听他们交谈的人好像大部分是外邦人，也有一些本地人围在这个圈子里。普罗泰戈拉吸引了他所经过的各个城邦的人，用奥菲斯一样美妙的声音迷惑他们，而人们也像是被符咒镇住了似的跟着来到这里。我很高兴地望着这群人，发现他们小心地留意不让自己的脚步超过到普罗泰戈拉的前面。当普罗泰戈拉和那些在他左右的人转身的时候，后边的听众马上分开，让出路来，秩序井然，每一次都像是画一个圆圈，按照最美妙的秩序重新在后面占据他们各自的位置。[1]

接下来，对普罗泰戈拉为数众多的听众的描写并没有结束。出现了一幅位于富丽堂皇的大厅内的巨大舞台图景，舞台中央站着那位哲学家。这个场景绝对带有讽刺意味，因为柏拉图并不喜欢普罗泰戈拉。对这位"伟大哲学家"的狂热被煽动起来，仅仅是为了彰显这位名人的虚荣心，而他却被他的听众高估了。

在这里，柏拉图的对话展现的所有场景被拉斐尔当作样板使用，并出于其他目的进行改动，这几乎不可能是他自己的想法。这位年轻的画家既不会希腊语也不会拉丁语。因此，很长时间以来艺术史家们猜测，这幅壁画背后一定有一位精神指导者，就是梵蒂冈最具影响力的神学家维泰博的埃吉迪乌斯（Aegidius von Viterbo）。埃吉迪乌斯是当时最出色的柏拉图研究专家之一，他在自己的著作中多次引用《普罗泰戈拉篇》。只有在他或者类似学者的帮助下，拉斐尔才能如此大规模地模仿大量古代人的外形和特征，然后把想象中的希腊人投射到梵蒂冈的墙壁上。

然而恰好是这个哲学真空地带，造就了我们对哲学的普遍印象，除此之外当今再无第二幅画作能有如此影响。正如在拉斐尔那里，哲学总是像永恒的仙境、思想的圣地。求真的沉思上百年甚至上千年地在此之中碰撞交织，如同成对的蜻蜓。《雅典学园》中的哲学家与科学家彼此之间可能有上百年的时间差距，但在这里看起来并没有违和感。其实画中的许多人物不可能同时、同地地出现。观察者像是亲身参与了这个场景，尽管事实上什么也没发生，这同样不妨碍画作的完成。

或许，正是如此神圣的非现实化，使得这幅画直到今天依然散发着魅力；借助人物和观念，一张根本与历史无关的历史画作揭示了它的历史背景。这些人物和观念在象征与假装的真实之间来回闪烁。如果不是 1527 年罗马大劫掠（Sacco di Roma）后，雇佣兵在掠夺中毁坏了壁画，这些人物今天还会在哲思着……

然而，如果离开画面的想象，对我们来说，古代哲学往往比乍一看起来更难理解。一方面，哲学与我们非常亲近并且是当下在场的。在演说中最常被引用的"民主的摇篮"就存在于此。绝大部分哲学中的关键术语，例如灵魂（psyché）、理念（idea）、实践（pragma）、政治（politeia）以及其他很多词语，在字典中再次出现，比如心理学（Psychologie）、观念（Idee）、实用主义（Pragmatismus）、政治学（Politik）。因此，我们今天的文化通常看起来就是对古希腊文化的延续，可能甚至是逻辑上的推进，其间历经了基督教中世纪的更新。

　　另一方面，我们必须问自己，这个观点在多大程度上阻碍了我们对古代哲学的理解。从今天的角度出发去看，古代哲学是我们西方思想的源头，西方思想的多样的延续是我们所熟悉的。但与此相反，对于爱奥尼亚、意大利南部和雅典哲学家而言，他们的哲学活动不是2500年之久的成就史以及问题史的起源。他们之中没有人把自己当作先驱或者前辈。他们也从未对此下过判断，即出自他们思想的某些内容——无论其是明白可信的，还是闪烁模糊的——，要被当作"永恒"的哲学观念，而另外一些内容则不是。赫拉克利特真的有用短句"一切皆流"来总结他的哲学吗，就像后来有些人想把这个句子提炼成他思想的精髓那样？恩培多克勒（Empedokles）好像在两种分离的意识状态中体现出不一致，有时是"物理学家"，有时则又是"先知"，果真如此？因为我们不知道存在于这两者之间的是什么。"理念论"真的是柏拉图思想的中心组成部分，还是仅仅对于柏拉图主义来说是这样？

　　人们可能并没有感到足够惊奇，我们竟有来自古希腊的如此多样的文字证据。即便不是原稿，而是存在于中世纪的手稿中，也是如此。保存这些文本的方式通常是晦暗不明且含糊不清的。手稿是以何种频率被誊抄在莎草纸或者羊皮纸上，携带上旅途，并且不被异见者发现，使得我们今天能够对它们有所知？另一方面，有多少古希腊的文献遭遇了火灾、毁坏以及被基督教的审查员有意摧毁？

　　我们今天还保有的是这样一些文本，它们在两千多年中显然十分被看重，并且一直运气不错。常常是偶然的不可见之手，把一些文本留传了下来，而另一些却没有。根据公元500年之前古代图书馆所留传下来的东西，我们可以辨认出古希腊以及罗马世界大约3000位古代作者的姓名！不过到今天，只有400人为我们留下了著作。据说单单亚历山大图书馆在公元前47年就已拥有50万至70万件卷轴。其中的绝大部分永远消失了。

可以估计，古代的非基督教文献中只有千分之一留传下来，也就是只有大约 3000 个章节。图书馆目录中出现的大约 150 位古希腊世界的悲剧诗人中，我们今天仅仅还有其中三位的几部作品。早于柏拉图和亚里士多德的古希腊哲学家，我们同样只有残篇。尽管普罗泰戈拉在公元前 5 世纪的雅典声名显赫，但他传说中卷帙浩繁的著作遗失了。因此，最后他是借由经柏拉图流传的一个命题进入哲学史的。我们可以认真地设想一下，如果我们关于斯宾诺莎（Spinoza）、卢梭、康德、黑格尔、萨特（Sartre）或者维特根斯坦的知识被化约为一个单独的命题，那我们会形成如何怪异的判断？

尽管我们拥有几乎所有柏拉图的对话录，但是直到今天人们依然在争论，这些对话根本上在讨论什么。"真正的"柏拉图是否最终根本没有藏匿在他的学园对话中，而是在他"未成文的学说"中？而在亚里士多德那里却相反，恰好是他的那些决定不予发表的文本留传了下来，即其讲座的记录。反倒是亚里士多德公开发表的那些东西，几乎全部都遗失了。关于其他很多希腊哲学家，我们常常只有残篇以及后世的总结。除了个别特例（如普罗提诺），那数百年间几乎没有一位哲学家得到完整的再现。这一情况在中世纪看来也没什么根本的不同。留传下来的内容丰富或完整的著作，比贫乏与不完整的罕见得多。

当一部哲学史的作者在选取人物和内容并以有趣的方式描述时，主观性就会愈加强烈。本书第一卷的重点将大致放在那些引人入胜的政治—经济问题以及自然哲学的问题上。另外一些内容，比如逻辑领域，不管你喜不喜欢，我都会忽略，因为这对于大多数读者并不易懂。因此我谈柏拉图时集中在认识论和伦理学，其他某些有趣的内容我会一笔带过。亚里士多德的《形而上学》只有部分被涉及，出于叙述编排的原因，我将在第二卷补充论述他的《政治学》。之后的新柏拉图主义者如普罗克洛斯（Proklos）以及辛普里丘（Simplikios）被舍弃了。

同样，我也没有详细谈论像奥利金（Origines）以及亚历山大里亚的克莱芒（Clemens von Alexandira）这些教父。在中世纪，这种情况的思想家还包括赫拉巴努斯·毛罗斯（Hrabanus Maurus）、圣维克多的雨果（Hugo von Sankt Viktor）、彼得·约翰·奥利维（Petrus Johannes Olivi）、托马斯·布拉德沃丁（Thomas Bradwardine）；拉蒙·鲁尔（Ramon Llull）肯定也谈得过少。此外，我把很多神学的讨论舍弃了，例如那些关于三位一体学说或者隆巴（Petrus Lombardus）的语录评注的讨论。对于不同学者的复杂哲学，以及亚里士多德形而上学的后续问题，我也采取了同样的策略。

不过，问题不单单在选择上。在写作古代和中世纪哲学时，没有人能够纵览他所写的时代。《雅典学园》误导我们看到的那种一览无余的清晰性，我们在研究古代和中世纪哲学的过程中从没有获得过。而当我们从远处向哲学的这些开端投去带有情感色彩的目光时，这种情感在一个充满激情的时代里找不到任何倚靠。因此，让我们从西方哲学不那么思想化（ideell），而是非常人性化的（menschlich）起源处开始我们的旅程吧。且要从这样一些人开始，这些人不幸地在后世被冠以"前苏格拉底哲学家"的称呼，因此仿佛他们的思想"还不是"伟大的思想，尽管对他们自身而言当然绝非如此……

古代哲学

PHILOSOPHIE DER ANTIKE

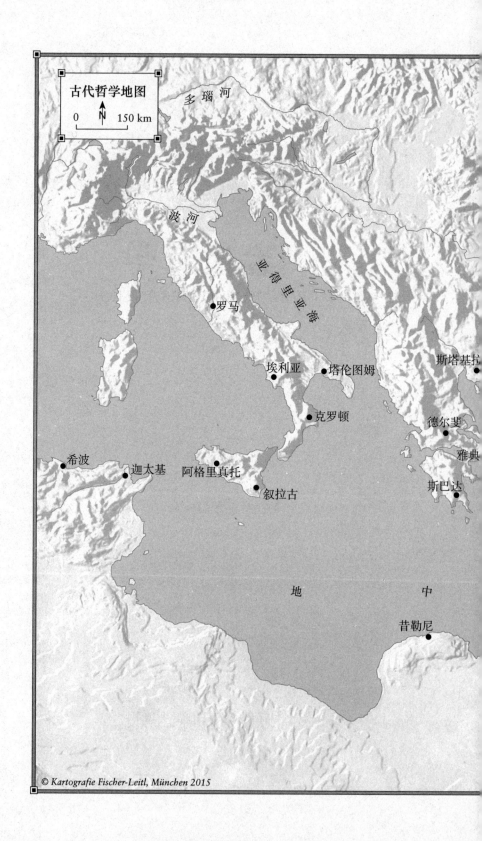

古代哲学地图

0 ————— 150 km

多瑙河

波河

亚得里亚海

罗马

埃利亚 塔伦图姆

斯塔基拉

克罗顿

德尔斐

雅典

希波

迦太基 阿格里真托

叙拉古

斯巴达

地 中

昔勒尼

© Kartografie Fischer-Leitl, München 2015

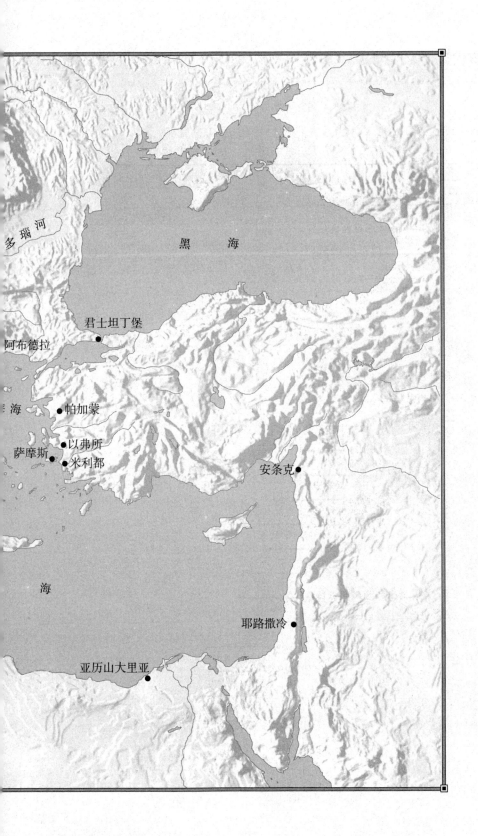

多瑙河

黑　海

君士坦丁堡

阿布德拉

海

帕加蒙

以弗所

萨摩斯

米利都

安条克

海

耶路撒冷

亚历山大里亚

古代哲学家时间表

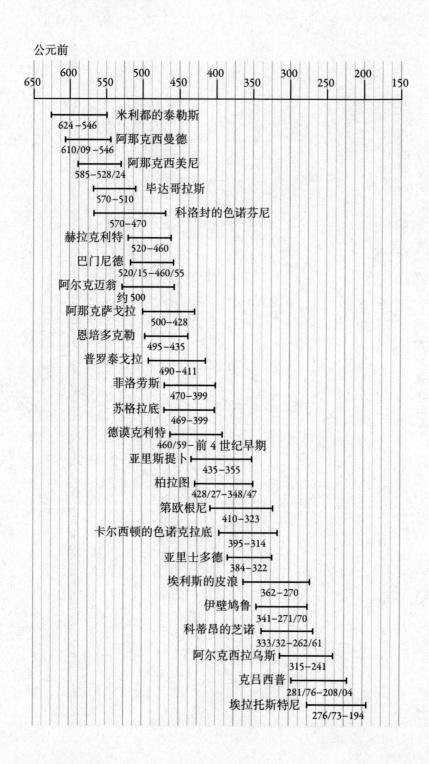

公元前

| 650 | 600 | 550 | 500 | 450 | 400 | 350 | 300 | 250 | 200 | 150 |

米利都的泰勒斯
624－546

阿那克西曼德
610/09－546

阿那克西美尼
585－528/24

毕达哥拉斯
570－510

科洛封的色诺芬尼
570－470

赫拉克利特
520－460

巴门尼德
520/15－460/55

阿尔克迈翁
约 500

阿那克萨戈拉
500－428

恩培多克勒
495－435

普罗泰戈拉
490－411

菲洛劳斯
470－399

苏格拉底
469－399

德谟克利特
460/59－前 4 世纪早期

亚里斯提卜
435－355

柏拉图
428/27－348/47

第欧根尼
410－323

卡尔西顿的色诺克拉底
395－314

亚里士多德
384－322

埃利斯的皮浪
362－270

伊壁鸠鲁
341－271/70

科蒂昂的芝诺
333/32－262/61

阿尔克西拉乌斯
315－241

克吕西普
281/76－208/04

埃拉托斯特尼
276/73－194

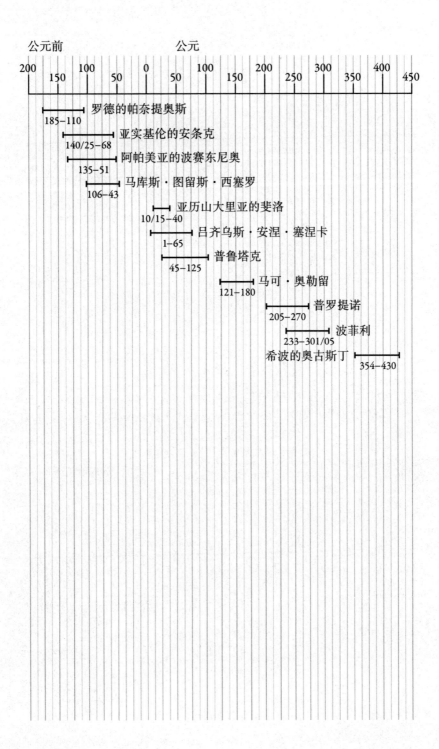

公元前　　　　　　公元

200　　100　　0　　50　　100　　200　　300　　400　　450
　150　　50　　　　150　　250　　350　　450

罗德的帕奈提奥斯
185–110

亚实基伦的安条克
140/25–68

阿帕美亚的波赛东尼奥
135–51

马库斯·图留斯·西塞罗
106–43

亚历山大里亚的斐洛
10/15–40

吕齐乌斯·安涅·塞涅卡
1–65

普鲁塔克
45–125

马可·奥勒留
121–180

普罗提诺
205–270

波菲利
233–301/05

希波的奥古斯丁
354–430

从前在爱奥尼亚……

西方大地的日食——第一位哲学家？——古老的故事——遥望宇宙——
信仰制造者——神话的力量

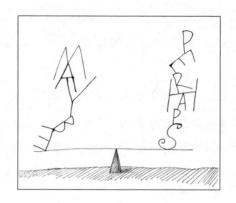

西方大地的日食

西方哲学诞生于今天土耳其 5 月的一个美好夜晚吗？更确切地说
是在公元前 585 年 5 月 28 日，在米利都这座城市中的某一处，柏树、
橄榄树或是葡萄藤下？抑或是在地中海初夏热气退却的空气中缺水的
树木下？这一夜，大西洋小亚细亚的上空出现了日全食。六分钟以后
喧闹过去，但它的后果是惊人的。互相敌对的米底人和吕底亚人的军
队面对着诸神的介入，在战役中放下了武器，结束了这场历时五年的
战争。唯独一个人未受这一切影响：智者，米利都的泰勒斯（Thales
von Milet）。因为，他已经预先精确计算出这次日食，并公布出来，这
是一个传奇。

38　　　　记录这件事的编年史作者生活在另一个世纪。他记载了之后一百年的大事件：他就是古希腊历史之父，哈利卡那索斯的希罗多德（Herodot von Halikarnassos）。据说泰勒斯计算出日食的时间，但希罗多德并没有指明精确的日期，而仅只是年份。[2] 关于泰勒斯预言的第二处来源更为可疑。它来自 3 世纪，也就是事件发生后的八百多年。古希腊哲学史家第欧根尼·拉尔修（Diogenes Laertios）收集了所有他能够找到的故事和逸闻。他写道：“有些作者”指出，泰勒斯——

> 被描述为第一位天文学家，预言了日食，确定了至日。他最早确定了从至日到至日的黄道，之后还得出太阳直径和月亮直径分别与各自的运行轨道之比为 1:720。他第一个计算出每月的最后一天是“第三十天”，还探究了一些自然理论问题。[3]

　　　　这位被之后的编年史家笃信具有如此伟大的天文学开拓性成就的泰勒斯，究竟是谁？我们关于泰勒斯生平几乎所有的了解，都要归功于第欧根尼·拉尔修，一个由于不可靠而声名狼藉的来源。据说，泰勒斯出生于公元前 624 年。他也许出身米利都的贵族家庭，又或许是一个迁居至米利都的腓尼基人。这座城市位于爱琴海边的一个海角之上，拥有四个港口，在公元前 6 世纪就已有了一段多舛的历史。来自克里特岛的米诺斯人成功迁移到这里，海地特人曾占领这个城市，吕底亚人也曾把手伸向这里——这个城市一次又一次地被摧毁。而泰勒斯生活在米利都的鼎盛时期。载着油、羊毛和服饰的商船从崎岖的小亚细亚沿海，驶向今日意大利的伊特鲁里亚、叙利亚和埃及。而七十多个殖民地使米利都成为地中海东部地区重要的权力中心之一。

39　　　　我们今天并不清楚，在这个贸易中心，泰勒斯所扮演的究竟是何种角色。关于泰勒斯的真相是，我们没有关于他的任何真相。他所写的文本没有任何一篇留传下来，而关于他的思想，我们也几乎没有比亚里士多德写下的简短总结更多的东西了。据说他作为一位工程师，曾使一条河流改道。可能他确实根据自然法则解释了尼罗河的洪水，计算出金字塔的高度。根据希罗多德的说法，泰勒斯还插手了政治。据说他建议爱奥尼亚人在爱奥尼亚的中心，即提奥斯，成立一个辐射诸多城邦的政府所在地，以便为这些地区建立一个共有的权力中心。

按照第欧根尼·拉尔修的看法，泰勒斯位于古希腊哲学、数学和天文学的开端之处；他是一个没有名师指导的自学者，曾在埃及停留进行研究。据说他从那里带回了几何学以及一些非常重要的天文学学说。无论如何，他关于自然的知识看起来给同时代人留下了深刻的印象。他的日食预言，光靠从埃及带回的天文学知识一定是不够的。而即便他对巴比伦人的天文观察有所知晓，但在公元前 6 世纪，没有人可以预言日食的时间，更别说是地点。甚至连太阳年的确切长度也无从知晓。

今天仍有历史学家认为，泰勒斯所谓的预言只是胡说一通，不知怎么碰巧了而已。这些历史学家实在不能对如下情形表示满意，即后人很显然想通过一个天文学奇迹为泰勒斯增添光彩。很明显，类似的自然科学奇迹也会被说成是他的追随者所为。这样人们就从对地震和陨石撞击的预言中看到了某种计算，即便在 21 世纪这种计算也不可能达到精确。

为什么自古希腊以来，关于泰勒斯预言的神话对哲学史如此重要？也许仅仅是因为它非常适合那个时代。它刻画了人和时代的形象，这个时代准备拒绝信仰和迷信，去认识真正的自然法则。如果泰勒斯预言了日食，这就意味着，日食是自然事件。与所有的自然现象一样，它可以被智慧的自然研究者认识并且计算出来。独立的学者取代了占星家和预言家，他不再进行苦思冥想，而是朴实、客观、理性地洞察自然及其法则——他是第一位理性主义者。事实上，这就是哲学史家对泰勒斯和爱奥尼亚哲学所描绘的图景。因此，关于泰勒斯预言的说法，并不在于它是真实的，而在于它表明了一种对于自然的看法和一种对于世界的态度，我们更乐于将它与爱奥尼亚自然哲学联系起来：它是自然科学的起源，甚至也许总的来说，是科学思想的起源，因此这是西方的诞生时刻。

第一位哲学家？

在进一步思考西方世界是否发端于一场日食这个问题之前，我们应当先将目光短暂地投向那个被像泰勒斯这样的希腊人视为家的生活世界。"希腊人"（*graecus*）这个概念已经具有一些误导性，因为它出自罗马人之口，也就是说，来自一个晚得多的时代。几乎没有证据表明，今天希腊国土上，公元前 7 和前 6 世纪的居民认为自己是一个文化共同体。与之相反，存在着许多彼此相对独立的、小规模的城邦国，其中最著名的就是米利都。大部分人口并非生活在城市中，而是生活在种植葡萄和培植橄榄树与无花果的乡村，他们是自给自足者。人们在贫瘠薄产的土地上开垦灌木林，填平沼泽，创造出新的耕地。此外，人们还饲养绵羊和山羊。它们是所有家畜中最易饲养的，能一直攀爬到粗粝的山脉顶端。只有贵族才有能力养牛，并使用他们的草场来培育马匹。他们所占有的土地将在接下来的几个世纪里不断扩张，而小农的土地则在缩小。尽管如此，占有一定统治区域的强权君主仍未出现。崎岖的山脉、大海与数量众多的岛屿阻碍了一个大国的形成。相反，这种地理条件造就了许多拥有单一、分散社会的小国家。

然而在这些社会中，泰勒斯的时代同时也是一个蕴含重大变革的时代。地中海东部繁荣的贸易使米利都之类的城市不得不建造商船。他们从农业人口变成一股海上力量。为了保护船队和殖民地，人们建造了越来越大的战船，那是拥有三排划手座的高弦船。这就出现了新的职业阶层，自然研究者（*physikoi*）、技术专家与工程师，泰勒斯就属此类。他们的任务是在道路、防御工事和港口改进基础设施。人民在富足的条件下成长，要得到供给，就必须确保供水。在很多地区君主政体被推翻，贵族一步步扩张权力。米利都也有很多贵族家庭。他们强烈反对独裁暴君、单一种族，或是反对吕底亚人和波斯人，以捍卫他们的财产。与他们的情况相反，没有土地的人口数量正在增长。他们作为打工者在那些小国家与港口之间迁徙。这就是没有公民权的外邦人。而妇女和奴隶承担了繁重的劳作。

社会、经济以及军事问题日益显著，宣告了一个喧嚣时代的到来。公元前 6 世纪小亚细亚的沿海地区并不是无忧无虑的世外桃源。（从来都不是。）在这个背景下流传的那些关于泰勒斯的广为人知的逸事，都是由古代最伟大的两位哲学家亚里士多德和柏拉图阐述的。这两位的故事多少透露出"哲学家"在那个时代的社会地位。

亚里士多德的故事特别带有吹捧的色彩。这个故事作为实例，证明了哲学理性所具有的无所不包的智慧和具体的实用性。当人们——

> 由于泰勒斯的贫困而指责他，认为哲学似乎毫无用处时，据说泰勒斯凭借他的天文学知识预测了橄榄将要丰收，尚在冬天就用他手头为数不多的钱作为订金，以无人竞争的低价租下了米利都和希俄斯所有的榨油机。当（收获）时节到来、一时间需要大量榨油机时，泰勒斯就以很高的价格出租他的榨油机，因此如其所愿，他以这种方式大赚了一笔：这证明了，对于哲学家来说，变得富有是一件很容易的事，只要他们有意愿。但实际上这从来不

42

是他们所意愿的。[4]

也许，这一逸事更多阐述的是亚里士多德认为哲学家是谦逊的全能者的看法，而非那位历史上的智者泰勒斯。这个故事直至今天依然让人觉得有趣，是因为面对直接的经济上的成功，我们的世界对哲学学识的轻视依然如故。显然，古代哲学家已经不得不为他们明显无用的职业做辩护。在备受推崇的古希腊精神生活中，这个情况糟糕地呈现出一种略显庸俗的图景。

关于泰勒斯精通经营的故事让我想起了作家汉斯·沃尔施莱格（Hans Wollschläger），他花费了七年时间翻译乔伊斯（James Joyce）的代表作《尤利西斯》（Ulysses）。因为感觉到这项要求极高的工作在社会上并没有得到充分的认可，他曾经铿锵有力地说道："您得相信：能给全世界带来美妙艺术的人，也有能力经营一家布丁工厂。"[5] 由此他想说，任何一个像他这样拥有如此丰富的创造力和智慧的人，只要他想，就能够在这个可鄙的世界中获得经济上的成功。当我与沃尔施莱格谈及此事时——他是一个高度敏感且些许腼腆的男人，问他是否真的相信他做企业家或者经理人能够成功，略加迟疑之后他说道："坦率地说，也许不能……！"

相应地，柏拉图关于智慧的泰勒斯行事的故事则有些不留情面：

> 相传泰勒斯在进行天文学观察、抬头仰望星辰时，不慎落入井中，受到一位机智伶俐的色雷斯女仆的嘲笑，说他费尽心机地想知道天上的事，但却对眼前和脚下的东西一无所知。[6]

柏拉图所说的逸事听起来如此简单，却令哲学史家大伤脑筋。因为与亚里士多德视泰勒斯为无所不能的专家的伟大故事不同，在这里，这位哲学家令人失望地溜走了，像傻瓜和笨蛋一样。如何理解色雷斯女仆的嘲笑？显而易见这是对脱离生活的理论家的嘲笑，他从未成功地掌控自己的日常生活。当然此后的哲学家仍然在寻找这样那样的途径，来对此事做出不同的解释。比如说，人们通过仰望天空才能认识到自己在宇宙中真正的位置，并且认识那些自然法则，借助于这些知识才能建造出像水井这样的实用之物。因此色雷斯女仆的嘲笑是愚蠢的。但是人们必须在很大程度上修正这个故事，才能认识到，这并非警告哲学家在思考全宇宙时不要忘记脚下的土地。

我们应当承认，即使在古希腊也仅只有极少数的人致力于自然法则的解密或者探寻关于宇宙的思辨理论。生活不是仙境（正如喜剧作家阿里斯托芬［Aristophanes］以讽刺的口吻所写的那样）。对世界的哲学观察历来都是一个人所共知的局外人之事。

泰勒斯的理论能够代表他所处时代的一般想法吗？这些理论中最著名的一条是，泰勒斯将水视为一切生命之源。关于这一点，亚里士多德写道：

> 泰勒斯说水（hydor）为……本原（arché）。因此他认为大地也漂浮在水上。他之所以做出这样的论断，也许是由于看到万物都由潮湿的东西来滋养，就是热自身也由此生成，并以它来维持其生存。事物所由之生成的东西，就是万物的本原。如果这是泰勒斯观点的原因之一，那么如下情况则是另外一个原因：一切事物的种子都具有潮湿的特性，而水是那些潮湿东西的本性的原则。[7]

在亚里士多德按照他自己的品味所给出的他的先驱们的总谱系图中，泰勒斯是世界历史上第一位哲学家。据说他是将所有自然现象归因于唯一起源的第一人。而将水视为一切生命和存在之根源的观点，则要比泰勒斯古老得多。亚里士多德也知道这一点。他了解"远古时代"的看法，关于大海、河流与所有水井之父俄刻阿诺斯（Okeanos）的神话，他的妻子忒提斯（Thetis）是"世界生成的创造者"。诗人荷马（Homer）与阿尔克曼（Alkman）讲述了关于他们的故事。而历史学家今天则注意到更为古老的原始材料。巴比伦的创世神话中就有元水（Urwasser），它比世界更为古老，更确切地说就是阿卜苏（Apsu）的淡水和迪亚马特（Tiamat）的海水。埃及人的创世神话中也有类似的内容。希伯来人那里也有，在巴比伦囚禁时期，他们遵循着万物之主的神话，让神之灵先于万物漂浮在"水面之上"。

尤其让人吃惊的并不是泰勒斯视水为一切生命之源的观点，而是亚里士多德赋予这个命题一个转折，为其添加了一个全新的特性。按照亚里士多德的说法，泰勒斯不仅认为万物都是从水中**产生**的，而且认为万物自始至终都是由水**构成**的。这更具独创性，如果这真是泰勒斯的观点的话。

但是尚不清楚的是，亚里士多德在这里重述的是否真的是泰勒斯的观点，而不是来自瑞吉翁的希庞（Hippon von Rhegion）的观点。后者大约比泰勒斯晚 150 年，他在亚里士多德之前就曾宣称，泰勒斯将水规定为第一原则和第一实体（*arché*）。

水是基础之物，是不变之物吗？其他万物，如空气、土地、植物、动物和人皆由此产生，是这样的吗？根据我们今天所知，生物是有生命的——而空气、土地以及水本身则不是生物！这些是如何被归到一起的？哪些特质可能使泰勒斯相信水是一切质料的质料？如果水本身是没有生命的，那么是什么使它处于运动之中？如何理解生成与变化？为什么水不是单纯地保持为水本身，而是形成了整个宇宙？

关于这些问题没有完满的答案。亚里士多德对此也保持沉默。尽管他告诉我们："泰勒斯相信，万物皆充塞着诸神。"[8] 但是在这里诸神所意味的是什么——到底是具体的诸神的形象，或者只是一个普遍的赋予万物灵魂者，亚里士多德并未透露。后一种情况看起来更有可能。根据亚里士多德的说法，泰勒斯应该是把磁铁石视为"被赋予灵魂的"，因为它们拥有移动铁的力量。[9] 如果磁铁拥有灵魂（*psyché*），那为什么赋予自然以形式的水却没有呢？或许是因为，水本身就是支配万物的灵魂材料，它自我赋形并自我运动？泰勒斯信仰神话中的诸神吗？他是不是一个泛神论者，认为万物皆有灵？或者他是我们所知的历史上第一个唯物主义者，只承认自然力量，不承认任何超自然物？

古老的故事

为了回答这些问题，必须提问：在泰勒斯的时代，希腊人相信什么？人们相信哪些传说与传统？为什么？

实际上存在着一些文本，帮助公元前 8—前 6 世纪的希腊居民在世界中理解自身，即便只有极少数人能够阅读它们，而其中的内容仍然以口耳相传的方式被人知晓。最重要的文本是荷马的《伊利亚特》（*Ilias*）——这是关于特洛伊战争的故事。荷马的多行叙事诗是包括罗马帝国时期在内的古代最畅销的书。虽然今天没有人知道，荷马到底是谁，以及所有归于他名下的文本是否真的出自他之手——对古希腊人来说这些叙事诗意义非常。尽管希腊人从《伊利亚特》以及稍微没那么流行的《奥德赛》（*Odyssee*）中了解的真实历史并不多——那是一场很久之前关于亚细亚城邦特洛伊的战争，但是这些诗歌长久以来向人们解释了世界。

一个完整的宇宙在关于诸神与英雄的史诗中展开。富有、高贵且有权力的人成为礼仪、习俗与道德的榜样。这些叙事诗讲述了这样一

47 个时代，那时，希腊远比人们在公元前 8 世纪发现它时更为光芒四射、繁荣富有。国王和英雄决定了这个古老的世界，他们也受到友谊、忠诚与荣誉的约束。同时，他们也常常是自负、无节制与冲动的，是一个高傲的高贵种族，对赌赛、战争、通奸和撞坏船只有着强烈的癖好。挤满诸神的奥林匹斯山被归为他们的地盘，这些神的行为举止与荷马笔下人世间的英雄几无区别。他们熟知人性之事。宙斯的天空中与阿伽门农的土地上所发生的事几乎一模一样。

　　除此之外，自公元前 8 世纪以来，还有第二个来源有助于希腊人形成关于世界的复杂想象。那就是赫西俄德（Hesiod）的诗歌。在他的代表作说教诗《工作与时日》（Werke und Tage）与《神谱》（Theogonie）中，希腊居民获得了关于世界和生活的五花八门的解释。《神谱》向人们讲述了所有他们必须知道的事，其目的是为了理解天空与时间、大地与水、战争与和平、生与死，以及最后，他们自己到底从何而来。赫西俄德查阅了所有神的形象，包括他们的来历与功能，从原初神卡奥斯（Chaos）、盖亚（Gaia）、塔耳塔洛斯（Tartaros）、厄洛斯（Eros）、厄瑞玻斯（Erebos）、倪克斯（Nyx），直至他那个时代的诸神。那些在赫西俄德之前的遥远时代就在许多模糊的故事中叙述过的东西，现在获得了一个独特的造型与固定的系统。

　　与此相反，《工作与时日》呈现的戏剧性更弱。人类的朋友与唤醒者普罗米修斯的传说就是从《神谱》中节选出来的。《神谱》中提到的潘多拉也再次出现，在这里打开了她著名的盒子，所有的恶习与人们的邪恶品质从中逃逸出来。与那些关于世界生成的消遣性的性与犯罪的故事不同，《工作与时日》讲述了关于那个世界时代极其悲伤的终

48 曲。从光芒四射的黄金时代，历经白银时代、青铜时代与英雄时代，直至贫乏的黑铁时代，也就是公元前 8 世纪的当下。也是从赫西俄德那里，希腊人知晓了把世界划分为正义与罪孽（Hybris）的王国。更重

要的是许多对于农民的忠告，有很多实践性的指导，应当如何利用牲畜，如何播种土地，以及如何为寒冷的冬日做准备。如果说今天的史学家能有这样一幅图景，看到当时许多小农的艰辛生活是如何展开的，那首先就是通过赫西俄德。如果说《伊利亚特》与《奥德赛》是理解闲散状态下与战争期间的贵族阶层的伦理学不可或缺的来源，那么在《工作与时日》中，赫西俄德则提供了一种渺小而艰辛劳作的人们的伦理学之类的东西。

对于公元前 8—前 6 世纪的希腊居民来说，神话是生活中理所当然的部分。这里有的不仅是荷马与赫西俄德系统地精心构思的神话，还有整个生活都贯穿着宗教的故事、传说与阐释。平常的日子和日常活动是由礼俗和礼拜、预言、祭礼和宗教节日所安排的。在神话中，人们找到了日常生活的依靠；那些必要的关于世界的知识帮助他们理解自己在宇宙中的位置。如此看来，诗人就是他们最重要的权威。诗人向他们解释生存的意义与价值，告诉他们，要按照哪些规矩去生活。

然而，在这一点上所有历史学家的看法都一致，奇特的、极为不同寻常的事发生了。不知从何时何地开始，在这个通过神话被确立起来的充斥着橄榄树、葡萄园、山羊岩画和繁荣的商业城市的世界中，生成了第二条思想线索——所谓的"逻各斯"（*logos*）。按照这个词的意义，逻各斯意味着"言说""口头传达""语词"或"句子"，以及一些完全不同的意义，例如"事件""定义""计算"或"尊重"。然而，即使有这些多重含义，今天人们谈及希腊的逻各斯时，我们很容易说出，在这里所谈的是什么：**对于世界的"理性化"渗透**的尝试。

这第二条思想线索究竟是何时开始以及为何开始，我们无法确切地知晓。泰勒斯的例子说明，全新的"逻各斯式地"理解世界的开端并不简单。我们几乎没有出自那个时代的文本，因而不得不求助于后世的判断。无论如何，在公元前 6 世纪产生了这样一些观念，它们并没有或者只是附带地以神秘化的方式解释自然现象，而毋宁说采取了"自然主义的"或是"理性的"方式。这一思想被提及，它至少不带有诸神的指示、华丽的故事或者无从检验的传统，而解释了自然的一些部分。

然而，这些流传下来的故事与试图将这种不同的思想形式的出现解释为神话的尝试，其本身就常常是神话式的。可以想想关于泰勒斯预言的传说，或者想想自 19 世纪末开始流行的关于"希腊奇迹"的说法。此外，在翻译那些少数留存下来的早先受自然主义启发的思想家的论著时，我们也遇到了巨大的问题。他们的概念与我们的不同，这并非简单地因为他们的观念世界与我们今天的不一致。对此我们更多的是猜测，而不是知晓，即在公元前 6 世纪的地中海东北部地区，一种思想的迹象被刻在文本中，我们称之为"理性的"或"逻各斯的"。这种思想至少在其最初的萌芽阶段，试图努力纯粹通过理智的力量去洞悉那个无偏见的自然。抽象的、仿佛具有神性的**原则**取代了旧有的诸神。这种思想推动了以后被称为"科学"的东西的出现。当然从公元前 6 世纪到"科学"还有漫长的路……

遥望宇宙

是否有一种宇宙"正义"，一种宇宙中力量的平衡？这种观点从最古老的时代直至今日，总能在来自米利都的哲学命题中被找到。据说，这个世界上所有事物的产生和消逝，都"按照其义务"而实现，"因为按照那个时代的法规，它们承担了由于其不正义而产生的相互间的赎罪和忏悔"。[10]

这些话语的作者是米利都的阿那克西曼德（Anaximander von Milet），人们都说他是接近泰勒斯的人。对一些人来说，他是第一位

"哲学家"，因为相比泰勒斯，我们更确定地知道，他是从抽象原则出发解释自然的。他大概出生于公元前 610/609 年前后，据说与泰勒斯一样死于公元前 546 年前后。还有，我们大多数关于阿那克西曼德的认识都来自亚里士多德。在那里，他还履行着戏剧式的角色：那些人基于所选择的各自不同的质料或者原初实体来解释自然，直到最后亚里士多德出现并且阐释了真正的联系，而阿那克西曼德是这些人所构成的小型的理想历史中的一部分。

　　类似于泰勒斯那里的水的东西，在阿那克西曼德那里却没有具体的实体，而是完全非物质化的，即**无定**（*apeiron*）。这个词的含义有点类似于"无边界的—无穷之物"。无定的反物质是一切存有之物，它不可预计地延伸，是不死且不可被摧毁的。而且这种永恒的本原本身并不处于静止状态中，而是在其中处处有彼此冲突的力量汹涌澎湃，试图让自身取得优势：火、水、风和气——或者更抽象的：热、潮湿、冷和干燥，它们在宇宙中彼此缠斗，就像大地上季节的转换一样。但是自然的法则就像一位不可见的伟大法官，总是不断地导向一种平衡。大火过后灰烬留存下来，水变干涸，寒冷重又变成温暖，等等。因为，谁如果延伸得太远，就会从其他物质那里受到遏制，相当于"惩罚"。只有转化是稳定的，这是宇宙保持稳固的原因。

　　这表明，关于自然力量之平衡的核心概念并非来源于技术或是自然观察——而是来源于司法判决！正义女神（Dike）是宙斯纯洁的女儿，也是正义的化身，赫西俄德的《工作与时日》中说她居住在希腊，在那里作为抽象的宇宙正义守护着世界的和谐。她是绝对的平衡原则，阿那克西曼德将这个原则从社会领域扩展到宇宙中。

　　从人类世界到宇宙正义的转换是极其令人惊讶的。因为世界平衡的形成与人格化的神并无关系。越来越明显的是，在公元前 6 世纪，那种作为"理性的"，而非由偏见所造成的关于"正义"的观念，根本上还处于萌芽阶段。这与实际的司法判决完全没有关系。然而，阿那克西曼德看起来似乎拥有了一种普遍意义上的正义学说，这种学说囊括了整个存在。据此，所有的物理事件从内在意义上看是确定的，并且遵从严格的规范。宇宙的物理原则与道德原则是同一的——这个观念我们在随后的哲学史中会再次遇到。在 18 世纪初期，莱布尼茨（Gottfried Wilhelm Leibniz）称之为**神正论**（Theodizee）。

阿那克西曼德接受一个唯一的世界，还是他仅仅将我们的世界视为位于无定内部的众多世界中的一个？我们不得而知。不管怎样，他只为我们的世界构想了一种具体的宇宙起源学说。按照他的构想，冷—湿之气在起源时向内聚集在一起，而热—干之气则被向外挤压，就像一个火圈环绕着冷—湿之气——这是对物理学中惯性原理的最初觉察。火焰包围冷—湿之气就好像树皮包住树干一样。冷—湿之气被火焰包围，就开始变干蒸发。水雾和气团向外扩展，把火圈冲散了。它们形成三个互相包围的火轮，被暗沉的气体笼罩着，就像被轮毂包围的自行车内胎一样。而轮毂内侧出现了微小的开口，火苗从中窜出来。我们从这些小孔中看到的微小火苗，在最内部的环形中呈现为星星，在外部第二圈中呈现为月亮，在最外部的环形中呈现为太阳。如果堵住第二圈与第三圈的小孔，我们就看到了日食或月食。

陆地是原初冷—湿之气的残留。它自由浮动着，与三个圈始终保持着相同的距离。它的形状就像是柱子的基座。它的宽度是高度的三倍。海洋则是未被火圈烤干的剩余的湿气。阳光照射在陆地上使之蒸发，而湿气则以雨的形式重又落回到陆地上。风也来自蒸发的湿气，日月交替同样如此。

生物学家很重视阿那克西曼德，乃是由于他的宇宙起源学说中包含了一种思想，可以称之为"演化式的"。动物和人类究竟从何而来？他通过共同起源学说来解释这一问题。所有生物最初都来自海洋，从

湿气中产生。早期的人类也起源于水。人类最初是类似鱼的生物，长
有多刺的壳，成年时壳才脱落，来到干燥的陆地上。阿那克西曼德不
认为人类是逐步从鱼类发展而来的，就像今天的演化论所宣称的那样。
相反他认为，在早期，每个单个的人都从鱼的阶段脱落刺壳进入人的
阶段，——这个过程对之后的人类来说很明显不再是必需的，因为到
了阿那克西曼德的时代，一般的人显而易见地不再像鱼那样在海洋中
诞生了。但无论如何，他将海洋视为一切生命的起源，并且认为，自
然孕育的物种不是一成不变的。

　　爱奥尼亚的自然哲学家群体中的第三位是阿那克西美尼（Anaximenes）。
他出生于公元前 585 年前后，大概比阿那克西曼德晚 25 年。据推测他
逝世于公元前 528—前 524 年之间。后来的编年史作者将他描述为阿那
克西曼德年轻的"同伴"。关于阿那克西美尼的原始文献情况和他的前
辈一样糟糕。我们知道，他应当写了一部书，但也只有其中几行留传
下来。

　　按照亚里士多德的说法，这三位伟大的米利都人中的最后一位相
信，阿那克西曼德说过的那种无定，不可能由非质料组成。因为从某
种非质料之物中无法发展出质料。在阿那克西美尼看来，无定的原初
质料是气（aer）。当气凝聚在一起，就会转化成水，而通过更强的凝聚
就会转化成陆地与石头。与之相反，气被稀释就会变成火："阿那克西
美尼将聚合的与凝聚的物质解释为冷，相反将稀释的与松散的……解
释为暖"，希腊作家和哲学家普鲁塔克（Plutarch）如此说道。[11] 阿那
克西美尼设想，物质并非永远静止，而是可以自我转化。神的领域也
并非存在于原初质料之外，而是同样由气组成。它可以转换为另一种
方式，这意味着气本身才是神圣的。正是因此它才具有这种力量，从
其自身出发将自身变成其他事物，比如变成火或者水。人的灵魂也是
由这种自我构形的气组成的，这一点阿那克西曼德已有过推测。"就像

我们的灵魂掌控着我们一样，"阿那克西美尼说道，"气也与此类似，囊括了整个宇宙的气息与气。"[12]

在阿那克西曼德看来，大地是一个短的圆柱体，而到阿那克西美尼那里则变成了圆盘状的。大地与那些同样平坦的天体星辰一样，飘浮在空气中。就如巴比伦人古老的宇宙起源学说所言，大地之上的天空成拱形的半球。群星、月亮和太阳围绕着大地旋转。当太阳在晚上躲进大地圆盘边缘北部的高山之后，大地就变得黑暗了。

随着阿那克西美尼的离世，米利都早期自然哲学的传承就终结了。没有人知道，除了这三位被提及的所谓自然研究者之外，还有没有其他人也思考过世界的形成、原则和本性这样的问题。无论如何，那些我们熟知的米利都哲学思考的终结，是与这座城市的日渐衰落共同发生的。公元前 6 世纪，在这座城市伟大的地理学家赫卡泰奥斯（Hekataios）的地图上，米利都被看作已知世界的中心，而至公元前 494 年，它则遭遇了灾难。公元前 541 年，波斯人占领了小亚细亚，却放过了米利都。公元前 499 年，米利都发动了"爱奥尼亚起义"，试图抵抗至今为止相当友好的占领军。随后波斯国王大流士一世（Dareios I）占领了米利都，摧毁了这座城市并流放了大量米利都居民。雅典的悲剧诗人佛律尼科斯（Phrynichos）基于这段历史写下剧本《米利都的陷落》（*Die Einnahme von Milet*），还为此付出了 1000 德拉克马（古希腊货币）的罚款，因为他胆敢将这段不幸的故事带上舞台。尽管很快就被重建，但这座城市再也没能接续它过去的伟大时代。尽管熬过了战争，但那些惩罚性的后果却逐渐沉积下来。作为权力的傀儡，这座城市成了雅典人的属国，随后成了斯巴达人的属国，随后又一次落入了波斯人之手，接着被亚历山大大帝占领，后来成了罗马帝国亚细亚行省的一部分。

信仰制造者   55

世界上的科学研究发端于爱奥尼亚的自然哲学家吗？过去许多历史学家是这么断言的。他们在流传下来的泰勒斯、阿那克西曼德和阿那克西美尼的话语中看到了逻各斯的开端，对世界进行理性化和"合理化"渗透的开始。从米利都出发，这个世界踏上了一路凯旋的前行之路并继续拓展，直至形成我们今天以理性为特征的西方文化。

然而这一论断并不可靠。因为我们并不能确切地知道，米利都人最初的观点究竟是怎样的。作为繁忙的商业大都市，米利都与腓尼基人、吕底亚人、波斯人、埃及人以及巴比伦人保持着紧密的联系。亚里士多德就坦率地承认，"数学技艺（科学）最早是在埃及诞生的"，"因为那里的神职人员有闲暇"。[13] 天文学研究在埃及，更多的是在巴比伦进行，这两个国家的天文学远远领先公元前 6 世纪的希腊。因此从 15 世纪至 17 世纪，几乎每一个受过教育的欧洲思想家都承认，哲学并非产生于希腊诸城邦，而应产生于近东的荒漠以及北欧的树林——通过金字塔牧师和巫师们。

在米利都人关于自然的思考中，从今日的视角所谓的"自然科学的方式"看起来也并非全新之物。而在希腊有一种情形，有助于以有效的方式寻求世界的本原与原则：缺少一种对所有人都有约束力的宗教！尽管在希腊世界所有地区，人们都熟知荷马和赫西俄德的作品，并由此熟知那一套固定的诸神谱系。但是就像他们所信奉的那样，不同区域之间的人们所实行的风俗和祭礼，是可以完全不同的。每个神都有其固定的祭祀地点，有些神在某一地区所具有的意义比在其他地区要大得多。在阿卡迪亚、色萨利以及克里特岛上有着重要宗教意义的东西，在米利都就未必如此。在这些地区人们自己也会挑选最喜欢的神祇，称其为庭院神和房屋女神。希腊人是信仰的制造者，他们的   56

创造力几乎是漫无边际的。不像在埃及或者巴比伦，希腊没有严格的神职人员等级。没有人以超地区的层次监督人们以何种方式敬神，以及人们是如何以宗教的方式看待世界的。这也就可以解释，对于爱奥尼亚的自然哲学家而言，他们是否以及如何将诸神编进他们的宇宙起源学说，完全是由他们自己决定的。就他们的自然哲学的创造性方面而言，这有助于解放思想。

亚里士多德由此得出了一个结论，希腊人是最初的研究者与解释世界者，所做的乃是"仅仅出于其自身的意愿"去获取关于自然的知识。但是他忘了补充说明，他是从哪里如此确切地知道这一点的。因为关于泰勒斯、阿那克西曼德与阿那克西美尼形成那些关于世界的见解的背景，我们一无所知。在这个通过本原和宇宙起源来解释世界的尝试背后，也隐藏了一个与无目的的知识完全不同的意图。比如说，对不可解释之物进行解释，由此人们就会在宇宙中感受到更大的安全感。这样自然哲学就有了与之前的宗教相似的功能。无论如何，都无法真正断言，泰勒斯、阿那克西曼德与阿那克西美尼解释世界的尝试就是严格符合逻辑的。换句话说，我们将之与可信性或多或少的"思辨"联系在一起。

值得注意的是，尽管我们只知道阿那克西曼德和阿那克西美尼的几个句子，但至少这二人将他们的思想以书面形式记录在作品中了。在公元前 6 世纪，只有极少数的希腊人掌握了书面语言。字母书写并不是希腊人的发明，而是来源于腓尼基人。他们发明字母书写主要是为了商业贸易。那些与腓尼基人保持着活跃的经济与文化交流的希腊人，大约在公元前 8 世纪接受了腓尼基人的字母并将之进一步发展。

新的希腊文字具有一系列优点。它比腓尼基文字更易学，更不用说比起埃及的象形文字。此外，相对而言，人们可以用希腊文字与音节更好地表达抽象概念，形容词和动词更容易名词化。从事后来看，这也构成了哲学和科学出现的前提条件，尽管这并非此事的原本意义。古希腊文字漫长的发展史至少对于当今的欧洲影响深远。从"控制论"（Kybernetik）到"虚拟空间"（Cyberspace）再到"思想空间"（Noosphäre），这些数字时代的概念，也都披着希腊的外衣。

　　米利都哲学家没有以今天意义上自然科学的眼光来看世界。几乎所有阿那克西曼德与阿那克西美尼关于世界、行星和恒星的产生与特性所说的，都不是观察和测量的结果——在今天看来这是胡闹。崭新的并不是知识，而是视角。显然，这一视角将事物视为它本身，而不只是美好而多彩的故事。诸如"本原"和"宇宙"这样的概念出现了，在随后的思想中再也没被放弃。宇宙看起来并非静止，而是处于持续的运动之中。强大的力量在其中产生作用，并且遵循着超时间的规则。这些洞见是神话终结的开端吗？理性的胜利前行之路的开端是与神话思维针锋相对的吗？

神话的力量

58

　　想象一下，你的一位好友遭遇了一场致命的车祸。他的车在高速公路上爆胎，车辆打滑后翻车，你的朋友因此死亡。你听到这个消息的时候，不知所措，恐慌且极为震惊。怎么会发生这样的事？在这种情形下，一位熟人给了你一个解释。他说道，轮胎会爆胎，这是十分"正常的"。他很可能会这样向你解释，是轮胎内压太低，或者是诸如玻璃碎片或钉子这样的外物扎入轮胎中。轮辋也可能是坏的，那么爆胎这件事就完全是"合逻辑的"。他继续向你解释说，从统计学上看，每行驶 20 万公里就会有轮胎爆胎。在这种情况下，你也许对这些解释根本不关心。相反，你认为在这种情形中这些"理性化的"论据和解释是冷酷无情的。萦绕在你头脑中的是诸如这样的问题："为什么这种不幸的事故偏偏要发生在我朋友身上？""为什么这段路他不坐火车，而他通常总是乘火车的？""为什么晴空万里的命运就如此残酷无情地被关上了门？"

在这一情形下，你的熟人给出的逻辑—技术化的解释对你毫无用处。你甚至好像受到了干扰。因为，对"事情是**如何**发生的"这一问题的回答，与对于"事情**为什么**会发生"这一问题的答案，两者并非完全一致。对世界合乎逻辑的观察并非世界本身；那位熟人的解释就是对世界合乎逻辑的观察。一个心理健康的人不会严肃地得出如下观念，即将逻各斯的世界看作世界本身。相反，如果一个人想始终坚持从根本上以逻辑的方式和理性的方式解释世界，那么他很快就会出问题。整个生活领域看上去完全摆脱了逻辑方式的渗透：爱情、友谊、艺术、梦的世界，还有宗教。然而，一般恰好是在这些世界中，人们才能找到赋予他们生活以意义与价值的东西。使我们的生活有价值且值得珍重的，并非那些我们认识或者想要认识的东西，而是那些我们感触、预感、希望和信仰的东西。我们知道，在爱情中没有东西是合乎逻辑的。从"我爱你！"这个句子中无法得出如下命题："那么你也爱我！"而是，我们通过眼神与信号、暗示与推测、假设与猜度曲折前行。任何一个理论，如果想要用逻辑规则（或者最新的生物化学分析）来解开这些感情的线团，都会导致谬误。

与知识一样，信仰也是人类存在的一部分。在我们的日常生活中，这二者经常共同形成最为奇特的组合。所以我们能够相信某物，尽管我们实际上对它认知得更多。"我当然不相信鬼魂，"以前曾有一位要好的女性朋友向我说道，"但是我害怕它们！"出于类似的原因，尽管许多人知道星座根本是瞎扯，但是仍然相信那里"有某种不可言说的东西"。

与此相反，人们也会处于如下境况：他们知晓某物，却不真正相信它。几乎每一个欧洲人对人类现在与未来的灾难都有所知：工业国家对资源毫不留情的开采，发展中国家人口膨胀以及由此产生的生态和社会灾难。虽然我们知道所有这一切，但还是像以往一样继续如此生活，尽管我们本应当从根本上大幅度地改变我们的生活和消费需求。是的，这些我们都知道，但是不知为何却不相信它。我们更愿意信这句科隆格言："就如过往一样，总是会有出路的。"

知识与信仰，理性与神话思维，解释与构建意义，它们在我们的生活中彼此不可分割地联系在一起。其中的任何一个并不比另一个根本上"更好"。这毫无疑问服务于另一种需求。自然科学的解释具有与道德价值或政治信念完全不同的功能。通过不断强化的理性与逻辑的思考，人们可能会变得机灵，但不会变得智慧。这里缺少了另外一半，可以称之为情感教育（éducation sentimentale），一种内心的智慧，或者用一个优美的旧式语词来说："内心塑造"。

这些思考有助于理解早期希腊哲学对西方历史的意义。因为从一切现象看，我们已发现，在爱奥尼亚的自然哲学家那里，神话的与逻辑的思维也不可分割地混合在一起。恰好是从这种混合中，在古希腊诞生了我们称之为"哲学"的东西——那种"对智慧的爱"。因此哲学的形成并不像我们长期以来认为的那样，是与神话思维逐步脱离的过程。毋宁说是这样一种尝试：使神话与逻各斯彼此协调——在其中找到一种对自然及其发展过程的解释，这种解释是"理性化"且不带有宗教偏见的，并且满足了对意义与价值的追求。

在这个意义上，整部哲学史就横跨关于内心的诗歌与关于关联性的散文这两个部分。因为在西方哲学的漫长历史中，几乎每一位哲学家都以各自不同的方式，从不同的重点出发去尝试以理性的方式解释世界，但却也没有放弃建立意义与价值的要求。到了 20 世纪，一种新的方向才由分析哲学建立起来，这一方向非常明确地放弃了意义赋予，并且想要将迄今为止一直被视为哲学任务的内容转化为科学。但即使是科学，特别是自然科学，也并非完全是逻辑的和理性的。只要是由人类而非电脑来从事，它们就被人类的意图所支配，并且依赖于偶然事件、虚荣心、实现手段以及其他非理性因素。

泰勒斯、阿那克西曼德与阿那克西美尼开启的，并不是用逻各斯取代神话。但是逻各斯作为第二种思维方式大概逐步参与到神话思维之中——并且首先在这样一种不同的思想产生的地方就是如此。很显然，这一"合理的"解释遭遇了巨大的缺陷。荷马与赫西俄德已不再能为公元前 6 世纪的问题提供满意的答案：在市场中正确理解"商品"，并且将需求（Bedürfnisse）与需要（Bedarf）区分开来，这意味着什么？或是人们应当如何对待流动劳工，他们应当得到怎样的报酬？他们也未曾经历过，如何抽干沼泽、建造高架渠，如何对待其他文化，如何建立殖民地、组织以及合法地保护贸易，或是如何在城市中有效地控制贫困。恰好是在技术、自然科学、商业贸易、法律和政治等这些新领域中，从公元前 6 世纪开始，逻各斯渐渐地介入，即尝试对某些事物进行逻辑和理性的解释或论证。

私人生活所涉及的内容，逻各斯则几乎完全无法介入。尽管在城市国家，即城邦（*polis*）中的共同生活经常被置于理性规则的视角下观察，但是私人的家业，即家政（*oikos*），很大程度上仍然未被这一视角触及。在公元前 6 世纪，这两个领域的分离就已经有漫长的历史了。家政的世界很大程度上是留给女性、奴隶与孩子的。相反，城邦的公共世界则是男人的事情。一边是经济的与私人的，另一边是理念的与政治的，这二者的分离是如此分明，以至于人们将一边视为女人的本性，而将另一边视为男人的本性。逻各斯进入城邦世界越多，它所固定下来的所谓男人与女人本性上的差异就越大。一边是抽象的、理念的和理性的，另一边是具体的、物质的与非理性的。这种分裂引发了剧烈的社会后果，我们会在后续部分进一步探讨。

但即使是在男人那里，古希腊世界也没有转化为逻辑学家的圈子。在城邦中，人们一如既往地从事祭祀、礼拜，过宗教节日，在要做出重要决断时去询问德尔斐的神谕。对日食与月食的恐惧也没有因传说中泰勒斯的计算而从世界上消除。历史学家修昔底德（Thukydides）说道，尽管面临着叙拉古失败的威胁，但是雅典军队在公元前413年的伯罗奔尼撒战争中坚持了下来，是因为很多士兵有对月食的恐惧。它被猜测为"诸神的信号"，使得起义破产，而对于尼西阿斯（Nikias）统帅和他的军团而言，则是以一场军事灾难结束的。

除了神话和迷信历经千百年还能继续存在之外，在蓬勃发展的贸易城市与乡村腹地之间也出现了巨大的落差。我们几乎没有看到过任何一个哲学文本是来自于乡村地区的，那里也没有开创性的发明或发现。很显然，希腊许多地区的农民并没有面对那些问题，即那些在小亚细亚和意大利南部的贸易中心、在雅典和科林斯引发的一种新思维方式的问题，这种新思维方式与旧有思维方式并行。因此"希腊奇迹"并非发生在所有地区，而是仅仅在几个地方。毫不令人意外的是，这是某些经济和社会发展的连锁反应，这些发展使"希腊奇迹"成为可能。造成社会和思想之巨大变革的最重要原因之一就是——金钱！

万物的尺度

罪责与债务——金钱的本质——毕达哥拉斯——权力集团——

赫拉克利特——巴门尼德

罪责与债务

在公元前 6 世纪的古希腊，人类生活世界中最大的革命是什么？它既不是新科学思想的初现端倪，也不是古希腊人发明的字母，而是那个臭名昭著的欲望对象，我们称之为"金钱"！金钱改变了一切：社会关系与交往方式、权利与地位、道德、权力关系、理智与思想。同样，哲学史也与货币经济的发展史息息相关。

硬币不是希腊人发明的。传闻是腓尼基人首先发明了硬币，但是如诗人内斯特罗伊（Nestroy）所言，他们发明的硬币很少。事实上，铸造第一批硬币的功绩要归于手握小亚细亚政权的吕底亚人，他们在公元前 6 世纪中叶征服了米利都人。

在此之前，大约在公元前 650—前 600 年间，吕底亚人就开始使用硬币。一开始他们用一些形状各异的金银合金小碎块当作硬币，并称之为 *Elektron*（发光的太阳）。虽然吕底亚人的前人阿律阿铁斯二世（Alyattes II）已先开始铸造硬币，但是人们普遍认为，国际货币经济的起源与吕底亚国王克洛伊索斯（Kroisos，约前 595—前 546）有关。他所拥有的硬币数量多到难以置信，而阿塔纽斯（Atarneus）和帕加蒙（Pergamon）之间的金矿所提供的补给似乎又无穷无尽。在很短的时间内，吕底亚国王克洛伊索斯的硬币成了当时东地中海地区的通行货币。大约在同一时期，米利都人也开始铸造 *Elektron*。很多爱琴海周围的城邦也都紧随其后。约公元前 550 年，埃吉纳人铸造了第一批银币，很快科林斯人和雅典人也跟上了。

不能低估硬币在古希腊社会变革中所起的作用。短短几十年内，货币经济改变了贸易方式、社会等级、战争形势以及流传下来的道德观念。一窥《伊利亚特》《奥德赛》中的世界，我们就明确地领略到，荷马史诗中的英雄并不追求金钱——那个时代还不存在这样的东西，而是追求荣耀（*timé*），即名望和荣誉。生活如意、英勇无畏、声名远扬、高朋满座、牛羊成群、奇珍异宝，这些才被当作值得追求的生活目标。在这个世界，成熟的商业贸易还未出现，有的只是面对面的交换。公元前 7 世纪左右，作为支付手段出现的第一块银碎块（*obulous*）看起来并没有让当时的社会秩序改变太多。因为人们继续用物品来支付，家畜是最常见的支付手段，其中牛最贵。公元前 7 世纪，当贵族扩张其统治力量并强征越来越多的土地时，爱琴海沿岸的农民陷入了沉重的债役。

负债人的困境不能再糟。公元前 700 年的债务法是无情甚至残暴的。陷入债务等同于道德和经济犯罪。当时的人们还没有将"罪责"（Schuld）与"债务"（Schulden）这两个概念区分开来。那个时代的物品如何变更它的拥有者呢？通过抢夺、交换或者赠送。

后两种物品拥有者变更的方式尤其有趣。一个农民借给另一个农民一些牛，因为后者的牛在瘟疫中死了，按照惯例，借入方之后还给借出方的牛要比他在困境中借到的多。因为出借是出于自愿和慷慨，而归还则是义务。为了对这种不平等进行道德上的粉饰，赫西俄德建议，除了所借之物，借入方应该多给借出方一些东西以示感谢。当借出方**原则上**期待获得比借出之物更多的回报时，这种起初的善意行为演变成了一种险恶的关系。对于借出方，他出借时的友好姿态成就了一桩好生意。他成为债权人，而借入方则成为债务人。当债务人不能偿还包含附加物在内的债务时，他就不得不继续负债。为了防止债务人对债务法的滥用，债务法赋予了债权人代理权。债务人必须将自己及其所有资产抵押给债权人，并且他的家眷也与其一起承担债务，这意味着债权人可以使债务人及其家眷变成他的奴隶。

这种"债务"的古代观念尤为糟糕之处在于，借债不被当作主观行为来看待。谁借了债，谁就会被人谴责。他的不当行为会被看作一种人神共愤的客观罪责，同时也使他整个人具有负罪的属性。并且负罪之人的罪责作为原罪和原债，会连带给他的家眷。

公元前 7 世纪末 6 世纪初，小农阶级对贵族大地主的负债危机是当时非常普遍的现象。最具代表性的，也最著名的例子是雅典及其周边地区的状况。与米利都相比，公元前 6 世纪初的雅典还不强大。而这个处于上升期的城邦面临即将爆发的内战。社会矛盾主要因债役而加剧升级。数以千计的贫农变成了奴隶和罪犯。他们生活和心灵的困境对于城邦来说是沉重且危险的。

当时的情形如此紧迫，以至于身为执政官的梭伦（Solon，约前640—约前 560）废除了现存所有的债务关系。他曾如此申诉，"抵押凭证石（Pfandsteine）给大地母亲这黑黝黝的土地戴上了枷锁。"（尽管在阿卡提还从未发现过公元前 6 世纪的抵押凭证石。）据史料记载，他下令将田野上、耕地里以及葡萄园内的抵押凭证石都拔除掉。梭伦抨击贵族的贪得无厌，他将所有的债务都一笔勾销。成为奴隶的债务人重获自由，并且要回了曾经的财产。从那时开始，任何债务人都无须再害怕他自己或者家亲眷属的生命会成为债务的抵押品。然而，梭伦拒绝了小农阶级平等划分土地的要求。曾经的财产分配依旧保持不变，只是债务游戏因友好的法令而中止了。

雅典城邦的政治秩序也发生了同样的变革。根据梭伦的改革法令，一位雅典公民的影响力取决于他的社会地位，这也就是说，取决于他经济上的成就。在公元前 6 世纪初（具体的改革时间还存在争议）的雅典，货币还没有出现，而粮油酒的储备以及战马和重步兵装备的数量是贵族们沿用的衡量财富的标准。新的秩序伴随**金权政治**（Timokratie）的概念意义非凡地走进了历史：德高望重者的统治！名望和财产具有同等的价值。旧贵族词语"荣誉"（*timé*）的含义悄然发生了变化。拥有财富之人是具有荣誉的人，具有荣誉之人则一定拥有财富。这个公式铭刻在梭伦的改革事业中。财富更多的人，具有更为"可敬的"政治影响力，财富越少的人影响力也相应越小。而这是一种迄今为止还从未在世界上任何一个国家发生过根本变化的社会情形⋯⋯

金钱的本质

梭伦改革五十年后，当货币出现，一些人通过放贷谋取利润、另一些人则陷入债务危机的现象已不是什么新鲜事。乍一看，货币确实是一种实用的发明。它的出现极大方便了贸易中的支付往来。人们现在能够更好地计算罚款和各种费用，缴纳税收和贡品，支付雇佣兵军饷。人们在攻占的领地上以金钱的形式长期征税，而不是抢夺和破坏。银行家的职业出现了，兑换所设立了，人们开始投资和储蓄，用金钱衡量货物，发行信贷和贷款，打响争夺金矿和银矿的战争。

　　然而，这种表面的变化还不能解释货币经济如何在短时间内彻底改变了人的意识。对此，必须从哲学的视角对金钱的本质审视一番。一个彩绘花瓶与一座金色动物雕塑之间的交换，意味着人们重视它们作为物品的价值。尽管可以被当作支付手段，但这仅仅是它们的次要功能。相反，一枚硬币被当作"钱"，这意味着从此开始它的价值只体现在它唯一的功能中，即支付手段。它并不是一个自身具有价值的物品，而仅仅被当作一种手段以达到某种目的。钱作为一种抽象事物，本身就是一个悖论。因为，在自然界中，抽象事物就如同气体的脊椎动物那样几乎不存在。

　　当两个孩子如货币出现之前人们交换物品一样互相交换玩具时，他们的玩具消防车和足球就不仅仅具有物质性价值。它们的价值更在于：拥有它们对两个小孩而言意味着什么，比如美好的回忆、赠予玩具车或球的父母等等。这些东西因为这样的原因是绝对不可交换的。与此相反，去商店里买玩具车或球并不涉及上述这些个人因素。金钱以及货币价值起决定性作用的地方是从人情世界中抽离出来的地方，换句话说，是人被隔离出来的地方。金钱在交换过程中并不被当作一个有价值的物品，而仅仅被看作一种抽象符号。当一种文化所使用的抽象符号越多，它在智性上的要求就会越高。比如，事物的价值关系必须按**比例**进行评估，而事物预期的价值增减也必须得到精确的计算。下一年什么会变贵，葡萄酒还是粮食？在不同的征兆下，什么是更好的生意和有利可图的投资？

　　金钱就其本质而言是无特性的，它不涉及任何道德和习俗、文化传统或伦理价值。一切人们可以视为"商品"的东西，都可以与其他商品进行比较，并且通过第三方——金钱来衡量。在金钱统治的地方，一切都可以物化。金钱所承认的唯一价值就是价格，换而言之，金钱数量的多少。正如 19 世纪的马克思和齐美尔（Georg Simmel）所强调的，钱是世界上唯一以数量决定质量的东西。因为金钱的道德逻辑即好与坏的区别惊人地简单：钱多则好，钱少则差。人们很少严肃地质疑这种道德逻辑。这种观点看上去如此具有说服力，以至于并未引起讨论。

金钱这一新奇而又无情的客观性，从公元前 6 世纪后期开始在古希腊城邦中引发了一场革命。这场革命慢慢地构建起一种全新的世界观。人们仍然希望拥有更多的不动产、耕地、家畜和珍宝。但跟地产和家庭动产不同，金钱**要求**扩张和流转。不流转，它就会失去价值，这不仅是在我们这个时代，在古代也是如此。更重要的是，人们从此以后能够也必须精确**核算**自己的盈利。那些以前不能被个人支配的大型资产现在也可以被纳入核算范围。熟练地与金钱打交道，不以智慧，而以一些新的能力为前提，如诡计多端、八面玲珑、肆无忌惮——这些都算不上聪明，而是狡猾。

整个社会处于动荡变革之中，希腊的每个城邦都面临着问题与挑战。据说，古希腊的传奇人物，斯巴达的立法者吕库尔戈（Lykurg）大约在公元前 6 世纪曾试图禁止所有金币和银币的流通，而这就犹如尝试用打气筒改变风向。从公元前 5 世纪开始，几乎所有的贸易往来都通过硬币支付。广场（Agora）作为公民集会与公开辩论的著名场所，同时也是一个商业广场。在这里，城邦的生活与政治空间融入了以精确计算为核心的新思想。从此开始，两个世界交织在一起，在"理性的"宪法以及司法的合理限度问题上相互启发，共同增益。探讨的方向则是把事物抽象化、客观化，然后找到合适的标准来测量和计算它们。而谁想要进行测量和估算，就必须拥有大量关于数字和计算的抽象知识。

70

毕达哥拉斯

当第一批数学家看到自己能够用数字对大自然进行测量计算时，心中必定涌现出一种崇高感。他们完成一次计算或者解开一个等式时，也一定体验过无比的欢喜和满足。世界第一次敞开了它的褶皱面，自然的神秘逻辑以及它的法则规律也在人们面前展现出来。有一个人，作为数学最重要的奠基人之一和载入史册的哲学家之一，他的心中必定产生过这样的情愫以及随之而来的自豪感，他就是毕达哥拉斯（Pythagoras）。他因一个数学公式为今天黑板前的学生们所熟知。这个公式，如许多其他公式一样，与他紧密相关，但并不来自他。同时，他也是一位重要的名人，尽管关于他的传说应该只有一小部分是真实的。

毕达哥拉斯出生于约公元前 570 年的萨摩斯，那正是米利都的泰勒斯与阿那克西曼德的学说盛行的时期。大约 40 岁时，他决心离开这个小亚细亚海岸线上的小岛。但这并不让人吃惊。当人们问古希腊哪个统治者是最大的无赖，尽管这一称号会有很多候选人，但最佳人选毫无疑问是萨摩斯岛的波利克拉特斯（Polykrates）——一位投机主义的僭主。他在埃及和波斯这两个大国之间玩弄权势，谋取私利。残害手足，强取豪夺，背信弃义，诡计多端，贪得无厌，以及爱财如命，这是史书对他的描述。但真正让波利克拉特斯的劣迹为后人所知的是席勒（Friedrich Schiller）的叙事诗《波利克拉特斯的戒指》（*Der Ring des Polykrates*），以及他与毕达哥拉斯之间的冲突，当然毕达哥拉斯比波利克拉特斯伟大。

公元前 538 年波利克拉特斯上台时，两个差异巨大的人之间必定产生冲突。毕达哥拉斯在公元前 530 年左右离开萨摩斯岛，前往南意大利的一个富裕城市克罗顿。南意大利的城市类似于小亚细亚地区的商业中心。它们沿着崎岖的海岸线同东西地中海地区进行贸易往来。毕达哥拉斯在希腊人长期居住的卡拉布里亚地区以社团形式建立了一个哲学学派。很快他便成了当地有影响力的人物，并参与到城邦政治的领导中，周围也聚集了不少门生。

他的学说到底是什么呢？对于一些人来说，他是精神导师、宗教领袖，致力于一种秘传哲学。对于其他人而言，毕达哥拉斯是一位冷静的天才，他对数学、自然科学、音乐理论以及逻辑思维的发展起了决定性的作用。一些人并不把归功毕达哥拉斯的数学与自然科学的知识看作他的工作，而另一些人则视他为理性思考的先驱，因为毕达哥拉斯是第一位不从实际经验而从理论概念出发理解现实的人。

而毕达哥拉斯的拥护者如何看待他呢？他们只是钦佩他，还是直接敬奉他为非凡之人？所有相关史料记载都来源于很晚的时代，主要来自古罗马。人们无法确定这些内容是出自大师本身还是他的弟子或其身后的拥护者。因而历史学家各自按照自己的**意愿**拼凑出他们笔下的毕达哥拉斯。毕达哥拉斯确实致力于算术与几何学，尽管对于现代人来说，他的学说建立在一种非科学的方法上。毕达哥拉斯认为数学定律是由玄妙逻辑与象征关系所构成的神秘宇宙的一部分。对于那些首先将毕达哥拉斯视为一位富有洞察力的自然科学家的粉丝来说，这是一个不可忽视的问题。然而，那些将毕达哥拉斯奉为精神导师的信徒，则竭力将毕达哥拉斯的数学研究打上"秘教"的烙印。

公元前 6 世纪，一位思想家在像克罗顿这样的贸易广场上研究数字和数学，这并不令人惊奇。尽管可能显得有些神秘兮兮，但对数字的哲学研究却与生活实践具有非常紧密的关联。公元前 4 世纪，来自塔伦图姆的亚里士多塞诺斯（Aristoxenos）写道，毕达哥拉斯的数学哲学"源于商人的实践"。而他则提升了尺寸和重量的测量精度。毕达哥拉斯和他的拥护者积极地参与到城邦的日常事务中。在那个时代，政治家、商人、数学家、哲学家之间的界限还不那么明晰。

毫无疑问，毕达哥拉斯及其学派的数学发展获得了巨大的推动力。数字和货币一样，也非常抽象。它的质同样也是数。虽然 4 种季节有别于 4 位传教士和 4 名步兵，但是数字 4 将他们联系在一起。所有东西的数量都可以通过数字表达，而这跟它们的质完全无关。与货币经济并行并与其紧密联系，对数字的研究开始将人类生活量化。数字（arithmos）的研究成为数学。人们用数学测量时间，如同以几何划分空间那样。尽管被归于毕达哥拉斯的名言"一切即数"实际上是在更晚时问世的，但至少毕达哥拉斯主义者们对此早有敏锐的认识。

他们尤其注重十进制的应用。十进制的优势是让人们可以直接用手指进行计算。在古埃及这种方法已经得以运用。毕达哥拉斯或他的弟子却将此变成一种神秘的学问。1，2，3，4，相加就是 10，它是最大的非组合数。毕达哥拉斯学派将其当作神圣的数字。对他们来说，数字 10 支配着整个宇宙，并根据数学法则赋予它秩序。毕达哥拉斯学派在数中同时看到了质。他们认为，偶数是阴性和无限的，奇数则是阳性和有限的。

毕达哥拉斯学派到底是将数学变成了宗教，还是把宗教变成了数学呢？如果我们认识到，在毕达哥拉斯的那个时代，这两个世界还没有严格区分开来的话，我们的疑惑或许会减轻。赋予数学法则这样的理性知识以宇宙秩序的内涵，这完全符合当时的时代精神。相反，如果像现代人一样将数学与宗教完全区分开，这对于公元前 6 世纪的古希腊人来说会显得有点陌生。在那个时代，天文学与占星术密不可分，同样，化学也在很长一段时间内与炼金术联系在一起。在长达两千多年的历史中，人们将它们当作神秘的技艺而不是自然科学。

毕达哥拉斯很可能是从埃及和巴比伦带回了他的学说，他曾在这两地游学。在这两大高度发展的文明中，研究数学与天文学的首先是神职人员。因而它们跟宗教与神话之间有着紧密的关联。巴比伦人和埃及人早已知道直角三角形的毕达哥拉斯定理。关于毕达哥拉斯用数学公式证明了这一发现的说法还纯粹是猜测。同样，毕达哥拉斯对于天文学的贡献也不那么明确，因为历史上并没有具体的细节说明。但对思想原创性的强调是很晚近的事情，它在飞速进步的工业与服务业社会中，才以专利和版权的方式被重视起来。

我们关于毕达哥拉斯天文学的认识大部分来自菲洛劳斯（Philolaos）。他出生于这位大师逝世几年后，大约在公元前 470 年。菲洛劳斯的记录在今天看来并不确定就是毕达哥拉斯的思想。据此，世界由两个原则构成："确定"与"不确定"，或者说"有限"与"无限"。两者有本质的不同，却通过"和谐"相互关联并保持在平衡中。和谐是将世界统摄为整体的关键所在。

这种和谐可以通过数字关系表达出来。也就是说，和谐能够通过数学来认识和计算。数字因而具有了非凡的意义，"因为若没有数字，则不可能在思想中把握或认识一个东西"[14]。一切迹象表明，菲洛劳斯认为宇宙不只可以通过数字来计算，宇宙根本就由数字**组成**。据亚里士多德所言，菲洛劳斯主张数字是一种客观现实，而不只是人类精神活动的辅助工具。

在此前提下，菲洛劳斯发展了他的宇宙学说。他说，宇宙的中心存在一团火焰。地球——一个球状的地球围绕其而行！他是第一个指出地球是球形的人。尤其值得注意的是，他同时认为，这个球并不处于世界的中心。正是哥白尼，在将近两千年后回溯到这一理论。跟地球一样，太阳、月亮、金星、火星、木星、土星，一同环绕着那团宇宙中心的火焰。

菲洛劳斯的宇宙学剩下的部分是纯粹的猜想，很少有明确方向。尽管菲洛劳斯对于地球绕其轴心旋转的认识是正确的，但这只是他用来解释为什么人们不能看到宇宙中心火焰的一个观点，因为火焰总是朝着地球的另一面。很显然，菲洛劳斯认为地球只有一面有人居住。

而且他相信月亮上很可能也有人居住。

　　至于菲洛劳斯记录的宇宙学说有多少是毕达哥拉斯开创的，还有待商榷。相比之下，另一个毕达哥拉斯学派的观点则更让人确信是来自大师本人，即宇宙和谐的观念：宇宙图景是数字的和谐图景。菲洛劳斯也认为，宇宙由和谐统摄。众所周知，毕达哥拉斯不仅以物理的方式，也以声学的方式向人们描述和谐。他说，天体在旋转时发出声响，构成宇宙的和声。然而人类听不见宇宙的音乐，因为它持续不断地进行着，而我们的耳朵对宇宙和声没有知觉，就像夜晚人们在灯火通明的大城市看不到星星。宇宙和声会产生一种声污染，就如同我们今天的光污染。

　　毕达哥拉斯学派将数学知识运用到所有其他生活和知识领域。菲洛劳斯写道："人们不仅能够在神的世界中，而且能在人类所有的作品和言辞、所有工艺以及音乐领域中发现数字的本质及其力量。"[15] 在音乐中，对数字的思考尤其富有成果。毕达哥拉斯学派认识到，和谐音程可以通过数字关系表达。如果乐器的弦缩短一半，人们就听到八度音；如果以 2∶3 的比例缩短，就产生五度音；而以 3∶4 的比例缩短则产生四度音。声音的高度取决于弦的长度，并且它们之间呈现出一种精确的数学比例关系。数学可以规定乐器，如同规定宇宙天体的声音。当然，毕达哥拉斯谈论声音的时候，他不仅仅是在谈论声学。他宣称，神与人、天与地之间维持着普遍的友好关系，它们相互关联于普遍秩序——宇宙中！

权力集团

　　毕达哥拉斯学派是西方第一个真正的思想流派。并且如我们将看到的那样，他们具有巨大的影响力。他们吸纳了许多遇到的事物，例如埃及人的自然知识、巴比伦人的数学与天文学。由此诞生了一个带有诸多个人烙印的，以灵性和数学为核心的学派。每个毕达哥拉斯的信徒似乎都可以从这一混合剂中提炼出自己的灵丹。

　　毕达哥拉斯团体对友谊的重视则是完全非数学化并极具传奇色彩的。这在席勒一首充满浪漫主义激情的叙事诗中得到了描述:《人质》(*Die Bürgschaft*)。达蒙因刺杀叙拉古僭主狄奥尼修斯的计划失败而被判处死刑。因为他还想尽快将妹妹嫁出去，于是请求他的朋友去国王那里为他做人质。最后达蒙历尽各种艰难险阻让自己的朋友重获自由，这份友谊甚至感动了最残酷无情的暴君。尽管这个故事的所有内容几乎都是杜撰的，但它建立在毕达哥拉斯学派具有传奇色彩的友谊理念上。他们的友谊理念背后是对一种哲学观念的坚持:正如宇宙应该以和谐统摄，人类同样应该致力于跟他人和谐共处。显然，对他们而言，友谊涵盖了一切人类关系:与自我、配偶、孩子、朋友以及邻人的关系。所有领域中的对立和矛盾都应该通过和谐的友谊得到和解。

　　尽管时常跟周围的人产生激烈的冲突，毕达哥拉斯与其在南意大利城市的拥护者却一点儿也不愿意低调。相反，他们积极地投入政治活动，以至于总是引起纷争。原因可能是毕达哥拉斯信徒的贵族姿态。尽管崇尚简朴的生活方式，但比起普通民众他们更青睐上层阶级。他们引人嫉妒，尽管毕达哥拉斯及其信徒身上神秘的精英气质对于一些人来说极具吸引力，但在另一些人眼中却是非常可疑的。毕达哥拉斯学派在克罗顿，后来也在其他城市建立了一个权力集团。他们的领袖在克罗顿同邻邦锡巴里斯的交战中扮演了重要的领导角色。尽管克罗顿胜利了，但毕达哥拉斯最后却失宠了，于是他带着许多拥护者逃往梅塔蓬(Metapontion)，一个位于赫拉克利亚和塔伦图姆之间，在意大利山谷中的希腊属地。在那里他继续宣扬学说，招纳门徒。毕达哥拉斯去世十年后，即公元前 6 世纪末 5 世纪初，他的弟子在南意大利遭受迫害和排挤。但他的学派在塔伦图姆得以保留并延续至公元前 4 世纪。据说，菲洛劳斯也在此生活过，直到被迫迁往希腊。

　　既不能单纯将毕达哥拉斯视为秘教精神导师，也不能把他当作纯粹的数学家。如亚里士多塞诺斯所言，数学哲学源于"商人的实践"。亚里士多塞诺斯来自一个深受毕达哥拉斯学派影响的塔伦图姆乡镇，他的老师就是一位毕达哥拉斯学派弟子。数字哲学、比例学说、数学与经济学之间关系紧密。它们相互影响并且以这种方式改变了理性和逻辑思维的地位，与此同时也改变了希腊文化。有趣的是，毕达哥拉斯是唯一出现在古代硬币上的哲学家，而且类似的事出现过两次。大约公元前 430—前 420 年，城邦阿布德拉的硬币上出现了毕达哥拉斯的面容。几百年后，萨摩斯为纪念自己失去的儿子，以他的姿态塑造了一位拿着权杖的统治者。

　　新兴的货币经济，连同算术、比例与测量知识一起，为逻各斯迅速获得人们的高度重视做出了贡献。测量、比例和逻辑的世界秩序本身也具有世俗维度，那就是**分配**、**合乎比例**以及**公正**的世界秩序。以理性方式统摄宇宙的最高原则也应该规定人类生活的理性秩序。而衡量人类所有行为好坏的尺度是：正义。

赫拉克利特

　　波斯人占领的以弗所城，离萨摩斯和米利都不远。同样，它也是一个商业中心，而且是毕达哥拉斯最有名的哲学对手赫拉克利特的故乡。后者生于公元前 520 年左右，在克罗顿的精神领袖出生 50 年后。赫拉克利特与毕达哥拉斯之间并没有过真正的竞争。然而，赫拉克利

特对毕达哥拉斯的轻视程度就如同后者从南意大利传到以弗所的名声
一样大。赫拉克利特，这个一生中从不测量，不计算，不探索自然，
从没发明过任何东西的人用最尖锐的语词谴责毕达哥拉斯。尽管赫拉
克利特承认毕达哥拉斯"比任何其他人都开展了更多的研究"，但他认
为，毕达哥拉斯所教授的大部分东西并不是他自己的原创。对于赫拉
克利特来说，这位受欢迎的智者实际上是一个"大骗子"，他的"博
学"掩盖了真正的事实：他对于自己所谈论的东西只有最肤浅的理解。

　　扬人灰土，己手先脏。这种毫不留情的责骂往往也让骂人者显得
不甚高明。在旁人看来，他们其中一位是在嫉妒另一位的声誉。传闻
中，赫拉克利特不是一个和善的人。他出身贵族，据说曾拒绝过御用
祭司这一在城邦生活中非常重要的职位。他对周围人的态度可以从他
的言论中略知一二：

> 　　以弗所人应该一个个都上吊，把城邦交给年轻人。他们将赫谟
> 多洛（Hermodoros）这个他们中最优秀的人驱逐。他们还说："我们
> 之中不应该有最优秀的人；如果有，那他应该去别的地方！"[16]

80

　　据传，赫谟多洛是当地一位有名的政治家。除了他之外，也就只
有普里埃耶的毕亚思（Bias von Priene），一位泰勒斯时期的传奇政治家
被那位脾气暴躁的哲学家赞美过。所有其他的名人在赫拉克利特眼中
都是愚蠢之徒。荷马应该被禁止赌博，并领受鞭刑。诗人赫西俄德分
不清白天黑夜。哲学家色诺芬尼（Xenophanes）和地理学家赫卡泰奥斯
学的多，懂的少。

　　赫拉克利特的愤世嫉俗在哲学中升华为对逻各斯的扩展与深化。
而当哲学的一位代表人物痛斥一切被崇敬的传统时，人们则惊讶于哲
学的超然自信。赫拉克利特哲学一个常见的问题是，我们往往无法准

确理解他的意思。他的思想只有一部分流传下来。曾引用和收集过赫拉克利特思想的有柏拉图、亚里士多德、亚历山大里亚的克莱芒、罗马的希坡律陀（Hippolyt von Rom）以及第欧根尼·拉尔修。他的话总是神秘莫测又模棱两可，充满诗意又自相矛盾。因此，人们称赫拉克利特为自古以来的"晦暗者"。他经常玩文字游戏并使用双关语。他的语言造诣很高，但是语句晦涩神秘犹如占卜者的预言。赫拉克利特似乎同时扮演着占卜者、语义学家、先知和文字玩家的角色。

　　"正义"概念在其残篇中具有特殊地位，"法律"意义上的"规范"（nomos），第一次出现在一位西方哲学家的讨论中。之前曾介绍过，阿那克西曼德将宇宙秩序与正义联系在一起。同样，毕达哥拉斯学派的友谊理念也宣称，每一个希望与他人友好共处的人都必须忠诚地信守城邦的正义。但直到在赫拉克利特那里，正义与法律才在天地之间找到了其确定的位置——作为超世俗理性的世俗对应物。

　　赫拉克利特断言，逻各斯不属于这个世界。逻辑与理性属于神性的范畴——一个绝对的世界。令人遗憾的是，似乎只有极少数人会去认识和理解逻各斯。赫拉克利特承认，"所有人……都有认识自我和理性思考的能力"，但是大多数人并没有去运用这种能力。[17] 每个人都被允许去思考，但很多人都不愿。因此，大多数人都处于一个由私人意见和个人观点构成的模糊世界。他们人云亦云，对于这个世界的确定真理却一无所知。他们奉为圭臬的信条是：放弃自己的私人意见领域，顺从公认的普遍客观性："因此，人们必须遵循普遍规律。尽管所有人都置身这一世界法则（逻各斯）之下，但许多人假装他们拥有独立思考能力。"[18]

　　逻各斯是超越个人的。探究逻各斯的人也在探究现实（宇宙）整体。赫拉克利特指出，探究宇宙之人可以说："我在探究自身。"对希腊人而言，关于"世界"的思考总是与人联系在一起，而认识世界与认识自我是不可分割的。正义与法律是逻各斯在人类生活中的世俗化。它们普遍适用，人们必须放弃自己的个人观点而将其视为至高理性，并且臣服于它们。虽然几百年来，正义一直为贵族大地主的独裁统治所左右，然而在赫拉克利特那个时代的以弗所和其他城邦，人们却相信存在一种跟所有人都相关、对所有人都平等的法权，尽管还不是现代意义上的独立现实法律。在他最著名的残篇中，赫拉克利特号召："人们必须为他们的法律奋斗，就像为他们的城墙战斗。"[19]在古希腊，当一个城市被城墙圈定护卫，城市便成为一个城邦。赫拉克利特认为，就像城墙抵御外敌以保证城邦的外在安全，法律维护城邦内在的统一和文明社会的活力。如其所言："必须基于共同原则而构建事物，就像基于法律建立城邦，那样事物将会更稳固。"[20]

然而，在赫拉克利特那里，神性逻各斯与人类正义的类比并不和平，也不和谐。毕达哥拉斯学派所坚持的和谐、和解与友谊信条被赫拉克利特讥嫌为老好人的唱词。他的逻各斯、世界法则以及关于正义和法律的设想，都是富有战斗性的。逻各斯甚至整个世界都是由互相斗争的矛盾体组成的："必须知道，斗争到处存在，正义即斗争，所有的事物由斗争和必然性来成就。"[21]赫拉克利特说："斗争是万物之父。"[22]

赫拉克利特认为，世界的统一通过对立物的斗争而产生。"冷的变成暖的，暖的变成冷的，湿的变干的，干的变湿的。"[23]他说："矛盾之物组合成一体，美好和音诞生于不同的音符。所有事物都由斗争形成。"[24]"在生与死、醒与睡、幼与老的对立中所显现出来的是同一个事物。它总是一会儿变成这个东西，一会儿变成那个东西。"[25]这一思想也带有新兴货币经济的痕迹。货物变成金钱，金钱变成货物。赫拉克利特主张，一切东西由其对立面决定，而对立面就蕴含在事物自身之中；这一重大的思想（用柏拉图的话说），作为**辩证**思想进入哲学史并对后世产生巨大影响。特别是埃利亚的芝诺（Zenon von Elea，约前490—前430）作为大辩证法专家出尽风头，并演绎了许多著名的悖论。

如果世界的本质是辩证的，那么赫拉克利特的语言风格如此晦暗就不足为奇了。他的许多名言不仅在内容上主张辩证思想，而且还将其通过语言形式展现出来。也许赫拉克利特自认为与绝对的逻各斯契合一致，他的语言展现了世界本身所是的样子。对于今天的哲学家来说，这是一种令人难以置信的狂妄。然而，对自身认知能力进行批判性反思，这在公元前500年还为时尚早。赫拉克利特喜欢用隐喻。根据使这句箴言流传至公元3世纪初的罗马的希坡律陀所记载，赫拉克利特曾说过："对世界及其万物的审判都将在一团火中进行……降临的火焰会涌向并抓住所有东西。"[26]在赫拉克利特眼中，火象征着毁灭和重生，生成和衰亡。此处将火阐释为万物的本原，是亚里士多德一厢情愿的解读。同样，柏拉图将赫拉克利特的名言"一切皆在流变"视为其思想的核心，也是一种一厢情愿的阐释。

如果万物都在矛盾斗争中一同生成和衰亡，那么在正义问题上也就不存在完全不同的力量，不存在善与恶。赫拉克利特似乎主张的神性正义是火之审判者。在每一次权利争论中，就如在城邦法律的建立中，胜负通过立论与反驳决出。利益纷争的结果是在暴力斗争中诞生出新的正义秩序。赫拉克利特不青睐民主的正义。因为正义的根源不是多数人的意志，而是"一位具有神性者"[27]的个体意志。而这唯一的神并不像之后很多哲学家所主张的那样，是善和道德的，而是**善与恶之间不可消除的矛盾对立**。这一理念深深吸引了19世纪末的赫拉克利特追随者——尼采。

赫拉克利特确信，逻各斯在世界之中客观地存在。并且，他似乎也相信，正义与法律是客观的，即便它们由人类表述。这种对客观的正义秩序的信念于今天的我们而言是陌生的。无论满意或抵触，我们都习惯性地接受我们社会中的正义。但无论如何，我们都不认为这是神的意志，人的判决不是神的审判。

赫拉克利特有什么成就？作为辩证法家，他能够比毕达哥拉斯更好地解释在一个和谐宇宙中人类的纷争从何而来。赫西俄德用来解释罪恶来源的"潘多拉盒子"早已失去可信性。而毕达哥拉斯的友谊乐观主义显得过于牵强。看起来更具指导性的是这样的观点：所有的对立都构成统一，世界上所有的矛盾都是自然而然的。

但是，另一方面，赫拉克利特思想的魔鬼却一直困扰着哲学家们。他所有的残篇都极为教条主义。它们似乎从不自我怀疑，没有解释为什么逻各斯由赫拉克利特掌握而不是其他人，没有反思与日常经验截然不同的绝对世界是如何进入人的思维，也没有思考如何为这些主张提供更详尽的论证。

从正面看来，赫拉克利特是有意识地与世界疏离的洞察者的典型，一位在哲学中时常被人模仿的榜样。这样来看的话，他也许是第一位真正的哲学家。从反面来看，哲学的狂妄始于赫拉克利特。当爱奥尼亚哲学家与毕达哥拉斯学派在为宇宙万物寻找有理有据的解释时，赫拉克利特却以斩钉截铁的确信对世界下了判断。他在莎草纸上写下的句子如同石头上凿的那样。跟其他早期的逻各斯代言人、数学家与成功的商人一样，赫拉克利特自觉属于精英。心里充满如此这般骄傲的人很容易蔑视他人。逻各斯至上的赫拉克利特哲学于是带有某种很强的反启蒙特征：如果旁人无论如何都很愚蠢（正如他在残篇第十三中所断言），那么就也无须启蒙他们。哲学家因而成为傲慢的厌世者，对他们而言，社会和政治都太笨拙……

巴门尼德

尺度、数字和比例在公元前 5 世纪的古希腊文化中拥有何种新的意义，毕达哥拉斯学派哲学已有所阐述。而在赫拉克利特那里，我们看到正义概念在那个时代经历了怎样的意义变迁。正义看起来更像是一种新的秩序，而非统治者的独断。它是世界法则（逻各斯）在人类法律（nomos）中的对应物。这种正义自称是普遍与客观的存在，连太阳都比不上它。因为太阳还会越界，从而被厄里倪厄斯（Erinnyen，希腊神话中的复仇女神），"狄刻（Dike，正义女神）的帮手"抓住。[28]

诚然，毕达哥拉斯不只是货币经济的哲学家，而赫拉克利特哲学也不仅只关注正义。钱货交换现象也曾出现在赫拉克利特的箴言中，他曾说："万物都转化为火，而火又转化为万物，正如货物换金子，金子换货物。"[29] 两位哲学家都想要洞察世界的尺度与规则，无论是在宇宙还是人类生活中。

当赫拉克利特在以弗所思考生成与消逝的辩证法以及宇宙逻各斯与人类正义的类比时，在南意大利，离毕达哥拉斯学派不远的地方，出现了一种新的思想方向。埃利亚小城，位于今天的萨莱诺南端，是一个刚成为希腊属地的坎帕尼亚小城。公元前 520 年左右，古希腊令人惊叹的哲学家之一就诞生在这个位于意大利境内的如今人口稀少、经济落后的小城。他的名字叫巴门尼德（Parmenides），关于他的生平我们几乎一无所知。我们通常只听过他的启蒙诗。巴门尼德的思想与赫拉克利特主张万物永在生成与消亡的观点相反。对这个来自埃利亚小城的人来说，没有生成与消亡，只有**存在**（Sein）。

巴门尼德残篇的开端如神秘短篇小说一般。巴门尼德由女神带到"光荣大道"上，他骑着骏马来到"日夜大门"前。正义女神狄刻把门打开，巴门尼德见到了女神。女神友善地迎接了他，因为巴门尼德

"带来的不是坏命运，而是公正（Themis）与正义（Dike）"[30]。正义女神看管日夜大门，这是公元前 5 世纪正义的一个标志。正如阿那克西曼德与赫拉克利特，巴门尼德的主题也与宇宙秩序紧密相关。

女神向巴门尼德宣告的只有一个命题：与大多数人的错误观念相反，只有存在者存在，非存在者不存在。对于存在者而言，没有变化和毁灭，它是绝对静止和完美的。它的形状如同一个球体般完美。那些主张存在者是变化之人是不理性的，想法也不成熟。

巴门尼德引入了一种新的哲学观念。他认为，世界中存在着不变者。这个重要的新命题影响深远。不变者随着历史的发展被冠以很多名称。其中最具影响力的一个就是拉丁语名词"实体"（*substantia*），即"物质"（substantz）。它的意思是"构成事物的东西"。

不过巴门尼德的残篇初看起来像一个由神话点缀的空想。跟"万物流变"的命题不同，巴门尼德的命题是"无物变化"。而他的命题有一个很现代的维度，这一维度远远超越了当时的观点和思辨范围。存在者存在，非存在者不存在，巴门尼德这一命题背后的理由是，人们不能设想非存在者。因为一切存在之物都是我**在头脑中设想之物**，非存在者无处可寻。人们不能设想"无"，而只能思考"有"。存在者与思维是一致的！

这一思考维度非常重要。因为巴门尼德的思考于当时的哲学而言是全新的。这是人们第一次不仅对认识对象——世界，也对认识主体——意识进行反思！更为现代的表述是：一切存在之物首先在我的思维中为我存在。它不是世界中的"自在"之物，而是意识内容。

这种想法毫无疑问是正确且具有开创性的。巴门尼德推断的第二步则是，我的思维必须在世界中拥有一个真实的对应物，否则我的思维是空的。无中不能生有。所以存在一个真实的世界与我的思维相符，即存在者。这推断的第二步并不像第一步那样逻辑严密。因为谁能说，我的意识充分领会了世界？一条以热感应场来感受世界的盲蛇跟人类这样的"视觉动物"有着完全不同的世界图景。显然，"存在者"也不是绝对的，而取决于不同视角。这个精彩的问题还将继续牵动哲学的发展。在此不展开详细讨论，之后我们还会不断回到这一点上。

当所有关于世界的知识被我思考时，那么它们也会受我的感性和认知机制所限制。然而，这个问题在巴门尼德那里并不存在。他宣称，他的真理是神性的。关于存在者的真理来自更高的权威，并不源于人类的感性世界。它是客观和绝对的。正如赫拉克利特，巴门尼德也相信逻各斯的神性；一种更高的理性，却只被少数人所掌握。真理是一种至善，而大多数人只相信被感性伪装的东西。他们的世界是表象的世界，而他们的思想则是谬误的堆积。这种高傲的哲学思想同样影响深远。在两千多年的哲学史中，我们经常能看到赫拉克利特和巴门尼德的影子。

巴门尼德思想的精髓是什么？如果存在者是我能够思想的东西，那么反过来说，我能够思想的东西是存在的。从今天的观点来看，巴门尼德陷入了语言逻辑的陷阱。在这一点上他是对的：我的头脑中只存在我能够设想和把握的东西。这种认识的一种常见表述是，我能够指称某个东西。通过"椅子"或者"诗歌"等语词，我能够把现实事物付诸抽象概念。我就像使用我的一只手一样通过语词"把握"或者"领会"事物。

毫无疑问我能够用语言把握事物，但是我并不能因此宣称它们实际存在。我可以谈论哈利·波特或者《指环王》中的法师甘道夫，但是无须为他们在现实中找到对应者。相反，只存在一个虚构的观念。他们"在世界上"，也就是说，他们能够被别人认知，但是他们并不现实存在。很少有人会写下"哈利·波特真的存在"这样的句子。在很多词语中也有相似的情况，根据所处的背景每个人可能想到的完全不同。当我谈到"度假"时，我会想起自己上次在西班牙度假。而读者听到"度假"时，可能会想起他上次去过的波罗的海海岸。这也就是说，并不存在"度假"**本身**。即便人们都能够准确理解这个词的意思，他们所联想到的现实也是千人千面。

今天我们知道，思维、词语和现实不是同一个东西。同样，世界上不存在生成与衰亡的主张对我们来说也极为陌生。尽管如此，我们不能低估巴门尼德对于哲学的重大意义。就目前所有留传下来的古文献来看，巴门尼德是第一位对思维本身进行思考的哲学家。他的两个基本命题都对西方哲学影响重大：第一，**存在者是大一**！第二，**存在者与思维同一**！

世界不再是确定无疑的客体，而展现为由人的意识所敞开之物。尽管巴门尼德诉诸神性智慧而不是人的理性：在公元前 5 世纪的古希腊，万物的尺度却不只是金钱、数学和正义，而是在人类智慧犹疑的开端进行支付与计算、测量与分配的人类意识。那么这种意识如何看待世界上的其他生命？人类灵魂与植物和动物的灵魂有什么区别？我们是自然的一部分，还是说被逻各斯吻醒的我们如同神灵远远超越了它们？

人的本性

逻各斯所在——转世的灵魂——失落的天堂——灵魂的材料——

温和的灵魂——一切皆为质料！

逻各斯所在

产生了西方的灵魂之不朽的那个世界，是一个美丽的世界。在一年中气温高达 40 度的 320 天里，人们头顶烈日。原始的风景铺展至海拔 2000 米高的阿斯普罗蒙特群山处。苍老的山毛榉和松树绵延生长在第勒尼安和爱奥尼亚海岸，来自大海的岩石垂直耸立，狐狸、狼群和野猫以此为居。天空灰白，苍鹰在落日的余晖中于柠檬树和龙舌兰的上空盘旋。

在意大利最贫穷、人口最稀少的土地卡拉布里亚和西西里岛，这里曾矗立着一群令人骄傲的城市，希腊商人、海员、手工艺人、农民

和哲学家在这里往来。如一切过去的遗迹，残留的石柱、被时光侵蚀 91
的高墙和神庙在沙地上沉默着，如鬼魅般苍白。

在欧洲，没有任何地区像意大利南部一样对西方思想的起源如此
重要。毕达哥拉斯和他的学生发迹于此，它也是众多后来的哲学家的
故乡。正是在此，爱奥尼亚思想传统在精神和其他方面产生了一系列
影响。人类灵魂和世界出现了新的局面。在这新的局面中，抽象的和
不可见的、超自然的和普遍的、理念的和非时间性的，表现为真实的
世界，经验世界倒是低级的、非本真的和不真实的东西。

在这片以前由神话统治的土地上，像毕达哥拉斯或赫拉克利特这
样的思想家提倡理性的思考。然而他们的思想并没有因此摆脱神学。
不如说是他们把宗教移到他处：将宗教连同众多神明形象从感性世界请
到了一个超自然领域。在一些地方，之前诸神表现得如人类一般，而
现在人类可能看重神性中的真 / 善 / 美。其表达为永恒的逻各斯，如
赫拉克利特所说，依据逻各斯，"一切由此发生"。可惜这逻各斯只吐
露给最聪明的人。人们无法借"前哲学和哲学以外的思考和行为方式"
掌握逻各斯。于是多数人相信，真实性就是那些真的**事物**。而哲学家
知道，真实性是事物**真的**（wirklich）存在。

通过理性的尺度对世界做测量使理性变得非本真。究竟这位聪明的
哲学家有何超过"众人"之处，使得他能够这样感受并认识逻各斯？
他通过何种方式接触逻各斯？我如何能体验到，世界中不以感性形式
存在的永恒与真实？我似乎不能通过肉体感受到逻各斯，而仅仅只能
通过思想。思想如何才能思考一些在感性可体验的世界压根不能够体 92
验的东西？这些思想如何得以实现？我的灵魂需要哪些特征，才能够
同逻各斯的绝对性关联在一起？我的灵魂是身体器官的一个部分吗？
抑或不是？如果不是，它又位于何处？

我们从赫拉克利特处了解到，"逻各斯本属于灵魂"，"它会自我增

长"。[31] 这是一句模糊的话，因为如果根据逻各斯的本性，它是普遍
而绝对的，也即非人性的，那么"本属"到底是什么意思呢？探究灵
魂——以及它与逻各斯之间特别的关系，一些后续的残篇早就表明这
是没有前途的尝试："你永远找不到灵魂的边界，即使你找遍所有道路
也是如此；它的本质隐藏得非常之深。"[32] 人们喜欢接着提这样的问题：
一个灵魂分有永恒的逻各斯，那么这个灵魂本身是否是永恒，即不朽
的——在这个问题中，赫拉克利特古老的绰号"晦暗者"显得名副其
实。"人们在其死后期待着那些他们所不能幻想或者臆想的东西。"[33]
死亡和不朽的知识不是每个人都必须掌握的事情。

　　然而在赫拉克利特的时代以及之前的一个世纪里，希腊人到底如
何理解"灵魂"和"肉体"呢？显然，关于逻各斯我们碰到了一个全
新的人类学问题。在荷马和赫西俄德的世界里，没有肉体和灵魂的对
立。既不存在表达"肉体"的词也不存在表达"灵魂"的词。荷马史
诗里的英雄至多拥有一种天界的生命力: *psyché*（灵魂）。它维持着人和
动物的生命，在死亡那一刻随着气息呼出。它从死者口中或伤口中漂
浮而出，进入冥府，在黑暗中寂寞地继续存活。在《奥德赛》第十一
卷中，死者灵魂呈现为虚弱的影子，为了能够再次开口说话，必须喝
下鲜血。死者的灵魂好似软弱的吸血鬼，若不吸食鲜血，只能维持干
瘪的存在。

　　因此构成一个人的特性的，并非灵魂。它既不负责我的感觉，也
不负责我的思想，它仅仅是能让引擎发动的汽油。关于灵魂的这种假
设，今天的我们已感到陌生。它使人想起威廉·布什（Wilhelm Busch）
笔下虔诚的海伦的灵魂。她死去时，变为虚渺之物离开肉体，通过烟
囱升向天空。赫西俄德和他的诗人同行品达（Pinda）也将蛇的习性归
因于一个灵魂。蛇蜕皮的时候留下空空的躯壳，灵魂继续寄存于新形
成的动物体内。与之相反，负责我的特性的不是灵魂，而几乎是我完

整的肉体：*etor* 或 *kradia*，我的心；*menos*，我的活力；*thymós*，我的意志；*phrenes*，我的感官；还有 *nous*，精神。在各自的主管范围内和许多交叉部分，它们生产出我的情绪和感觉、我的性情、我的想象世界和我的思想。

像赫西俄德的神话中所谈的一样，荷马叙事诗中的人虽然借助自己的头颅、躯干、双臂和双腿，即用生命走上战场，但他不具有作为整体的躯体。只有灵魂从其中离去，死亡的身体才得到一个名字，叫作肉身（*sóma*）。因而在公元前 8 和前 7 世纪，希腊人想象中的人有两个灵魂。其一是提供生命力的、不具肉体的自由的灵魂；其二是分布在数个器官上的肉体灵魂，它构成"我"及其特性。

在接下来的百年间，这种方案越来越脆弱。因为随着逻各斯上升为一种普遍理性，出现了这样一个问题：逻各斯究竟位于人类的何处？即使逻各斯来自神——无论怎样且无论何处，它一定会**在人**那里与人相遇。然而纯粹机械的生命活力和个人的身体器官好像皆非逻各斯特别合适的容身之所。似乎在宇宙起源说和自然解释的背景下，这个问题越发晦暗不清。随着这个问题，一种对人类与自然的全新思考开始了。灵魂从身体解放出来，踏上了它长达两千年的胜利之路。并且，随着这个过程而来的，是西方哲学中大概最大的错误。

94

转世的灵魂

让我们再一次回到位于美丽的小亚细亚海岸的米利都。据一则 1 世纪的资料显示，阿那克西曼德可能考虑过人类灵魂的问题："阿那克西曼德称，灵魂的本性（指实体）是气态的。"[34] 阿那克西美尼甚至可能认为，"生物体是由简单、单一的气体和气流构成的"[35]。我们的

"灵魂,即气",支配着我们。[36] 阿那克西美尼在这里用来表示灵魂的词,是 *psyché*。如果灵魂果真"支配"着我们,那它远不仅仅是我们身体的动力燃料。阿那克西美尼将 *psyché* 理解为物质性的吗?因而这种理解要比荷马或者赫西俄德更明晰吗?

在同一时期,一场极其特别的运动发生了。这场运动是一种秘密学说,在希腊多个地区造成轰动——俄耳甫斯教(Orphik)。它的发源地可能是色雷斯。它的信徒援引想象中的、神秘的俄耳甫斯歌者。相应地,他们将自身的智慧著成了佳句与诗篇。许多都是关于灵魂不朽、净化与救赎的。我们并不知这些诗作是否与组织良好的教派或众多地方团体有关,他们有着自己的观念和传统。而至于对灵魂的想象,所有的俄耳甫斯教徒似乎都一样:灵魂和肉体是严格分离的。当肉体渐渐消失,灵魂依然不朽。荷马和赫西俄德的灵魂会再度离开肉体,俄耳甫斯教徒的灵魂亦如是。

对于俄耳甫斯教徒来说,灵魂先于肉体存在。灵魂不进入冥府,而是继续在地面游走并屡屡钻进其他形体中。俄耳甫斯教徒信奉轮回转世说,我们知道,印度教也有类似的说法。人们认为,灵魂根本不是个人的灵魂,而是一个超越时间的或者不受时间限制的灵魂,它将个人的肉体仅作为行进中的停靠站。或者说,人们辨认出自己并非通过其身体,而是通过一个不可见的灵魂,并且甘于在死后作为乌鸦或者无脚蜥蜴继续存在。根据这种观念,无论如何每个人都会找到一条出路,灵魂总会得到显著提升:灵魂如天使般飘浮着,穿越永恒,进入常新的皮囊。如果我的肉体是受缚于物理学的奴隶,那么灵魂则是(我现在不能再简单地称其为**我的**了)神圣而自由的。

按照我们西方对哲学的理解,俄耳甫斯教派的轮回转世学说并不哲学。它缺乏理性论证的尝试。更确切地说,它是地中海地区一种古老的宗教,尽管它可能并非由地中海的环境所孕育。古埃及人同样在动物体中认识到灵魂的转世——当然仅在动物死后而非在持续的生命循环进程中。

俄耳甫斯教十分神秘且具有宗教属性。但它对哲学来说仍然意义深远，更确切地说，这要归功于毕达哥拉斯。这位大师在克罗顿创立学院时，意大利南部的俄耳甫斯教正处于鼎盛时期，许多地区都有其圈子。上层贵族代表在房间里或橄榄树下会面，谈论他们的灵魂。与拥有无数的屋神、院神、地区神以及万能神的朴素民众的宗教相反，俄耳甫斯教徒飘游进更为抽象的空间。他们的主题是身体躯壳之下内在的人。他们对持续飘浮、不断转世的灵魂及其具体后果进行了长久的讨论：我该如何生活？考虑到轮回转世，我可以做什么，不可以做什么？为了我的灵魂在下一段生命中能有很大的可能获得一个美丽的身体，而非在一个癞蛤蟆或是水蛭身体中萎谢，我能做什么样的努力？

毕达哥拉斯学派几乎不提其他问题。他们继承了俄耳甫斯教的轮回转世学说，并继续扩充它的内容。诗人伊翁（Ion）于毕达哥拉斯死后不久出生于小亚细亚的希俄斯岛，如果他所言不虚，那么毕达哥拉斯甚至以"俄耳甫斯"的名义出版了一部著作（没有保存下来）。看来，毕达哥拉斯学派已经完全将俄耳甫斯教的灵魂转世说据为己有了。在公元前 5 世纪的意大利南部，俄耳甫斯教还默默无闻，毕达哥拉斯学派却声名在外。

毕达哥拉斯学派和俄耳甫斯教一样，认为相比于肉体，灵魂显然是人类更有价值的部分。灵魂——而非身体器官，决定了性格与性情、感觉与思想。继柏拉图之后，相对于天界的灵魂，毕达哥拉斯学派也轻视尘世中受限制的肉体。肉身（sóma）是灵魂的坟墓（sema）——是这样的坟墓，灵魂从一个逃入另一个，如此往复；这是一个恶性循环，无意义的相同者以某种方式做的无尽重复，不断进入一个新的皮囊。也无怪乎，并非所有灵魂转世说的信徒都满足于这样一种毫无指望的决定论。

97　　　转世说具体来说有不同的变种。据公元前5世纪希罗多德的传说，重生是一个长达三千年的固定循环。这段时间里人类灵魂经历了整个动物界，从陆地动物到水生动物再到飞鸟，然后又回到人类。这是一个预定的行星轨道，人类没有丝毫机会可以阻止或参与决定命运。在这个理论中，人类在自然界没有特殊身份。人类就是一种动物，别无二致，体现着无情统治着他们的自然法则。

这样一种观念使许多俄耳甫斯教徒和毕达哥拉斯主义者变得很不幸。其原因在于永恒的自然之剧在道德上的冷漠，以及灵魂的不朽代价高昂。难怪出现了灵魂转世说的第二种变体。它只有一个目标：打破宿命论！在诗人品达看来，人类可以参与到对其灵魂命运的决定中，或许他是唯一可以这样做的生物。在现世中我活得越高贵、越纯洁，我的灵魂在来世也会越高贵纯洁。从道德考量，我不仅仅为一段独特的、有限的生命负责，而且要为永恒的灵魂负责。如果我从事一份好的工作，活得光明磊落，最终就会达成我最大的目标：我不朽的灵魂离开肉体的囚笼得到救赎，还于天界。

这两种版本间有一个重要的区别。第二种版本不发生在自然法则的世界，而在人类法则的世界。它不关乎与人无涉的世界进程，而是关乎公平和正义。以善行事的人在灵魂上得到报偿，坏人遭到惩罚，受困于阴暗、狭小的肉体囚牢中。在公元前5世纪，该法则如此频繁地亮相，改变了自然的游戏规则。判决与惩罚，补偿与赦免：正义审判不仅发生在渺小且终有一死的人类世界里，也发生在浩瀚而不朽的宇宙之中。

98　　　不朽的灵魂，但人类同时要为其负责，这样的灵魂在自然界中显著提高了自身的地位。然而人类越具人性，则同时越不具自然特性。人类的本性变为人性的创造，变为得到强调和自我负责的命运。地狱景象曾使灵魂变得暗淡，俄耳甫斯教和毕达哥拉斯则向其注入尘世不朽的仙丹妙药，之后为其搭建一座桥梁，通往美好的精神王国。具有悲伤论调的宿命论曾将人类置于自然的利爪之下，如今关于人类灵魂自主性的乐观思想则开始萌芽。

对于日常生活来说，对人类在自然界中的角色的重新诠释产生了极大的后果。大约有这样的问题：我怎样对待动物？在荷马的世界中人类是自然的一部分，似乎是生活在其他动物之中的一种惊人的猛兽。人类当然可以杀掉动物，吃掉它们，或者向众神献祭。但如果人们认为灵魂在动物世界里旅行，那么杀害动物即是谋杀。在这种谋杀之后，灵魂或许幸存，但毕竟人们谋害了一个生命，其中居住过一个美好的灵魂。动物的灵魂和人类的灵魂在灵魂转世的循环中是相似的，有区别的只有肉体。即使人们相信灵魂会继续存活，他们也不愿意被杀害，动物也是这样。唯一可能的结论是投向素食主义，并承诺保护一切被赋予灵魂的生命。

据说毕达哥拉斯确实以食素为生，或许他的学生亦如是。因为重视灵魂转世意味着改变生活、尊重动物。那些同时代人可能就由动物世界而来。在烹饪饮食那一边，审慎的生活要比放浪形骸的生活更受偏爱。人们不将生命花费在肉体的欢愉上，而是提升灵魂的欢乐。如今没有人确切知道，为什么毕达哥拉斯学派中的人们偏偏禁止吃豆类食品。此外，**营养学**这一关于健康生活的学问也服务于伦理学。它的目的是纯洁——在医学方面是健康，在道德方面是心灵的净化。

失落的天堂

起初一切都好。那时的人是"黄金一代"，"如众神般生活，心绪从忧虑中解放出来，远离辛劳，远离悲伤；负累从未进入他们的生活"。
天堂的花园没有繁重的土地劳作，丰盈硕果与丰产田地随处可见。在
这个世界里，死亡也不是可怖的事。它不带来疼痛，只是进入人们的
睡梦中，将其转变为一个友好而旁观着的精神。

仿佛一段邈远的絮语，摘自赫西俄德《工作与时日》的这篇故事
必定是为希腊人呈现的；这是一个更久远、更美好的世界，没有凶恶，
没有争执，也没有痛苦。但为什么这个世界消失了呢？是什么毁灭了
这个黄金时代？巴比伦、迦南人和希腊人的神话中显现出天堂花园，
而人类为什么不再于这天堂花园里与动物友好相处呢？

为希腊文化界回答这一问题的人是恩培多克勒，他于公元前5世
纪生活在西西里岛的阿克拉加斯。他的生活年代据推测在公元前495
年至大约前435年。我们知道，他是一名哲学家和政治学家，还可能
是一名医生。他似乎还被尊为术士和预言家，可能与毕达哥拉斯十分
相像。他的家乡阿克拉加斯是排在叙拉古之后西西里第二繁荣的城市，
恩培多克勒在当地是知名人物。在混乱的年代，他是主张民主制度的
天才演说家。

位于阿格里真托城下高地的神殿之谷如今还矗立着无数庙宇，直
冲云霄。其中沙褐色的协和神殿由多立克柱支撑，耸立在橄榄树和仙
人掌之间，十分宏伟。在众多丰润的河流与附近的海洋之间，到处都
是适合思考的天堂："树木经年覆盖这里，枝叶繁茂，硕果盈盈"，恩培
多克勒在西西里炎热的气候中游乐。[37] 所有造物"对人类、野兽、飞
鸟温柔且亲切，在他们之间燃起了爱"[38]。一般说来就是："女王即爱。"
人类"带着虔诚的礼物试图为爱定下仁慈的基调，他们带着绘制成的
动物（祭品）和芬芳奇异的膏药，以纯正的没药和浓郁的香熏作为祭
礼，在地面浇洒黄色的蜂蜜制成的供品"[39]。

然而这种幸福被毁灭了。毁灭并非由赫西俄德意义上的神性世界

进程造成，而是由于一个恶行：对动物的宰杀！人们不再将绘制的动物作为众神祭品，而是使用真正的动物祭祀，对于食用动物，他们也毫无敬畏。于是，按照恩培多克勒的看法，他们失去了享有天堂的权利。因为他们不"用铁器将灵魂"撇去！"夺去生命并且贪婪地吞食高贵的肢体，这是人类最大的污点。"[40]

大概没有古代哲学家（也许普鲁塔克例外）是恩培多克勒那样慷慨激昂的素食主义辩护者。他受俄耳甫斯教和毕达哥拉斯学派影响，也信奉灵魂转世。他因此将杀害动物视为谋杀："难道你们不愿要求停止这种丑恶的谋杀吗？难道你们感觉不到你们在黑暗的幻觉中互相撕咬吗？"[41] 具体描绘一下这整个残酷的场面："儿子改变了形态，父亲却糟糕地不知所以，宰杀了可爱的儿子，还在旁边祈祷！仆人却犹豫了，是否要将其作为祭品。但是这人（父亲）无视他的啜泣，将其宰杀，并为全家准备了一顿骇人的宴席。"[42]

恩培多克勒不是宗教狂热分子或满嘴胡言乱语的人。相反，他被视为至那时为止西方最重要的"自然科学家"之一。他在关于自然的说理诗中克服了米利都自然哲学家片面的元素论，划分了四种（平等的）元素：水、火、气、土——这一划分保持了两千年的支配地位。他的宇宙起源论是当时最为先进的，恩培多克勒关于物理学的知识和推论也值得注意。

如柏拉图和亚里士多德之前所有的希腊哲学家一样，我们仅能了解到支离破碎的恩培多克勒。他的论著可能极多。他大概还写过政治学和医学的相关著作，甚至可能创作过悲剧。留传下来的少许残篇来自大概两部各自独立的著作，其中一部关于自然哲学，另一部讲述神秘宗教的"净化"问题。据第欧根尼·拉尔修所言，这两部著作均相当宏大，而仅有约十分之一的篇幅保存下来。

恩培多克勒将他的自然诗献给了他的学生鲍桑尼亚（Pausanias）。

恩培多克勒教导他，在自然界中没有什么全新的东西会生成，也没有什么会最终朽灭："在所有有死之物中不存在生成，也不存在腐朽的死亡中的终结。不！只有二者混合以及混合物的（再次）分离；只有在人类这里才有'生成'这个词。"[43]

这让人想起了巴门尼德，恩培多克勒也许了解他。四种元素并非走向终结与朽灭，而是不断重新混合又再次分开。或者如恩培多克勒所称的那样：它们相爱，它们相恨。吸引与排斥是自然界的运动，由相爱与斗争的两极造成。"因为所有这些（元素）都与它们的各部分友好地联系在一起：太阳、土地、天空和海洋，其中许多则在尘世中生长起来。而同样，所有倾向于成为混合的东西，相互亲近并且因爱相结合。与之相反，所有根据起源、混合以与形态互相分离的东西，是互相敌对的，完全疏离，不能结合，并且因斗争意志而不幸，而这意志归根于它的起源。"[44]

与前人相比，恩培多克勒的理论显得更为先进。根据他的理论，一切皆由相同的（类似化学的）元素构成并相互混合，如水和葡萄酒，或是相互排斥，如水和油。与此同时，活力与变化在相爱与斗争这两极的力量斗争之中产生了。如果爱发挥了它最大的力量，那么元素会最大程度地互相混合，这个世界会达到一个统一且平衡的理想状态。一种神性的球体形成，而斗争将逃至"极末端"。[45]在世界的这一阶段，"人们既无法区分太阳迅捷的肢体，也无法区分土地粗蛮的力量，也无法区分海洋"[46]。然而这个球体，这个 *sphairos*，为自己孤独的存在而高兴。但遗憾的是并非永远如此。因为斗争再次出现并且渐渐赢得上风。元素再次彼此分离，各成一团——这将持续很久，直到爱再一次在中心壮大，使元素重新互相混合。如此循环往复。

对于恩培多克勒来说，世界处于一个周期性的循环当中。时而爱占据统治，而后斗争再次赶超，占据统治，最后爱重新掌权。在这位大师的有生之年，世界大概处于第二阶段，在这一阶段，斗争的胜利之师逐渐超越爱。恩培多克勒以物理学的精确描述了今天地球的形态是如何形成的。气从理想球体逃脱并在其外表凝成一层外壳。现在，在这个没有气的球体中，热的火与湿的土分离，使得水从中喷涌而出。气离水而上升，渗入气外层，由此形成了大气层和空气。

这样的循环当然会有戏剧性的后果。因为只有在过渡阶段可能有生命，而不是在相爱或斗争的绝对统治下。生物和其他一切事物一样，也由四元素组成。同时不同的混合比例造成了植物、动物、人以及各个种类之间的差别。一切皆由相同物质的不同比例构成。据出自1世纪的一则重要材料来源埃提乌斯（Aëtios）讲述道，对于恩培多克勒来说，

> 动物和植物的最初形成绝不是完全成功的，而是仅有互相分离的部分产生；与此相反在第二阶段，由于部分慢慢生长合成，惊奇的形态产生了，第三阶段形成整个躯体的形态，第四阶段反而不再由土和水之类的元素混合而成，而已经是一片混乱，一方面，这是由于充足的营养，另一方面，它推动女性美丽的形态的结合，也促成了这样的场面。[47]

如果表达得非常诗意，一位当代的生物学家也可能以相似的方式描述生物在演化中的高度发展。从最低级的生命形式通过雌雄同体渐渐产生了复杂的生物。但在恩培多克勒的观点中，生命形式究竟是否真的应该**从彼此之中**产生，这一问题尚不清楚。关于这一问题，流传下来的两份残篇未作说明："有无数行肢的千足生物"出现了。土地"萌生了没有脖子的许多头颅，胳膊不附于肩膀，却独自四处乱行，眼睛独自到处游荡，却不见额头"。[48]与我们今天相符的生物据说即是从

103

104

这些不完善的生物中产生，而其中人是最好的。但人类的演化并未结束。人类倘若努力，可以继续自我完善并与众神平等。恩培多克勒的想象世界或许些微不同于现代生物学。它更类似于准宗教性质的硅谷网络奇幻世界……

灵魂的材料

生物演化或许如此了不起，却依然只是宇宙中的过眼烟云。因为据恩培多克勒的观点，给植物、动物和人的生长留下的时间是有限的。当斗争占据上风，一切美妙的元素混合体将再次分开，所有生命都将消失。从斗争到相爱的过渡阶段中产生的那些生物，同样处于这种状况。假若所有的元素一开始就完全混合，这里也就不再会有个别的生命。无论是植物、动物还是人，他们都想追求更高、更适宜的形式和等级，最终统统消失在浩大的世界循环中。

这样的宇宙演化论是冷漠的、宿命论的。人们自问，它应当怎样契合俄耳甫斯—毕达哥拉斯学派的灵魂转世观。如果其仅能成长于不断接近爱的春天，或是在斗争和分解之路上的秋天，那么怎样才会有永恒的灵魂？当其或于夏日受爱之融合的酷热而死，或相反在冬日受分离和消亡的严寒而死，灵魂中的某些东西又当如何维持自己的同一性？

恩培多克勒具体是如何设想"灵魂"的呢？如果所有的生命都是由四元素混合而成，然后重新解体为四元素，那么不可损毁的名叫灵魂的东西的容身之处在哪里？如果并没有永久维系的东西，我怎样才能在时间上与自己保持为一，且为同一的？有代表性的是，恩培多克勒在其灵魂构想中放弃了灵魂（*psyché*）的概念，取而代之的是精灵（*daimon*）。这个词意思模糊，大概意指某种"神性的精灵"。作为灵魂，此精灵游经众多生物之中，不但经于动物之中，而且经于植物之中！
如果一切都是由相同的元素构成，那么在人、动物和植物之间就没有根
本的质的区别。"我曾一度是一个男孩、一个女孩、一丛灌木、一只飞
鸟、一条从海洋跃至水面的沉默的鱼。"他在一部残篇中这样写道。[49]
这是一段美好的设想，但这个"我"却是有问题的。它如何能够对自己
说"我"？汇集成这个"我"的最核心的东西是什么？一个同样特殊且
偶然的物质的混合？或者干脆是超自然的且无形的东西？

　　恩培多克勒的表述是矛盾的。他有一次这样说道："一切"都由四
元素"恰当地被组合在一起"，"并且一切通过四元素思考、愉悦和悲
伤"。[50] 因而承担我的内心波动的这个精灵（*daimon*）是物质性的，且
遍布于我的身体。但是另一次，恩培多克勒则认为思想仅仅位于血液
和心之领域："在涌来的血液的流动中（思想能力）得到给养，人们认
为，思想就在此处。因为环绕着心脏流动的血液对人来说就是思想的
能力。"[51] 反过来，另一次他这样说道："要知道：一切皆有理性和思想
的部分。"[52] "一切已将部分保持在呼吸之间。"[53] 在这里"一切"明
显不仅仅指人类。由这种思想，恩培多克勒不仅视生物，且视一切自
然中的进程均为被赋予灵魂的。无论如何曲解和解释，物理学家的陈
述与生物学家都不怎么相符，与神秘主义者也毫不相符。

　　在我们所了解到的恩培多克勒的灵魂构想中，没有显示出严格的
逻辑。游荡的精灵自身仍具有荷马式死亡灵魂的残余，自然的构成质
料（Baustoff）由相爱和斗争驱动，这精灵和构成质料并非有机地在哲
学的整体设计中统一起来。恩培多克勒在他的宇宙起源说中还加入除
物理学和神秘学之外的第三个维度，也就是道德，在此同样不能期待
任何逻辑。

　　黄金时代的历史和人类原罪的历史如何与宇宙起源说相协调？老
实说，根本不能！虽然人们可以描绘出黄金时代曾存于一个时期，其

106

间爱尚比今日拥有更多的力量。而屠宰动物的原罪十分适合斗争已占
上风的时期。但是对于这段衰落的历史，不需要任何特别的人类原罪。
黄金时代总归会按自然法则一步一步在斗争中瓦解。人类屠宰动物的
过错结束了黄金时代，这是完全不必要的，也是莫名其妙的。人类一
度拥有这样的力量，在伟大的自然之剧中扮演一个角色，同时也影响
了自然之剧的演变历程。尽管这个历程是仅像星尘一样的东西，他仍
是经由偶然，合目的地混合起来的。

伴随着（人类的）道德，一种全新的能量悄然来到这个世界，之
前这个世界只容许两种力量：宇宙的爱和宇宙的斗争：

> 一个命运的判决，一个古老的、永远有效的诸神的决议，它
> 被宏大的誓言封印起来。如果某人犯下罪行，手上沾染了受害者
> 的血迹，那个发了假誓引发斗争的人，就会受到魔鬼的处罚：所
> 有人必须远离至福，三度四处游走万年之久，他们在这段时间进
> 程内要接受有死的生物的各种形态，转换生命的艰难小径。我现
> 在也属于其中，从神那里我堕落游走，因为我相信疯狂的斗争。[54]

现在一切都不清楚了。如果恩培多克勒在"手上沾染了受害者的
血迹"之前，（在他那里）还不曾参与为时三万年的灵魂轮回，反而似
乎是神圣的，那么它是一个什么样的生物呢？他从什么地方来？他是
天上的演化之最优生物吗，或者他可能从不曾在演化中占得席位？这
与原罪有什么干系？这是唯一的事件吗——人类第一次屠宰动物，这
是以天堂为代价的原罪？或者这只与每一个体的个别过错有关？恩培
多克勒这样说道，黄金时代已经过去——但是它为什么从根本上是针
对所有人的？如果这并非关乎原罪，而关乎每一个体的罪行，为什么
至少素食主义者仍旧不在天堂生活？

　　那时的观念明显非常不同于当今时代的思想。对我们来说，道德观察根本上有别于科学理论。与此相反，恩培多克勒想要将一种非人性的宇宙起源说同完全具体的人性问题联系起来：我应该怎样生活？就像许多俄耳甫斯教徒和毕达哥拉斯学派那样，给人类这样的机会，以一种伦理上可感的生活共同决定他们的命运？借此他们在植物中成为精美的月桂，在动物中成为狮子，"它们以群山为家，以大地为营"[55]。经由好的生活方式——遗憾的是它们详细的指示已经遗失——我们最终成为像恩培多克勒自己可能成为的样子，即"成为预言家、歌者、医生以及栖居在大地的人类中的领导者"，甚至可能发展"成神、最富名望之人"。[56]

　　通向这里的道路在恩培多克勒那里也由成千上万的法庭铺成。每一次肉体死亡之后，赤裸的灵魂必须在冥府对它的纯洁无瑕做出汇报。然后它才能根据判决重新被穿上一具躯体。作为报酬，好的人生获得更高等的躯体，坏的人生则受到惩罚。这一法则的新价值在公元前5世纪的希腊显示出来。整个自然中渗透着一个自然法共同体。人必须能够为他对其他生物的所作所为负责并为其辩护。并且不光对人类和动物，可能也对植物，比如对于恩培多克勒来说神圣的月桂。

　　尽管人能够以植物为食，但考虑到我们假定一切都被赋予了灵魂，这仍是一个未解决的问题。如果灵魂也会游经植物，那么屠宰一只动物和拔除一颗生菜的区别是什么呢？唯一正当的生活方式可能是吃水果，最好是吃那些已经落到地上的水果。但鉴于贫乏的资料状况，恩培多克勒是否视这样一种"俭朴的"生活方式为正确的方式，只有天知道。

108

温和的灵魂

　　长时间内，希腊人并不将肉体和灵魂视为对立的两方。灵魂在感觉中、在器官中、在情感中，以及在整个人里都曾有位置。当逻各斯首次进入希腊思想并且在其中扮演重要的角色，肉体和灵魂才互相分离。因为无所不包且贯通一切的理性不是肉体的，而是纯粹精神的。这是神赐之物，诸神只分发给有死之物很小的一部分，而且仅分给他们选中的所喜爱之物。具备这一出类拔萃的与神的联系，人们就能够像精明的大师那样安置好自己的生活，像赫拉克利特一样，或者像毕达哥拉斯和恩培多克勒一样，作为精神导师向新成员解释世界。

　　对人类的图景而言，这有着戏剧性的后果。因为将肉体和灵魂互相拆分得越清晰，人类就越能体现出，其作为一种怪异的混合体，产生自兽性的和神性的配料：有死的躯体之物和不死的精神之物。但是它们以何种方式在人类中共同作用？人们要怎样设想它们在细节方面的互相作用？这个问题不仅忙坏了远离生活的哲学家，也具有十分现实的维度——在医学中。

　　我们知道，恩培多克勒曾撰写过医学著作，他可能也行过医。理论哲学和实践医学的紧密联系在公元前 5 世纪是绝对正常的。恩培多克勒降生在西西里岛的时候，另一位哲学家兼医生阿尔克迈翁（Alkmaion）生活并任教于卡拉布里亚。他在克罗托内度过了一生，这也是毕达哥拉斯的工作场所。根据亚里士多德《形而上学》的一份后来的补录，阿尔克迈翁年轻时，这位巨匠已是高龄。据此，阿尔克迈翁属于毕达哥拉斯学派的徒孙辈，大约比恩培多克勒略长些年岁。

　　公元前 5 世纪的医生是什么？跟今天不完全相同。医生不是专业人士。他是一个博学的人，从哲学思考中得出实践性的结果，并在此基础上为人们做医学治疗。当肉体和灵魂明显处于不平衡时，医生会重新建立一个人的舒适状态;这种不平衡是一种不和谐,以疼痛、呕吐、发烧、癫狂等等显示出来。我们在这里有意使用了"舒适状态"这个词。因为目的并非"健康"——这个词在古希腊完全没有纯粹医学的意义,而是"和谐"。今天,健康对很多人来说首先是疾病的缺席。与此相反,"舒适状态"是一种肉体和灵魂的理想状态。我可能是健康的,却不平衡且不幸运。如果我感觉到舒适状态,不仅肉体上的痛苦,灵魂上的痛苦也会远离,至少得到遏制。

不生病,不曾久病难治,不力弱体衰,不残疾,或者没有精神障碍,在公元前 5 世纪的希腊世界被广泛地视为神之馈赠。所以治疗身体或精神疾病是巫师、萨满、祭司和先知的工作范围,这并不奇怪。为了治疗病人,需要一条通向众神的特殊通路。这些所谓的"白衣半神"远比现代医学久远得多。尽管如此,在古希腊,他们并不一定享有好名声。从事医生的技艺在柏拉图看来对"一个理智者来说并非是令人满意的"[57]。

在阿尔克迈翁的家乡克罗托内,形势有所不同。这里的医生拥有良好的声望。柏拉图也将一位名为德莫科德(Demokedes)的传奇医生称颂为榜样。在这样鼓舞人的环境中,阿尔克迈翁撰写了丰富的医学著作。此外,他同毕达哥拉斯学派走得很近,这在克罗托内并不罕见。他投身于毕达哥拉斯学派的思想成果,并将自己的书献给了三位毕达哥拉斯派学者。令人惋惜的是,这部著作没有保留下来。我们对他的学说的了解,要再次归功于他人的著述。

根据阿尔克迈翁,如果一个人处于和谐状态,他就是健康的。至关重要的是活力与体力的平衡。值得注意的是,阿尔克迈翁在这里使用了一个政治学概念,即权利。他谈及 *isonomia*——"平等"。如果一个人体内冷和热、苦和甜、湿和干"平等地"运动并且互相平衡,这个人自身就是状态极佳的。但是假如一方力量或者另一方取得专制

110

111

（*monarchia*）而成为王，那么人的身体就会陷入不平衡，这与政治体并无不同。无论在城邦里，还是在人的躯体中，唯有一种全面平等的均衡的正义能建立舒适状态。

将身体的和谐视为两极间的平衡，是典型的毕达哥拉斯学派的思想结论。生活中的过度与无节制正像缺乏一样，有害健康。根据亚里士多德，阿尔克迈翁看到人的生活是由众多不同的对立所决定。此外他得到了一个惊人的认识。对他而言，身体最重要的器官或者流体不是心脏或者血液，而是大脑！在此，灵魂在西方文化史中首次获得了其合适的居所。令阿尔克迈翁格外注意的是，大脑的颤动有着戏剧性的后果——不仅对感知，也对思想而言。

他以一丝不苟的精力试图探寻感知和思想是如何结合在一起的。他寻找着感觉器官与大脑之间的引导、机制和作用。亚里士多德一位重要的学生提奥弗拉斯特（Theophrast）这样讲述道，阿尔克迈翁曾声称：

> 我们用耳朵听，因为耳朵里有一个空腔，是为声音而存在的……我们将呼吸通入大脑，以此我们用鼻子同时吸气、闻味。我们用舌头区分味道。因为舌头是温暖且柔软的，从而借由它的温暖使（味道）融解。之后舌头由于松软柔和的本性吸收了味道并再次（向大脑）给出味道。双眼通过环绕着它们的水看，但很清楚的是，双眼含着火。因为当眼睛受到击打时，它（眼中的火）就会喷出火花来。但它（光）反射的时候，我们是借助闪光之物和透光之物看的。并且光越纯粹，反射得越多。[58]

在与恩培多克勒的直接比较中，阿尔克迈翁的感觉—机制中的先进性就体现了出来。在对感觉的解释中，恩培多克勒成为其过于狭隘的元素说之牺牲者。在恩培多克勒那里，我们的感觉把捉到忠于事实的现实性，因为器官如它们吸收的东西一样，皆由恰好相同的诸元素构成。火、土、气和水遇到了由同样的元素混合比例构成的感觉器官。世间之物通过身体中精确相符的毛孔流入人体，并以图像、声音、气味等等形式向其传述这个世界。

阿尔克迈翁在解剖学和生理学上的洞察则要清醒得多。没有定义狭隘的机械理论束缚他的思想。作为经验主义者，他只将之前详细观察到的东西注入理论。如果观察不能使他接近目标，他有时也会倾向于推测。他接受这样的观点，大脑产生了精液，而且不仅是男人的大脑，女人的大脑也同样。通过精子的合流，性别被确定下来。哪种性别流出的多，就是哪种性别。

但是，如果像阿尔克迈翁这样机械地理解人的身体，那么灵魂活动的位置在哪里？思想也是纯粹的机械进程吗？它不再需要众神与神性之物以解释人的逻各斯了吗？是否有一个肉体自身的机制能够产生精神？看到这样一个没有灵魂的灵魂构想，恐怕毕达哥拉斯要愤怒得拍打棺材了！阿尔克迈翁用一个精巧的策略解决了这个问题。对他来说，思想、人类灵魂和逻各斯是超自然的、不死的，它们从根本上把人与动物区分开来。他可能曾认为，"灵魂自己移动，并且在永恒的运动中得到理解；因此它是不死的，与神之本质相似"[59]。然而所有进一步的思考都在此结束。因为如果这涉及超自然之物，那么人就应避免谈论那些他在感性上不能理解的东西。在洞悉一切的情况下对神性之物下判断，这不是人类的事务，而是神的工作。只有超凡的躯体才能够"把开始和结束连接在一起"，反之，有死的人则不能——有一句话后来将歌德诱入这种愿望："让开始同结束 / 互相聚集成一体吧！"然而对人类来说，认识和生活的宇宙之圈不会闭合。对这个宇宙之圈来说，剩下的只有对经验世界的摸索探究。

113

一切皆为质料！

也许阿尔克迈翁还赋予灵魂诗意的魅力，使其深不可测且不可解释——研究的好奇心小心地将人类逐渐拆解成微小的组成部分，现在大门则敞开了。一位后继的哲学家经手做了这件事，他是来自米利都北部一个小城克拉佐美尼（Klazomenai）的爱奥尼亚人：阿那克萨戈拉（Anaxagoras）。他的生年差不多与恩培多克勒一样。据推测他出生于公元前 500 年左右，活到约公元前 428 年。毫无疑问他受到一些前人的影响，也试着去捕捉灵魂。

关于阿那克萨戈拉，我们所能知道的最有说服力的内容来自亚里士多德。据其，这个来自克拉佐美尼的人致力于关于宇宙的朴素而简洁的观点。银河乃是"某些星星的光"。据另一材料所述，他可能也曾明智且正确地认识到，月食中的黑暗仅是地球之阴影，更无其他——这是关于月食的第一个正确的理论！他的认识论仍然是朴素的。像阿尔克迈翁一样，他对进一步揭示超自然之物有一种天然的畏惧。别人在神性的夜空下握住他们空想的油灯时，阿那克萨戈拉谦逊地写道："由于我们感觉的弱点，我们没有能力去认识真理。可见的事物塑造了不可见之物的认识基础。"[60]

阿那克萨戈拉最重要的活动场所不是当时政治上相当无关紧要的爱奥尼亚，而是在当时整个古代世界里上升势头最好的城市——雅典。哲学史的舞台随着阿那克萨戈拉第一次移到了那里。据推测，公元前462—前432 年间，他在这个新兴的政治与文化之都度过了约 30 年岁月。据普鲁塔克所言，伯利克里（Perikles）是最重要之人，这位雅典最重要的政治家，曾受教于阿那克萨戈拉并受到启发。对哲学家而言，这是一个理想的角色，当然同时也是一个相当危险的角色！当伯利克里的权力被暂时削弱时，阿那克萨戈拉就因不敬神被其政治对手控告。人们对他提出诉讼，据说是因为他曾宣称，地球是一堆发热的石头。伯利克里把他的精神导师从监狱中解救出来并免除了他的死刑。阿那克萨戈拉在于爱奥尼亚北部的兰萨库斯（Lampsakos）的流放中度过余生。

阿那克萨戈拉是否确实插手了政治，以及他是否以无神论者公开出现，我们无从得知。重要的是他自然哲学家的身份。同所有之前的哲学家一样，他的著作也仅通过少许残篇和二手材料流传。我们从以前相互关联的大量文本中获得的一切，都像浮冰一样漂荡在黑暗的海面上。如恩培多克勒一样，阿那克萨戈拉认为，世界上的一切皆由物质构成。不存在一个空的空间。一切皆含有小的以及更小的部分；这是一种原始混合，这种混合一直就在这儿。在此意义上，对阿那克萨戈拉以及之前的巴门尼德而言，世上没有任何新东西产生："希腊人没有正确使用产生和消失这两个词。因为（在根本意义上）没有事物产生或消失，而是从（已有的）现存事物中发生了一种混合，在另一方面则为分离。"[61]

一切就一直在这儿，一切由相同的根基混合构成，且一切都参与到一切中去。如果某物向我们显示为火或者水，那就是说，因为火粒子或者水粒子在其中极其明显地占据了优势。同恩培多克勒一样，在阿那克萨戈拉那里，一切都以不同的权重包括了一切中的某些部分。只是在此他没有将其严格限制为四种元素。

一位如此坚定不移的唯物论者如何对待灵魂和精神呢？首先他一度把精神（nous）也视为质料性的，就像构成事物的被融合的质料。精神不是超越尘世的，而是一个实体——尽管是一个十分特别的实体。精神是"某种无穷的东西和独断的东西，它不与任何事物相融合"[62]。因而世上一方面存在相互融合的事物，另一方面也有纯粹的不相融合的精神。因而，就像赫拉克利特那里的逻各斯，阿那克萨戈拉的努斯是一种非个体的、影响一切的力量。这种力量统摄宇宙，正如它为人

115

类赋予灵魂那样。有时纯粹的精神同事物相融合，以这种方式给事物注入力量、能量和运动。如果其他的一切都只是质料，精神就是驱动质料，它创造了活力和生命。

世上也有两类不同的事物。前者被精神亲吻，确切地说，同精神融合，后者则没有。充满精神的事物至少获得了运动，最多甚至获得了生命。"在所有大大小小、拥有灵魂的事物之上，精神居于统治地位。"[63] 在精神的层面上，人和动物间并没有区别——根本上讲相对于植物也没有差别。在所有生物中都是完全相同的精神唤起它们的生命。阿那克萨戈拉似乎确实这样认为。因为他用以区分人与动物的这一决定性观点不是精神上的，而是高度实践性的。按照亚里士多德的说法，阿那克萨戈拉曾声称，"人类是最聪明的生物，因为他拥有双手"[64]。

构成区别的，是某种肉体的东西。人类解放了双手，这是一个开端，一切其他精神性的区别随之而来。按照普鲁塔克所述，阿那克萨戈拉认为相对于动物，人在经验、记忆和智慧方面是优越的。然而人的灵魂没有什么特别之处。灵魂之材料并未使人类从动物和植物中脱颖而出。人类既不出于精神上的原因，也不出于道德上的原因，而能够成为更好的甚至不朽的。毕达哥拉斯学派和恩培多克勒所从事的全部努力，即给予人类灵魂以特有的鲜明特征，在阿那克萨戈拉那里幻灭了。荷马的非个体的死亡灵魂，使肉体运动得以有可能的普遍气息，在阿那克萨戈拉这里获得了经过深思熟虑而得出的化学基础。

如此看来，阿那克萨戈拉似乎确实是无神论者。他显然认为，俄耳甫斯教派和毕达哥拉斯学派在树林与房舍中讨论的泛神论及灵魂转世与真理相去甚远。然而就如在阿那克萨戈拉这里，人类如此超然的形象及其灵魂可能被告知，不会有青云直上这样的事。情况完全反过来了。所以在他伟大的后继者苏格拉底、柏拉图和亚里士多德的哲学中，可以看出他们为反驳阿那克萨戈拉而做出的独特而巨大的努力。

在一个对人类精神过分朴素的唯物主义设想中，人类在宇宙中的突出
位置就无法得到维持，也不会有宇宙—人类之伦理乃至一个理想国度   117
被勾画出来。但正是这些问题挑战了雅典的哲学思想，并引领其走向
了最高成就。我们必须更加准确地看待公元前 5 世纪的这个城市，同
时更准确地看待那个人：从今天的观点来看，他在其中扮演了一个如
此激动人心的角色，他给了哲学星球一记影响重大到难以置信的撞击，
他就是苏格拉底！

流浪汉、他的弟子与雅典公共秩序

苏格拉底之谜——民主之路——实用哲学家——受到危害的秩序——

公共审判——柏拉图——脚本真人秀

苏格拉底之谜

　　他的生活众所周知。早晨他在长廊和竞技场；当集市人满为患时，就能在那里找到他。接下来的一天他会一直待在人多的地方，期待跟人相遇。大多数时候他在说话，人们只要愿意，就能听到他的谈话。[65]

在做一个无所事事、游手好闲的人这方面，没有人比哲学家苏格拉底更称职。

关于他我们知道的并不多。但正如黑格尔按普鲁士市民阶级的工作伦理所判定的那样，他的生活可以说是完全"离经叛道"的事件。然而在古代雅典，这种无所事事的游荡、闲逛、辩论，并非完全异乎寻常。一个真正的雅典人的生活不应只是循规蹈矩地养家糊口。然而，让这位集市哲学家变得可疑的并非懒惰，而是一些其他的原因。

公元前 423 年，40 多岁的苏格拉底出现在一部喜剧中。年轻的明星剧作家阿里斯托芬，才华如剧坛天空中闪亮的彗星，写下了这部喜剧。喜剧名为《云》(*Die Wolken*)，赢得了一场诗人竞赛的第三名。这部喜剧围绕古希腊的流行主题——金钱与债务展开。一位落魄潦倒的大地主去找苏格拉底学习如何在跟债主对簿公堂时为自己做最佳辩护。但他过于愚钝，学不会东西，于是将他的败家儿子送到了苏格拉底那里。苏格拉底的训练确有成效。但是儿子并没有将所学的辩论技巧运用到诉讼中，却转而攻击自己的父亲。他痛打了这位老人，并认为自己的母亲也必须被痛打一顿。充满恐惧的父亲意识到苏格拉底对年轻人的毒害作用，于是点燃了他的房子。

人们可以非常严肃地设想，如果阿里斯托芬的喜剧是关于苏格拉底的唯一史料，那么这位哲学家将被当作诡诈空谈家的典型，当作混淆是非、颠倒黑白的人载入史册。阿里斯托芬将这位公众哲学家戏谑为赤着脚的"高谈阔论之人"与"狂妄自大之徒"，他的动机不明。也许《云》反映了许多同时代的人如何看待苏格拉底。然而苏格拉底其实不像阿里斯托芬的喜剧所描述的那样。他并没有为他的智慧收过哪怕一分报酬。他没有为富人服务以谋取些许利益，而是在市场上公开辩论，让他的思想随风飘散。那么他以何为生？也许他继承了一些遗产，也许他获得有钱人的资助。他没有以文字形式留下任何著作，也没有开创某种观点分明的苏格拉底哲学。因此，成为他那个时代最伟大的哲学家以及历史上最重要的哲学家之一，这种可能性对他来说似乎相当渺茫。

苏格拉底生于公元前 469 年左右，可能是一位石匠的儿子。我们对其形象的了解源自两座半身像，塑成于他逝世几十年后。这两座半身像有数不清的古罗马副本：上面是一张长着狮子鼻的浮肿脸和光秃的额头。他曾参加伯罗奔尼撒战争，英勇无畏地战斗过。他身边聚集了许多有名的学生，这些人大部分出身高贵。

其中有两位学生向世人描述了他们尊敬的老师。这与阿里斯托芬所描绘的没有丝毫相似之处。两位学生的一位是来自科林斯的色诺芬（Xenophon）。他年轻的时候曾在雅典生活过一段时间，之后无常的命运降临，他成为雇佣兵，前往波斯和伯罗奔尼撒。暮年之际，这位骑兵指挥官撰写了《回忆苏格拉底》（*Erinnerungen an Sokrates*）。色诺芬无法理解，人们竟能将苏格拉底这样虔诚的人指责为亵渎神灵者。他描绘了跟学生对话的苏格拉底。苏格拉底捍卫友谊和远大抱负的传统价值，推崇孝道、节制和教育，宣扬保卫城邦的责任与勇敢以及公正等等。《回忆苏格拉底》可以被看作针对阿里斯托芬的诋毁所做的反驳。然而色诺芬笔下的苏格拉底并不奇特。他几乎就只是一位能言善辩的手工艺者与保守的绅士。

121　　为了恢复苏格拉底的声誉，色诺芬不得已掩盖了苏格拉底身上所有的独特之处。如果这位哲学家只是在广场上如此平淡地梳理观点，那么他对于另一个学生的巨大吸引力就令人匪夷所思了。这位学生是柏拉图。柏拉图塑造的苏格拉底形象光辉耀眼。他在自己的作品中为苏格拉底树立了一座伟大的纪念碑。

与色诺芬一样，柏拉图眼中的苏格拉底也是一位对知识拥有浓厚兴趣、技艺精湛的演说家。其他人在谈论正义、美、智慧或勇敢的时候，他总是在不断追问，坚持探寻一种更深刻和高等的，但同时也是无可置疑且"客观的"关于世界的知识。与那个时代其他的哲学家不同，苏格拉底并没有将这些知识当作法则撰写下来，而是致力于不断推进对话，而往往没有一个最终结果。追求智慧的最高目标是完满的生活。关于公正与勇敢的话题最后总要导向善与正义的人生规划。然而苏格拉底没有找到它。他既没有建立起规范行动的理论，也没有树立起引导价值的准则。他只是不断寻找问题的肯定答案，最后却只找到否定结果。

然而，不断追问的苏格拉底成就的却是哲学史上最令人瞩目的事业。他开启了一个新纪元：论辩言说的哲学。阿里斯托芬贬低他，色诺芬使他平庸，而只有柏拉图笔下理想化的苏格拉底深入人心，流传至今。亚里士多德关于苏格拉底的论述——人们了解苏格拉底的第四个来源，同样也是这个方向。亚里士多德从未见过苏格拉底，他在后者逝世 15 年后才出生。亚里士多德在他的《形而上学》（*Metaphysik*）中将苏格拉底刻画为提出伦理—政治之基本问题的第一人。人们因此获得这样的一种印象：苏格拉底是哲学教育者的代表之一。这样的定义并不会让人惹上杀身之祸。但是事实上，苏格拉底在他将近 70 岁的时候被人押上了公民法庭。因蔑视传统宗教，引入新神，以及破坏青年与父母关系的罪名，苏格拉底被指控并判刑。

122

民主之路

苏格拉底的审判是怎么发生的？是谁出于何种原因指控了他？为什么在公元前 4 世纪左右的雅典，否认神灵竟然是一项罪名？

相比爱奥尼亚或南部意大利城邦，雅典很长一段时间在古希腊世界扮演着无关紧要的角色。似乎只有公元前 6 世纪的梭伦改革产生了重要影响。改革最重要的思想是"良好秩序"（*Eunomie*）。公民有义务参与国家发展，建设适合所有人的最好制度。推动城邦的繁荣发展并非是为了争取个人利益，而是每个个体之于集体的责任。梭伦的良好秩序原则是历史上一个文明社会为建设有约束力的政治伦理所做的首次尝试。

梭伦通过新的法律机关来稳定公民国家，因为道德是暂时的，而法律是持久的。虽然他没有触动旧有上层贵族阶级的代理机构，即最高法院（*Areopag*），但是设立了制衡机构。那个声名不好的"四百人会议"可能就是由他发起。而公民法庭则带来了一场意义深远的转变。从此以后，每一个公民都可以在法庭上通过"民众诉讼"控诉违背城邦秩序的行为。滥用权力的危险更大。官员们必须考虑到他们得为自己的所作所为承担责任。非个人的、"客观的"法律作为最高的权力机关替代了个人的法律意识。

梭伦的法律条文被刻写在木板上，直到至少公元前 5 世纪末都适用，对雅典的政治文化、法律制度与经济秩序都产生了重要影响。雅典人被禁止出口粮食（除橄榄油外），也许是为了解决穷人的粮食短缺问题。于是，就发展为像米利都那样的贸易中心而言，雅典非常有局限性。公民权制度也是保守的。移民需要克服很大的困难才能获得雅典的公民权。大部分土地仍然保留在古老的家族手中。

团结统一、共同责任以及福利化社会的设想是非常理想化的。这是一种让雅典的自由男性公民标榜自身、昂首挺胸的理念。然而梭伦改革事业带来的并非"良好秩序"，而是对它的讽刺。雅典贵族之间斗争激烈，最终导致庇西特拉图（Peisistratos）上位，开始了僭主统治。在长达半个世纪的时间里，雅典人被这唯一的家族所统治。贫穷的农民阶级因接受慷慨的贷款而并不反抗。十二主神祭坛出现在广场上，成为新的城邦中心。统治者号召人们祭祀城邦女神雅典娜——这被视为雅典公民爱国主义的象征。

公元前 510 年，僭主统治被推翻。两位有野心的上层贵族代表在那场新的混乱中试图争取雅典人的拥护。一位是伊萨戈拉斯（Isagoras），他在雅典宿敌斯巴达人那里获得支持。另一位是克利斯提尼（Kleisthenes），他承诺人们最大限度地参与城邦的共同管理。所有的自由男性公民都应以合适的方式实现平等——通过"权利平等"（Isonomie）。不久之后，南意大利克罗顿的阿尔克迈翁还将这个概念作为健康的基础。"权利平等"这一概念在反抗僭主统治的斗争中诞生，最初是指所有贵族之间权力的均衡分配。公元前 6 世纪末左右，克利斯提尼提出了这个问题：为什么权利平等不能适用于所有的自由公民？

公元前 508—前 507 年，上位之后的克利斯提尼推行了大规模改革。他把公民群体划分成尽可能同等大的管辖区，并让各区尽可能自治。各区选举代表组成"五百人议会"以辅助"公民大会"。每位公民都有机会通过抽签被选入议会任职一年，一生最多当选两次。

理论上，克利斯提尼改革是通向人们渴望已久的民众统治，即**民主**道路上的一次突破。但从一副刻在泥板上的蓝图到一个现实的民主政体，这中间还有很长的路要走。教科书上缩写的古希腊历史被描述为一条向上追求理智与理性的道路：从极不公平的君主政体与较前者略微公平的贵族政体，经过梭伦并不完美的金权政治，到达克利斯提尼的民主政体。然而这条道路绝不是笔直的，也没有最终到达如神赐的理想状态。它的推动力是如此复杂，以至于人们必须警惕自己是否过于高估了理性的作用。

我们并不清楚克利斯提尼改革背后的个人动机。他可能确实想在时代的骚乱中寻找一种实用的解决方案以及利益的均衡分配方式。也许他对权利平等的承诺只是一个取悦民意的手段。作为上层贵族代表的他当然知道，谁将在未来的国家中享有权力。无论宪法如何被反复

125　　修改，贵族的权力总能得到保证。拥有更多财产、金钱、时间、关系与威望的人，在这种形式上平等的社会中并不与他人平等——至今都不会。

　　这将在接下来的雅典历史中得到深刻的印证。几乎没有一位在之后的民主政体中扮演重要角色的政治家不是出身贵族。绝大多数政治斗争并非为了寻找真理，也不是为了追求公正，而是服务于有权有势的派系与家族。形式上独立自主的人民变成了权贵的傀儡。后者操纵民意，行贿买官，以权谋私。所以，当时世人没有将雅典的民主政体当作理想政体，这并不让人奇怪。于是我们也能够理解，像柏拉图和亚里士多德这样的哲学家，这些我们通常在关于伟大的欧洲文明起源的主题演讲中将其与民主同时提及的哲学家，为何反对这种国家形式……

实用哲学家

　　不论克利斯提尼的动机如何，他本人在改革之后直接消失于历史的黑暗之中。当时的雅典不是令人神往的大都城，而是一个处于上升期的小城邦，在成功抵御外部威胁之后才变得强大。两场抵御波斯帝国侵略的战争胜利（约前 500—前 479）使雅典人获得了古希腊军事和经济上的统治权。

　　那时的雅典居民经历了公元前 481 年波斯人火烧都城。人们救出
126　许多孩童，其中一个就是 10 岁左右的伯利克里。他是克利斯提尼的侄孙，同时也是雅典伟大的战争英雄克山提波斯（Xanthippos）的儿子。出身雅典名门的伯利克里在这繁荣的民主城邦中大展宏图。身为首席将军的他，将政治与军事权力独揽于一身。他在这个位置上待了 15 年。今天人们将伯利克里时代称为伟大的黄金时代。但他的长期执政无疑

跟雅典民主与平等的最初设想并不相符。也就是说，雅典民主发挥最佳功用的时候，恰恰是它其实不起作用的时候。

雅典人经济上的自由恰恰通过自由的对立面来保证：通过一个毫无顾忌地利用和剥削弱小盟友的僭主政体。雅典的爱琴海保护者角色为它赢得了巨大影响力和无数财富。提洛同盟相当于古代的北约组织，曾帮助小城邦抵御波斯人。作为回报，这些深受折磨的盟友向雅典人缴纳贡金，承认雅典的管辖权并采用雅典钱币作为通行货币。而雅典特派员则在爱琴海上监督他们。希腊人和波斯人之间的冷战结束之后，雅典立马采取措施确保提洛同盟不会解散，以及雅典的统治地位不被动摇。反叛者会被立即攻击并受到无情的惩罚。

在很短的时间内，雅典从一个抵御波斯的军事胜利者攀升为当时世界的超级大国。其他国家的人都涌入这个城邦，只为在那里生活，哪怕作为下等公民。伯利克里则严格规定，他们不享有公民权利。民主并不适于所有在雅典的人，而仅仅属于那些之前已经拥有公民特权的人。在雅典黄金时代，这些人是几万名成年男子。而包括妇女、儿童、下等公民和奴隶在内的居民总数显然要高得多。居民总数在从克利斯提尼时代到伯利克里时代的短短 50 年中翻了一倍，从约 7.5 万人涨到约 15 万人，即从卡斯特罗普—劳克塞尔的居民总数涨到赫尔内的居民总数。后来人口最多的时候，可能达到了 20 万人。这在今天看来并不算多。罗马在恺撒时期容纳了超过 100 万人口。然而在伯利克里时期，雅典确实是西方世界最大的城邦。

雅典就像古代的纽约，很远就能看见它的建筑。曾被波斯人烧毁的雅典卫城如今成倍扩建。帝国的新标志是巴特农神庙，它在极短时间内落成，是当时最雄伟的建筑之一。而"神庙"的称号完全是一种误导。因为在巴特农神庙中无人敬奉神灵。雅典城在这里为自己和它的臭钱（国家财富和从提洛同盟国家攫取的贡金）庆祝——类似今天的帝国大厦与联邦储备银行联合大楼。

无数艺术家与手工业者成就的建筑工艺，海上霸权带来的繁荣贸易，以及迅猛发展的银行业，使雅典成为一个汇集各种影响力、理念、文化与情绪状态的大熔炉。雅典数百年间因地域上与外界相对隔绝而独立发展，并由此具有自己独特的文化，这时却以惊人的速度与整个地中海地区的各种文化融合，成为一个大都市。金钱保证了不同事物的同等化以及所有事物之间的交换，它不只是在巴特农神庙被人们狂热崇拜。为了获取金银，人们疯狂采矿。银行家经营定期和活期存款，或者专门经营针对军备、基建、雇佣兵的不同贷款品种，或者提供贿赂金。参与到贸易与信贷经济中来的，是艺术家、医生、雇佣兵以及雇佣兵领袖这些自由职业者，他们富有，但并非立刻就能变得"自由"。

这时，人们在雅典街头会遇到一些哲学家兼政治顾问，例如阿那克萨戈拉。人们花一德拉克马就可以买到他的唯物主义著作，作品有一个通用标题《论自然》（Über die Natur）。作为智识上的通用武器，它推动了一个职业的诞生：**智者**（Sophisten）。城市生活越复杂，随之而来的挑战就越大，智力工作就变得越重要。但是教师、律师、政治顾问、演说家、音乐家或数学家这类职业的专业技能很难一下子掌握。那些不能像纯手工活或者经商这样可以很快学会的职业技能，人们必须通过昂贵的私人课程去掌握。

这类课程的教师就是所谓的智者。在当代德语的语境下这个词是贬义的，用来指称那些颠倒黑白、曲解法律的人，那些一肚子坏水，化学药水都不能净化他们的人。然而英语"sophisticated"这个词是褒义的，有"理智的""文化的"或"娴熟的"的含义。在古希腊这个词最初是中性的。*Sophor* 指"专家"，智者指"教授智慧的老师"，他们教授人们某种技能或手艺。智者与毕达哥拉斯学派的不同之处在于，他们没有确定的哲学引导方向。成为智者只意味着具有某种特定的社会性职能。

　　历经从泰勒斯到阿那克萨戈拉的 150 年的哲学思考，哲学于公元前 5 世纪中叶突然获得了非常实用的意义。像智者这样的人，在如雅典这样高度复杂化的城邦中找到了用武之地。他们不宣扬宗教或与宗教相关的知识，而是教授完全实用的演说技艺和其他技能。哲学，在毕达哥拉斯学派那里还是启悟者的神圣之物，现在成了律师的辩才。能言善辩比高绝之智更重要！智者的知识与技能不是纯理论的，而是实用的。他们的志趣不在于更高的真理与道德法则，而在于智识上的优越。总而言之，哲学越从灵性背景中疏离，它在现代城邦中就显得越实用。

　　想象不出比这更大的哲学家形象的转变了。从仰望星空时掉入水井的泰勒斯和孤独而又脾气暴躁的赫拉克利特，到伯利克里时期收入高、工作灵活的智者，这之间的差距可不小。这些智者中最著名的是普罗泰戈拉（Protagoras）。他可能生活于公元前 490—前 411 年，比阿那克萨戈拉小 10 岁左右。作为一名云游演说家，他从希腊北部色雷斯地区的爱奥尼亚属地阿布德拉出发，游历了许多城市。他多次停留在雅典，显然在寻找机会接近伯利克里。后者可能直接聘用了他。据历史学家狄奥多罗斯（Diodor）记载，伯利克里委托这位哲学家为意大利南部城市图里乌姆（Thurioi）制定民主法案。根据柏拉图和狄奥多罗斯的描述，普罗泰戈拉是一位极有威望之人，他富有并且成功——我们不禁想到那个"大车站"，柏拉图在对话录《普罗泰戈拉篇》中描绘过它，它很可能是拉斐尔的壁画《雅典学园》的原型。

　　普罗泰戈拉没有留下作品。第欧根尼·拉尔修称，普罗泰戈拉是第一个著作被烧毁的人。哲学史中关于他也只有一句由柏拉图流传下来的话：

129

130

    ……他（普罗泰戈拉）在某个地方说，"人是万物的尺度，存在者是其所是，非存在者是其所非是"……难道他不就是认为：每个事物于我而言的（真实）所是就是它向我显现的样子，每个事物于你而言的真实所是就是它向你显现的样子吗？难道他不就是认为你跟我一样都是人吗？……有时我们不就经历着这样的事情：同一阵风吹过，我们之中的一位感到寒冷，而另一位则不这么觉得吗？[66]

    普罗泰戈拉的观点对于哲学来说，就像毕达哥拉斯定理对于数学那样重要：如果人是万物的尺度，并且没有其他更高的标准，那么世界上所有的东西就都只是**主观**的，并因此是**相对**的。使一个人颤抖的东西，在另一个人那里则是舒适的。一个人认为是好的、公平的东西，另一个人会认为是坏的、不公平的。哲学家对宇宙和人类生活中客观绝对法则长达 150 年之久的探寻，在这里被当作希望渺茫的事业，因而我们与之告别。

    然而对普罗泰戈拉的这种解读是有争议的。他真的认为**一切**都是主观相对的，还是认为只有像在风中冷得发抖这样的感觉印象才是？"人"在他那里具体指什么？是指"每个单独的人"（就像柏拉图所理解的那样），还是指"人本身"？在第一种情况下这句话意味着，每个人看到的世界都不同。就像那句科隆名言："每个疯子都是不同的！"在第二种情况下这句话意味着，人作为人，不可能拥有其他经验或者知识，因为人是（有局限的）人类。那么普罗泰戈拉的名言是涉及了作为个体的人，还是作为种属的人？

    无论这句话的意思如何，可以肯定的是他取消了人的绝对维度。没有什么是绝对的，所有东西都依赖于经验。没有什么是客观的，所有东西都是主观的。我是否同意一个关于生活与世界的观点，取决于它对我而言显得多有说服力。或者，我同意一个观点，是因为我能从中获利。真理并不通过某些人拥有的比其他人更高深的知识而产生，真理其实是一种断言。许多人同意我的观点，他们就会把这个观点作为真理传播开来。如果许多人拒绝我的观点，那它就失去了它的意义。换句话说：如果**只有**人是万物的尺度，那么一个观点的真理性并不由它的**质**决定，而由赞同它的人的**数量**决定。

131

受到危害的秩序

普罗泰戈拉的相对主义具有惊人的现代特质。它有利于城邦且符合时代精神。人们可以从中看到古代传统价值的消逝：通过利益追逐和货币经济、公民议政和市场纷争、民族融合与传统衰落、腐败堕落与刀光剑影。人类历史这一织物并非由笔直的单线编织，而是不同时期的混合线团。而图案往往在事后考察中才能显现出来。

宗教对于雅典是一个非常闪亮的装饰。当人们的传统信仰在城邦的新经济市场中为另一种宗教让步，当神庙变成银行而银行变成神庙时，宗教在城邦的非政治生活中扮演了一个相当重要的角色。这乍一看是令人吃惊的。跨文化的新金钱宗教无法促成更高层面的相互联系。因此，人们在日常生活中越不虔诚，礼拜、仪式与庆典对于国家秩序来说就越重要。金钱对于个人的身份认同越要紧，传统宗教对于公众的身份认同就越重要。

这就可以解释为什么在相对来说"经济自由的"雅典，阿那克萨戈拉和普罗泰戈拉都必须在法庭上为自己辩护了——因为那个让人惊讶又老套的亵渎神明的嫌疑。当希腊人在乡村或小城市里过着虔诚的生活时，他们就会尽可能地相信他们想要信的东西。但是当他们在大

132

城市里越是没有信仰地追名逐利，就越会疑心重重地监察他人对诸神的态度。

"从来不曾存在，并且将来也不会存在这样的人，能从诸神或者世间之物那里找到真理"，毕达哥拉斯时代的作家科洛封的色诺芬尼（Xenophanes von Kolophon）如是说，但他没有受到审判。[67] 他认为，诸神的原型其实是人类：

> 荷马和赫西俄德所描绘的诸神的一切正是人身上让人唾骂的污点：偷盗、通奸与欺骗……埃塞俄比亚人想象自己的神是黑皮肤塌鼻梁，而色雷斯人的神则是蓝眼睛红头发。如果牛、马或狮子有手并能够像人一样画画和创作，那么马将画出似马的，牛将画出似牛的诸神画像，而且它们会塑造跟自己相似的诸神雕像。[68]

色诺芬尼没有像 19 世纪的费尔巴哈（Ludwig Feuerbach）与尼采一样宣扬任何无神论，尽管后者的无神论采用了跟他相似的论点。但是他针对人类根据自身形象创造诸神所展开的批判却显得不留情面。然而在位于意大利北部的希腊属地，并没有任何渎神案的发生。

相反，在雅典情况就十分不同。一个城邦的经济越自由，所汇集的居民越混杂，管理起来就越困难。人们按自己的意愿去做什么以及相信什么的自由在无限增长。这意味着巨量的政治炸药。看上去，法律并非对所有公民来说都是宇宙秩序的象征。柏拉图称，智者埃利斯的希庇阿斯（Hippias von Elis）曾断言，人为规定的法律（*nomos*）是一种人造秩序，违背了人的本性（*phýsis*）。就本性而言，我们跟亲眷与陌生人之间的关系有亲疏远近的不同。因此要求所有公民在法律面前人人平等是违背本性的。

亚里士多德指出，当时其他的智者都在反其道而行之。他们想让民主变得更民主，他们比雅典统治阶级更重视权利平等。正如活跃在意大利南部的智者利科弗龙（Lykophron）反对如下观点，即某些人生来就属于贵族阶层。他的雅典同僚阿尔西达马斯（Alkidamas）持相同看法。在一场著名的对话中，他尖锐地批判了奴隶制度，认为这是违背本性且错误的。根据亚里士多德的说法，智者卡尔西顿的法里亚斯（Phaleas von Chalkedon）同样支持社会主义思想："一些思想家主张，财产合理分配是最主要的事。他们断言，这事关整个公民社会的进步。因此卡尔西顿的法里亚斯将这一观念当作自己的代表性观点。也就是说，他认为公民财产必须平等分配。"[69] 此外，法里亚斯还提倡教育平等以及手工业的国有化。

许多智者的道德怀疑论中掺杂了完全不同的政治诉求和乌托邦理想。在统治阶层看来，这是危险的。雅典在公元前 5 世纪的最后 30 年中遭遇巨大灾难，陷入动荡。公元前 430/429 年，一场严重的瘟疫在城邦中肆虐，伯利克里也是受害者。雅典在他的继任者手中又陷入与强敌斯巴达的冲突。第二次伯罗奔尼撒战争于是爆发，苏格拉底参战，成为一名重步兵。公元前 415 年，极具个人魅力的机会主义者阿尔西比亚德（Alkibiades）带领雅典人出征西西里岛，这是一场灾难性的远征。对此我们（在决定成败的月食话题中）已经谈论过。对叙拉古战争的失败于雅典而言，意味着这长达 27 年、曾几度停战的战争开始走向尾声。公元前 404 年，雅典彻底失败之后，提洛同盟解散，它的军事霸权地位就此终结。像底比斯和科林斯这样的城邦繁荣起来。新成立的罗德斯城（Rhodos）则成了爱琴海最重要的贸易平台。

普罗泰戈拉之后的智者在最动荡的时代中活跃起来。公元前 411/410 年以及战败的公元前 404/403 年，雅典的寡头政权两次上台，第二次发生在斯巴达占领雅典之时。即使是在稳定的表面民主时代，公民大会也常常显得负担过重且软弱无力。个人，主要是贵族的作用变得比民主机构更重要，他们通常扮演演说家与领袖的角色。众所周知，不能滥用的权力没有吸引力。氏族贵族未被削弱的权力导致骇人的权力滥用。今天的西方民主国家，统治阶级需要人们去购买和消费他们的产品，但彼时的统治阶层对剩余人口的需求程度与此不同。当时的民主跟国内市场的需求无关，而主要被用来达成统治家族之间的利益平衡。然而，仅仅通过人们对权力平衡的兴趣来稳固自身的状态被证明是极度脆弱的。

作为雅典民主基础的司法制度则让人难以评价。法官不是一项职业，而是一种名誉职务。司法官员每年由抽签来确定。每一场公开诉讼中，501 位陪审团成员仅仅通过多数票规则做决定，而他们的判决是最终裁决，不容置疑。这种民众法庭依赖于原告和被告的演说能力，很容易被操纵。就控诉渎神罪来说，每一位公民不需要太高费用就能提起上诉。这类诉讼被证明是一种反对智者的有效方式，思想保守的人们不信任智者的话。谁对传统价值提出公开质疑，谁就是在扰乱神性秩序。谁怀疑神，谁就是在动摇公共价值基础。从古至今，这样的指控在全世界大多数社会中都很常见。在自由民主的联邦德国，渎神罪直到 1969 年才被废除。

如果渎神罪的控告成功，那么在雅典等待被告的是罚金、流放或者死刑。阿那克萨戈拉在公元前 430 年左右雅典遭受最严重瘟疫时，被指控亵渎神明，后来他成功越狱逃往爱奥尼亚。公元前 415 年，智者米洛斯的狄奥戈拉斯（Diagoras von Melos）表面上因无神论被指控，事实上倒不如说是因为他敢于在他的家乡批判雅典人的战争暴行。他也成功逃脱了。普罗泰戈拉在公元前 411 年遭受指控，当时雅典人在西西里岛遭遇了最惨烈的失败。人们把他硬拖到法庭前，因为他在自己那部现已失传的著作中对诸神的信仰立场不坚定："关于诸神，我不能确定任何事，既不能确定他们存在，也不能确定他们不存在，更不能确定他们的形象；因为许多东西阻碍我们认识他们：事物的不明特性和人类生命的短暂。"[70] 控告者引用了这些句子。于是年迈的普罗泰戈拉被逐出雅典，流放西西里岛。流放之路要了他的命，他最后溺亡于大海。

公共审判

136

我们在这里可以先梳理一下之前的论述。今天看来，针对阿那克萨戈拉、狄奥戈拉斯与普罗泰戈拉的指控算是历史上这场最著名的渎神罪诉讼案的预热。就悲剧性意义而言，只有对意大利数学家和天文学家伽利略（Galileo Galilei）的审判可以跟这场苏格拉底审判相提并论。人们也可以说，正是这场诉讼案使苏格拉底流芳百世。

特别值得注意的一点是，苏格拉底当时也有像阿那克萨戈拉和狄奥戈拉斯那样的逃跑机会。但他没有利用这个机会。因此他成为司法的牺牲者，也成为正人君子的典范。他无罪而被判刑，却勇敢地面对死亡。这是雅典第一场针对哲学家亵渎神明，且被指控者真的因此送命的诉讼案。但如果当时一位年轻人没有坐在观众席上，也许这次事件就无法显示出任何历史意义。他就是追踪事件来龙去脉的柏拉图！

这场指控发生在公元前 399 年，跟往常的诉讼案一样只在雅典民众法院审判一天。众所周知，历史上这三位起诉人的姓名为：阿尼托斯（Anytos）、梅勒托斯（Meletos）和吕孔（Lykon）。至少三者中的一位是阿尼托斯，这是确定无疑的。他是一位坚定的民主拥护者，公元前 404/403 年，他参与推翻了受斯巴达人支持的长达 30 年之久的雅典寡头统治。苏格拉底首先为自己做了一场辩护演讲，尝试证明自己无罪。尽管如此他仍被判有罪，之后苏格拉底做了第二次申辩。这一次

137　事关他的量刑。在被判处死刑之后，他做了最后的陈词。至少第三次讲话被认定是虚构的。因为很少有人听说过第三次讲话，而被告在被判处死刑后再申辩一次，这也是不太可能的。

　　第一场演讲是非常精巧的辩论。苏格拉底讽刺地称赞了控诉人的修辞术，以表示他自己在修辞上的无能。他只是一个语言朴素的人，没有掌握任何法律申辩的技巧，而仅只是简单陈述真理。当然，这也不只是平淡的陈述，因为苏格拉底的整场演讲是极为高明的修辞术的典范。如果他真的做了如此这般的演讲，那他要么是在愚弄法庭，要么是柏拉图事后对苏格拉底的演讲做了如此大幅度的加工润色，以至于那些本该是严肃的话题对我们来说却显得很讽刺。

　　苏格拉底的态度由此具有某种超现实意味。因为这场申辩根本没有达到让自己无罪释放的目标，相反却挑衅了法庭。这位被告针对一项指控竭力为自己辩护，即他被指控为一位收取报酬的智者。他说自己既没有曲解法律，也没有违禁宣扬无神论的自然哲学。紧接着他开始陈述自己的哲学；这是一种充满自信的自我介绍——如果我们不称之为自负的话。正是德尔斐的神谕曾告知世人，世界上没有任何人比苏格拉底更聪明，因为他与所有人都不一样，他知道自己一无所知。这种神性的智慧得到了印证，因为他总是遭遇无知，这些无知将自己伪装成知识。当然指出他人的无知让他变得不受欢迎，特别是许多年轻人还在追随他。于是人们指控他败坏青年也就不足为奇了。

138　　接下来苏格拉底分析了渎神的控诉论点。指控他的人看上去并不确定是指控他的无神论，还是指控他那个偏离城邦宗教的信条，即在行动上公然追随那个神性的内心的声音。苏格拉底自豪地说，他没有放弃他的信仰，即做自己认为正确的事情。他也说自己不惧怕死亡，但法官不应当忘记，如果他判无辜人死刑，那他自己就在犯罪。此外，他也表示，自己在怀疑的德性这方面对城邦福祉来说是无可替代的。

而任何人都不能改变他正直的态度，尽管他早就知道，民主政体和寡头政体一样终究只会失败。最后，他说自己期待一场公正但不因同情而影响判断的判决。

从法庭的角度看，再没有比苏格拉底更令人讨厌的人了。首先他向起诉人表明，他并不十分尊重他们。然后他指出死刑的黑暗恐吓于他而言没有什么特别的威胁感。最后他断言这个被重建起来的民主政体是丢人的，因为它既不道德也不值得尊重。只有批判者能够占据道德的高位，苏格拉底就是其中之一。如果他真的说了这些或类似的话，那他被判有罪就一点都不奇怪了。

当然，对柏拉图来说，重要的不是这些。其他人可能视为傲慢的态度在他眼中却是一个正直的哲学家在半吊子和空谈者面前的优越感。在柏拉图眼中，苏格拉底彻底揭露了一个愚蠢且道德败坏的司法制度。而他的演讲艺术是一种灵活应变，目的是以自己的方式反对起诉人的修辞术。跟指控者不同，苏格拉底运用演讲策略和技巧的背后不是某个深藏的目的，而是对真理与正义的热爱。与柏拉图本人不同，苏格拉底得出了这样的结论，即原则上人们并不能获得真理与正义。人们只是做了追求它们的尝试。

在法庭宣布苏格拉底有罪之后，被告进行第二次申辩。这次是关于量刑的。起诉人要求判处死刑。苏格拉底又一次在法庭前表现得很幽默，他要求政府请吃一顿免费午餐。这是他事实上本应得的。他说，如果必要的话，他也同意交罚金。他富有的朋友能够为他筹款。

法庭立刻判处他死刑来回应他的狂妄自大。在第三次，无疑是虚构的讲话中，苏格拉底首先大度地接受了判决，以表示自己并不在乎指控。忍受他面临的死亡，对他来说不算什么；但是起诉人在指控他时所使用的肮脏手段此后会更加肆虐，这才是最让人恶心的。但他并不想在法庭上对结果提出抗议。因为在他死后等待他的肯定不会比人世更糟糕了。或者死亡是一场永恒且无梦的安眠，或者等待着苏格拉底的是比此生更好更公平的来世。这两种可能性都是积极的，是非常好的。在这个意义上可以说，任何事物都有它的好处。

这一申辩词即《苏格拉底的申辩》(*Apologie des Sokrates*)，成了世界文学中非常重要的一部作品。那他到底有没有做过如此或类似的申辩呢？也许这只是柏拉图一部完全虚构的著作。而且有一点至今也未确认，即这场申辩到底是在审判之后就立刻记录在莎草纸上，还是等到二十年后才被追溯。但无论如何，柏拉图赋予了它极高的价值，并将苏格拉底塑造成拥有卓越品质的人类英雄。柏拉图视他为哲学家的楷模。这样一位理想的苏格拉底就是我们在《申辩篇》(*Apologie*)中所看到的。那么柏拉图塑造这样的形象是为了什么？他本人又究竟是谁？

140
柏拉图

这位热情又仔细地还原了这场审判的年轻人，出身雅典的名门望族，含着金汤匙诞生。如果他从政，那他将有很大的机会管理城邦。如果他选择从军，那么他一定会成为将军。但他既没有成为政治家也没有成为战争英雄——他成了柏拉图；他是古代世界之光，欧洲思想史上里程碑式的人物，也是有史以来最伟大的哲学家之一。

没有任何其他哲学家像柏拉图这般决定性地塑造了我们对两个问题的设想："哲学"是什么；"哲学家"应该是怎样的。他的影响也深入犹太教与伊斯兰教，同时也为古代晚期至中世纪基督教的重要部分的形成产生了决定性影响。英国哲学家怀特海（Alfred North Whitehead）甚至认为，欧洲哲学传统完全是一系列对柏拉图的注脚。

既然柏拉图如此重要，那我们就有必要先了解他的生平。无论如何，这位哲学家是雅典最显赫贵族的后裔。他与同阶层的人一样，比起民主政体更倾向于寡头政体。柏拉图出生于公元前 428/427 年。他是最小的孩子，跟三位哥哥姐姐一起经历了父亲的早逝。他的母亲很快再婚且婚姻幸福，不过她的新伴侣是一位坚定的民主拥护者。这比起母亲的叔叔在公元前 411 年成为拥护寡头政治的政变人物，要更出人意料一些。她的堂兄克里底亚（Kritias）也是一位政变者。柏拉图23 岁时，克里底亚加入了三十僭主集团，三十僭主在斯巴达取得第二次伯罗奔尼撒战争的胜利之后夺取了政权。柏拉图的叔叔卡尔米德（Charmides）也属于这个反对民主政体的寡头政治集团。

　　在战争与衰落的阴影中成长起来的柏拉图接受了最好的教育，被作为国家接班人来培养。他通过赫拉克利特第一次认识了哲学，赫拉克利特神性又全能的逻各斯概念影响了柏拉图一生。他的思想导师不是他的私人教师，而是广场哲学家苏格拉底。他与其他许多出身名门的年轻人一样，长期追随苏格拉底的思想。这时有人给了他第一个工作机会，即在三十僭主集团从政。柏拉图断然拒绝了，他像蔑视所有其他政治集团一样看不起三十僭主的统治：

　　　　我现在认识到：城邦管理者、法律和习俗——这些东西看得越多、年纪越大，管理好一个城邦对我来说就显得越困难……我们不再按照父辈的法则和道德观念来生活……法律制度与道德观念正在以令人难以置信的速度衰落，以致最后我变得晕头转向，我曾充满激情地处理过政务，但看到并且不得不看到它们如何衰落并越过一个个底线。[71]

　　苏格拉底对柏拉图的影响更是加深了柏拉图对现存政治局面的不满。在柏拉图的亲人那里，此时他们心中已然第一次出现了一种怀疑，它促使人们四年之后与苏格拉底正面对峙，它就是：苏格拉底败坏青年！这个由苏格拉底教育出来的柏拉图蔑视民主政体，正如他轻视贵族的寡头政治。尽管这位年轻人面前是为他铺好的政治坦途。

142

苏格拉底被执行死刑之后，柏拉图感到了深深的恐慌，他失去了所有对雅典政治的信任，于是离开了雅典。出走的第一站是墨伽拉。这个城邦位于雅典南部30公里的伯罗奔尼撒海峡，不久前刚从斯巴达压抑的统治中解脱出来，此刻正在试验自己的民主形式。在这里柏拉图遇到了苏格拉底的学生攸克里德（Euklid）（不要与那位数学家混淆）。据说攸克里德把主要精力首先放在关于善的问题的研究上，这也成了柏拉图思想的核心。第二站是哪里就不那么清楚了。柏拉图可能到了昔勒尼，一个繁荣的希腊属地，位于今天的利比亚，昔勒尼同样发展了一种民主形式。根据第欧根尼·拉尔修，年迈的数学家忒奥多罗斯（Theosoros von Kyrene）为柏拉图提供了庇护，他是普罗泰戈拉的朋友与学生。柏拉图可能从那里继续游历到埃及。而这些经历并不能确定是历史事实还是文学虚构。

但可以肯定的是，柏拉图最后在意大利南部逗留了很长一段时间。毕达哥拉斯学派在那里还处于后期的繁荣。他得到毕达哥拉斯学派弟子的接待，客居于毕达哥拉斯学派的根据地塔兰托。尽管拒绝了意大利南部城邦的奢侈生活，但他在这里吸收了新的思想，这对他影响重大。毕达哥拉斯学派思想的启发在柏拉图那里是很明显的。柏拉图吸收了关于灵魂不朽的想法，之后还成为灵魂转世理论和身体是灵魂的囚笼这一观点的代表人物。他著名的理念论无疑也有毕达哥拉斯学派的影子。

公元前388年，这位游学者来到西西里岛的叙拉古。柏拉图在那里遇到僭主狄奥尼修斯一世（Dionysios I.）时，大约30岁。我们听说的有关哲学家与僭主之间这场冲突的所有故事，都是虚构的奇闻趣事。但是我们可以相信，他们在争吵中分道扬镳了。柏拉图后来在海上被抓，并在埃吉纳岛上被当作奴隶贩卖，这一记载非常可信。一位不那么出名的哲学家，即来自昔勒尼的安尼克里（Annikeris）偶然在市场上发现了名人柏拉图并赎回了他。柏拉图会在西西里岛上被当作哲学名人，这段历史倒有点令人惊讶。因为至少到那时，柏拉图几乎还没有作为哲学家在公众场合出现过。也许安尼克里当时认出柏拉图是名门望族子弟，而不是把他认作一位著名思想家。不管怎样，如果这件事确实发生过，那对柏拉图来说则是比较尴尬的。比起柏拉图在旅途中遇到的许多其他人，安尼克里在他的作品中哪怕一次也没有出现过。

　　回到雅典之后，在南意大利毕达哥拉斯学派那里的游学经历给柏拉图带来的重要成果马上见效了。柏拉图也决定跟他们一样成立一所哲学学园，作为他维持、教授并传播自己思想的圈子。他买了一块种有橄榄树的地，并于公元前 387 年在那里建立了他的学园。具有传奇色彩的雅典守卫者，英雄阿卡德摩斯（Akademos）在这个地方有片小树林。因此，人们将这所学园称为阿卡德米（Akademie）。这个词并没有其他更深的含义，而只有一个比较随意的起源。

　　此前，像阿卡德米学园这样的思想工厂在雅典没有任何可借鉴的范本。智者大多是孤独的斗士，而那些为贵族子弟设立的公共学校没有建立起任何自己的哲学思想传统。只有刚建立不久的伊索克拉底修辞学校可以算作竞争对手。但不同于伊索克拉底，柏拉图的学园不承诺任何成为演说家的实用性训练，而只提供通识的哲学基础训练；目标不是专家，而是受过哲学训练的全才。在这里，人们研究几何学、天文学，甚至可能还有动物学。此外，柏拉图的课程是免费的，而且学生们全都生活在一个集体中。

　　阿卡德米学园在极短的时间内成了整个古希腊世界最重要的知识

143

144

中心。在这里，柏拉图将于接下来的二十年里教育未来领导希腊世界的年轻人。无数举足轻重的人物从各地而来，支持并追随他。通过阿卡德米和众多弟子，柏拉图哲学传播至整个古希腊世界。但是柏拉图哲学到底是什么呢？

脚本真人秀

要说清楚柏拉图到底教了什么是件十分困难的事。他近乎完整保存下来的著作是极其复杂的，并常常包含惊人的矛盾。此外，除了少数像《申辩篇》这样的特例以及一些书信之外，几乎没有柏拉图的个人著述留传，而只有对话录。

柏拉图对话录是一种独特的文学类型，难有一般类型可作参照。为了准确地表达他的哲学思想，柏拉图选择了一种研究性对话的方式。以前无数以《论自然》命名的著作在以物理学或哲学方式解释世界时用到感叹号的地方，柏拉图在对话录中都用问号。

柏拉图选择这种极为特别的新方式表达哲学思想，有诸多理由。这种机智的提问与诘问方式是苏格拉底的哲学风格，柏拉图深受其影响。而苏格拉底没有写下文字著述，因此也没发展出任何与其哲学风格相应的著述模式。他很少在哲学探讨中下定论，而主要是指出他人观点的不充分和谬误。怎么才能将这种"否定性"哲学变成一种奠基其他众多思想的"肯定性"哲学呢？

我们不确定柏拉图开始写作对话录时，他已经发现了多少自己十分确信的道理。也许最初并不多。至少他早期的问题与探讨处于相当真诚的摸索阶段。至少有 16 篇对话属于他的早期作品，它们是些不完整的思想与未完结的探索——这比所有我们知道的早于柏拉图的哲学家留传下来的著述总和还要多。

除了苏格拉底的诘问方式之外，柏拉图对话录也许还有第二个可能的灵感来源。在雅典，人们相信有表达和宣扬真理的能力的，除了哲学和智者之外，还有另一种完全不同的人——剧作家！

埃斯库罗斯（Aischylos），古希腊悲剧之父，经历过第二次波斯战争。他参加了那场战争并将它成功改写成剧本。他的两位最著名的接班人欧里庇得斯（Euripides）与索福克勒斯（Sophokles）死于苏格拉底审判的前几年。我们可以在受人喜爱的阿里斯托芬那里看到，喜剧在柏拉图时代的雅典备受欢迎。社会矛盾在这个代表世界的半圆剧场中作为现实缩影被演绎，人们从中品味剧中故事及其背后深意。悲剧和喜剧都是自由天空下的道德活动，它们的目标是使人们震撼并因此得到"净化"。戏剧的主题就像哲学那样探讨存在的本质：人是什么？人的存在意味着什么？命运是什么？人与神之间的关系如何？什么是道德上的善与恶？我如何面对我的罪？我能期待什么样的宽恕？换句话说，这些都是永恒的哲学核心问题，康德在18世纪曾将其概括为：我能知道什么？我能期望什么？我应该做什么？人是什么？

看看一位有名的剧作家会获得多少赞美与尊崇，人们就会发现戏剧在雅典有多重要，影响有多广泛。而对柏拉图来说，这首先意味着一点：竞争！一方面，在晚期关于理想国家的讨论中，他期望艺术的自由受到大幅限制；但另一方面，他又在写作中吸收了许多戏剧修辞手法。他对"诗人说谎"的冷酷断言并不妨碍他将文学手段变成娴熟的表达技巧。无数哲学问题在他那里以回答的形式出现——反之亦然。丰富多彩的故事和神话突然凭空出现，被用来阐释或结束一个主题。想象的帷幕落下之后，仍然有不少问题未下定论，留待听众与观众继续思考。

因此柏拉图的对话录是一种结合传统又非常独特的艺术形式，尽管这种传统是柏拉图当作竞争对象猛烈抨击的。就这样，他把作为真理教育的哲学之英雄—道德式要求、智者修辞学的机灵敏捷，以及诗人戏剧的艺术性结合在一起。柏拉图的哲学集智慧教育、演说艺术与戏剧于一身。当指责智者不诚实和诗人说谎时，他在所有追随者面前却自认以伟大的集大成者的形象出现：演说真理的艺术家和改编现实的剧作家。

柏拉图并不是唯一一个撰写哲学对话的苏格拉底弟子，但他是唯一一个从中创造了世界文学的人。在古代哲学研究者中存在一个巨大的争论，即柏拉图的对话录到底在思考什么。也许这些对话在阿卡德米或是其他什么地方被演说出来，可能还会像广播剧一样有角色分配。那么这一演说的目的到底是什么？肯定是为了影响雅典社会与政治，从意识行为上改变尽可能多的人。对一些柏拉图研究者而言，这些对话录包含了未加粉饰的哲学；而有些研究者只看到了训练课，他们认为哲学的重要部分已经丢失，因为对话录也许是被口头表述的。

以柏拉图的名义留传下来的文本数量多到惊人。如此惊人，并非只由于作品范围之广，还因为一些至今被认为是柏拉图作品的文本并非出自柏拉图本人。今天被认为真正出自柏拉图之手的至少有 24 篇对话、《申辩篇》、少量的书信、一份哲学定义的汇编与一些诗歌。而大量"假"的柏拉图作品有着完全不同的价值：一些可能是学生们编撰的柏拉图思想梗概，其他的则可能是仿制品。

真正的对话录却也是一种独特的"仿制品"。在对话录中，苏格拉底与精选出来的同时代重要的人，他们两个、三个或四个一起讨论关于神与世界的各种不同的问题。因此这一古代脱口秀演员名单读起来就像古代世界的《名人录》。从高层政客和将军阿尔西比亚德，高级军官尼西阿斯、拉刻斯（Laches）、赫莫克拉提斯（Hermokrates）、美诺（Menon），到智者普罗泰戈拉、高尔吉亚（Gorgias）、希庇阿斯、欧绪德谟（Euthydemos）、色拉叙马霍斯（Thrasymachos）、普罗迪科斯（Prodikos）和波罗斯（Polos），苏格拉底的学生斐多（Phaidon）、斐德若（Phaidoros）、攸克里德和克力同（Kriton），诗人伊翁，伟大的老哲学家巴门尼德，柏拉图的老师克拉底鲁（Kratylos），柏拉图的亲戚阿德曼托斯（Adeimantos）、格劳孔（Glaukon）、卡尔米德和克里底亚，再到数学家泰阿泰德（Theaitetos）和忒奥多罗斯（Theodoros）。这些人中许多都是雅典以及古希腊其他地区有名甚至著名的人物，他们被放入对话录中是因为他们的名人效应。也有些对话者像卡里克勒（Kallikles）、狄奥提玛（Diotima）、普罗塔科斯（Protarchos）和蒂迈欧（Timaios），关于这些人我们知之甚少。柏拉图自己只出场了两次。

148

　　几乎所有对话参与者在柏拉图让他们于对话录中出现的时间点上都已经过世了。他们中的许多人在公元前4世纪的世纪之交前不久就已去世。这些对话在过去某个确定的时间和地点上演，在大约三十或四十年前。这可能就像我们今天一位在世哲学家让他已过世的著名前辈阿多诺（Theodor W. Adorno）与其他也已过世的同代人相互对话。这场对话中阿多诺与约翰·福特（John Ford）和比利·怀尔德（Billy Wilder）就电影，与毕加索（Pablo Picasso）、斯托克豪森（Kanlheinz Stockhausen）、范德罗（Mies van der Rohe）就艺术，与切·格瓦拉（Che Guevara）和胡志明就革命事业，或者与萨特和罗素就社会公正等问题进行哲学探讨。这就像一种复古脱口秀，它的脚本是一种脚本真人秀（*Scripted Reality*）形式——一种在生动场景里演绎的伪事实。

　　场景也被打造得极其逼真。苏格拉底的对话发生在监狱中，在去往诉讼法庭的路上，在一场招待盛宴上，在运动场上，在私宅中，在梧桐树下，在散步或徒步旅行时。这样一种演绎哲学的方式极具启发性。读者或听众被深深吸引，进入场景，身临其境。柏拉图没有高高在上地训诫众人，而是与公众聊天。真理不是教条般地下定论，而是常常出现在对有疑点的智慧、行为与观点的反驳中。在柏拉图那里，哲学是一种寻找、追求与摸索真理的丰富多彩的动态过程。这种哲学方式在公元前 4 世纪初是全新的。那么为什么柏拉图要这么做？它的意义又在哪里？

表象与存在

贵族改善世界——可靠的知识可能吗？——蜡版与鸽子——

柏拉图的神话——世界之非本真化——洞穴图

贵族改善世界

柏拉图哲学的宗旨是什么？在一些伟大的思想家那里，这一宗旨很容易说明：帮助人们过上完满的人生！为此，人们必须找到关于存在的未经粉饰的真理，逼近事物的本原。以此方式人们获得方向，且能在同自然法则的协调一致中过上一种正直的生活。自然环境、城邦中的共同世界也属于这一自然。它必须变得更好，这首先意味着变得更正义。因此柏拉图的目标就是改善世界！社会中许多错误的、有害的发展应当向原初逆转。显然，在第二次伯罗奔尼撒战争对雅典的军事、社会与道德的毁坏中幸免于难的人，比如柏拉图，几乎不能从社会现状中获取任何东西。他希望凭借新的、清楚的知识保持旧有的东西，重树德性，并借此彻底修缮城邦。

　　柏拉图知道，在哲学领域有他的先驱。哲学追问并非始于苏格拉底，苏格拉底作为艺术形象在柏拉图那里继续存在，并且仿佛确立了一个新的开端。然而他的许多问题显然之前已经被讨论过了。柏拉图几乎悉数知晓其所有前辈。人们会惊讶于赫拉克利特或者某个南意大利哲学家的文本在希腊世界是多么的流行。

　　在《斐多篇》（*Phaidon*）中，苏格拉底敦促菲洛劳斯的学生格贝（Kebes）要广泛、全面地接受教育："格贝啊，希腊是个大国，有很多博学的人，野蛮人的那些国家也很大，你们应当遍访这些国家……不要吝啬金钱和劳力，因为你能够花钱谋求的东西无过于此。"[72] 尽管有此要求，柏拉图在自己的灵感来源方面却总是闭口不谈。几乎没有疑问的是，南意大利的毕达哥拉斯学派的信徒对柏拉图产生了持久的影响（即便人们会对此展开激烈的讨论）。尽管他们在柏拉图对话中极少出现。

　　然而，倘若对柏拉图关于哲学作为一种特殊的生活状况和生活方式的想法来说，有一个样板，那么毕达哥拉斯学派就是这么一个样板。毕达哥拉斯学派与柏拉图都赞赏数学和数字学说。柏拉图那位作为学园领导者的直系弟子，也撰写了一部关于毕达哥拉斯主义的著作。阿尔克迈翁没有在任何地方被提及，可是若没有对他的著作的阅读，柏拉图在《斐多篇》中对大脑的论述几乎是不可想象的。柏拉图两次谈及恩培多克勒，而在更多地方，他讨论了恩培多克勒"相爱"与"斗争"的原则。而巴门尼德在对话中则亲自出场，并同苏格拉底探讨他的存在学说、一和多的问题。同时，对赫拉克利特的研究也应被提及。

　　据《斐多篇》称，阿那克萨戈拉的著作给青年时代的苏格拉底留下了颇为深刻的印象。可是后来苏格拉底便不再满足于唯物主义的解释。如阿那克萨戈拉所言，人类天生会行走，因为他有两条腿。然而为什么人感受到意志，或者为什么人会有企图从一处走向另一处，依据苏格拉底的观点，阿那克萨戈拉并没有对此给出解释。关于这个问题，唯物主义缺乏一种深度，这种深度首先导向对人类本性及其理性的真正洞察。它虽然回答了**如何**，却没有回答**为何**。所以对人类的纯粹自然主义的考察，并不能探究他的本质。这种自然主义的考察同样无法处理所有伦理问题。

柏拉图与智者进行了最严厉的争论。在此人们觉察到洗清自己的过去以及摆脱这麻烦的竞争者的内在需求。在其晚期著作《智者篇》（*Sophistes*）中，柏拉图将智者贬低为阴谋家和骗子，然而在其早期著作《普罗泰戈拉篇》中，柏拉图却还很严肃地同智者就正确的生活与德性的观点进行辩论。他对这些竞争者最不公正的批评是，他们为授课收取金钱。一个像柏拉图这样非常富有的贵族，说起这一点是很轻率的。

不过针对智者，柏拉图也从哲学上进行了严肃的反对。正如他在同阿那克萨戈拉的辩论中认识到的，凭借智者的思想，他并没有在通往一种更好生活的道路上前进。因为如果每个人看到的世界都是不一样的，且正如普罗泰戈拉所认为的，不存在更高的尺度，那么也就没有更高的真理和更深的洞见。智者的哲学并没有导向一个世界总体系，而恰恰瓦解了这样的体系。只存在相对真理而不是**绝对**真理。只存在许多可想象的和可能的生活，而不是**一种**正确的生活。

在智者看来，这个世界并不能恢复健康。柏拉图的早期著作是一场同智者的相对主义的搏斗。不管在同智者的直接辩论中，还是在其他对话中，柏拉图的苏格拉底总是在寻求关于事物的真理的更深或更高的层次。并通过此真理寻找颠扑不破的知识的约束力。

柏拉图的苏格拉底是如何做的呢？他努力进行**定义**。什么是美？什么是善？什么是勇敢？什么是友谊？诸如此类。定义应当要获得对事物**本质**的理解。我如何理性地、清除所有疑惑，来定义某个东西，它也就如此**存在**。通过恰当的语词定义某东西便意味着，认识事物的真实存在。对柏拉图来说，在我头脑当中恰当选择的词语与在我头脑外世界中的事物的存在之间，没有区别。如同在数学中一样，对柏拉图而言，这种语言定义要么是**客观**正确的，要么是错误的。

柏拉图相信语言以及熟练使用语言的哲学家所具有的，是何等难以置信的认识能力！哲学家用语言揭示出这个世界，从这一画面中散发出的是多么令人着迷的魅力。他的文字将光带进黑暗！或者如大约二百五十年之后的某位约翰（Johannes），显然受到柏拉图主义的启发，于其缮写在莎草纸上的福音书序曲中写道："太初有言……"正确的词语与正确的世界相符，这种观点影响了哲学史两千多年。这一观点很晚才发生改变，一旦改变就是巨大的变革！

根据柏拉图的看法，事物的本质存在于普遍的东西而非特殊的东西之中。单独一个勇敢或正义的行为并不决定什么是勇敢或正义。就如在数学中，人们必须找到普遍规则，每个事件只是其中一个特殊的应用形式。据此，个别之物并无哲学价值，唯独普遍之物才有。而通过准确的定义才能产生概念。

遗憾的是，柏拉图对话中只有非常少的部分是通向这一目标的，即发现这种普遍的定义。虽然别人的糟糕论证往往被苏格拉底的询问祛魅，可是共识并没有达成。虽然精于虔敬（《游叙弗伦篇》[*Euthyphron*]）、友谊（《吕西斯篇》[*Lysis*]）、审慎（《卡尔米德篇》[*Charmides*]）、德性（《普罗泰戈拉篇》、《美诺篇》[*Menon*]）、勇敢（《拉刻斯篇》[*Laches*]）或是正义（《理想国》[*Politeia*]）者代表着站不住脚的立场，但是这些德性之本质的一种新的、更好的且明确的定义仍然没有实现。

由此可见，柏拉图在创作的第一阶段更多是通过其修辞的优美，而非通过重要的知识吸引人。苏格拉底是灵活的思想者和指挥者，他用辩证法反驳别人的观点，并在尝试达到一种新的综合中迫使其面对相反命题。不过这一尝试在早期著作中却少有成效。虽然它一再成功地使各种基础相对化，对谈者正应在这一基础上达成他们关于事物本质的牢固观点。可是凭借这种综合，总是缺乏一种有关事物本质的清晰观点。并且很多对话并没有以清晰性结束，而是结束于一种逻辑上没有出路的局面（即疑难［*Aporie*］）。

可靠的知识可能吗？

早期对话的许多疑难给我们提出了很多谜团。开放式的结尾是一种方法吗？它只是纯粹策略性地用来激发读者和听众自身的思考能力吗？兴许柏拉图只是在重复历史上的苏格拉底的修辞术而已？甚至苏格拉底也不能提供任何有力的新洞见？抑或——这是最大的嫌疑：柏拉图自己也不甚清楚。

在柏拉图的对话里，从早期到中期再到晚期著作所经历的变化中，人们看到柏拉图的哲学是何等多样。这恰恰鲜明地将柏拉图同其前辈区分开来。尤其早期的对话，是**辩证式的**（dialektisch）——柏拉图首次将这个词引入哲学。辩证的对话是论证和反驳的具有高度艺术性的游戏，它最终会导向一种更高的知识。就我们所知，在柏拉图之前并没有其他哲学家以此方式建构文本。辩证法的目标是一种对事物的"本质直观"（Wesenschau）。然而正如我们在柏拉图早期著作中能够察觉到的，这一本质直观被表明是十分困难的。其屡屡失败促使柏拉图思索所有知识之

154

获得都以之为基础的那种本质：**知识**自身的**本质**！

历史上的苏格拉底问他的同时代人："什么是正确的生活？"柏拉图断定，只有当人们知道正确与错误究竟意味着什么时才能回答这一问题。他必须比苏格拉底更加深入地探究，且必须研究认识的本质。其中期著作中的一篇完整对话——《泰阿泰德篇》(*Theaitētos*) 就致力于这个独特的问题。这是柏拉图最重要的文本之一。所以我们在此同样要给予它应有的位置。

这篇对话的舞台设计得极其复杂。场景由两个层面组成。在一个情节中，苏格拉底以前的两位学生在墨伽拉相遇了。其中一位是历史上著名的攸克里德，正是苏格拉底的那位学生，据说柏拉图在游学墨伽拉的时候曾拜访过他。另一位名叫忒尔西翁 (Terpsion)。攸克里德说他刚刚在港口遇见了（历史上真实可考的）泰阿泰德。他在科林斯战役中负了伤。现在他已病危，并被带到了雅典。

攸克里德从负伤的泰阿泰德说到一个他很久以前在雅典经历过的情景：当时还很年轻的泰阿泰德和苏格拉底在运动场上进行的一次谈话。泰阿泰德的两位朋友以及来自昔勒尼的数学家忒奥多罗斯也在场。这是在对苏格拉底审判前不久——公元前 399 年春天。攸克里德记录了这一对话。他们两人到攸克里德家中去，于是便有了上述的文本。

一切开始于苏格拉底向忒奥多罗斯推荐的学生泰阿泰德求问"知识"(*episteme*) 的定义。什么东西普遍地标明了知识？这个问题似乎并不仅只针对泰阿泰德，似乎是柏拉图自己在摸索着前进。许多年以前，在《美诺篇》中，他以苏格拉底之口说出知识的朴素定义：一旦某个观点能被**说明理由**，那它就通向了认识。且知识 (Wissen) 是我们认识 (Erkenntniss) 的总和。现在在《泰阿泰德篇》中，柏拉图恰好背离了这一定义。

当被苏格拉底询问时，泰阿泰德借助数学表明了他对于"知识"

的看法。当一个几何原理恰好同样适用于所有正方形，而不仅只适用于少数几个特殊的正方形时，那么它就是真的。因此，知识在几何学中意味着**普遍适用性**。苏格拉底赞同这一说法。现在则也要给数学之外的知识下定义。正当泰阿泰德犹豫不决时，苏格拉底促使他将还在酝酿的思想表达出来。苏格拉底自己是一个优秀的助产士。毕竟他的母亲曾是一个接生婆。

泰阿泰德开始了他首次的定义尝试：全部知识的根据是**感知**。那么正如我感知到事物那样，它们对我而言也是真的。苏格拉底并未信服。如此这样的境况使人想起普罗泰戈拉的话，而这是柏拉图在此借苏格拉底所批评的说法。一旦一切仅以主观的感觉为依据，那么这个世界中就没有客观性。知识似乎就等同于意见。根据苏格拉底，赫拉克利特和恩培多克勒也处于同一方向，他们将整个世界看作处在流动和变化之中。这里似乎也没有确切的真理。因为如果一切都在改变，这个动态的世界里哪还会有不变的知识的位置呢？

泰阿泰德对哲学追问的深度和混乱感到惊讶。不过苏格拉底安抚了他。惊异和好奇是所有哲学的开端。于是他开始了第二次对感觉等同于知识之理论的炮轰。人们通过诸感官感知某东西。众所周知，感官能够让人产生错觉——既在发热病人或者精神错乱者那里，也在健康的人那里。我们（以及柏拉图）已经从赫拉克利特那里了解到这种对感觉的贬低。从根本上，这从一开始便构成了位于西方哲学中心的宪法序言。我要么信赖我的感官，放弃对绝对知识的要求。这样我的哲学很快就会走向终点。要么放弃对感官的信赖，尝试以另一种方式达至更高的洞见。这样，一个广阔的认识领域就向哲学敞开，即超感官，这是一个哲学一步步从神学接管过来的领域。毫不奇怪，大多数哲学家在第二条小径上走了两千年之久——它为他们的重大结论提供了一个完全不同的空间。

　　苏格拉底对普罗泰戈拉将感觉与知识等同的清算极为高明且智慧。它堪称影响最大的，且一向是所有在感性的相对之物面前为超感官的

157

绝对之物进行辩护的样本。这一批判如下：并非所有我感知到的东西我都得理解。反之，并非所有我理解的东西都基于直接的感觉！我的记忆与前理解对我的每一个在某一情境中的新理解有着很大的影响。此外，人类并不简单地感知到单一的感官刺激，例如声音或颜色，而是通过心灵对其进行加工。它通过诸如"相同的"和"不同的"或者"美的"和"丑的"这样的判断，来对我们的感知进行分类和评估。不过"相同的"和"美的"是抽象的概念，它们不能够从感官的个别观察中获得。感官世界中没有"美"或者"相同"。但他们仍存在于我的头脑中。那么在一个由众多事物组成的世界中，绝对之物从何而来呢？

蜡版与鸽子

　　哲学界还将长久地研究柏拉图的苏格拉底在此谈及的东西，有时会分成完全敌对的阵营。一个千年哲学问题开启了！我的头脑里有"原初的"理念和表象吗？或者我所思考的所有东西皆源于感性知觉？

　　不过，我们先继续跟随苏格拉底对普罗泰戈拉的批评。倘若所有东西仅只是主观的和相对的真，那么也就符合普罗泰戈拉的那句话。也许普罗泰戈拉甚至赞同它呢。然而苏格拉底如此看待普罗泰戈拉的那句话，就好像其首创者完全相信这句话的普遍真理性。与此相反，苏格拉底论证道：为何"人是万物的尺度"这一论断只是因为对普罗泰戈拉而言是真，就**对所有人**来说都是真的？如果这句话的内容是真的，那么这句话本身就没有客观的真理资格。普罗泰戈拉简洁的推论——

158

在生活中重要的并不在于真和假，而是在于有利和有害，就同样不能

令苏格拉底满意。如果对此没有更高的尺度，那么究竟谁有权决定某东西的有利性呢？通常一个决定的有利性或者有害性要在事后才被证实。以此方式人们只能向前瞎跑，只能摔跟头。

感觉与知识的等同在苏格拉底雄辩的火焰中一败涂地。不幸的泰阿泰德又尝试了一个新的定义：知识的基础不是感性之物而是精神之物，更准确地说，是**正确的意见**或**正确的观念**。这一观点同样立刻遭到苏格拉底逐条反驳。如果有正确的观念，那么因此自然有错误的观念。且每一错误的观念如同正确的观念一样建立在知识的基础上。对某事物无所知晓的人也不会犯错，对此他连思索和谈论都不能。人们同样很少会说，错误与不存在的事物有关。关于一件事情的一个错误的观点也是**关于一件事情的**观点，就如一个准确的观点一样。

可错误是如何发生的呢？一种可能性是，我使感知到的东西同错误的东西发生了关联。我凭借记忆错误地将其分类。苏格拉底说，记忆可能是一个蜡块，有不计其数的印象镌刻于其之上。所有经历过的东西都在其上留下印记，时而清晰时而模糊。如果我不准确地感知某东西，那么其印记也就是不准确的。而不准确的印记诱使我错误地分类，也就是说将我引向错误。

乍一看，这一解释似乎令人信服。但也就只是乍一看。因为将记忆比喻成蜡块，与一切知识建基于感觉的想法仍然很相近。而无论如何，柏拉图的苏格拉底想要反驳的恰好是这一观点。正如之前所说的，对他来讲这一观点太相对了，而且没有给绝对之物留下位置。因此这一蜡块刚一出现，就立马又重新被放进了废物室。

苏格拉底如此问道：我犯的数学错误究竟是怎么回事？计算错误并不是感觉或记忆问题。即使我知道一道算术题如何解答，也远不意味着成功地找到答案。苏格拉底在此区分了"占有"（Besitzen）和实际"拥有"（Haben）知识。苏格拉底说道：我们假设一下，我在鸽舍里占

159

有许多鸽子。如果现在我想要从中拥有某只鸽子，那么我就必须从鸽舍中将其捕捉出来。于此存在风险，即或许我不能成功做到此事，又或许我错抓了别的鸽子。以此方式，占有知识和拥有知识就不是同一回事。

苏格拉底的区分与生活中"知道如何做"和"能做"之间的重大区别相似。前者对应"占有"，后者对应"拥有"。每个电视机前的足球迷都**知道**，如何边路传中，以便球能舒服地落在前锋头上。但是他自己大概不**能**传中。或者讲得更清楚些：当我的父亲和我一起做学校的数学练习时，我常常向他保证，我本来是知道怎么做的。但我并不能完成作业。于是我父亲习惯性傲慢地叹息说："太监也知道，怎么做……"

柏拉图的苏格拉底在两千四百年前就已经说过类似的东西：人们必须拥有（在**掌握**的意义上）知识，而不仅仅是（不管以何种方式）占有。一个计算错误就像是从自己的鸽舍里抓了一只错的鸽子。

泰阿泰德以此方式来理解苏格拉底的例子：鸽舍里有"正确的"和"错误的"鸽子，那么也就储存有真理和错误。然而鸽舍的例子不是这意思。错误并不就是鸽子自身，而是错误**挑选**鸽子。不过我从何得知我抓到了错误的鸽子呢？为了知晓此事，我必须知道有关我的知识的一些东西。我必须从认识的立场出发来对此做判断。我需要一个来自另一个鸽舍的元 – 知识（Meta-Wissen）。不过为了同样能够在这一鸽舍里判断我是否抓到了正确的鸽子，我又需要一种更高的知识，也就是说一种元 – 元 – 知识（Meta-Meta-Wissen），等等。以此方式，我永远到达不了终点，而且我的知识永远也获得不了可靠的基础。

紧接着苏格拉底又驳斥了另外两种规定知识的可能性。他表明，即使一种意见被合理地奠基，知识也不太能够与这种"正确的意见"相等同。一个法官根据律师的辩护判处被告，他可能做出正确的判决，也就是说关于此案他有正确的意见，但不用确切地知道，他是否是正确的。

给知识下定义的最后一个尝试仅仅关注联结的逻辑。我可能会非常素朴地相信世界上的事物原则上是无法解释的。但是这样一来，我能否至少说，这些不可解释的事物要么是合乎逻辑地、合理地相互联结的，要么不是？数学重又在此充当了模型。三角形"本身"并不存在。但是三角形本身存在的想法，有助于给适用于每个具体三角形的规则下定义。那么一个合理的规则就可能是"知识"，与此相反，一个无意义的规则就不是知识。然而这一尝试同样落空了。因为通过逻辑的联结使得无法解释的事物变得可解释，终究是胡说。如果我对事物一无所知，那么我从何得知它们之间的联结是合理的呢？在此定义尝试中，我同样需要一种先于所有其他知识的知识。结果是：**我们不知道知识是什么，因为为了获得知识，我们总是必须先知道一些东西**。每一个定义都在兜圈子。

多么奇特的对话啊！在一个精巧讨论的结尾处，所有问题都悬而未决。难怪两千多年以来《泰阿泰德篇》令学者大伤脑筋。柏拉图此篇对话的意图为何？获得这一结果，即不存在关于知识的可靠知识，这几乎与柏拉图哲学想要做的完全相反：柏拉图想要获得可靠的基础，以便能够在生活与共同生活中给人们一个好的方向。可是，如果我连什么是可靠的知识都不知道，那我应该如何前进呢？那么哲学探讨岂不是无益的了？就如没有食物的营养一样？

161

《泰阿泰德篇》并不是早期作品。这篇对话写于柏拉图创作的中期末段——到这时，柏拉图已经为一个更好社会中的一种更好的生活提出了非常广泛的具体建议。并且，正如我们稍后将看到的，他手头已经有了一种非常确定的（且举世闻名的）理论，我们的一切知识都应源自此理论。可是令人感到意外的是，这一理论并没有在《泰阿泰德篇》中被谈及。

并不缺乏通过解释整饬这一混乱的尝试。其中之一是说，《泰阿泰德篇》只是给柏拉图弟子的一篇训练对话，大致是为了反对赫拉克利特和普罗泰戈拉而做的论证训练；一种思想训练，人们通过它练习掌握作为方法的怀疑。其他意见则认为，在关于善和国家的伟大著作之后，柏拉图失去了对自己的信任，并且背离了先前的诸种观点。还有一些相反的观点，即是说《泰阿泰德篇》是在有步骤地导向柏拉图先前的观点，并为其做准备。不过也应看到，在其晚期作品《智者篇》中，柏拉图以一种颇为现代的方式对真理到底能否在语言中被表达表示怀疑。至少真理不仅仅存在于相应的词语当中。语法也须被考虑，尤其是句法。这种有自身规则的语言究竟是不是揭示真理的适当工具？语言的规则原则上是否与世界的规则相符？

在认识论上，柏拉图的思想是极其多样和多层次的。问题在于：柏拉图是谁？如果有柏拉图，有几个柏拉图？人们是否乐意假定，40岁的柏拉图已经在头脑中拥有一个全面而完整的解释世界的系统，而随后又策略性地将其丢弃？是否可以因此认为，他的理论缺乏发展？或者是否必须假设，在关于国家的主要著作之后，他根本上改变了关于知识和世界的看法？

当人们既不这样也不那样假设的时候，可能最接近柏拉图。再聪明绝顶的人（包括柏拉图本人在内），也不能思考得完美无瑕。清晰和无矛盾是针对素朴之人的；睿智的思想是不同的。将他在40多年的时间里，那些伴随着构成动荡的人生与思想的所有错误与迷途、情绪与灵感、怀疑与坚忍而构想和写就的作品，都看作过程中的产物，这大概最接近柏拉图。在柏拉图的作品中，常常只相隔几页的内容，读起来却相距甚远——其中间隔的有时是其一生当中的数年，甚至可能是数十年。唯一一位柏拉图和唯一一种柏拉图哲学或许根本不存在，这大概只是柏拉图的追随者和注释者的一个虚构。柏拉图自己应该不是柏拉图主义者。如同后来，达尔文（Charles Darwin）不是达尔文主义者，马克思不是马克思主义者一样。

这一看问题的方法有助于我们更好地理解柏拉图的哲学思想中出现的许多矛盾。这些矛盾中最引人入胜的一个，便是柏拉图对神话独特的处理。

柏拉图的神话

什么是神话？我们记得，神话是对**为什么**这一问题的传奇故事式的回答。这一回答通常以绚丽的故事的形式出现，它据说是"真的"，尽管人们不能合理地论证其真实性。

乍一看，神话恰像是柏拉图哲学的对立面。因为对定义的探寻正是以理性的方式钻研真理的尝试。任何与之相反的非理性的东西都应该以 4- 的分数（不及格）结束一个学期。神话不只是非理性的——它还要成为非理性的。

我们再看一眼，就会看到，柏拉图的对话充斥着神话。这些神话里有大量的神和故事、古怪的念头、荒诞的说法，以及可疑的叙述。在《普罗泰戈拉篇》中，柏拉图让传奇的普罗米修斯给人类带来了火，并由此解释了文明的诞生。《卡尔米德篇》中医生的医术被归因于神王查尔莫西斯（Zalmoxis）。《高尔吉亚篇》（Gorgias）中，苏格拉底惊人地道出了灵魂死后的命运。它们在"极乐岛"上，或在地下世界即在塔尔塔罗斯里再现。在《斐多篇》中，苏格拉底同样驾轻就熟地解释过彼岸世界。《美诺篇》中，灵魂转世非常理所当然地被谈及。《理想国》中，一位名叫伊厄的士兵作为灵魂不朽的主要见证人被提到，他在死后 12 天取回他之前的灵魂，从而再次活了过来。柏拉图的哥哥格劳孔在同一篇对话里叙述了一个同样怪诞的戒指的故事：这个戒指可以使吕底亚国王裘格斯隐身。《斐德若篇》（*Phaidros*）中，苏格拉底讲述了灵魂马车的比喻。每人驾驶一辆载有一个好的灵魂和一个坏的灵魂的有翼马车，而且必须始终留神安全地驾驭他的车。在同一篇对话里，苏格拉底把知了解释成人类的后代，它们由于大声歌唱而忘记了吃喝。同样在《斐德若篇》中他讲述了文字的神圣起源。不是人类，而是埃及的托特神发明了文字，并将其赠予人类（他们起初不相信文字）。

柏拉图《会饮篇》（*Symposion*）中球形人的神话已是举世闻名。根据阿里斯托芬的讲述，人最初是球状的，只有四只手四只脚是凸出来的。他们的性别要么是男性，要么是女性，要么是雌雄同体。然而，宙斯切开了他们，并让人们沉浸于对另一半的渴切找寻当中。对话的结尾，苏格拉底用一则关于厄洛斯神（Eros）诞生的神话传说为宴会助兴。据他说，厄洛斯是贫乏神（*penia*）和丰饶神（*poros*）的儿子。难怪爱由于匮乏和分离的缘故为自己开辟了通往目标之路。

在《政治家篇》（*Politikos*）中，柏拉图着手研究那广为流传的黄金时代的历史，并继续编织赫西俄德和恩培多克勒的传统。在《法律篇》（*Nomoi*）中，他也回到了黄金时代。这个时代之所以是黄金的，是因为施加统治的不是人类，而是善良的神灵。依据他们的本性，创世是完美出色的。只有人类由于不完满才导致和谐被扰乱以及不幸。在《蒂迈欧篇》中，以其名字命名此篇的毕达哥拉斯学派的蒂迈欧详细讲述了造物主当时如何创造了这个世界：出于理性和必然性。

一个特别的谜团萦绕着那座传说中的亚特兰蒂斯城，它不仅在《蒂迈欧篇》中，也在《克里底亚篇》（*Kritias*）中被描述或提及。大西洋上曾经有一个强大的王国，它早在九百年前就已经被雅典人打败。最后亚特兰蒂斯和雅典这两座城邦都在自然灾害的洪流中沉没；亚特兰蒂斯则永远消失了。

柏拉图为何一而再再而三地讲述这样的神话故事？它们不是存在

于自赫西俄德一直到毕达哥拉斯的幻想中的叙事吗？它们不是那种叙述吗，即对话当中的人们，以及读者、听众都知道，它们是不可能发生的？毕竟这些神话有时为论辩提供了颇为生动的样本。即使不再信仰埃及众神，我还是可以同意如下这一说法：文字的发明是一把双刃剑，因为它削弱了记忆能力。尽管我不相信以前球形人存在，但我仍然明白拼命寻求合适的另一半时对爱的向往。且即便我将普罗米修斯看作一个虚构人物，在人类文化和文明因为火而诞生这件事上，似乎仍然存在着许多真理。

令人捉摸不透的神话也一定有令人捉摸不透的效用。它们使其过程本身在感性上变得更可信，即使我不相信其绘声绘色的细节。从经验层面上的谬误或可能性极低之事中，同样可以产生关于一件事的深邃洞见，而且是我借助逻各斯确实不能获得的洞见！我应该如何合乎逻辑地解释，为什么人需要爱？今天我们也依然无法在逻辑上，而是在心理学上来解释这种爱的需求。这同样适用于我们驾驭灵魂马车的技巧。不是古老的逻辑，而是历史上非常年轻的心理学在此继承了神话的遗产。心理学是没有诸神的神学。以前是宇宙及其不可理解且难以说明的事件，如今是我们心灵的宇宙。从占星师（Mantiker）变成了精神分析语义学家（Semantiker）。他们向我们解释那个重点转向内心的世界，为那些起到塑造作用的形象命名，这些形象就像我们童年的众神和诸魔鬼似的，在我们脑中出没。他们解释了我们内心世界的形成。并且正如从前的恩培多克勒，他们为诸如相爱与斗争这类强大的原始力量命名，从而让它们作为爱欲力比多和死亡本能继续永恒存在。

同样，在其他许多柏拉图借用神话回答的问题上，至今没有合乎逻辑的答案。为什么存在的是一切而不是无？世界为何产生？为什么存在着人类？如果人们严肃对待科学且能够宣称，从世界形成到人类出现的进程是"合逻辑的"甚至是"理性的"，那就不会有地质学家、天文学家、理论物理学家或者演化生物学家。

　　人们很容易就可以说明其原因：合理性不是自然的属性。认为某东西是合理的或不合理的，是很人性的，且通常也是道德的评估。不过以今天的眼光来看，道德不是自然的力量。柏拉图讲述神话故事时，他就是在定义与对确定知识的探寻原则上不可能有进展之处提供了答案。换句话说：就如界石一样，神话标记出苏格拉底式世界之边界。

　　当然，柏拉图同样尖锐地批评了神话与神话叙事。即，在这块界石之外的地方，只有对那些能够合乎逻辑、合乎理性地被解释的东西的不充分解释。按照柏拉图的观点，如果神话导致人类从中得出对生活来说错误的结论，那么它便是误导而要克服。正如柏拉图所写：这种神话是写给小孩子的故事。一块立错了的界石阻止人们踏上沃土；然而一块立对了的界石标记出可知知识的界限，阻止土地沦为荒芜。

　　现在人们自然会寻问，对柏拉图而言，究竟为什么需要这种界石以及这种斑斓的故事。人们难道不会很容易满足吗？难道我不能简单地说：凡是我不能合乎逻辑地解释的东西，绝对不该放进哲学里？（举个确切的例子，正如维特根斯坦在两千三百年之后所做的？）

　　但是柏拉图显然根本没有这种念头，将哲学的范围规定得这么小。如同定义一样，神话也是工具。它们都能对一个更好的世界做出贡献。且当定义以理性根据保护思想大厦时，神话给予它一种绚丽多彩的粉饰。在思想体系的平衡中，它们完成不同的任务。定义理性地说服，神话则感性地说服。这两种情况都与真理有关，它们（以不同的方式）使人们明了，也就是说它们是**显然的**。然而为什么一些洞见是显然的，而另一些则不是呢？当人们说某东西对或不对的时候，人们能依据哪种更高的真理或者事实？

世界之非本真化

世界之非本真化（Veruneigentlichung）的历史始于赫拉克利特。不过它在柏拉图那里才达到登峰造极的境地。虽然它可能只是柏拉图思想的中间期，但影响却如此巨大，以至于迄今对很多人来说，它似乎都是柏拉图哲学的核心部分。

我们记得，赫拉克利特认为，在感官可感的世界中"万物皆流变"。事物及现象变化着，那些看起来存在的东西，没有什么是永恒的。譬如，液态的水会凝固成冰或在空气中蒸发。从相爱变为斗争，从忠诚变为背叛。昨天对我来说是重要的东西，明天又无关紧要了。星星也不总是刚好在同一位置。在这样一个易逝的世界中，人们应该如何获得可靠的知识？对赫拉克利特而言，在感官的世界中，没有这种不变、确定和有保障的东西。不过他声称：尽管如此，它仍旧存在，即在逻各斯的领域里有一个从我们的感官中抽取出来的世界。这里出现了法则，它规定着所有的存在和生成。凭借缜密、清晰的思想，聪明的哲学家便能够接近这个永恒不变的世界法则的领域。以此，我们获得关于统摄一切的逻各斯的知识。

正如我们所见，更加激进的是巴门尼德对世界的理解。在他看来，感官上可接触的世界不仅是易逝的，而且甚至是幻觉。我通过眼睛、耳朵、手、舌头和鼻子所获得的所有经验，都没有向我透露任何一点关于真实世界的东西。因为它们仅仅是我脑海里的经验。从我有限的视角来看，事物看上去是短暂易逝的，但这只是因为我的视角是有限的。在存在的神圣领域里——巴门尼德的女神解释了这个领域，反而没有变化。这里存在着"大一"。且这个大一是真实的。

正如我们知道的，柏拉图不仅重视赫拉克利特，而且敬重巴门尼德。他可能在西西里岛得到了进一步启迪，去区别感官的世俗世界和

168

逻各斯的超世俗世界。正如我们所知，毕达哥拉斯主义者对数学颇有研究。特别的一点在于，**数学定律并非源于感官世界**，而是仅源于逻辑。且这些定律在原则上恒定地起作用。因而毕达哥拉斯主义者也认为，真实的世界位于感官世界的彼岸。

也就是说，所有上面提到的柏拉图的前辈都拥护"两个世界模式"。这边是易受迷惑的易逝的感官世界，那边是不变的、永恒的、无与伦比的合规律性之王国。所有这些都给柏拉图留下了印象。对美、正义、勇敢、友谊等等进行定义越不顺利，似乎就越迫切地需要假设**不存在于个别事物本身当中的**事物之真实本质。像在数学中一样，必须有定律，它们给予诸多特殊性以普遍性。而这些定律必须是高于事物的，这样每一个别事物才能分有它们。所以就像每个具体的三角形，无论它看起来可能如何，它仍是一般意义上的三角形。同样，虽然世界上有正义的行为与美的事物，但是"正义"和"美"本身却不在感官世界里，而是只存在于其外。一个美的东西并不是美，而是**分有了美**。

这时也许人们会以批判的方式反对："美"是客观存在的，但它完全不必是外在于世界的。我可能会很简单地认为，"美"是我脑海中一个相当不精确的观念。不过柏拉图在此可能会立马反驳道：如果世界上只有美的**特殊**情况，对我来说究竟怎么可能产生一个美的**普遍的**观念？如果不是来自一个更高级的世界，这个更高级的抽象概念从何而来？——这是一个极具决定性的推论。

这时柏拉图并不完全像巴门尼德走得那么远，即将我们总的经验世界及其变化解释成谎言与欺骗。我们所感知到的一切，都是真实的存在，不过它们只是像真理和实在的摹本一样的东西。人们应该如何准确地设想它们，柏拉图在其《第七封信》（ *Siebten Brief* ）中做了解释。什么是圆？首先它是我使用的一个**词**。我可以如此**定义**这个词："圆是从其中心到周边任意一点都距离等长的（图形）。"某人画一个圆

169

的时候，我认识到圆事实上也**存在**。由此我不仅认识到具体的圆，而且我能**理解，什么是与圆形相符的圆的东西**。这就是说：我领会了圆的**理念**。以此方式，我就产生了对真理的认识。我首先是猜测，然后产生信念，继而凭借我的知性（Verstand）领会某些东西，最后我通过理性（Vernunft）洞察它。

和所有其他理念一样，圆因此不只是人的观念，而且"自在地"（an sich）存在着。不管有没有能够想象圆的人类，它都存在着。与在赫拉克利特和巴门尼德那里相似，这些理念才是真正的世界。正如柏拉图的同时代人准确介绍的那样，这位大师在很多对话里——主要是中期的对话，最详尽的是在《理想国》中——都对此做了讲解。

这个所谓的"理念论"常常被看作柏拉图哲学的核心。但它既不是一种学说，严格地说也没有论及理念。伏尔泰曾经认为，所谓的神圣罗马帝国既非神圣的，又非罗马的，又非帝国。在同一意义上，"理念论"的概念同样相当具有误导性。柏拉图没有在任何一处把那些他通过苏格拉底就这些"理念"做出的详细解释称作学说。他实际上也没有在任何一处清楚地定义什么是"理念"。只有苏格拉底或详或略的谈论。对于一种学说来说，人们预期的显然是更多的约束力。可是柏拉图的"理念"的视角明显对学园没有任何约束。在这重要的一点上，柏拉图的几位学生以及他那位作为学园领袖的继承人或者反对他，或者至少是不遵循他。

理念这个词根本上意味着"形象"。它是我们所"看见"或"看出"的东西。但柏拉图的妙处在于，他的"理念"恰恰不能够被看出，也不能为眼睛所见。我只能看见一个个圆，而不是在所有圆背后作为共性的理念。对柏拉图而言，我不能用感官，而只能用内在的、精神的眼睛看出"理念"。

那么依据柏拉图，什么是理念？它不是我突然想到的随便什么东

170

171

西，就是说它不是好想法或者荒唐的想法。它们是一些重大得多的东西：理念是真正的真实（die wirkliche Wirklichkeit），它隐藏于一切感觉现象背后。这一隐匿的实在性是普遍的、永恒的、不变的与理念式的。它是完美的，因此是无与伦比的"善"。它同样是无形的、无处所的，且是在诸神之上的。如同尘世的东西一样，一切神圣的东西从理念中获得它的形式和样式。而且正是因为存在理念，人类根本上才能够认识，否则我们只能在迷雾中东西乱窜。理念的引入，保障了在意见和知识之间存在着重要的区别。历史上的苏格拉底正是据此探求真正的定律。而依照柏拉图，真的东西，就是符合理念的东西。只有理念的存在，才使得我们能够进行事物的本质直观，并且**看出一切可见的摹本背后不可见的原型**。

那么如何做到这一点呢？这并非很容易的问题。因为要是每个人不费吹灰之力就能随手抓到事物背后真正的真实，那就不需要哲学家了。也不需要为了观看世界之本质而做的内感官的训练了，人们称这种内感官为理智（Intellekt）。显然，关于本质直观就是这样。那么它如何以及在什么条件下起作用呢？

在《美诺篇》中，柏拉图为此追溯了毕达哥拉斯学派和恩培多克勒的古老观念：不朽的灵魂在世界的永恒环游。如果我们能够知道或者理解某些我们通过感官经验所学不到的东西，是因为我们从前就已经知道它了。我们的灵魂回忆起（anamnesis）过去的日子，那时的灵魂暂时是无形的，接近"上天"。依照柏拉图的看法唯有这样才能够解释，为什么没有外部教导我们也可以从自身产生出知识。不过令人不悦的是，正如柏拉图在《斐多篇》中认为的，我们在回忆时回忆起只有回忆，而没有我们的灵魂曾经看见过的那些绝对真理。后来柏拉图仍然认为，事实上受过良好训练的心灵有助于对理念之本质的探究。不过问题依旧存在：怎样做呢？

洞穴图

　　这是哲学史上最著名的画面之一：在一个地下洞穴里，囚徒被用链子拴在一堵墙上。他们向来在这下面生活，且不能转动脑袋。他们的目光只能朝向对面的石壁。来自洞穴隐蔽的入口处，即在这些被缚者背后，有光投射在这堵石壁上。不过那些囚徒是看不见光源的，他们看到的只是眼前被照亮的石壁，以及石壁上出现的一种奇特仪式。可见的是人和动物形状的影子。这是一些塑像的影子，搬运者在洞穴入口处的光中将它们扛来扛去。搬运者在搬动这些塑像时交谈，但囚徒看不到他们。被缚者所感知到的一切都是塑像的影子。囚徒认为这些影子是鲜活的，并且还给它们附加了声音。它们在石壁上看到的世界是他们全部的世界，是他们从中获得知识的唯一真实。

　　"洞穴比喻"出现在柏拉图关于理想国家的一篇对话，即《理想国》第七章中。讲述者是苏格拉底，他的听众是柏拉图的兄长格劳孔。将会发生什么，苏格拉底如此问道，要是其中一个囚徒被释放了，并且能够回头看到墙壁，而不是继续观看洞穴石壁上粗糙的"影片"？他会看到塑像的搬运者，且必将认识到，他原先认为是真实的东西，只不过是一个影子的世界，而绝非真正的真实。他究竟能否经受得起这一认识？也许他将会迷失所有方向，相信自己疯了。他也可能会逃回到他熟悉的幻境里，再次被拴住。

　　可是倘若人们将这被释放的囚徒从洞穴中拉到洞外，情况又会怎样？逐渐地，他将认识到，洞穴里的光是太阳施与的，而洞穴石壁上的影子世界其实是一个错觉。这时他可能突然被启悟，并觉得不再有任何必要回到他那狭隘的幻境中去。人们可能会再次带他到那儿去，而他的同伴会无法理解他，因为他绝对不会再像他们那样解释影子。他们会认为他疯了，从而认为，自由使人们变疯。无论谁想试图释放

173

他们，他们都会杀掉他。

对柏拉图的苏格拉底来说，洞穴象征着人类的经验世界。我们把我们凭借感官所感知的东西看作真实的。然而我们把真理搞错了。借助于知性，我们能够逃离感官的错觉世界，穿过幻境的洞穴口转身离开，达至更高的认识。在昏暗洞穴外的自由中，我们能够看到理念世界，看到真正的真实，为善之理念的阳光所照耀。

这一场景具有启发性的力量。因为这幅洞穴图比喻的就是哲学自身。这个柏拉图勾画的绝对理念的抽象世界无须以论证的方式为自身辩护，而那些停留在过于人性化思维的狭隘感官范围内的人们，才必须为自身辩护。他们是被蒙蔽的人。在柏拉图之前，没有一个思想家能够勾画如此壮观的一幅哲学家的使命图——这一使命，即向他的同时代人阐明日常生活中的盲目性关联。甚至连赫拉克利特也没有走那么远。他满足于傲慢地知晓自己被逻各斯照耀这一独特优越性。与其相反，柏拉图表述了一项使命：尽可能引导更多的人走出洞穴。

洞穴图是否与事实相符，苏格拉底自然不愿轻易肯定。倒不如说他说的是一种预感和希望。因此苏格拉底同样没有完全逃脱洞穴，他只是比其他囚徒多知道一些。

柏拉图对自由，即理念世界的描述完全缺乏明确性和清晰性。在某些地方它和古希腊诸神的天界相似。因些，就像过去存在着战争之神与丰收之神、智慧之神与锻造术之神、水神与土地之神、音乐之神与狩猎之神等，现在取而代之的就是理念。和之前奥林匹斯诸神一样，柏拉图的仿佛具有神性的诸理念也一样互相联系着。有些理念相互影响，相互交叉、混合。较一般的理念比特殊的理念要更为高级。所以理念与一个划分体系有关。例如，友谊或圆的理念在等级上就高于青蛙或椅子的理念。因为青蛙的理念只是动物理念中的一个，而动物理念又是生物理念中的一个。毕竟恰当地给理念分类意味着将种归于属，将较低级的属归于较高级的属。而这些属当中最高的五个是（根据《智者篇》里的一段）：存在、运动、持续、同一、差异。

在所有理念之上，占据着类似于宙斯位置的，是在柏拉图中期对话里已经提到的**善之理念**。可能它根本不是一个理念，而是一个元-理念，没有它，其他一切理念便会失去灵魂与光辉。在《理想国》著名的"太阳比喻"里，柏拉图将善之理念与那温暖并照亮万物的太阳相提并论。没有善之理念，其他的一切就都是虚无。这意味深长：柏拉图最高的理念不是"真"的理念，而是"善"的理念。因为善是柏拉图理论哲学和实践哲学的结合点，它是究竟为什么值得去做哲学的理由。

大家现在可能会以为，理念世界十分清楚明了、精细有序，但实际上并非如此。一些对话里出现了彼此迥异的秩序。显然柏拉图曾做过激烈的思想斗争。从后来亚里士多德称其作**未成文学说**的暗示中可以看出，柏拉图在此期间曾试图通过基本原则对理念世界进行分类。这让我们想起泰勒斯、阿那克西曼德和阿那克西美尼对作为万物之基础的本原的探寻。只是柏拉图认为，一切物质性的东西都从属于精神性的东西。照这么说，最内在的世界所聚集的就绝不是物质。因此他从爱奥尼亚人的原初物质中得出了一种精神性的原初物质，也就是原初的原则。

在这一秩序模式中，处于最高地位的是一的原则和**不确定的二的原则。"一"代表的是无限者和不可分者，而不确定的二的原则体现的则是可分者，大大小小、形形色色的东西。第一原则是**绝对者**，第二原则是**相对者**。这个世界的所有事物都源自这两个原则聚集而成的不同混合物。某事物具有越多的一，其在世界秩序上的地位就越高；某事物越是多种多样、模糊不清，它的地位就越低。

学者可能至今仍对此争论不休，即"真实的"柏拉图的这一**未成

175

文学说是否比《理想国》的理念论包含更多内容——在理念论中，善之理念高于其他一切东西，且善之理念不是一与多两种原则。显然"真实的"和"本真的"柏拉图并不比"真实的"和"本真的"世界秩序更容易把握……

176　　　然而在柏拉图那儿不只有分类的困难。理念和原则的观念超然于人类的经验世界，"自在地"存在，它牵连着许多难题。柏拉图清楚地知道他就是自己的最佳批判者。人们应当如何详细地设想一个事物？我们从经验世界的哪些事物中获得真正的理念？无论如何，我们还是可以设想，应当有善的理念、冷的理念或三角形的理念。不过更奇怪的是，在柏拉图看来，在诸如椅子或床这些人造物背后也应该有理念。同样，有淤泥的理念、垃圾的理念或粪便的理念吗？有身体残疾者的理念或伤寒的理念吗？

　　在《巴门尼德篇》里，苏格拉底否认可能存在无用之物、丑陋之物的理念，不过智慧的巴门尼德教导年轻的苏格拉底——后者在这里破例地迷失了一次，所有事物的理念都存在，而不止有价值的、美的事物的理念。某物美，是因为它分有了美的理念。而某物污秽，是因为它分有了污秽的理念。此外，许多东西常常是模糊不清的。有些东西可以不仅有美的方面，而且也有丑的方面。一个行为可以具有正义的特性，也可以同时具有不正义的特性。由此可见，由于不同的纯粹理念混杂其间，人世间的事物都有些模糊不清。当红的理念、黄的理念、蓝的理念碰到一起时，结果看起来便像是棕色。这种情况和其他一切理念并没有什么不同。总是存在不同程度混杂的，而绝非纯粹、明确的理念。而恰恰由于这一缘故，对事物的定义才会同样如此艰难，正如在柏拉图早期对话中，苏格拉底不得不一再强调的那样：真理并非直接呈现的。

　　一个尤为艰难的问题在于，事物以何种方式分有理念。就是说：美的理念是美的吗？人的理念是人性的吗？椅子的理念是"椅子状"的吗？人们不能给出否定的回答。倘若美的理念本身并不美，那美究竟从何而来？那就是说人们必须给出肯定的回答。不过人们马上会陷入一个新的难题。一个人之所以是人，是因为他分有了人这个理念。人这个理念本身是人性的。可是它从何获得这一特性？本来它现在应该还需要一个更高级的人性理念，它使得人这一理念是人性的。然后这个概念又同样是人性的，且产生如下问题：人性从何而来？这个小游戏可以被无限地继续。

柏拉图自己在《巴门尼德篇》中认识到了这一困难，但是他没能解决它。他的学生亚里士多德给这个难题起的名字让人想起格拉汉姆·格林奈（Graham Greene）的小说——它因奥森·威尔斯（Orson Welles）改编的著名电影 *Third Man Argument* 而家喻户晓——，即第三者论证。倘若人**分有**了人的理念并且还和它**不同**，那么它们共同的第三者是什么呢？

这些困难并没有消失。在柏拉图看来，理念对存在于人世间的所有东西都产生了影响：事物、行为和事件。可这是**怎么**进行的？精神之物如何进入物质之物？很长一段时间柏拉图在这一点上似乎还是很不清楚。直到在晚期作品《智者篇》和《蒂迈欧篇》中，我们才获悉了更详细的内容。在《智者篇》中，柏拉图让两种观点以"巨人搏斗"的方式互相碰撞。一派是唯物主义者，对他们而言只存在物体，所有精神的东西根本上并不存在。另一派则是"理念之友"，对他们来说，只有精神的世界是实在的，而所有物质的东西只不过是更高者的模仿品而已。

按照我们迄今关于柏拉图所知的所有内容，他肯定会让第二派获胜。因为非常清楚，柏拉图是一个反唯物主义者——且还是公认的"观念论"哲学之鼻祖。可是这次对谈令人惊讶地打了个平手。因此

178 "理念之友"必须认识到，一方面是一个绝对、不变的理念之存在领域，另一方面是一个非本真的、流变的事物世界，它们之间的彻底分离不可能实现。因为正如"理念之友"所认为的，要是理念真是不变的和绝对的，那么人类根本就不能认识它们。理念世界必须至少有点儿类似于人类世界。尤其是在其中必须要有某种生命力显露出来。或者换句话说：理念也必须"活着"，由此活生生的人才能探究它。

所有这些可能都相当混乱。在柏拉图之前的哲学家那里，读者能迅速领会他们的思想是关于什么的，然而关于柏拉图的"学说"却几乎没有什么东西是确定的。因此人们希望有人能够一劳永逸地、负责任地解释清楚柏拉图关于"理念"所设想的内容。不过正如我们所见，不存在一种理念论，取而代之的是常新的样式和外表。正如自我批判式的对话《巴门尼德篇》和《智者篇》所表明的，晚期柏拉图曾抱怨过他的理念论，并令人惊讶地对其进行了公开的批判性讨论。

在柏拉图那里，人们有时会想到一个自己和自己下棋的棋手。曾经这么下过棋的人知道，其实总是黑子赢得比赛。白子布局，酝酿，拟定策略，然而因为黑子知晓这一切，所以它总是比白子聪明一点点。在柏拉图那里，情况也没什么不同。对每一种假设或理论，他总会想到一个更加聪明的反驳。所有这些都使柏拉图的思想变得困难重重。在他的晚期作品中，柏拉图甚至采用全新的概念，并借此再次更改他的理念纲领。他突然不再谈及事物"分有"理念，而是把理念称作原型，人类世界的事物都是这一原型的"摹本"。据此，一个勇敢的人不再分有勇敢的理念——就好像他尝过它的味道——，而是试图用他的

179 行为去接近勇敢的理念，去模仿（mimesis）它。因此这一原型同样也是范本。理念现在同人类行为关联了起来，提供了理想和规范。它们是追求卓越的人试图接近的东西。在柏拉图的晚期作品中，比起认识论，他更注重伦理学。而且理念论明显被加载了道德的东西。理念变

成了现在亟需竭力仿效的典范。

　　另一方面，柏拉图为此舍弃了如下想法，即认为存在着的一切东西，都应将其样式和本质归因于理念。在《蒂迈欧篇》中，他放弃了来自理念世界之事物的物质材料。除了原型和摹本之外，忽然又有了一个质料和物质的独特领域。物质就像吸墨纸吸收了理念，而自身不是理念。看起来就像是柏拉图在其晚年，以老年人特有的温和向唯物主义者稍微做了些妥协。借此他掌握了事物和人之间的区别。事物被动地任理念渗透自身，而人与理念之间的关系却是主动、活跃的。达至美德，过一种好的生活以及建造一座理想的城邦，意味着给自己一份雄心勃勃的工作。而恰是这一有德性的生活和有德性的城邦以及它们对善和正义之理念尽可能高的分有，一直是柏拉图思想的关键所在……

金钱还是荣誉？柏拉图的国家

对社会的不满——整理灵魂！——理想国——对国家中的婚姻、家庭与
私有制的抨击——马格尼西亚，或通往那里的路

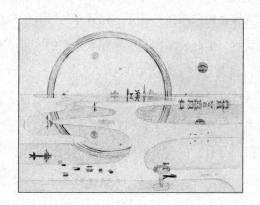

对社会的不满

理念论就像一块沉重的墓碑凌驾于柏拉图的身后名声之上。今天
人们想到他时，就会想起他将人类经验世界视为非本真的。除此之外，
在墓碑上似乎还可以找到一个十分确定的要求：不是习惯上的政客，也
不是任何人，而偏偏是哲学家能够统治一个国家：

> 除非哲学家成为我们这些国家的国王，或者我们目前称之为
> 国王和统治者的那些人物，成为真正的和彻底的哲学家。只要国
> 家权力和哲学还没有结合在一起……就……不会有对国家之恶的
> 拯救，而我也相信不会有对人类的拯救……[73]

一个社会中只有有智慧的人应该得到这个角色——这从今天的角 181
度来看是一个令人发笑的噱头。当今的统治者既不是人民中有智慧的
人，智慧大概也不是对今天的哲学家的普遍称谓。

柏拉图怎么会想到，为哲学家在国家中预留一个如此与众不同的
角色？要回答这个问题，我们必须离开知识论的领域。我们在其中逗
留太久了，必须重新转向政治、经济和社会的具体问题。柏拉图与定
义、表象和理念较劲了四十年。他一定已经认识到，最下方的地基到
处都不够稳固。感觉只能以感性的方式把握世界，数学在世界上任何
地方都没有固定的位置，我们想要经由一种真正的真实性带入经验的
所有东西，终究还停留在空想上。在苏格拉底的提问中以精确的定义
对新事物进行的强烈关注，在新问题的充斥中被消解了。

那时，柏拉图身边的世界改变了。他的观点并非无中生有，即便
他将理念和原则归为虚空。在第二次伯罗奔尼撒战争中，雅典遭遇毁
灭性失败，柏拉图的阿卡德米学园建立后的最初几年间，雅典从这次
政治毁灭中恢复过来。柏拉图返回这座城市后约十年，斯巴达在希腊
世界的霸权统治结束了。在底比斯这个主要的新兴强权身后，雅典重
新像帝国一样建立起来。雅典人热衷于在全爱琴海地区纠集同盟来对
抗支离破碎的斯巴达。公元前 378/377 年，第二阿提卡海洋联盟成立，
这次不是对抗波斯人，而是对抗斯巴达人。只不过联盟成员不再像第
一联盟那样向雅典进贡了。但是尽管如此，向保护国上缴的费用金额
仍旧很高，这给这座城市带来了新的资金。上流社会借此建造新的战
舰，金融业蓬勃发展，经济得以扩张。第二海洋联盟成立三年后，斯 182
巴达人在帕罗斯岛和纳克索斯岛间的海域上被击溃。公元前 371 年，
底比斯人在紧挨其城门的留克特拉给了斯巴达军队最后一击。当不必
继续对斯巴达人心存畏惧时，雅典人同其联盟伙伴的交往也就改变了。
保护国又一次变成殖民强权——由此引发了雅典与受压迫盟友之间的

危险冲突。

内政方面，雅典早已重回民主政体。全民大会的法律近来被两个委员会控制，它们要判定，法律是否还符合梭伦精神。六千名陪审团成员作为一种第二法庭对法律草案进行审核。从所有这些方式里，雅典人期待稳定性、减缓仓促的变迁。在新雅典，似乎一切都有条不紊。

看上去确实如此。但在柏拉图眼中，他的家乡在道德上仍然在堕落。而且不仅雅典处于严峻的状况里："最后我得出结论：所有现存的城邦无一例外在政治上都毫无章法，因为整个立法领域都处于不景气的状态，这一状况除非有近似于奇迹的举措并伴随好运气，否则就是没救的。"[74] 柏拉图在《第七封信》中这样写道。按照他的观点，需要一个"惊人的计划"，一次根本上的革新，或者从一个被构想的零点出发构建一个全新的秩序。但是为什么？在那个时代的政治局势中，是什么吓退了柏拉图，以至于在苏格拉底无辜被判处死刑十年后，他还是从根本上怀疑雅典的政治秩序？他对故乡文明的不安由何引起？

柏拉图的动机似乎是多层的。我们显然必须从一些零散的意见中搜寻这些动机。无论如何，**保守的**柏拉图，这个高贵的上层贵族代表一再出现在我们面前。他持守的道德是流传下来的古老的关于荣誉和闲暇的贵族伦理。在柏拉图时代，这是唯一的伦理，一般被认为就是伦理本身。对善的思考是一个十分贵族式的活动。然而，雅典古老的贵族被暴发户所排挤的程度之深，令柏拉图很诧异。统治了这座城市百年之久的上层社会，此时必须同新的暴发户分享经济和政治权力。与上层贵族不同，这些新富凭借买卖和货币交易赚取金钱——以在此世代居住的家族的眼光来看，这简直是亵渎！

在今天几乎无法想象，阿提卡（即雅典）式民主拒绝，更确切地说蔑视为钱而工作这件事。在我们的现代民主中，有酬劳动好像是不成文的公民义务。成天游手好闲的人被视为失败者，最好的充其量也就是纨绔子弟，差的则被视为社会寄生虫。但是在古代的雅典，为了报酬而劳动在道德上是应受谴责的。尽管还处于民主政体之中，但一个善的且有道德的生活的理想状态应该是**贵族式**的。

虽然这个城市是民主的，但它不具有任何民主式的价值。我们这个时代正直的公民乐于展现自己是如何忙碌，而雅典公民则通过闲暇使自己显得高贵。通过生意赚取金钱被认为是不道德的。与之相反，依靠奴隶的工作来生活是值得尊敬的。在希腊最早期高度文明的时期，奴隶制已经普遍，在其他地中海地区也并无不同。到了柏拉图的时代，奴隶制已经实行逾千年。人们通过在战争中征服别的民族，或从整个地中海地区的奴隶市场获得奴隶。他们作为家奴做手工活或在田地里干活，出卖自己成为娼妓，不得不在采石场和矿山做最艰苦的体力活。仅在劳利昂矿场，也就是雅典银矿，就可能有多达 2 万名奴隶做苦工。

对于这种贵族式的主人伦理的良好内核，柏拉图明显没有异议。如有些智者所讲，废除奴隶制的需求对柏拉图而言完全是陌生的。他的敌人是商人和放贷人，也就是早期资本家，如果人们愿意这么说的话。按柏拉图的观点，这些人的生意就是欺骗。正如关于法律的对话（《法律篇》）中所说，他们的成功就是每个社会道德终结的开始。[75]

传统上层社会普遍蔑视市场。在这一点上柏拉图也不例外。除了田间劳动，所有其他工作都被禁止。这是不可思议的，因为城邦为了正常运转，需要手工业者、医生、艺术家、雇佣兵与商人。少了无闲暇者，即少了那些没有投票权和公民权利的劳动人口，根本不可能有雅典的经济繁荣。再想想梭伦的"金权政治"按财富把公民权利和选举权分成了三六九等。在雅典和其他地方，占有的财富多历来是一个重要的生活目标。为什么人们不应该通过买卖和生意来增加财富的占有？就像已经讲过的，在希腊历史上，一切（自由）公民平等的观念始终是与公民极为不同的能力与政治影响力相矛盾的——在现代民主政治中也是如此。**以何种方式**在经济上获得这种能力，为什么如此重要？

自由公民的公共道德因而就有正反两面。属于反面的是，买卖和金钱经济对于上层社会而言绝对不像他们的公开姿态所表现的那样陌生。让奴隶为自己的庄园劳作的人，也经常让他们作为小企业主经营庄园，并从中收取固定的利息。同样为了钱，地主也可以出租或出售他的奴隶。人们出租地产，推动有利可图的不动产经济，或者通过放贷来收取利息。而从事受人尊敬的政治事务的人，则因关注公共利益而鲜少做这些事。但是在柏拉图的雅典，大量金钱流入对公共意见的操纵中。高薪的演说家接手了法律研究者、说客和外交官的角色。他们同那些被他们贿赂的人一样，也是可以反过来被收买的。因此，付钱或收钱就不只是为买卖和市场所特有。这本质上属于这座城市的文化。

公民的自由贸易对于城邦的公共利益而言有其价值，而这些高傲、勇敢、在非战时休闲的公民，其古老的贵族道德很大程度上是仿冒品。对于伴随着现代挑战、沸腾而混乱的大都会中的共同生活而言，显然这样一幅生活蓝图再也不适用了。在一个公民国家里，分工、专业化以及蓬勃发展的金钱经济终究使得贵族式的姿态只被容许作为一种装饰。

毫不奇怪，在此种征兆下，尽管有民主政治，但社会张力在这个城市愈演愈烈。统治家族利用他们公开谴责的市场手段毫不知耻地扩大财富。伯利克里统治下活跃起来的中间阶层再次逐渐萎缩了。富有的人越来越富有，社会不平等在加剧。

在柏拉图还是孩童的年代，诗人欧里庇得斯在他的悲剧《请愿的妇女》（*Hiketides*）中仍将中间阶层描述为拯救和保卫国家的阶层。它是"国家秩序的守护人"。然而这个阶层到了柏拉图生活的年代就破碎了。显然，当时的政策并不知道如何应对这个愈发严重的社会问题。首先是不断增长的移民队伍，他们身无分文、离乡背井、没有权利，从各处而来，涌入这座城市，占据了居民中越来越大的部分。这座城市于公元前 5 世纪似乎急速地从一种旧式的贵族统治转变为极其冒险大胆的民主政治之后，在公元前 4 世纪，几乎所有的改革热情都停滞了。"权利平等"（Isonomie）、公平以及利益均衡的原则在两个新委员会手中及其后没有被继续遵循:奴隶依旧是奴隶，不自由者依旧不自由，妇女依旧没有权利。梭伦时期的债务免除也不再有了。那些按照我们今天的观念在柏拉图出生时期不民主的东西，依旧是不民主的。

　　所有这些就是大背景，柏拉图在其中谋求他宏伟的目标：从根本上革新这个社会和国家！我们已经提到，上层贵族不是大胆的改革者，力求运作得更好的民主政治。相反，他们宁愿看顾他们往日的福祉。在过去的日子里，传统的贵族伦理还没有被金钱经济腐蚀。荣誉代替金钱——就是这个伦理，在不断改善的征兆下一再浮现于柏拉图眼前。他想彻底地重新恢复这个伦理并使其协调一致。但是这个伦理能从哲学上为自己找到根据吗？

整理灵魂！

　　金钱和荣誉可以兼得吗？拥有很多金钱在道德上是好的，或是坏的吗？因为富人更容易说真话，并且总能够偿还欠下的债务，所以他的财产有助于正义？这些问题开启了西方历史上第一部重要的政治哲学著作——《理想国》，柏拉图关于国家的一篇涉猎广泛的对话。

　　虚构的场景发生在伯罗奔尼撒战争时期，在公元前 408/407 年左右。也就是柏拉图 20 岁的这段时间。场景发生地是兵器制造者玻勒马

186

187

霍斯（Polemarchos）的家，他是比雷埃夫斯的一个富有的客籍外邦人，一个非自由民。大约有七个人偶然聚集在此处，包括苏格拉底、柏拉图的哥哥阿德曼托斯、格劳孔与智者色拉叙马霍斯，后者在历史上同样确有其人。屋主的父亲克法洛斯（Kephalos）问候了苏格拉底。很快人们就谈到克法洛斯的财富带来的安逸生活。这位年迈的兵器制造者解释说，大量钱财使他不用欠任何人的债，并且因此能过上一种有义务说真话的生活。不欠任何人的债务的人，也就不会对任何人犯有过失。钱财上的债务和道德上的债务对商人来说是一样的。而财富则有助于正义，有助于正义的生活。

但是苏格拉底立刻反驳了克法洛斯。任何人，即便他富有、尊重他人的财产、说真话，还远不能达到正义。如果我跟一个精神错乱的人说真话并给他属于他的武器，这究竟算什么呢？毫无疑问，这是疯狂的，而不是正义的。

玻勒马霍斯表示赞同。正义是这样表现出来的，即以他人应得的方式来对待他人。苏格拉底产生了疑问。人们凭什么总能完全知悉，什么是一个人应得的呢？我们的行为总是交织着错误的估计。让不正义发生在不正义的人身上也不会让这个世界更正义。就在这一刻，色拉叙马霍斯插话了。他扮演了激进怀疑论者的角色（人们如今经常在左派网络论坛上找到这些人）。按这位智者所说，根本就不存在正义。关于正义的所有空谈最终只是为了掩饰统治者的利益。强者贯彻他们的利益，接着对"正义"夸夸其谈，然后创设法律以确保他的统治。

这样取消正义，在苏格拉底看来是过火了。他提出异议，统治者不会总是准确知道于其而言什么才是好处。掌权者的法律也可能伤害自身。那么其对"正义"的定义对他来说就不再是好处。这个论点是无力的，色拉叙马霍斯没有被说服。他还使出了另一张王牌：每个人自然感觉到，不公平和压迫是不正义的，但是尽管如此，人们仍羡慕暴君以这样的方式为自己制造了美好的生活。由此人们可以得出两件事：正义对于人的幸福的价值显然被高估了；而理性的做法是，从一切幻想中把自身解放出来，并且更愿意过上一种任性的、无所顾忌的生活，就如本来在发生的这样。

柏拉图让色拉叙马霍斯道出了机智的话。道德在正义中没有基础吗？真的没有普适的常数，人们能在其基础上建立道德行为？至少，苏格拉底反驳了色拉叙马霍斯，专制者也不能彻彻底底不正义地行事。为了统治，他仰赖于同别人合作，至少要展现最低限度的正义姿态。

然而这个仍旧无力的论点并不是柏拉图的苏格拉底所走的道路。一开始他反驳了格劳孔聪明的建议，即人们不是为了正义而正义的，相反他们合乎道德地行事，是因为他们许诺由此能得到**赞赏**。这种观点本来就指引了方向。现代学科如社会心理学和经济心理学今天恰恰就由此出发，而非其他，即便他们不可能以柏拉图为引证。因为这种观点要证明的，并不是柏拉图的这个观点，而恰恰是其反面。其他讨论参与者的错误可能在于，他们将正义看作某种我**同他人交往中**实际做出的，也就是看作对于周围人的义务。但对于柏拉图来说，正义首先是我**同自己**约定的某种东西。

对他来说基准点是"自然秩序"。如同在自然中，一切都井然有序、和谐并因而"正义"，因此人类也要讲求将其灵魂安排有序。柏拉图在《高尔吉亚篇》中已经描述过，不同的灵魂部分——欲望、意气（或激情）和理性，必须被带入彼此协调一致的状态。如果他们互相之间的关系整理得很好，那么人类灵魂中就充满了"正义"，就如在自然中一样。

自然自身本就和谐、井然有序且"正义"，这是传统的希腊思想。我们从阿那克西曼德和很多其他柏拉图的前人那里得知这一点。不管怎样，"自然的正义"是一个强有力的假设，且这一设想影响极大。将好

189

的且正义的行为视为**同自然协调一致的行为**是定义伦理学的一个十分特定的形式。后来的哲学家将其划分为**自然法伦理学**一类。除了主要在神学语境下可以找到的少许例外，关于这种建立规范的方式的历史被忽略了。因为灵魂同自然的协调一致很难得到证明。我们关于自然的图景本身也改变了。不考虑一些秘传者，今天对于我们来说，在自然之喜怒无常的情绪、灾害与残杀中看到正义的驱动力，是极为困难的。

对于一个像柏拉图一样的自然法伦理学家来说，正义是灵魂的一种客观状态，人们通过诸多努力能达到这个状态。人们必须试着尽可能深地分有正义的超凡理念。如果我们在自身中拥有很多正义的理念，就能感觉到我们灵魂力量的一种和谐。因为正义将勇敢、智慧和审慎的传统基本德性统一并整理为至高德性。然后我们"由善的精神作陪"，生活在幸福（*eudaimoní*a）之中。在柏拉图及其同时代人的设想中，最重要的无外乎：在同自身的协调中幸福地生活！对此，内在的正义是一个绝对必要的前提。不能在道德上与自身达到一种纯粹状态的人，灵魂深处就不可能有真正的幸福。或者如柏拉图以惊人的精准性所表达的：比起不正义地活着，我正义地活着时，我的生活会"729 倍"地舒适。[76]

幸福，充实的灵魂平静，柏拉图以此来反驳商人、自私的政客和独裁者的效益思想和肤浅的幸运。人们在一个道德上好的生活中实现幸福。这样一种生活同时是健康且美好的。

从今天的视角来看，这样一个关于**道德上善的生活的伦理学**非常私人化，因为一切首先被限制在自身的灵魂之中。两千年后的哲学提出一套完全别样的伦理学根据，它将**正义的理念**普遍化。然而在给针对每一人的规则或甚至"权利"下定义这一方面，柏拉图涉及甚少。对"正义"进行抽象把握的观念并不处在希腊思想的中心，而恰恰是在思想的边缘闪现。因为在宇宙中，正当的世界秩序应该被预先给定，柏拉图并没有提出这样的问题，即这个秩序是否也是公平的。这个秩序不是由人制定的，而是由神或者其他什么制定的。虽然他努力表明，预先给定的秩序也是**正确的**秩序。但是当自然已经不再作为样本起作用时，对于所有相关者来说，秩序公平的问题不得不被推到一个遥远的时间点上。在这一刻，很清楚，正义是某种必须由人类无所凭借地以一个给定的样本**制造出**的东西。但是到那儿还有很远一段路。

柏拉图的伦理学不是关于公平的，也不是关于作为原则的正义的。行为事实上是否展现了好的结果，它是否成功或失败，这个问题柏拉图也不真正感兴趣。人们应该出于正义的动机而行事，因为这对过上好的生活是必不可少的帮助。

这种正义的准绳是一个不可改变地预先给定的自然。如果灵魂相应地井然有序，它就是正义的。如果世界形势同自然秩序协调一致，该形势就是合法的。此外，柏拉图对许多古老的贵族伦理价值未加改动。生活就是战斗和竞争，这被毫无争议地设为前提。甚至道德上的卓越的获得，似乎还与超越他人有关！在这样一个高傲且私人化的伦理学的基础上，能够建立起一个国家建筑吗？

理想国

想象这样一个城市，其中的一切都被整理得像一个幸福的人的灵魂。每个人都从事那些他们最有天赋的事，并处于尽可能最好的位置。和谐悬居于一切之上，正义遍布所有共同生活的活动之中。对于柏拉图而言，这样一个地方就是"理想国"——这是苏格拉底在《理想国》中向他的听众讲述的美好城市。

这样的城市并不存在，苏格拉底也没有因此故作神秘。直至今日，关于理想国是什么，一直被长久地讨论着：是一个理想，是一座在模板中摹画的可能在每个灵魂中发生的"灵魂之城"吗？或是一个有待实现的政治乌托邦？阿里斯托芬则问道，理想国里存在多少幻境？其中有多少被完全严肃地视为未来现实社会秩序的模板？我们应该把它当作一部讽刺作品吗？或者可以把柏拉图视作温和的极权主义之父，即一个思想专政的发明者，这种思想专政强迫每个人接受现存的秩序并由此成为"善的"和"正义的"？理想国最终会是一个反乌托邦、一块既成的噩梦之石吗？这个理性王国之梦生出的会不会是一个怪胎？

但让我们依次来讨论。苏格拉底关于理想国的论述之于政治毫无贡献。《理想国》讨论的是伦理学，也就是对灵魂的照料。如果苏格拉底讲到这座美好的城市是个"空中楼阁"，那么他是想以一个理想的共同生活为例向人们展示，他如何在个人那里构想了一个理想的诸灵魂力量的共同生活。在这个意义上，理想国是一个以国家的形式铸造出的灵魂摹本。

柏拉图视政治为灵魂照料的延续，它以共同体为手段。一个国家的理想状态因而应当与一个幸福且正义的灵魂的理想状态相符合。因此，在一个理想的共同体中，我们与秩序井然的灵魂群体有关，与善意的共谋有关。国家的基础是**志向**（*Gesinnung*），而不是（或者其次才是）规则和机构。以今天对政治的理解，这使得柏拉图的国家理念如此"非政治化"。一个独立的、其规则以政治为名的世界，最先出现在亚里士多德那里。对柏拉图来说，政治属于伦理学——他的伦理学是政治的。

人们联合起来成为（城市）国家，建立城邦，按照柏拉图的观点，这有一个最朴素的基础。人类是一种有缺陷的生物，没有他人的帮助便不能生存。国家源于人类的需求本性与社会本性。柏拉图教科书般地描述了文明如何产生。很久以前人们以果实为食，健康而淳朴地生活着。从小小的开端逐渐产生了更大的共同体，最终形成了城市国家。

这导致了很多新问题。虽然艺术和文化在发展，但同时奢靡和挥霍也在加剧。为了居民的供给和许多新需求，城邦不得不扩张。分工就产生了。由于城邦越来越繁荣，就出现了同邻邦的冲突，出现了战争。从自卫的公民中产生了职业军人，又分出了等级——领导者和护卫者。同样的情况适用于其他职业。在已长时间非自给自足、专门化的公民和小群体之间，易货贸易和金钱经济开始了。市场与雇佣工作产生了。这很快导致各利益团体之间爆发了互相竞争和权力争斗。

但这一点恰在理想国中被阻止了，柏拉图的苏格拉底展示了这是如何做到的。解决方法就是一个整体上的理想方案——这是柏拉图在其时代的雅典未能实现的。这位哲学家像划分蚂蚁王国一样划分了理想国。每个人都拥有固定的、不可改变的任务，这样每个人都会为整体的运转做出贡献。他区分了三种重要的功能。在蚁后的位置上是**哲学王**，即精心培养出来的精神贵族，洞察和总览公共利益。掌权的应该是这些最有能力的人，而不是那些想要获得权力或者不得已统治国家的人。按照柏拉图的观点，哲学家是克服了低级欲望的人。恰好是因为他的激情没有促使他去追求统治，所以他是所有可能的潜在统治者中最好的那个。因为要具备智慧之爱和善之理念，未来的哲学王将被送上一条漫长的教育之路：音乐、体育、算术、几何学、天文学、和声学以及雄辩术。

哲学王之下是**护卫者**，他们禁欲、不计报酬守卫着国家，此外还承担了（思想）警察的工作。在为期十年的知识和体育训练后，他们中最有天赋者能够上升到哲学王的阶层。最低的位置上是古代意义上劳动的居民，即**手工业者和农民**。每个等级都根据各自的天赋遵从其角色和任务。因此，国家中充满正义。相反，如果个别人拓展了他的职责，并因而越过了权限，那么非正义就会扩张。护卫者就会知晓并去阻止这类事件。

194

人们将柏拉图的国家乌托邦与历史上的诸多极权主义体制相比较：从古代斯巴达的军事独裁到斯大林主义或希特勒—法西斯主义的纳粹奥登斯堡学院。这些现象难道是"近似于奇迹的举措并伴随好运气"[77]的结果吗？或者就如我们今天对一切都进行反讽的社会中一些柏拉图专家不知疲倦地强调的那样，这是一部讽刺作品吗？然而柏拉图的国家乌托邦肯定不是为了幽默而幽默。即便他可能不赞成其全部，他也赞成其中的某些内容。

奥地利作家罗伯特·穆齐尔曾说，"一个完美的秩序可能是对所有进步和娱乐的毁灭"。事实上，这二者柏拉图都很难应付。提到进步，人们根本就不再需要它。因为理想的国家不仅永远管理着这个共同体，它也满足其公民的灵魂需求。手工业者和农民的本质与灵魂中的欲望相符合，他们的基本德性是节制。护卫者的本质是勇气，他是勇敢的化身。而哲学王的本质是理性，他是智慧的化身。从一个现代多元化和个体化社会的角度来看，这个由哲学所承载的蚂蚁王国是以强制且荒谬的方式运行的。这个模型具有名为"理想国"的战略游戏的模式。这看上去根本不像什么可以在某处实现的东西。荷兰作家塞斯·诺特博姆（Cees Nooteboom）在看到巴西利亚巨大的中轴线时感到："在建筑图纸上它总是静止的，在城市中则不是。"[78]这多么适合来描述柏拉图的理想国草图啊！

但在这里，娱乐看起来也不比进步好多少。柏拉图关于肉体快乐的观点是模糊不清的。至少在《理想国》中是这样。苏格拉底像一个毕达哥拉斯学派成员一样出现，后者在死后才渴望这种快乐，那时不朽的灵魂已经从肉体的负担之中被解救出来。唯有精神满足是在尘世生活中通过诸多努力可实现的。柏拉图随后也在《斐力布篇》（Philebos）中做出过类似的判断。他将肉体快乐置于欲望的最低层级，将精神快乐置于最高位。在另一部晚期作品中，柏拉图显得友好一些。

在《法律篇》中他承认，肉体愉悦对于人类而言是基本的，而不仅是一种蒙蔽认识的麻烦事。

相应的，柏拉图也很难处理美和艺术。柏拉图的文化政治是仅仅以教育为动机的。虽然对他来说美是重要的，但却不是为了感官享受。因此在《会饮篇》中他通过苏格拉底强调，当爱（eros）将美与善统一起来时，就达到了极致的完满。爱是一种精灵（daimon），它首先从感性上被感觉到，被它看到的某些东西吸引。这种美是一种回忆，是那种令人心动的美的气息，它重生之前曾在理念世界中看到自由飘浮的灵魂。神秘的渴求随之推动着爱靠近美的理念。在最简单的层级上爱倾心于一切美的肉体，然后从感性的东西向上朝着精神性的东西推进，且爱着"美的灵魂"。由对美的灵魂的爱，在向上的提升中，产生了对所有精神之物中的美的爱。在最高层级，上升的爱看到美之理念的表象。在这里，精神看起来净化了所有低等肉体欲望。从渴望中产生静观，同时从美中产生智慧。

对美的设想是如此超凡脱俗，这在哲学史上很有影响力：在美中，人类看到了理念的感性表象。从普罗提诺经黑格尔到恩斯特·布洛赫（Ernst Bloch），都可以找到**艺术本体论**（Kunstontologie）的延续——存在一种纯粹美的东西，它在艺术中作为更高级之物的预兆和允诺而以感性的形式出现。

同样的观念也影响了柏拉图对艺术的理解。秩序、尺度、和谐比例和对称性是"美的"，这大概是在他的时代中普遍的思想成果了吧。如果画家画花瓶，他除此不会想到别的东西。建筑家正是根据这些纲领在雅典卫城建立庙宇。然而一定要走得如此之远，认为像圆形或正方形之类的几何形式比一个美的人在根本上更美吗？对柏拉图来说，这是他哲学式的美的理论的结果：绝对的美只存在于抽象中。（至上主义者、未来主义者、现代绘画的建构主义者对这点很欣赏。）

196

这对柏拉图时期的艺术来说就是一根标杆，在这之下的艺术只能处于很低的地位。唯有建筑艺术使柏拉图产生兴趣，因为它不是模仿，而是创造。此外他认为，艺术主要令人云遮雾绕、使人迷惑、欺骗、制造尖锐的冲动、强化坏的本能以及败坏道德。如果所有人类世界的现象仅仅是理念的模仿品，而现在艺术仿制了这些模仿品，那么它就是在制造二手模仿品。它们不是力求达至本真之物，而只是模仿非本真之物。艺术家不应绘画摹型的摹型，而更应试着接近原型。但柏拉图几乎没有在任何地方看到这种情况。

197   对柏拉图来说，美学不是主观的东西，而是某种客观的东西。美学的光芒来自人类经验世界之彼岸的预先给定的美的理念。在艺术中主体的自我实现，对他来说是愚蠢无聊的消遣，在道德上应受谴责。在梦幻之境中跳舞的舞者，使人激动和陷入迷狂的音乐，玩弄和煽动观众的激情和情感活动的诗人和戏剧家——所有这一切，根据柏拉图的观点，最好都不应存在。这个世界同样不大需要"骗人的"诗人与哗众取宠、轻浮的戏剧家。因此人们可以设想，事实上，在理想国中，大部分时间是宁静的。只有令人振奋的颂歌、合唱诗歌和赞美诗有时响起，它们由艺术家创作。这些艺术家由神性的灵感驱使着，以至于能温和地预感到真 / 善 / 美……

对国家中的婚姻、家庭与私有制的抨击

回到理想国的构造。除宴席、笙歌和挥霍无度之外，什么东西最可能阻碍共同体的良好发展？柏拉图明确提到了一个敌人，即家宅中炉灶边的人们的自私自利。如果每个人在其私人家业（*oikos*）中都追求尽可能生活得舒服且富有，一个国家又怎么可能成功？家业对柏拉

图来说是物质性的，而非理念性的。它是理性和国家利益的对手，是逻各斯的敌人。它既是利己的又是贪得无厌的。因此一个国家的所有力量，必须集中于约束私人家庭的无理需求。若个人的和公共的利己主义被激发出来，根据柏拉图的观点，受其控制的僭主政治就产生了。所以，理想国中应该得到满足的只有居民的实际需求，而非他们低等的对财物的贪婪。

不曾有任何国家社会主义能走得像柏拉图崭新美好的城市幻想那样远。因为同之后马克思和恩格斯设想的世界相反，这个世界中每个人都能过一种尽可能无国家的且相当贵族式的（家庭）生活，在柏拉图那里，一切都被国有化了。

为了将家业的力量遏制于萌芽中，国家干预了生育。生育必须被合理地调控。国家准许卓越人口的增长而拒绝不那么卓越之人对孩子的愿望。按这个方式，除非对城邦有益，否则绝不能有更多的孩子出生。此外，这些应当是正常的孩子，不应有体弱或残疾的。如果即便如此仍生出了残疾的孩子，那么他们会被遗弃。柏拉图的优生学今天对我们来说当然是残酷而不人道的。但在他的时代，对此大概没什么非议。不只是原始民族上千年来抛弃残疾的新生儿，而且在古代世界——最著名的例子就是斯巴达，丢弃或杀害残疾的婴儿也是普遍的。

在对家业的第二道打击中，柏拉图把儿童的教育确立为国家的任务。国家独立负责，通过花费颇多的教育体系，设法使每个孩子按照其天赋得到培养。并非像在现实的雅典和世界上其他所有地方一样，通过特权家庭平坦而顺利地获得到达国家顶端的道路，在理想国中孩子们要在自由的竞争中就其天赋相互比拼。因而青年不仅仅为奥林匹克竞赛训练，也为了国家的任务而竞争。获胜的最优者，就是最合适者和最有能力者。

在对儿童和青年进行机会平等的选拔方面，尤为有现代意味的是性别平等！柏拉图固然不是唯一考虑到这一点的人。至少在喜剧中就提到了这一点，比如阿里斯托芬的《吕西斯特拉忒》。然而柏拉图的建议是令人惊奇的。他轻视家政的世界，并非因为它是女人工作的世界。在这一点上，他比他的前辈们要进步得多。所以对柏拉图来说，女人关心母性和家务，不是因为她们从本性上就被如此规定了；而是我们把母性和家庭劳作同女性的本性联系在一起，因为在社会层面上我们已经将女人简化为此了。根据柏拉图的观点，家政的世界训练出了像贪婪、贪财这样的坏品性，所以女人应该像男人一样及早远离这些东西。女人因此在理想国中也有权利受到国家的教育，并从事一份与其天赋相适应的职业。在兵役中（这是护卫者的义务），女人在军事上是平等的。她们可以自由选择婚姻伴侣，在司法中，她们也被赋予与男人同等的地位和权利。

这是乌托邦式的、充满想象的、激进的！因为在柏拉图的时代，雅典以及希腊世界的所有地方都从未有过这种情况。女人和男人共同受教育，如从事音乐、裸露肢体做体操——不可想象！一个不属于无自由的下层社会的女人，却要从事一种职业，长久以来只有娼妓才有可能。女人在家政以外的社会联系一般是被禁止的。而且婚姻伴侣不是自由选择的，而是妇女被包办婚姻——今天在世界许多地方依然如此。她们是丈夫的财产，因而在法律面前没有权利。

与之相反，柏拉图的理想国是多么进步啊！诚然，所有这些权利只适用于处于较高层级的男女公民，而不适用于那些未跨过教育体系最低门槛的人。后者依照古老的风俗习惯成为手工业者和农民。只有至少适合成为护卫者的女性，才能得到权利。更不用说非自由民和奴隶，他们最初根本就不参与竞争。这样看来，柏拉图对奴隶和非自由民的社会偏见显然比对女人的偏见更大。居民中的多数人口从一开始就被排除在外。对于女性非自由民来说，所有方面都与奴隶毫无二致。柏拉图的这些设想是如此现代，因此它们也几乎不是出于对妇女的同情心或出于"正义"的原则。我们可以从柏拉图的表达中推断出，对他个人而言，女人的命运无足轻重。他没有作为"理解女人者"被载入史册。女性护卫者和男性护卫者的平等，目的不在于女人的命运，而仅只在于对特权阶层内私人家业的摧毁。

操控国家命运的人应该摆脱个人的激情、利益与贪婪——这是柏拉图从他现实祖国的道德堕落中得出的核心要点。他必须为此包容那些地位较高的女人的平等权利——据说就是为此。对一些人来说女人反正不是特别重要，他们也可以在形式上将女人置于平等地位。不管怎样，人们在很多情况下都能感受到柏拉图的怨恨之情。相比于别人的孩子，以错误的方式更偏爱自己的孩子，难道这不是女性的天性吗？难道女人没有一种强烈的倾向去经营家政？去建造一个窝巢，抚养自己的那些后代，被培养成女性或具有女性气质的，争求越来越多的家产？无论如何，柏拉图的结论都是，人们应该将女人从教育体系中排除出去。只有男人才被允许教育孩子。并且只有那些成功地完全摆脱其性别角色的女人才能够成为女哲学王；相反，男人则能保持其原初所是的样子。

私人家业的力量被国家利益的逻各斯打破——这是理想国的第一个最吸引人之处。第二个最吸引人之处是，精神贵族取代了那些在民主政治中追求权力的原生贵族阶层。贵族的形式仍被保留，但实际上所指的只是最优的国家管理者，而不是最富有者。总的来说，柏拉图的哲学王和护卫者不是为了金钱，而是为了荣誉而工作。在传统贵族伦理的观点看来，这是应当坚持的。一个社会中令人遗憾的价值堕落是金钱和市场的后果，如果这种说法正确的话，那么理想国中的金钱经济就必须被限制在一个最低限度。政治应当重新以仿佛与金钱无涉的方式进行——就像在古代的日子里那样。统治者则应该能够只依靠其先于城邦就拥有的田产所得而不受干扰地生活。

在这个意义上，柏拉图的理想国是对他的时代中债务经济的一个坚定的回应。他的建议正是贵族们的反对的一部分，即反对远洋贸易和金融业、放贷和利息——通过这些途径，部分属于非自由民的商人阶层可以积累巨大的财富。柏拉图针对新贸易经济和债务经济的论述是明确的。在民主政治中，所有公民只考虑金钱和财产，与此同时越来越堕落废驰：他们"身居理想国之中，行为良好且有着很好的条件，有的负债累累，有的失去了公民资格，有的两者兼有，当时他们所有人都对那些侵占了他们财产的人满怀愤怒并伺机伏击，对其他人也是如此，此外他们也热盼着革新"[79]。对金钱和财产自掘坟墓般的贪婪折腾着城邦中所有人，而放贷者不知廉耻地从中获利。"但是，那些沉迷于赚钱的人们，对其他人仿佛熟视无睹，总是一再地伤害那些无可躲避地被掠夺财产的人们，而当他们现在通过利息累计了天知道几倍于他们能力的财富时，他们也使得城邦里的寄生虫和穷人日益增多。"[80]

结论就是，要在理想国中禁止借贷交易和利息行为！只有为没有及时付账的情形而设置的滞纳金才是被允许的。虽然理想国家中金钱继续存在，但其意义仅只在于维持支付往来。相反，敛财或投资是被禁止的。

金钱的地位应从欲望的对象被降低为支付手段。城邦应该引进不具有物质价值的钱币——像斯巴达的铁币、今天的纸币或民主德国的铝制硬币。此外，柏拉图还错误地认为：这样一种没有物质价值的金钱就不会被存积起来！银币应该仅为与其他希腊城邦进行交换而存在。在公元前 4 世纪的地中海地区，雅典的银制德拉克马就像今天的美元，是一种"世界货币"。它们因此对远洋贸易来说不可或缺，但应该像城邦中的所有外国货币一样，被换成无物质价值的金钱。

整治金融市场，废除利息，保障机会平等，当然也包括性别平等，完全由国家教育孩子，让统治者为了荣誉进行统治——由于这种彻底的国家社会主义，柏拉图作为政治哲学家被载入史册。苏格拉底凭借口才和技巧，凭借灵活、亲切的语言向人们讲述了这一思想。然而对于任何一个希腊城邦来说，这个乌托邦描绘的或许都是迄今为止最为艰巨的规划。而且这个乌托邦，根据其自我认知，并不是各种可能之中的一个建议。苏格拉底似乎觉得，柏拉图的美好城市应该是共同体生活的唯一方式，它从哲学上讲是理性地、合乎逻辑地建立起来的。然而，世界能以哲学的方式来疗愈吗？

马格尼西亚，或通往那里的路

我们不知道，柏拉图因其"天上的美好城邦"过上了多幸福的生活。于我们而言，今天它不是那个由天使守护的闪亮的梦，就像四百年后出自约翰启示录的"天上的耶路撒冷"。但柏拉图自己似乎也对他的思想实验不完全满意。大概当时并不缺少同时代人的反对和批评：在他们看来，哲学王的角色似乎显得太过野心勃勃和自负了。对待女性的新视角可能并不为诸多传统主义者所喜欢。无论如何，在男权世界统治的这两千多年里，"女权主义"的活力还远没有普遍实现。理想国的"社会主义"思想也遇到了类似的情况。对自由金钱往来的严格限制、对大量积累资本的禁止，距其在历史上真正实现的时刻，同样还需要相当长时间。而且这一时刻应该也只持续了一段短暂的时光。

而其他非常具体的经验，也可能深深影响了柏拉图尚未完结的关于理想的共同生活的思想进程。公元前 366 年，大概是完成《理想国》后的一段时间，他再次动身前往西西里岛。他的老朋友狄翁（Dion）邀请他参与一个伟大的项目。形势看起来很好。叙拉古君主狄奥尼修斯一世不久前去世了，他的儿子、继承人狄奥尼修斯二世（Dionysios II.）被认为坦诚且好学。刚好狄翁想要利用这个时机，图谋和柏拉图一起从根本上改变叙拉古的政治状况。理想国有可能在西西里岛成为现实吗？

狄翁心中诗意的美好没有维持多久，因为散文式的现实境遇令人清醒。狄奥尼修斯二世不想建造一个理想国，他有完全不同的顾虑。他的统治受多方威胁，尤其受与野心勃勃的迦太基的战争威胁。当狄翁由于所谓的政治阴谋被驱逐流放，柏拉图也幻想破灭而离开了。在远离雅典的国家模式中至少实现其哲学构想的一部分，这个尝试又一次失败了。

然而四年后，他还有第三次同时也是最后一次西西里之行。此行的缘由似乎不完全是自愿的。狄奥尼修斯要求柏拉图前来，作为赦免狄翁的条件。然而这位哲学家很快察觉到，狄奥尼修斯不愿意冒险去做一个政治实验，甚至可能不愿意交出权力。与此相反，他利用柏拉图的名声来在诸多方面为他完全非哲学的暴政做表面掩饰，吹嘘其价值。

狄奥尼修斯没有履行释放狄翁的诺言，甚至没收了他的财产，于是柏拉图改变了阵营，与专制统治保持距离。他随行的学生斯彪西波（Speusippos）甚至在政治上成了反对派的一员，柏拉图陷入了棘手的状况中。被怀疑、受威胁，公元前360年他好不容易成功逃亡。当时这件事在叙拉古持续沸腾着。在阿卡德米成员的支持下，狄翁于公元前357年带着一小支雇佣军成功推翻了专制统治。但是政治形势依然混乱，狄翁的政权摇摇欲坠。无论怎样，他召集了一个委员会，为叙拉古拟定一部公正的新宪法。狄翁事实上在多大程度上支持理想国的实现，这饱受争议。很有可能他也只是一个投机分子，对他来说这只关乎自身的权力。相反，柏拉图似乎直到最后都信任他的朋友。柏拉图出于这个契机写的《第七封信》，将狄翁想在叙拉古建立一个理想国家的事情流传后世。一些同时代人对此不以为然。公元前354年，柏拉图的朋友于掌权三年后，陷入一场军事政变而遭袭身亡。八年之后，狄奥尼修斯二世再次登上叙拉古的王座。

在西西里岛徒劳的冒险和诸多失意不可能在柏拉图那里消失得毫无踪迹。所以他在晚年感到需要接着充满争议的《理想国》之后再作一部关于理想国家的、内容更为广泛的对话:《法律篇》。相比于"社会主义的"美好城市，柏拉图在《法律篇》中的设想看上去就像一个简洁的社会主义缩略版。他回到了家庭和私有制。柏拉图顺理成章地将他新的国家乌托邦只看作"次好的国家"——但至少是一个实际可实现的国家。

对话的开头场景风趣:一个雅典人、一个斯巴达人和一个克里特岛人为思考理想的国家而碰面。这个动机是想象出来的。一座名为"马格尼西亚"的新城市要在克里特岛上建立，这三个国家理论家是社会建筑师。时间是在夏至日，这一天漫长且炎热。三位思想家踏上这条从克诺索斯进入伊达山脉的漫长小路，到了伊达山的岩洞里。海拔1500米，爬山持续了整个白天；他们有很多时间，怀着闪烁的激情，从所有细节思考一个理想的国家。

这三人均年事已高，就像三头年老的苍狼，在生命中见过了诸多风雪。他们无不为道德的堕落和当前国家的危机感到悲痛。在一点上他们是一致的:民主政治就是扯淡！但是专制同样糟糕。就连雅典人，包括其中很多亲眼见过柏拉图的学者，也反对一小撮精英的统治。必须防止权力过分集中在少数人手里。虽然柏拉图之前就在其另一部晚年著作《政治家》中为哲学王的理念做过辩护。但是显然符合条件的人如此难找，以至于理想鲜少能实现。

所以现在需要寻找民主和专制之间的第三条道路。雅典人的诉求不会改变，即一切私人生活都应该从属于公共利益。国家作为道德机构在马格尼西亚仍旧起作用。国家的任务是培育公民的灵魂，从最早的年岁就开始培养德性。柏拉图没有偏离他的主导思想，只是与理想

205

206

国相比在手段上有所保留。

显然柏拉图从西西里岛的经历中学到了最重要的一点：好的意图和好的政治还远不一样！以前他确信，在生活以及共同生活中，唯一重要的是去认识善并培养好的品质。这样剩下的似乎都会自然而然地接踵而至。与之相反，柏拉图在晚年似乎清楚了这一点：心怀善意的人也可能犯政治错误。任何好的意图都不得不面对各种情况、后果和副作用的纷乱，这些纷乱共同决定着一个行为的价值并使其晦暗不明。凭着这一洞见，柏拉图将政治从道德哲学这一唯一统治领域中解放出来。关键不仅在于政治知识（*politiké episteme*），还在于规则。好的品质是一座桥梁，它需要坚固的底座。而这些支柱就是法律。

如此看来，《法律篇》比《理想国》更具现代性，也和我们今天对政治的理解更为接近。但是从内容来看，《法律篇》依然保留了如下观点：即使在法律、控制机构和刑罚等重点问题上要经过广泛讨论取得一致，但国家统治仍然应由一个智识和道德更为优越的精英来实施，二者协调一致。同理想国中一样，国家机构的职位根据能力和天赋分配，并做成详细名单。在万物之上，还高高地存在着一个神性秩序，作为万物的准则。这个神性的东西，就存在于我们自身之中，我们应该在公共生活与私人生活中遵循它。

政治，像在《理想国》中一样，在"次好的国家"中也要为家庭生活设立规则。结婚是义务，35岁还没有成婚的男人要为此受到惩罚；禁止通奸；迎娶另一社会阶层的妇女，并因此搅乱了社会阶层，这样的行为要受到劝诫；所有性放纵虽然不被禁止，但是要被谴责；同样被谴责的是恋童与鸡奸。与男孩发生性关系在古希腊属于十分寻常的行为，甚至被视为教育的手段。但是柏拉图已经在《会饮篇》里对此表示反对。这些"毛还没长齐"的男生还是孩子，不是男人，因此在性方面还是禁忌的。

　　至于儿童的教育，柏拉图容许父母将他们的后代至少在幼年时期留在自己身边。"雅典人"在此给出了一整串的医学和教育学建议。除去阿尔巴尼亚独裁者恩维尔·霍查（Enver Hodscha）——他大概是柏拉图所有学生中最好学的，没有其他任何一个国家元首曾经如柏拉图这样为他的公民制定出如此详尽的儿童教育规程。尚在怀孕期间，母亲就必须通过体操、运动和平稳的心情使胎儿的姿势合适。在最初的几年里，要尽可能多地将孩子带在身边，以加强基本信任感；男孩和女孩同样受教育；左手和右手一样被需要（gefordert）、被促进（gefördet）；惩罚不应伤害孩子的尊严；体操和优美的舞蹈，增强精神和灵魂；玩耍很重要，但应该注意，得是充满教育价值的游戏；当然没有规定要用木制玩具，但那时还没有其他的材质……

　　关于城市的规模和财产分配，雅典人的想法是异乎寻常地静态的。所有事情一开始就被确定下来，并且尽可能不做改变。马格尼西亚应该提供 5040 户人家居所的空间。他建议，将少量不动产通过抽签的方式判归公民所有，这些不动产是不允许出售的。为私有制和财产而争论是共同生活中所有罪恶的根源。在马格尼西亚这个问题被消除了，因为私人家业不允许扩张。轻微的不公平是准许的，但在法律上要受到"一比五"规则的限制。国家保证最贫穷者的最低生存，不允许任何人拥有超过这个最低量的五倍。

　　不管怎样，我们谈论的不是金钱，而是不动产和动产。因为金钱在马格尼西亚和在理想国一样，是无关紧要的。禁止占有金银财物，借贷、信用交易同样被禁止："任何个人"都不许"拥有金银，只能拥有日常交换用的钱币，比如用来支付工人的工资"。[81] 国家也尽可能不鼓励远洋贸易，一切都应该靠自己挣取。阿尔巴尼亚国家元首恩维尔·霍查显然也在这里找到了一个模板。马格尼西亚是公职人员和农民的国家，而无自由的外邦人从事手工业。那么城市内的贸易又该如

208

何看待呢？一方面，它助长了人们恶的性格特质，让他们变得不诚实、贪得无厌。另一方面，柏拉图也清楚，人们不可能完全放弃贸易。他找到了解决方法，即将削减至最低规模的贸易活动委托给具有有限居留许可的外邦人。他们的行为必须光明磊落。产品广告被禁止，同样，在售卖时，一切欺骗和夸大的行为都是禁止的。

《法律篇》是柏拉图国家哲学的最终形态，似乎也是其国家哲学最后的更新。它是个未完成品。这位其家族深深卷入城市寡头政治乱局中的上层贵族，重建秩序和道德的尝试，随着《法律篇》的搁笔而结束了。从今天的观点来看，他的政治乌托邦看起来就像旧秩序针对新时代的一场起义。几乎柏拉图强烈谴责过的所有东西，包括灵魂的分裂、政治与道德的分离、社会的商业化以及金融市场自治，都于其身后的两千五百年间越来越蓬勃发展。然而，柏拉图在诸多由他主导的讨论中，以谈话参与者之口一再表达的一些话语和思想，它们充满智慧并为人指明方向、熠熠生辉、精炼巧妙且给人启发，以开创性的方式推动了哲学思想的发展。最后，柏拉图对我们来说，就像一位建筑师，没有完成任何单个的大型建筑物，但在自己那里汇集、预知并事先实践了一切未来的建筑风格。就这样，现代国家哲学也从柏拉图的乌托邦精神中产生了——尽管是从其失败中产生的。

柏拉图逝世于公元前 348/347 年。他的坟墓可能位于阿卡德米地区或其附近。在《法律篇》中，他将灵魂描述为"能自己运动的运动"[82]他的灵魂是否安息在其肉体的坟墓中，抑或自其死后灵魂以不断变化的外衣继续在这个世界中前行，我们不得而知。但是我们应该最后看一眼他的灵魂以作告别，同时也向柏拉图相信在他的和我们所有人的灵魂中已然看到的东西告别……

事物的秩序

世界灵魂；一窥柏拉图的宇宙——暗中敌手——上天的产物——

亚里士多德——"存在"意味着什么？——自然的秩序——

宇宙、猴子、人类——有死的灵魂，不朽的精神

世界灵魂；一窥柏拉图的宇宙

让我们回忆一下画作《雅典学园》。画的中心位置是这片哲学家乐土的精神领袖：柏拉图和亚里士多德。现在我们对前者已经有了足够多的认识。在文艺复兴时期的拉斐尔和他的同时代人眼中，柏拉图的形象是这样的：一脸胡须，仪表堂堂，就像西斯廷教堂顶上米开朗琪罗所画的天父形象一样，他也直指天空。指向天空方向的食指好像在说："看这儿，从这儿开始，其存在、形式、现象和意义，一切都与那个比恒星还要高的理念王国有关。理念王国也许并非一切，但是没有这个王国一切就都不存在！"与之相反，他的学生亚里士多德与他的老师

站在同一级台阶上，望着他的老师，伸出手臂指向地面，仿佛想要说："不要激动，冷静下来！"

垂直方向的哲学与水平方向的哲学针锋相对，等级制与分类学针锋相对，空想与经验针锋相对——这是拉斐尔与同时期的许多人为柏拉图与亚里士多德描绘的形象，并一直流传至今。就像我们接下来还将看到的，这幅画像既不完全错误也不完全正确。二人的差异首先并不在思想的方向上。亚里士多德也有论及纯粹精神之物的领域。完全没有空想的话，他也得不出任何东西。差异在于，对柏拉图来说，宇宙应当有唯一**一种**秩序。相反，对亚里士多德来说，宇宙中所有事物都有**它们各自的**秩序。

尽管在柏拉图的对话中可以找到很多关于这个宇宙的暗示，但对于是否向他的学生们提供一套他自己的关于宇宙的简洁理论，这位大师犹豫良久。而最终在晚期作品《蒂迈欧篇》中这样做时，他并非借苏格拉底之口表述这套宇宙起源学说，而是通过他的对话者中的一位，即毕达哥拉斯学派的蒂迈欧来说出的。尽管在拉斐尔的《雅典学园》中，柏拉图恰好把这本《蒂迈欧篇》夹在腋下，但是在这里，我们要再一次极为慎重且决不以教条的方式阅读它。因此我们面临一个困难的情况：蒂迈欧所说出的内容，肯定不是分毫不差的柏拉图的想法。另一方面，柏拉图花费如此多笔墨讲述所谓的毕达哥拉斯学派的宇宙起源学说，也不能说他完全没有从中获得什么。

柏拉图知道，他正处于讨论宇宙和事物本性的时代。他的前辈已把古老的神圣秩序改造成了一种自然秩序，这种自然秩序在没有神的情况下仍能广泛地起作用。自从泰勒斯、阿那克西曼德与阿那克西美尼以来，我们遇到的不是人而是力和质料。其中的例外诸如巴门尼德，他的（象征性的）女神也证实了这个规则。对于这一新的自然—秩序（与神圣秩序相对）而言，缺少的是伦理责任。诸神的意志会任意转变，那么自然意志是如何的？

自阿那克西曼德以来就从不缺少这样的尝试，即企图将自然法与人类的法联系起来，并由此创建一个新的道德模型。如果这种道德的自然—秩序不涉及人的灵魂，而只涉及国家秩序，那么它的效果就是苍白而流于形式的。只要想想诸如普罗泰戈拉这样的智者的那些危险的语言游戏，即除人之外无法认识也不承认任何尺度。但是如果人的行为在宇宙中没有固定的定位，而只是通过一个利益、诡计、蒙骗和欺诈的世界无根无据地闪现，那么道德习俗的衰落就无可避免了。恰好这一点就是柏拉图所强调的：要指明，人类的灵魂是秩序井然的宇宙整体的组成部分，宇宙已经为灵魂规定了善的行为的规则。

任务是宏伟的：一幅崭新的整体蓝图，要在宇宙中将人的灵魂置于比以前更高的位置！柏拉图从自然哲学这一领域开始，这是前苏格拉底哲学以最彻底的方式所探讨过的领域。然而他自己并不是自然研究专家，在数学和天文学领域他也不是先驱。因此柏拉图的这条道路经由的是高度假设性的领域。对很多东西的论证并不充分或者根本没有论证，更别说像柏拉图早期那样通过精确的定义来论证了。以这种方式如何谈论新的东西呢？

有这样一条基本假设，今天我们认为这条假设带有高度的空想性，但在柏拉图同时代的很多人看来它是理所当然的，柏拉图就是从这条基本假设开始的。它是这样一条断言，即世界上的事物**并非**如其所是的那样是**偶然的**。世界整体拥有唯一的秩序，它通常是隐蔽的。然而自然科学研究并不能发现它。想想柏拉图对阿那克萨戈拉的失望。自然科学对事物的看法只是让石头滚得更远，却无法进入到事物的本质。"世界为什么是这样的，它是如何存在的？"这一问题亟需一种更为深入的洞察。

柏拉图让毕达哥拉斯学派的蒂迈欧讲述了一个起源神话。这是一

213

个典型的神话:尝试将不可解释之事放进一个故事中,这个故事可以被原封不动或者以类似的方式多次讲述。讲述万物起源的故事的人当然知道,从这个故事中得不到什么知识,而且他的听众也知道这一点。因此一个关于起源的故事,其意义不在于获取对某些完全未知之物的更高深的知识;而是使那种陌生之物通过描述变得熟悉起来。神话的意义在于,以讲故事的方式战胜不确定之物中不可把握的力量。

正如我们从理念论中认识到的,柏拉图把可以用感官感知的世界视为对更高级世界的不完美的模仿。而这一思想对宇宙起源学说产生了巨大的影响。宇宙起源学说并非只谈论世界从何而来,而且也须阐明,为什么我们感知到的东西,相比于理念来说显得如此不完满。出发点就是这样一个"困境":要解释为何在完满世界的范围中有一个不完满的世界。

据他所说,万事万物都是由此开始的:有一位神性的造物主(*Demiurg*)对原初物质进行加工,由此造出了世界万物。造物主并不是从无中创造世界的。不存在"原初的自然发生"。在原初时刻已经有了两种东西:原初物质和理念世界。现在,造物主(无论出于什么原因)自我设定的任务如下:按照理念的样板以理性的方式形塑和塑造原初物质。然而原初物质是如此混沌,以至于作品无法完全成功。这些被制作出来的事物并没有完全失去它们物质性的顽固特征。因此它们保持了一种混合的特征,一方面被诸理念的理性赋予灵魂,但总还是带有少许类似于原初物质的无规则性。我们的世界就是由这些扭曲的木头组成的,它是静止和理性的,同时又是动态和混沌的。

214   按照蒂迈欧的观点,造物主整理了原初物质并使之成为事物,由此就产生出宇宙的空间秩序和时间秩序。这个被塑造出来的世界类似于一个圆球,按照毕达哥拉斯的学说,这是所有形式中最完美的一个。**世界灵魂**(Weltseele)存在于它之中也存在于它之外,渗透到万物之中并赋予万物生命。它使自身以及其他万事万物活动起来。所有活动、过程以及所有的生成与消逝都是由它而起。而那些始终自行运动的东西，比如天空中的繁星、吹拂的风以及跳跃的青蛙，都是它的作品并从它那里获得灵魂。

与之相关的还有一些想象，其中包含了早期哲学家关于自然的很多推测：造物主将物质塑造成四种基本形式，这四种形式我们已经从恩培多克勒那里得知——火、气、水和土。将这四种元素混合在一起，是这种宇宙起源学说中最现代的部分。然而就像我们将要看到的一样，这个部分也并非完全原创。蒂迈欧将这些元素描述为几何形状：四面体、八面体、二十面体和立方体。这些形状（立方体）又是各由等边三角形组成，等边三角形是所有物质在数学上的基本结构。

然而，这种宇宙起源学说的重点并不在其物理与数学的细节之中：这是对整个过程赋予灵魂的想象！（而且我们将在本哲学史的第二卷中看到，这个过程由此深深吸引了后来的谢林［Friedrich Wilhelm Joseph Schelling］以及其他人的"浪漫主义"哲学。）柏拉图的宇宙中只有生命没有死亡。每个元素都被赋予了灵魂，包括每块石头，以及每个运动的物理过程都是如此：宇宙是有生命的！而且它通过其在理念世界中所占的比重，支配着理性！因此，天空中的每一颗星辰、每一棵橄榄树以及每一只蝴蝶，都像人一样被以理性的方式赋予灵魂。问题仅仅在于，赋予的程度。

在这一点上柏拉图做得很好，他让来自西西里岛的毕达哥拉斯主义者讲述这个故事，人们从毕达哥拉斯主义者那里接受关于一个被赋予灵魂的宇宙的想法时所产生的反感，肯定比从柏拉图的苏格拉底那里获得此类想法而产生的反感要小一些。但是蒂迈欧想要最终达成的目标，并不只是一个在或好或坏的毕达哥拉斯主义传统中以理性方式安置的宇宙：而是人类灵魂不朽！也正是这个对柏拉图来说如此重要的想法，在很多同时代人看来是绝对可疑的。相对应的，一旦讨论到人的不朽，柏拉图就会让对话录中的谈话参与者以怀疑的姿态进行回应。在《理想国》中，格劳孔对此摇头，在《斐多篇》中西米阿斯和格贝表示了怀疑。

　　但是柏拉图脑中还有另一个对手。这个人深深影响了很多同时代人，柏拉图很明显宁愿完全不提及他。尽管如此，这个人和他的学说还是得到了最高程度的推崇：阿布德拉的德谟克利特（Demokrit von Abdera）。

暗中敌手

　　他是柏拉图之前西方最为著名的哲学家，创造了"原子"这一概念。他生于约公元前 460 年，属于苏格拉底的同代人。或许他相当年长，其作品出现于柏拉图早期作品的年代。德谟克利特出生于阿布德拉，这是爱奥尼亚在色雷斯的殖民地。希腊人视色雷斯人为"野蛮人"，属于尚未开化的世界。18 世纪德国作家维兰德（Christoph Martin Wieland）持有同样的看法，他认为阿布德拉的居民，即"阿布拉德人"，除了德谟克利特之外，都是唯利是图的小丑。

　　根据德谟克利特自己的说法，他从阿布德拉出发，游历了许多城邦和国家，并且就当时能想到的所有知识领域撰写了大量文字。他的著作据说具有柏拉图著作的规模！令人遗憾的是，其中只有极小的一部分保存下来。但是，我们从留传下来的文字中能够总结得出的内容却具有高度的冲击力，特别是从柏拉图的视角来看。在德谟克利特看来，既不存在一个被完善安排的宇宙，也不存在一个精神自身的领域。这两个出自柏拉图的世界的最重要观点，对德谟克利特来说都是多余且错误的假说。

他推进了老师留基伯（Leukipp）的信念，并从中发展出自己的自然理论，而关于他的老师我们几乎一无所知。按照这一理论，自然纯粹是由微小且不可分的单位——原子所组成的！根据 2 世纪著名医生盖伦（Galen）的说法，德谟克利特的观点应当是这样的：我们认为事物具有的一切特征，都只是我们从原子中感知到的细微层次差别："某物具有颜色只是看起来如此，它是甜的或苦的也只是表面上的；事实上只存在原子和空的空间。"[83]

对德谟克利特来说，原子是永恒的。既不是造物主创造了它们，理念的精神也没有渗透其中。自一切时代的开端开始，它们就被寒冷和死亡萦绕：具有几何形状，小球形、正六面体、圆柱体或锥体。柏拉图或许从这里借鉴了他关于元素之精密结构的想法。将德谟克利特所认为的原子或元素的形式加入柏拉图的宇宙起源学说非常容易。因为这种精细论述对于柏拉图的宇宙中万物有灵的特征来说，丝毫没有危胁。

柏拉图的造物主借助理念塑造了万物，但是在德谟克利特那里，造物主被定位为对世界毫无作为。我们的世界产生于一个原子旋涡，在这个旋涡中，相对较重的东西向下坠落，而轻一些的则不断摆动向上升起。在这个持续分离的过程中，地球与其他星球一道形成了。这些来自自然的各种不同的原子，在世界各处相互组合连接，由此完全自动地构造出不同的事物。这就是质料，世界由它组成，天体星辰和火、水和大地、植物、动物和人。且所有这些都不听从于任何精神或偶然过程，而是遵从自然法则。

恩培多克勒和阿那克萨戈拉的元素论所表达的东西，在这里被彻底推到极致去思考。如果说阿那克萨戈拉始终还要将灵魂视为"纯粹的"灵魂质料或精神（nous），将之与无生命的事物区分开来，那么德谟克利特则不再进行任何区分。汇聚成灵魂的原子与其他原子并没有实质上的差别。它们顶多在某种程度上更精细、更平坦、更圆、更有活力。如果说在柏拉图那里整个世界是一个完满的球形，那么现在在德谟克利特这里，这些球就是微小的灵魂原子。借助呼吸和感官感知，德谟克利特将恩培多克勒和阿尔克迈翁的思想线索进一步融合在一起。就像恩培多克勒所认为的那样，呼吸和感知对德谟克利特而言就是元素的流入和流出，亦即原子通过气孔流入和流出。而就如阿尔克迈翁的观点，在德谟克利特看来，在感官感知之外没有任何认识的可能性，关于这一点人们最好不要自视过高。"我是这样阐述的，"他写道，"我们无法认识到，每个事物是如何成为现实或者未能成为现实的。"[84] 以及"事实上我们无法认识任何东西；因为真理位于深处"[85]。这样的命题，就像 19 世纪恩格斯对之做出的判断，他认为，古代的唯物主义在认识问题上是混乱不堪的。

经验世界与空想之间模糊的边界地带还存在如下问题:基于原子论，是否可能存在来世？古代对此问题的解释是彼此矛盾的。根据埃提乌斯（Aëtios）的说法，德谟克利特认为灵魂不是永恒的。但是这一点在他整个思想框架中显得几乎没有意义。因为如果原子是永恒的，那么它们就是不朽的。因此每种灵魂的质料，包括人的灵魂，都是不朽的。这真是一个好消息。

218   而另一方面，人们一定会自问，这个想法多大程度上能安慰到人？一个人死去时，灵魂原子重新分散到世界中，然后与其他"陌生的"原子组合形成新的人类灵魂。德谟克利特的自然哲学虽然确保了基本质料的永恒性，但它并没有确保灵魂是不朽的个体。恰恰相反:这种自然哲学使人成为可分之物，成为无限可分之物。这样一种灵魂就完全不可能再是人格化的和道德身份的承担者了。我一死亡，就瓦解成不朽的微小粒子——这样一种前景并没有什么特别的意义。

德谟克利特自己对此似乎并不感到忧虑。如果一个人没有全身心地投入混乱的、带有希望的或失望的空想，而是冷静理智地去认知事物是什么，那么他一定会变得泰然自若。是否存在这样一种更高级的幸福，即泰然自若、心平气和（*euthymia*）？

然而在柏拉图看来，德谟克利特的论著并没有导致泰然自若，而是导致了短暂的赞叹和巨大的沮丧！对柏拉图来说，德谟克利特快乐的唯物主义中的高明才智难以隐藏，但同样无法隐藏的是，涉及共同体生活时，原子论中彻底的反道德属性。我们应该只关注原子而不关注理念吗？这是真正的对本质的洞察吗？除了数不清的细小微粒，实际上就没有任何其余的东西吗？

然而在德谟克利特关于伦理学的名言中，有一些与柏拉图重叠的内容。德性备受重视，同样受到重视的还有节制和审慎。在德谟克利特那里，国家地位崇高，而对金钱的欲求则地位很低。但尽管有一些对公民的嘲讽式评论，他所推崇的统治形式却是民主政体。在这里，德谟克利特也训练自己处于泰然自若的状态，并且认为，政治中有错误，就像一般生活也有错误一样。因此德谟克利特总是一再将心境平和与一种深层的悲观主义结合起来。人从本性上并非是善的。人们本应宁愿不生孩子，因为总体而言，生养孩子带来的烦恼比快乐更多。谈论女性时，他变得充满敌意。在他看来，女性最好闭上嘴。

我们不知道，柏拉图对这个来自阿布德拉的人怎么看。但是今天我们从他的灵魂学说和伦理学中能看出，他将自己定位为德谟克利特暗中的敌手。这是完全可能的。在柏拉图的时代，德谟克利特已经非常著名了。在公元前4世纪之交的希腊世界，他的声望很可能比柏拉图的导师苏格拉底还要高得多。著名的医生，科斯的希波克拉底（Hippokrates von Kos）是那个时代的超级明星，虽然他和德谟克利特同岁，却应当受过后者的教导。他关于身体四种体液的学说——血液、黏液、黄色和黑色的胆汁，使人们想起阿尔克迈翁在生理学上的推测。而唯物主义的思想也被激发出来，激情与对灵魂平衡状态的干扰不是从道德层面上，而是从生物学层面上被解释的。这种对人的自然主义式的看法必定会对柏拉图产生影响，使他心生厌恶并感觉危险——难怪他鄙视医生阶层。在某种程度上，医生与理想的哲学家形象处于危险的竞争之中。而按照柏拉图的看法，哲学家应当比医生更为优越。因为医生虽然知晓死亡，但对不朽却一无所知……

上天的产物

"不朽并非人人享有"——这是歌德名言中的点睛之笔，这一点柏拉图也意识到了。如果人们想要证明不朽，相应地就必须谨慎行事。

对柏拉图来说，灵魂就是在最深处把一个人聚合在一起的东西。几乎所有早于他的自然哲学先驱都有相似的看法。人不应仅仅是质料，而是"一种上天的产物"，在其中宇宙的结构被描摹出来。[86] 与不朽的宇宙生命相反，人的身体却是有死的。灵魂终将离开身体，并在另一个身体中继续生存。至此为止，都是毕达哥拉斯学派的观点。创新之处在于，柏拉图将灵魂分解为三个不同的部分。正如上文提到过的，在《理想国》中，他谈到了灵魂的三个部分：**欲望的灵魂**、**激情的灵魂**和**理性的灵魂**；这也与国家的分层对应：手工业者与农民、护卫者和哲学王。这个三分是柏拉图的一个重要创新，直至今日学者们仍然在思考其中的细节。

那么究竟要怎样设想灵魂的三个部分彼此之间的关系呢？柏拉图用他的灵魂模型描绘了一种等级关系。激情的灵魂高于并支配着欲望的灵魂。同样的，理性的灵魂也高于并支配着激情的灵魂。在这里情绪也是被统摄的。善的生活是这样一种生活：在其中理性的灵魂占支配地位，其他的灵魂部分则进行自我节制。就像已经提到过的那样，在柏拉图看来，整个宇宙本身被世界灵魂赋予灵魂并生存着，那么无疑，植物和动物同样也是被赋予灵魂的。柏拉图认为，植物作为生物拥有欲望的灵魂，而许多动物除此之外还拥有激情的灵魂。与之相对，理性的灵魂是高贵的，并且仅为人所拥有。人的生活如何才是成功的？他必须培植修剪那些自身中需要水且趋光的植物，并且克制自身中动物的狂野激情。按照哲学的方式正确地生活，就意味着：学习**自我控制**！

　　柏拉图以解剖学的方式在人身上精确地定位了灵魂的不同部分：欲望的灵魂位于肚脐和肝脏之间，激情的灵魂位于心脏附近，而理性的灵魂处在头部的某个位置，但他的灵魂模型并非真的是生物学上的，毋宁说他所谈的是道德上的比例关系。灵魂的诸部分并不是彼此分离的存在，而是相互依赖的。柏拉图从西西里岛的医生那里学到：没有什么比一种适当的身心平衡更好的了。许多事物必须通过内心被接受，由此理性才能对它们进行处理。没有属于勇气的激情，就没有勇敢；没有疼痛的经验，就没有审慎；没有快乐就没有喜爱。没有激情的源泉就没有精明的才干，没有精明的才干就没有德性。

221

　　如何确保这个三分的灵魂具有不朽的属性呢？这个问题并不好回答。柏拉图使用了许多不同的证明来尝试回答。柏拉图想要论证的那个不朽的灵魂本身也在变化。在早期与中期的对话中，整个灵魂都应当是不朽的，但在晚期作品《蒂迈欧篇》中他开始有所不同：在这里他所谈的仅仅是，证明理性灵魂的不朽，而无关欲望与激情。与此相应的，很难认为有唯一一种柏拉图的灵魂不朽学说。

　　和恩培多克勒一样，柏拉图也相信来世，相信新的身体是对道德或不道德的行为的奖励或惩罚。在《斐多篇》中，柏拉图以笃定的谴责口气描绘了一次庭审判罚，其中也包含了他对改过自新的期待。在《高尔吉亚篇》中，诸神依据对纯粹灵魂的详细观察，做出了一次死亡判决。《理想国》通过"厄尔神话"介绍了将灵魂拣选进天堂与地狱的过程。柏拉图的终极目标是在毕达哥拉斯学派的传统中实现从身体的最终解放。如果一个人没有达到道德上的阶段性目标，将不能上升，而必须留级。对于男人而言，不那么严重的人生过失就会招致来世悲惨的命运，来世成为女人。如果一个人的所有行为都是恶劣的，那么他可能被罚转生为动物。一味蛮干注定转生为蚂蚁。与此相反，植物则是来自游乐，这与恩培多克勒的观点不同。我们可以在《斐多篇》《理想国》《斐德若篇》与《蒂迈欧篇》中读到这些内容。

222   如果一个人不受控制的情绪破坏了人生的规划，那么他就必须考虑到，他会受到惩罚在来世变成动物，这种动物正好跟那种情绪相匹配。柏拉图在《蒂迈欧篇》中就是这样解释的。但是转世为动物，这与如下的想法特别不相符，即认为只有理性灵魂才应该是不朽的。这个摆脱了其他所有东西的理性灵魂在一只树蛙的身体中应当如何存在？这一理性灵魂在树蛙中应该如何自我提升与显示出来呢？这个古老而神秘的关于来世的观念，与柏拉图身体、心灵与道德三分的人类灵魂，二者并不能特别好地协调统一。

柏拉图以合乎理性的方式证明不朽，在此所显示的才智就显得更加令人吃惊。他在《斐多篇》中进行了首次尝试。在一个虚构的场景中，苏格拉底坐在监狱里，被他那些悲伤而哀恸的朋友们围着。死刑即将到来。但是苏格拉底却泰然放松。面对死亡毫不畏惧，他终究相信灵魂是不朽的。他的第一个论据如下：在宇宙中所有生命都是由一种循环运动组成的。有生命的东西死亡，就转变成了它的反面：死亡的状态。而死亡状态也会再度转变成它的反面：有生命的状态。世界遵从这种辩证法的自然法则——近似于赫拉克利特的观点。从所有存在之物中都有其对立之物产生出来，而从这个对立面又会有与之相对的对立面产生，如此无穷。这个过程永不会有终结，因此苏格拉底认为，由此也不会有灵魂的消亡。

苏格拉底的第二条论据我们已经知道了。它所涉及的是再回忆（*Anamnese*）。关于理念的本质，如果一个人不能通过感官感知，那么他是从哪里对它有所知？任何一种知识都必定是人已经现成具有的，而这只能来源于一个更早的生命。与此相关的就有了第三条论据。为了认识理念，我必须不仅要提前关注它们，还必须已然将它们识别为理念。但这只有在以下情况下才有可能，即我在自身之中拥有某些理念之物，它能将理念作为理念来认识。而这又只能由此来解释，即人的灵魂本身是属于理念世界的一小部分。因为理念是永恒的、超时间的，那么人的灵魂也必定是超时间的，也就是说，是不朽的。

在第四条论据中，柏拉图的苏格拉底认为，尽管世界是由众多相互矛盾之物构成的，但是这些矛盾之物不能在同一事物中同时存在。比如，寒冷存在于雪之中，而温暖与雪不相容。有雪时，天气是寒冷的。而当天气变暖了，雪就没有了。如果人类的灵魂与生命是同一的，并且二者就像雪与寒冷一样共属一体，那么灵魂与生命也就不可分离。只有身体会落入死亡之手。但灵魂是死亡的对立面，是不可能遭受死亡的。人们肯定不可能同时活着与死去。

苏格拉底在《斐多篇》中的对话者并没有完全相信这些"证明"；对此有一个可以想到的证据：柏拉图清楚他的论证基础极为薄弱。因此他在晚期著作中又再度回到了关于不朽的命题，并重新尝试使之变得可信。在《理想国》中，他重述了出自《斐多篇》的第四条证明。世界万物原则上都可因灾病被毁灭，但人的灵魂并非如此。我们可以做那么多恶行和暴行，但我们还保有我们的灵魂。柏拉图的苏格拉底在《斐德若篇》里做了最后一次且完全不同的证明。他相当深切地回忆起

223

阿尔克迈翁。就像阿尔克迈翁一样,苏格拉底将灵魂定义为一切运动的起源,并且也是首要根源。灵魂作为首要根源,不是任何已生成之物,而是始终存在。如果灵魂是可朽的,那么世界就会停滞,因为如果没有运动,万物就是虚无。这听起来并非完全难以置信,问题仅仅在于,苏格拉底在这里所说的是哪一种灵魂。他所指的是否不只是伟大的世界灵魂?而且,仅仅因为世界上的运动与生命普遍而言是不朽的,所以我自己的个人灵魂也必定是不朽的吗?

这条在宇宙法则与人类内心生活法则之间引人注目的分裂并非完全令人信服。就像在柏拉图的许多对话中闪现的那样,他自己非常清楚地意识到他的解释、类比与观念中的弱点。然而他不想放弃雄心勃勃的目标:对世界做出**浑然一体**的说明。所有的部分应当完美地相互吻合。而恰恰是在这里,他引发了他那位最著名的学生——亚里士多德的怀疑!

亚里士多德

在自然科学领域,如果一个学生在著作中与他伟大的导师相像,并将难题继续往前推动决定性的一步,那他就是杰出的。与此相反,在人文科学(Geisteswissenschaft)领域,情况是反过来的。如果一个人与他伟大的导师过于相似,那么他会被认为是信徒或模仿者。为了变得杰出,人们必须划清界限,与既有的学术观点针锋相对并截然不同。

在我们所处的公元前4世纪,既没有今天意义上的自然科学,也没有今天意义上的人文科学。最多可以说有自然科学思想的雏形,比如阿尔克迈翁、阿那克萨戈拉和德谟克利特。然而通过观察、测量和实验来研究世界的可能性很低。以经验的方式探究事物所组成的世界,即**物理学**（Physik），还没有与**形而上学**（Metaphysik）区分开来。那时的物理学与今天所指的关于自然力的学说不同，指的是感官可感事物组成的世界，因此也包括身体。与此相反，形而上学研究的是那些恰好不能以感官探究的事物，它们位于物理学之后（meta）：世界为什么存在，其原则和根据；能够将世界从最内在的层次统一起来的法则；灵魂、精神、理性和道德的超感官部分。对柏拉图来说，所有物理学都只是宏大的形而上学世界构建中一个微不足道的部分。即便"形而上学"这个词在柏拉图之后三百年才第一次被使用，但他仍被认为是西方形而上学之父。

　　如果被问及，亚里士多德是否类似他的老师柏拉图，或者他有没有反对他老师的学术观点，回答必然是：二者皆有！作为形而上学家，他不仅在认识论中而且在伦理学中展现了一些重要的差别，同时也展现了一些一致之处。相反，在物理学上，柏拉图没有给亚里士多德留下什么可继承的东西。柏拉图对自然的经验研究不感兴趣。

　　关于亚里士多德的生平，正如柏拉图的生平一样，我们所知的内容令人意外地非常之少。公元前384年，他出生于斯塔基拉（Stageira），这是爱奥尼亚人在哈尔基迪基（Chalkidiki）半岛建立的一座城市。那时柏拉图已经45岁，雅典的阿卡德米学园建立已有三年时间。亚里士多德的父亲尼各马可（Nikomachos）据说曾经是马其顿国王阿敏塔斯三世（Amyntas Ⅲ）的御医，这是一位不太著名的地方诸侯。尼各马可去世得很早，亚里士多德由一位监护人培养。阿敏塔斯三世死后，宫廷中发生了肆无忌惮的权力之争。这时亚里士多德离开马其顿去往雅典。公元前367年他进入柏拉图的阿卡德米学园时，才17岁。他很早就开始创作自己的著作，并自己演讲授课。

　　亚里士多德来到阿卡德米学园时，恰逢柏拉图在西西里岛。这位学生与他老师之间的相互关系如何，在研究中尚有争议。就此有三句话被广为引用，即亚里士多德在《尼各马可伦理学》(*Nikomachischen Ethik*) 开头批评柏拉图善的理念时所说的那三句话："尽管这种探究令我们为难，因为它要涉及亲密的朋友所提出的理论。不过我们最好还是这样选择，为了挽救真理而牺牲自身的感受，这似乎是我们，尤其是我们作为哲学家的责任。因为，虽然两者都是我们所爱，但将真理视为更高的追求则是神圣的义务。"[87] 后来别人由此得出了那句激情洋溢的名言："吾爱柏拉图，但更爱真理！"

尊重柏拉图，但并不是盲目的效仿，这显示了亚里士多德早已选择的那条独立道路的核心精神。在他看来，感官可感世界的真正根源并非位于空想的微光所笼罩的洞穴之外。与之相反，他要在洞穴本身之中寻找答案——借助对物、比例、关系的精确洞悉。如果柏拉图的宇宙是这样一个世界，其中所有部分交错连接，那么亚里士多德承认，这些部分都有非常高的内在价值。

他关于这些不同的部分所撰写的著作，汇集到一起规模大得不可思议。他跟柏拉图不同，并非终其一生都在阿卡德米学园的庇护之下。公元前 347 年柏拉图去世之后，38 岁的亚里士多德离开了雅典。或许令他愤懑的是，不是他，而是柏拉图的侄子斯彪西波（Speusipp）成了学园的领导者。可能还因为，马其顿的菲利普二世带着他的军队入侵了希腊。雅典的统治地位已被打破，马其顿最终占领这个城邦看起来只是时间问题。在这种情况下，作为生平与马其顿密不可分的异邦人，亚里士多德会被看作可疑之人。

在这次变化无常的旅途的艰难条件下，对洞穴内壁的进一步洞悉却得以推进。首先我们在阿索斯与阿塔内斯（Atarneus）找到了亚里士多德，此地位于与莱斯博斯岛相对的小亚细亚沿海地区。这两个城邦处于赫尔米亚（Hermias）摄政统治之下，他是亚里士多德从前在阿卡德米学园的同学之一。在一位有影响力的银行家的帮助下，赫尔米亚从奴隶成为僭主。看来亚里士多德和他的一些朋友在这里度过了一段幸福的时光，遗憾的是这段时间很短。亚里士多德入赘了赫尔米亚家族，并与他的学生色诺克拉底（Xenokrates von Chalkedon）和提奥弗拉斯特一起辛勤地收集植物与（主要是）动物，目的是给它们确定名称并分类。

　　三年后，他生活在莱斯博斯岛上的米蒂利尼。他继续研究自然并不断辛勤地收集研究材料，与此同时，希腊的力量对比已经发生了不可逆转的变化。腓力二世（Philipp II.）的军队继续由北向南推进。他与波斯人签订了互不侵犯条约，再没有什么能阻挡这条通往强国的道路了。公元前343年，亚里士多德接受了国王的要求，教导他13岁的儿子亚历山大。这位哲学家搬到了马其顿的米耶萨（Mieza），在那里他全身心地投入到王储身上。而此后不久，有人看到他在德尔斐充当编年史作者和皮提亚比赛（Pythische Spiele）的故事记录者。这个音乐与体育的竞赛是当时除奥林匹克之外世界上最重要的活动，其重要性类似于今天的足球世界杯。那时马其顿获得了希腊世界的统治地位。公元前338年，底比斯和雅典的盟军在奇罗尼亚（Chaironeia）战役中被击溃时，前线形势最终明了了。希腊的诸城邦国现在分成了两部分；希腊是马其顿的统治区域。

　　三年之后亚里士多德回到雅典。此时色诺克拉底是阿卡德米学园的领导者，这是一位老朋友，亚里士多德曾经在阿索斯与他一起。亚里士多德与学园保持距离，并在吕克昂（Lykeion）筹建了一所公共学校。那座名为"回廊"（Peripatos）的建筑将会很著名。流传着这样的传闻，据说亚里士多德在那里散步溜达进行哲思。

　　他在这里工作了12年，一边上课，一边将他的大量笔记以一种百科全书的形式汇编到一起。他的教学论著就这样形成了。当常胜的波斯帝国征服者亚历山大大帝于公元前323年在巴比伦去世时，亚里士多德这个成果丰硕的时期也戛然而止。雅典人草木皆兵，亚里士多德因与马其顿有着亲密关系而受到怀疑，人们认为他获得的那些可疑的荣耀都是不正当的，就像以前的阿那克萨戈拉、普罗泰戈拉与苏格拉底由于渎神受到控告一样。亚里士多德逃亡到他母亲位于埃维亚岛上的哈尔基斯城中的一座房子里。一年以后，公元前322年，他去世了，享年62岁。

整个古代没有任何一位其他哲学家能像亚里士多德这样写就如此之多的著作。他的写作量远远超过了柏拉图。我们很难想象，在当时的条件下，一个人如何能创作出规模如此宏大的著作。在亚里士多德所写的著作中，有大约四分之一被保存下来。此外，很不幸的是，所有对话录都失传了，这应当是他仿照柏拉图的模式而写的。这些对话录刻画了在古代亚里士多德在人们眼中的形象，而至少到罗马时代这些对话仍然广为人知。与之相反，那些讲课稿则很长一段时间下落不明，直到公元前1世纪中期才被重新发现。今天我们谈论亚里士多德时，我们所说的就是这些"文稿"。而这些文本中不仅有大师的手稿，还有他的学生们，还有后来的研究者的文字。

这些文本讨论了当时所能想到的所有知识领域，从修辞学、逻辑学到诗学，乃至动物学和伦理学。与柏拉图几乎总是使用日常用语不同，亚里士多德创造了多不胜数的专业术语。此外，流传下来的作品的顺序存在着巨大的争议，无法清晰识别。如果说在柏拉图那里，总的来看有一条发展线索可以很清晰地被勾勒出来，从"苏格拉底早期作品"、中期作品直到晚期作品，这样一种发展在亚里士多德那里几乎看不到。也许他是从许多细节问题开始，处理这些问题的统统都是不同的思想工具。由此他加强了经验科学研究，并最终越来越转向伦理学与政治学。

亚里士多德赋予事物的秩序，直至今天还有许多人在探求。没有一位哲学家（也许黑格尔是例外）能够以类似方式厘清这个世界，并建立起这样一座自然哲学的概念大厦。这一成果具有如此宏伟的里程碑意义，新的区分、差别、概念和种属概念的数量如此之大，在这里只能粗略描绘一个轮廓。而这个轮廓已经难度极大，对外行读者来说并不容易。总之，睁开眼，别眨眼！

"存在"意味着什么？

如果说在柏拉图看来，世界就是一个独一无二的巨大球体，那么在亚里士多德眼中，世界则是一个带有许多抽屉格的药柜。药柜有三层，上面分别贴着带有如下字样的标签：**理论的**对象、**实践的**对象和**诗学的**对象（正在建立之中）。理论内容所在的第一层又进一步被分成三个抽屉——**第一哲学、数学**和**自然研究**，以及亚里士多德在这三者下新划分的学科领域。在实践内容所在的第二层，有**伦理学、政治学**和**修辞学**。处在第三层的是实用技艺，也就是**手工业、诗学**和**医学**。

在亚里士多德看来，我们应当通过以下途径理解世界，即我们要去理解，我们理解世界的方式。他将世界分为理论、实践与诗学三个部分，所遵循的是**人类的三种入手方式**，即遵循如下的样式和方式：我们如何经验、处理与塑造世界。然而与 20 世纪哲学的意义理论相反，亚里士多德认为，我们如何经验世界，其方式是被固定在世界本身的结构之中的。也就是说，如果人对世界的经验被谨慎仔细地检验过其正确性，那么这种经验与世界"本身"并没有差别。以正确的方式认识世界的人，必定可以认识正确的世界。就像柏拉图一样，亚里士多德的**本体论**（Ontologie）同样**丝毫没有怀疑**，人类所认识的东西实际上就是客观世界。这个思想自古希腊时期以来对所有的自然科学而言已变得确定无疑。

与此相反，哲学在亚里士多德之后的两千年则踏上了另一条道路，其基本观点认为，在人所认识到的内容与客观世界之间存在着差别。如果没有这个差别，那么哲学会一步步在科学之中彻底瓦解，就像一些自然科学一直以来认为的那样。与此相对，自 18 世纪以来，哲学更倾向于将自己定义为一门元 - 学科，它反思的是我们关于这个世界的认识之可能性的前提。而自然科学家通常不太思考这些前提。

追问我们知识之前提的基础问题，其核心部分也要回溯到亚里士多德那里。在他最为著名的关于"存在"的著作中，也就是后来被称为《形而上学》（ *Metaphysik* ）的作品中，他研究了每一种认识的基础。我们谈论一个事物时，说它"是 / 存在"，这意味着什么？存在者如何作为存在者被获得？我们通过何种方式认识它？

亚里士多德很快发现，"是 / 存在"这个词有两种基本含义。某物要么是**载体**（ *ousial/substantia*，存在 / 实体），要么是**性质**（ *accidentia*，偶性 ）。第一个含义的例子就是如下命题："这是一条狗。"第二个含义的例子："这条狗是棕色的。"至于这些性质，人们又能在十种不同的含义中使用它们的"是 / 存在"，用亚里士多德的话说，就是在十种**范畴**（ Kategorien ）中。按照词源，范畴这个词意味着"指控"。但在亚里士多德这里，这个词（拼写完全相同）成了准确"命名"的辅助工具，并因此成为哲学史上最重要的专业术语之一。范畴就是基本性质或存在特征。借助范畴，通过追问事物存在的十个方面，我就能更精确且更清晰地把握事物：追问事物的本质、数量、质量、与他者的关系、位置、时间、状态、它所从属之物、它主动所做之事，以及在它那里被动发生之事。然而这十个规定要素的划分并没有被一以贯之地坚持与使用。在其他作品中所谈到的则是三个、五个、六个或是八个范畴。

亚里士多德倾心于这种分类。如果说，柏拉图的苏格拉底在对话《泰阿泰德篇》中解释道，所有的知识都来源于惊异，那么现在亚里士多德就在他已揭示出来的存在大厦面前感到惊异。**第一哲学**无遮蔽地展现在他面前。凭借眼前这幅如此清晰的图景，人们终于可以从事存在学的研究——正好是在这一点上，柏拉图的所有尝试都失败了！并且这门**第一哲学**事实上被证明是长期、持久的。它延续了两千年。中世纪的学者将会把亚里士多德的形而上学视为对真理的纯粹揭示，将之与圣经并列，甚至有时将之置于超越圣经的地位上。

然而，人们如何认识到某物"存在"？首先我们借助感官感知它。和柏拉图一样，亚里士多德也在感官感知中看到了认识最初与最低级的形式。如果记忆没有储存感知，不将感知与较早的经验联系在一起，那么我们的经验就没有什么意义可言。动物的思维也与此类似。然而人与动物的差别在于，人不仅追问**如何**，也追问**为何**。人们可以通过反思更确切地阐释事物，并由此以科学的方式探究事物。他们可以自己创建普遍的观念与理论，并由此评判特殊的经验。一言以蔽之：他们有能力哲思。最终作为回报，人们洞察了世界的根据与原则。

关于认识能力的等级关系中的很多内容使人想起柏拉图。然而，亚里士多德并没有通过关注地球之外的理念而探究事物的本质。与之相反，他总是在世界自身之中寻找那种**普遍之物**，这种普遍之物构成了事物的本质。因此，他也并没有完全抛弃感官认识，而是认为它们有助于对很多事物的研究。

在探究事物的本质之前，首先必须详细确定思想的工具。我们如何以及沿着哪条路径接近真理？**逻各斯**这个词在亚里士多德的时代之前就已有悠久的传统。然而只要我们没有进一步阐明逻各斯的逻辑，它所起的作用就特别不明确。理性的思想如何运作？清晰性如何产生？一个命题什么时候是正确的，什么时候又是不正确的？

亚里士多德在这里做出的成就是非凡的：他建立了逻辑学！他以明智而又广博的方式使之体系化，由此造就了西方思想史上的一个里

232

程碑。他区分了由一般到特殊而得出结论的演绎法与从特殊到一般而得出结论的归纳法。所有关于世界的有效假设，从那时起在逻辑上被视为前提。从这些前提中我们可以推导出结论，即推论。此外，人们还能按照命题的质（肯定的或否定的）和量（普遍的或特殊的）对命题进行区分。如果两个前提可以得出一个无可争议的推论，那么一个逻辑推论就这样产生了。当我首先说"所有的狗都是动物"，接下来说"雷克斯是一条狗"，那么从中就能推论出"雷克斯是动物"。

亚里士多德无疑不是第一个认识到这一点的人。在柏拉图的对话录中我们也能发现相似的推论，当然这些推论要"弱"得多，且不那么严格。亚里士多德将这些日常哲学中的逻辑定义为**辩证法**（Dialektik）。与严格的逻辑学不同，辩证法检验陈述的有效性，因而十分适合作为哲学的训练科目。辩证的思维造就了说服力，但在此要找到严格的真理是不可能的。

探讨真理的第三种形式是**修辞学**。逻辑的严格性在这里微不足道，尽管它是一种重要的工具。亚里士多德熟知他的先驱们在这个领域所写下的难以胜数的书籍。他知道，修辞学不仅可以作为真理的工具，同样能作为谎言与欺骗的工具。修辞学存在于演说者、演说和听众之间活生生的关系之中。按现代的说法，它是一种言语行为。而修辞学家能够直接对社会的政治与道德产生影响。因此这一点就很重要，即修辞学家应当将周围人的幸福视为责任，就像对待真理一样。修辞学家最重要的品性不是逻辑，也不是极强的说服力，而是素朴的可靠性。

自然的秩序

亚里士多德对**第一哲学**、人类的认识**能力**以及不同的认识**路径**进行分析与分层之后，以无偏见的视角来观察自然的路径就畅通无阻了。在《尼各马可伦理学》中他阐释了考察自然的最好方式。按照这种方式，人们应当首先确认现象，接着仔细研究各种困难之处，目的是为了最终获得可靠的观点，这些观点人们应当尽可能地加以论证。[88]

为了确认现象，亚里士多德汇集了当时几乎所有的知识，并一位接一位地检验其作者观点的可靠性。柏拉图大多数时候只是将他的先驱们从供奉台上请下作为对话的伙伴，目的是以他们作为傀儡说出柏拉图自己的观点，而亚里士多德则系统地搜索每一条可信的来源，目的是证明或反驳先驱们。比如，我们关于爱奥尼亚的自然哲学所知的很多内容都要归功于这种筛选与检验。除了泰勒斯、阿那克西曼德、阿那克西美尼、赫拉克利特、毕达哥拉斯、阿尔克迈翁、巴门尼德、恩培多克勒、阿那克萨戈拉、苏格拉底、德谟克利特，当然还有柏拉图，那些非哲学家们也在此列，比如诗人赫西俄德、政治家梭伦或历史学家希罗多德。

亚里士多德在自然哲学领域内的思考与创新所涉及的范围是如此广泛且无微不至，以至于想要在无损于其中单个部分的情况下概括性地呈现其全貌并不容易。此外，在包含这些内容的著作中，大多数我们无法确切知道其产生时间。有一些著作的内容结构，比如《物理学》（*Physik*）的结构，也并非来源于大师本人。在这种情况下，想要从总体上呈现亚里士多德关于自然本质的复杂的观念世界，也无可避免地要掺杂一些他人的见解。

亚里士多德所想象的世界并不像柏拉图的世界那样精巧地浑然一体。柏拉图从所有自然现象中得出了最终可以被回溯到理念上的事物。由此才有了某个空间、某段时间、这个宇宙、某一次运动、某一个变化，以及所有其他自然与精神现象，因为它们每一个中都有理念。柏拉图为此付出了代价，即不得不如此处理时间、空间、运动等，好像这些都是感官上可被明确经验到的东西。但恰好是这一点与所有直接的经验相悖：没人能经验到时间与空间！这些以绝对的方式被断言的事物在我们的感知中只是相对的。我能看到宇宙在空间上的延伸，但我看不到某个空间。我的时间体验也总是相对的而非绝对的。亚里士多德在他的《物理学》中详细探讨了连续性、无限性、空间与时间的问题。其核心是，所有这些都仅仅是**相对可经验**和可描述的。

亚里士多德相信，时间（*chronos*）是无限且永恒的。柏拉图则正相反，他将时间看成造物主工作的成果。亚里士多德并不想求助于这样一种创世神话。对于有死的人而言，无限的时间当然无法被体验。取而代之，我们通过对时间的测量来经验时间。为了做到这一点，我需要数学的数字世界，这个数字世界原则上是无穷的，且在测量时间时永远达不到尽头。这种测量与计算在人的头脑中发生，在那里所有时间经验，特别是测量行为，获得了某种主观色彩。万物以时间的方式与其他事物发生联系。与柏拉图相比，这一思想非常新潮——当然没有新潮到这个程度，即仿佛亚里士多德能够由此推断出完全不存在纯粹客观的时间。很久之后的哲学家才会强调：不仅数学，还有由数学所构造的时间，都是人类观念世界的虚构之物——单凭这一看法，今天也可以使许多物理学家马上勃然大怒……

与之相似，空间（*topos*）也是相对的。它也只是主观的、相对可经验的。与时间不同的是，亚里士多德认为空间是有限的，因为宇宙中只存在有限的空间而不存在感官可经验的无限性。对亚里士多德来说，空间是一种无实体的有限性。无论宇宙能有多大，只要小小的地球位于它的中心，它就不是无限的。在这个宇宙整体中，神性—智慧的天体围绕着一个中心火焰旋转——但这并不是太阳。这些天体并非由已知的元素所构成，而是由"第五元素"构成。这位经验主义者在这里陷入了幻想，其原因非常简单。亚里士多德不是天文学家。他写的几乎所有关于宇宙的内容，都来自其他人。

对时间和空间有效的结论，也必然对自然有效。根本不存在自然，而只有自然**物**，比如石头或生物。也存在自然**过程**，比如树木的生长与风的吹拂。还存在自然**力**，它使这些过程成为可能。这之中的每一个都是自然，所有加在一起同样也是自然。

认识自然之**原因**的入手方式同样不是浑然一体的。这个想法是新颖的，并且使旧有的较为质朴的解释世界的模式显露出明显的局限性。因为在亚里士多德看来，人们可以用四种不同的方式来提出关于某物之原因的问题。他以铜像作为例子。当我问，这个铜像存在的原因是什么，那么我首先可以说:因为有质料，即青铜。没有青铜就没有铜像。因此这座铜像就有了一个**质料因**。其次，铜像也有一个形式，这是雕塑家构思方案的基础。这就是**形式因**。再次，铜像之所以能被制造出来，则是因为艺术家制作了它。艺术家们的工作就是**动力因**。最后，要做这项工作艺术家必须先有一个理由，例如，因为他想要制作一个装饰品或一个祭拜对象。铜像存在，是因为它能满足一个目的。这就是**目的因**。

当我想要知道自然是如何的，我就必须考虑到，自然之中存在着不同的原因和极为复杂的相互作用。某物是如何的，并非只有一**个**原因，而是有很多原因。在人类创造的作品与自然的造物之间当然存在着重要的差别。铜像比喻中有一个问题尚悬而未决，就是自然中的**形式因**从何而来。事物通过**运动**而形成，运动是个关键概念，亚里士多德为之费尽心思。

自然中的一切都处于运动之中，它们产生、变化与消逝。当一只动物或一个行星运动时，它们在变换空间;身体在扩展或缩小。某物变得干燥或湿润，变热或变冷。种子长成大树。实体、数量、质量、状态能够如此发生变化。因此，树之所以成为树，是由于它从种子发展而来。在亚里士多德看来，种子是树之存在的"缺乏"状态；已长成的树才达到了它的目标，成为一个完满的构形。质料就是这样形塑自身，将万物从缺乏转化为构形，从可能性转化为现实性。

但是运动根本上源自何处？亚里士多德在著名的《形而上学》第十二卷中给出了回答。按照他的说法，世界中的运动是通过一个**不动的推动者**产生的，这是一种"纯粹精神"，它将世界进程置于运转中。这种推动世界的精神比柏拉图的造物主要抽象得多，因为它唯一的行为就是推动进程。它不像犹太教的创世之神那样创造与完成（schafft und erschafft）。它没有目的与意图，也没有创世计划。倒不如说它是赋予灵魂的精神与物理力量之混合物，从其中阿那克萨戈拉和德谟克利特看到了世界的运动。在亚里士多德看来，这两个极端都不可取。不可能存在作为人的神，因为人是有生命的身体，因此并非不朽或无限的。相反，纯粹物理学上的说明也没有用处，因为它并没有解释运动源自何处。"然而关于运动问题，它在事物之中从何处又是在哪里开始的，"他批评留基伯和德谟克利特，"他们并没有对此殚精竭虑，而是将这一问题弃之不顾。"[89]

现在，亚里士多德的不动的推动者多少适用于解释运动的起源。但他还没有解释，自然物是根据何种特殊的智慧被塑造出来，并完美地运转的。这里我们要再想想铜像。铸像的目的，即目的因来源于它的雕塑家。雕塑家有塑造铜像的理由。在人类世界中目的很容易找到，但在自然中就会有如下问题：究竟是谁这样怀着目的考虑一切？

如果让神来负责这件事，那么答案就很简单。当然这个神必须是一位极其复杂的（超）人，拥有最高的设计智慧与明确的目的。但亚里士多德并没有把这件事处理得如此简单。因为他的"不动的推动者"丝毫没有考虑以下情形，即在介入自然秩序时顾及诸多细节。倒不如说它只专注于自身；这一精神，只将注意力投向自身，且从未离开过纯粹精神之物的领域。

对亚里士多德来说，自然中的万物都是合乎目的的。掌控自然的生成的不是偶然，而是**为何目的**？人类的门牙的目的是切断食物，臼齿的目的是磨碎食物。然而"合乎目的性"在这里还不意味着，生物为了活下来这个目的来装备自己。而是说，生物的目的是它自己的生命活动，即有生命之物合乎自然的自我拓展。所以每个生物都是它自己的能量中心，其目的在于，保持自身的生命。

然而是谁如此聪明地想出了这一点？像在柏拉图那里统摄宇宙的巨大的整体理性，亚里士多德是拒绝的。按照他的观点，我们在目的因的世界中与**无目的的合目的性**相关。

亚里士多德关于自然的图景总是瞄准一个目标（目的论），就此而言每一个生物都是合乎目的地装备起来的。但是这个图景并没有一个整体目的论，没有一个整个自然图景所具有的决定性意义。然而如果不存在这样的意义，那么那种产生合目的性的机制，又是按照何种"非理性的"规则运作的呢？这些问题在两千多年的时间里依旧悬而未决。到了 18 世纪和 19 世纪早期，法国的自然研究者布丰（George-Louis Leclerc de Buffon）、拉马克（Jean-Baptiste de Lamarck）和圣伊莱尔（Étienne Geoffroy Saint-Hilaire）才着手研究这一问题，并在宗教解释以外寻找答案。他们的英国同行达尔文和华莱士（Alfred Russel Wallace）在几十年后说明了偶然事件的运作规则，这使得自然之非理智的方式变得更为显而易见。

239

宇宙、猴子、人类

现在我们开始讨论亚里士多德对自然的整理。首先进入我们视线的是什么？对背离柏拉图的学生来说是如下问题：存在着感官可感知且可探究的事物，比如欧洲仓鼠、蒲公英以及所有脊椎动物的两只眼睛；也存在抽象的观念与原则，例如动物、植物或数字 2。人们应当如何设想这二者彼此之间的关系？哪一个"更真实"："人"还是汉斯·迈尔？亚里士多德的观点跟柏拉图一样，他认为，对本质的指称"人"比汉斯·迈尔更根本。然而与柏拉图的不同之处在于，亚里士多德知道，虽然作为感性事物的汉斯·迈尔在世界中存在，但是"人"并非如此。亚里士多德认为，没有任何先于或高于其他所有事物的存在领域，或者用哲学家的话来说，**没有先天的**（*a priori*）知识。因此也就不存在健康、美好与愚蠢本身，而只有健康的、美好的或愚蠢的人。普遍化、抽象之物以及对本质的指称虽然是可能的、有意义的、正确的且重要的，但是它们（与柏拉图的理念不同）**不是实体**！

整理自然，就意味着，借助某种根本不现场存在的东西去整理万物。从今天的视角来看我们可以说，我们只能用语词来对万物进行分类。但亚里士多德确信，语词不仅仅是语词。在他看来，世界之中**存在**着人、动物、美、差异等等，只是并非以实体的方式存在。他毫不怀疑，被正确使用的语言是对现实世界的忠实写照。所以自然借助语词被划分为本质的与非本质的、较高的与较低的、普遍的与特殊的。

亚里士多德不能预料到遥远的将来，他将为中世纪基督教留下怎样的一笔遗产！他否认先天知识的存在。他还将普遍指称例如"人类"或"动物"解释为人的概念，而非神的理念。尽管他仍相信"人类"是存在的，但这丝毫不能改变这一思想的轰动性。普遍之物实际上是作为**事物**而存在，还是仅仅作为**语词**存在，这一问题将在后来成为中世纪学界极具争议的大问题。整个基督教神学体系的信仰大厦皆依赖于此。

然而对于其理论中的这剂炸药，亚里士多德尚未察觉。对于他生

活的世界，他的观点绝对没有像一千五百年后那么具有挑战意味。他
只是想建立秩序，而不是使人不安。他在此基础上完成的动物学著作，
历史上尚无出其右者。在保存下来的文本中，大部分是对于有生命的
自然的研究与分类（而且我们知道，更多关于这个主题的著作已经遗
失了）。我们今天谈论解剖学与生理学，谈论遗传理论或行为学时，仍
然沿用着亚里士多德的部分概念。尽管"生物学"一词恰好并非来源
于他，而是在 18、19 世纪之交，我们才在今天的"生命科学"的意义
上使用它。但总的来说，亚里士多德毫无争议地是第一位，同时也是
接下来两千年中最为重要的生物学家。

　　亚里士多德做出了丰富的开拓性工作。然而这个任务是艰巨的。241
人们应当按照哪些标准区分动物，应当按照什么范畴来整理它们？亚
里士多德区分了家养动物与野生动物，食肉动物与食草动物，有血动
物与无血动物，短期妊娠动物与长期妊娠动物，带有皮毛、羽毛、鳞
片与甲壳的动物，冬眠与不冬眠的动物，短生育周期与长生育周期的
动物，海洋、陆地与空中的动物，夜间动物与日间动物，拥有高度演
化的新生幼崽与低度演化的新生幼崽的动物，独居动物与群居动物，
向南迁徙的动物与不迁徙的动物。在这个未经整理的、拥有无数重叠
与子集的、拥有各种包含或排他标准的世界中，现在什么才应被置于
其他东西之上？在亚里士多德那里，以柏拉图的风格去提问的话，就
是，什么才是比其他东西更为本质的？

　　他所做出的最高一级的区分，是有血液的动物与无血液的动物之
间的区分。直至今日，这一区分仍将脊椎动物界与无脊椎动物界划分
开来。第二层区分是从脊椎动物里区分出了卵生动物（鸟类、爬行动
物、两栖动物、鱼类）与胎生动物（哺乳动物）。在无脊椎动物中亚里
士多德看到了墨鱼、螃蟹、贝壳与昆虫之间的基本差异。与阿那克萨
戈拉和德谟克利特相反，亚里士多德认识到了重要的遗传规则。他的

两位先驱都认为，新诞生的生物就是一个位于母亲子宫中完全被事先形塑好的其父母的副本。由此看来，万物（*pan*）从一开始就已经形成（*genesis*，创生的）。与此相反，亚里士多德研究了受精鸡蛋的不同阶段并认识到，生物是按照一个纲要性的计划逐步被造就的（*epigenesis*，后生的）。

亚里士多德在这里所确立的东西，适用于包括人类在内的所有动物。人类是血液动物、胎生的，且从身体上看并非动物世界中的特例。猴子看起来不是与人非常相似吗？因此在动物学中，人是众多动物中的一种？如果一个人不是像柏拉图那样首先将目光投向理性灵魂，而是像亚里士多德那样在动物学层面上观察人，那么他就必须仔细想一想这个问题。

人与猴子之间关系的问题并不是全新的。对此，柏拉图沿用了赫拉克利特的两句话："与人这个种属相比，最美的猴子都是丑陋的。"以及"与神相比，最智慧的人在智慧、美丽与所有其他方面表现得都像一只猴子"[90]。但是柏拉图引用赫拉克利特并非出于动物学上的兴趣。这里顶多涉及了道德动物学，按照赫拉克利特和柏拉图的看法，这种道德动物学将人类定位为宇宙中的混合物。一方面，低级的东西、某些类似于猴子的特征，通过人的外形与身体的欲望栖身于人之中。而另一方面，人可以凭借对逻各斯的分有，凭借他的理性灵魂，摆脱这些低级的东西，获得一点点神性。然而，在人之中猴子或神各占多少，这对柏拉图来说就是一个关于其理性—道德的生活方式的问题。我们不是神也不会成为神，但是我们至少可以朝着神的方向奋发努力。我们并非生而为动物，但我们可能会向下沉沦为动物。一个堕落的"像猴子一样的"人将被惩罚在来世变成猴子，这个说法从隐喻中得出了一个阴森的现实。由此可以说，有一些猴子源自人。柏拉图并没有说有相反的情况……

　　亚里士多德关于人与猴子的看法没有什么道德意味。虽然他也认识到自然的梯级（*scala naturae*）能涵盖从植物经由动物与人直至恒星（！）。但是作为标准的不是道德的完满，而是实体意义上的完满。从这个角度出发，人就可以凭借以下标准与所有其他血液动物区分开来，即人用两条腿直立行走，并因此拥有"在所有被造物中相较于其身高最大的脚"[91]。

　　亚里士多德并不知道类人猿。到了 17 世纪，第一群猩猩才出现在欧洲科学家面前。但是他所熟悉的猴子与人非常相似，这一点被这位细致的观察者注意到："有些动物处于人类与四足动物之间，例如猴子、长尾猴与狒狒……雌性的外阴与人类女性的外阴十分相似，而雄性的外阴则更类似于犬类的外阴。"亚里士多德的论断有些特别：猴子应当是一种"中间形式"，因为它"作为两足动物没有尾巴，作为四足动物没有髋部"。之前提到过的，来自埃及作为家养动物而闻名的长尾猴统统都有尾巴。很显然，在亚里士多德眼中，当时在地中海地区分布很广的没有尾巴的巴巴利猕猴被视为种属的范例。

　　随着"直立行走"这个特征被观察到，第一条重要的动物学标准就出现了，按照这个标准，人类可以将自己与其他动物区别开来。与之相反，在灵魂层面，亚里士多德看到了人与猴子之间很多显著的共同点：猴子也显露出多种多样的情绪，也悉心照料它们的幼崽。它们唯独不会笑，笑是一项人类独有的能力。当然理性同样是一项人类的宝藏，猴子不知道如何发掘出理性。其理由在这里仍然是人的直立行走。按照阿那克萨戈拉的说法，人之所以是最聪明的生物，是因为人类有双手，亚里士多德则将这个说法反了过来。在亚里士多德看来，因为人是最聪明的生物，所以才有双手。通过直立行走而获得解放的双手，这适用于合目的性的标准。双手应当是"一种工具，自然如同一个聪慧的人那样，总是能将每一个事物分派给能够使用它的人"[92]。以今

243

天的视角来看，真理似乎位于二者中间的某处。我们直立行走与一种偶然形成的相互作用有关，而肯定不是由于一种理智的预先决定。

有死的灵魂，不朽的精神

244

从事动物学研究，正如亚里士多德所理解的那样，意味着从最细微处到最宏大处探究这个世界。什么是基本的生命原则？这些生命原则如何被组织成更高级的形式？柏拉图在《蒂迈欧篇》中从最宏大处出发，从世界灵魂的诞生出发，人类则分有这个世界灵魂。与之相反，亚里士多德把人类灵魂规定为一种从最细微处向更高等级的发展过程，这就是灵魂的**普遍的生命原则**。

亚里士多德将灵魂（*psyché*）问题作为一个物理学问题来处理。对今天的一些读者来说，这种处理方式颇为奇特。然而在"灵魂"这个主题下，亚里士多德并不像后来的基督徒那样，思考罪与救赎。他也不像17世纪的笛卡尔那样，想到了"意识"。他也远不是后来的浪漫主义者的做法，即将灵魂与主观性的感受联系在一起。对亚里士多德来说，这个概念属于所有有生命的东西。灵魂就是被组织起来的身体的形式，除此之外什么也不是。

灵魂将生命带入物质之中，这一点在亚里士多德的时代毋庸置疑。问题仅仅在于，这个灵魂的本性是什么。它是像德谟克利特认为的那样由众多最微小的部分组成，还是像柏拉图认为的那样是纯粹精神？它是感官世界的一部分还是超感官世界的一部分？而这个对我们人来说极为重要且建构了同一性的灵魂，是有死的还是不朽的？

如柏拉图所认为的，灵魂应当是与身体完全不同的东西，这一观点亚里士多德是明确拒斥的。他在植物和动物中观察到的每一个生命过程，其基本形式都是身体性的。确实，植物与动物的整个有机体就是以这种合乎目的的样式和方式被规定为生命，这种样式和方式使这一生命得以可能并产生出来。一种来自外部的生命力、一种注入物质之中的精神，则是不必要的。但亚里士多德也不太能从德谟克利特与另外几位唯物主义者让人鄙视的唯物主义那里开始。因为，灵魂和其他所有东西一样都是由元素构成的，这个观点长期以来都没有说明它如何发生作用以及发生了什么作用。

因此，灵魂的秘密仍深藏于植物与动物的身体本身之中。它既不能仅仅通过身体也不能通过一种外在的精神附属物来解释。按照亚里士多德的观点，毋宁说，生命的原则处在一种微妙的相互关系之中。在《论灵魂》（*Peri psychês*）这部著作中，他探究了身体与灵魂组成的这个不可分的统一体。他的基本概念是"质料"与"形式"。就像铜那样，雕塑家使用和加工它，然后才成为一尊铜像，通过这种方式雕塑家赋予铜一种形式，同样，生物的身体也是通过这种方式才获得了生命：它被赋予了形式。通过赋形的可能性与赋形的行动，生物才有了灵魂。但与雕塑家不同，雕塑家是从外部来面对铜这一质料的，而雕塑的原则就在所有有生命之物本身之中。这就是前面提到过的，所有生命都具有的合目的性与目的的规定性。因此，灵魂既非位于身体之中，也非雕塑家，而是进行赋形与构形的（Formung und Ausformung）雕塑原则。

最重要之处在于：在亚里士多德看来，灵魂既不是事物，也不是附属物。不如说它是**生命的原则**，它将生命物与无生命之物区分开来。如果一个生物被赋予了生命，那么这个赋予生命的行为与塑造力就实现了目标。在这个意义上，亚里士多德谈到了**隐德来希**（*Entelechie*），即"目标达成"。

因此生物不**拥有**灵魂，它们**就是**灵魂；因为没有灵魂它们就不是生

物。但是要如何设想这个灵魂？所有的灵魂都一样吗，植物的灵魂与
动物的灵魂一样？难道人的灵魂因此就无法与荨麻的灵魂区分开来？
在这一点上，亚里士多德的自然等级发挥了作用。因为即便灵魂的原
则在所有地方都一样，但是人类灵魂却拥有与牛肝菌的灵魂不同的能
力。在最低级的层次上，即**植物灵魂**的层次上，我们看到存活、生长
与繁殖的能力。在高一级的**动物灵魂**的层次上，就出现了感知与欲求
某物的能力。一个看到某物、听到某物或尝到某物的人，就会觉察到，
是他看到了某物，听到了某物或尝到了某物。就这方面而言，动物灵
魂不同于植物灵魂，它拥有感知自我的基本能力。最高级的灵魂形式
是人所独有的——**人类灵魂**。比起植物灵魂与动物灵魂所具有的能力，
人类灵魂还多了分有精神（*nous*）与理性（*logos*）的能力。

　　与柏拉图的理性灵魂相反，亚里士多德的人类灵魂不仅是某种纯
粹的精神之物，而且也是某种身体性之物。其原因在于，为了能够思
考，我必须首先感知到那个我的想象与思想所指向的东西。没有感知，
就没有表象世界，没有表象就没有思想。在这个意义上，人类之所以
具有理性能力，只是因为他拥有动物的身体。虽然理性本身是无身体
的精神，但我们只有在与我们身体的相互作用中才能运用理性。

　　这门灵魂的动物学有着戏剧性的结论。因为如果我们的精神没有
身体就不能被实现，它也无法在没有身体的情况下继续生存。因此我
个人灵魂的重生，甚至不朽，乃是无法想象的。当我的感知系统消失，
我的表象世界和我的思想也会随之消失。因此，在身体与思想的相互
作用中形成的个人灵魂是有死的。不朽的只有纯粹精神的原则，这一
原则使我的理性思想成为可能。这并不特别令人欣慰。因为那个在我
身体死亡之后不知以何种方式继续存在的纯粹精神，没有任何生平记
忆。我过去所认识的东西，纯粹精神几乎一无所知。

　　按照亚里士多德的看法，如果人类永远都是有死的，那么后果就

不仅影响了灵魂救赎，且毫无疑问也影响了行为。如果最终不能获得任何回报，那么我为什么要费心尽力去提升自己、变得正直、遵从道德上的善去生活？如果在这一点上不再有像柏拉图所说的那个超越感官的、更高的终极目标，那么亚里士多德所称的典型的人的"欲求"应当指向何处？由此，一个在"道德隐德来希"意义上的伦理目标的实现，看起来就是不可能的。或者并非如此？

适合的道德

道德动物学——德性——品性的统一性——幸福，以哲学的方式生活——
在民主政治与寡头政治之间——女人、奴隶与野蛮人——家庭经济与金融经济

道德动物学

　　教育出一位凭借穷兵黩武、挥霍无度、凶狠残忍、暴虐无道且杀人无数而从其同党中脱颖而出并被写入史书的王子，这对一位哲学家来说不能算是功绩。人们之所以能不计较亚里士多德曾兼任亚历山大大帝的老师，而仍认为他理应是哲学史上或许最重要的伦理学家，是因为一系列永远与他的名字密不可分的、格外明智的洞见。

　　从道德角度观察世界的人会把世界分为他所尊崇（achtet）的和他所鄙夷（ächtet）的事物。这一区分有相应的规则吗？我能客观地认识到什么是好，什么是坏吗？如果我可以认识好坏，那么存在一条指导我将认识落实到生活中去的准则吗？从柏拉图开始，道德哲学一直致

力于解决这些问题。在亚里士多德和柏拉图那里，一切"正确的"人类行为都有一个目标：一种成功的、"幸福"的生活！

亚里士多德对道德上善的生活的追求承袭于他的老师。然而，他们的共同点也就仅此而已了。当柏拉图作为形而上学家着手探讨伦理学问题，并在理念世界探察永恒和绝对的规范时，亚里士多德则更像一位行为研究者那般研究伦理学。人是如何行动的？为什么人们做出如此这般的行为？是什么推动着他们，是什么成就了他们的幸福，又存在哪些危险的诱惑？为什么道德行为如此困难？为什么尽管所有人都追寻幸福（*eudaimonia*），却不是每个人都能得偿所愿？

一直以来，亚里士多德既是伦理学家，也是行为学家。如在动物学研究中那样，亚里士多德在伦理学研究中也首先是一位细致的观察者。遗憾的是，他作为人类学家仅仅较精确地考察了单一的种类：自由人！而奴隶和妇女被他刻画为有缺陷的生物。他们在他的一切伦理和政治考察中被边缘化。许多同时代人也有类似看法，但如我们在围绕柏拉图的讨论中所见，肯定并非所有人都是这样。在像亚里士多德一样严格从确切经验和精细观察出发来发展其哲学的人看来，亚里士多德对于女人和奴隶充满成见的看法毫无疑问是令人失望的。

亚里士多德在雅典不算公民，而仅仅是一个不受待见、没有公民权的外邦人。因为这种身份，亚里士多德远比作为上层贵族的柏拉图对传统贵族伦理更具批判性。但他并不拒绝贵族伦理的核心：一种"光荣的"、有德性的以及沉思式的生活理想。亚里士多德反感的是威权、等级制以及伴随柏拉图的道德上善的生活的理念而出现的绝对之物。亚里士多德并非要推倒旧贵族伦理，而是要将这种伦理"民主化"，扩大其适用范围，让每个公民都能过上这样的伦理生活，而不仅仅是哲学王或护卫者阶层。19世纪的市民阶层在流行时尚、精致礼俗和宅邸装潢中模仿贵族的举止仪态和品味格调，并让他们最高的政治代表在宫廷中居住，而亚里士多德则极力促成公元前4世纪的贵族道德"市民化"。

亚里士多德的许多著作中都有关于伦理学的论述。他的三部作品，《欧德谟伦理学》（*Eudemische Ethik*）、《大伦理学》（*Große Ethik*）与《尼各马可伦理学》详细讨论了如何追求正确的生活与共同生活的问题。《尼各马可伦理学》远超他的其他伦理学著作，最为著名。它是第一部完全致力于伦理学的学术著作。而它的书名是谜一般的存在，因为我们不知道此书是献给哪位尼各马可的，亚里士多德的父亲和儿子都叫这名字。

《尼各马可伦理学》的目标在一开始就被提出。亚里士多德想要指明，一个人为了过上完满的生活必须具备哪些能力和物质财富。这一目标不仅仅是获得关于善的理论知识。柏拉图认为，对善的准确认识足以完成善行的实践，而亚里士多德则看到生活中有许多不确定因素。跟柏拉图不同，他由此总结出一个关于必要的和值得追求的灵魂财富与其他财富的完整目录，对于追求幸福生活的人，这些财富是应该拥有的。

然而伦理学比动物学要困难棘手得多。尽管亚里士多德主张伦理学可以被科学地规定，但是，对善的生活的科学规定并非非黑即白，其中还有许多灰色调的细微渐变。在生活中，认识善是一件事，实践善的生活则是另一件事。除可精确规定的诸多常量以外，还会出现许多变量。伦理学是探讨规律外的例外情况之领域。这是令人信服的洞见。在这个意义上，亚里士多德的伦理学比柏拉图"非人性"的伦理学更人性化——也就是说，更符合人类的本性。

行为研究者的"动物学"视角总归还是在伦理学中看到了一个所有人共同的目标。因为人类出于本性不仅仅生物性地追求着诸多目标。正如植物朝向阳光，人类也追求那些对生活有益的东西。人类是具有理性灵魂的生物，这一追求伴随着怎样才是特别有益的和能实现的这样的考虑。因此，在人类生活中，重要的不仅仅是成功，而更是**幸福**。因此，幸福生活（*eudaimonia*）是能够反思并最终改变其行为的生物之理性目标。在此意义上，亚里士多德认为，对幸福生活的追求以及我们因此做出的许多行动决策，都是人具有的人类学基本特征之一。

人类天性向善。如果我们做好事，我们就过得好。凭借这个定义亚里士多德给人类设定了目标，而并没有让一种世界灵魂或人类世界之外的理念在此发挥作用。亚里士多德的伦理学也是一种自然法伦理学。而并不依赖于超验的善之理念，亚里士多德指出人在本性上是理性的生物。好的行动合乎一种更高形式的意图。它将人类的追求导向其目标。

不过到底什么是好的行为呢？对于柏拉图来说，如果行为的**意图**是好的，那么行为便是好的。行为以这种方式分有善的理念。柏拉图的**伦理学是一种意向伦理学**（Gesinnungsethik）。对于亚里士多德来说，只有行为的**好的意图**得以**实现**，它才是好的行为。也即是说，意图与其成功实现不能分离，二者必须同时被考虑到。出于好意的行为若是没有成功，那么其目标就没有实现，行为便也不是好的。比如我想勇敢，但在特定的情况下，因为有太多的畏惧，我就是做不到。意志薄弱者、优柔寡断者以及失控者经常就这样失败了，尽管其意图是好的。

柏拉图没有考虑到这种情况。而后来的哲学家将对行为的评断进一步推至结果，且仅仅评价结果，也即行为的后果。据此，如果行为的后果是好的，那么它就是好的（后果主义）。然而，亚里士多德并没有走那么远。正如对他而言，生命不能被割裂为行为与行为的实现，伦理行为也由意图与结果之不可分割的共同体构成。谁实现了"行善"之目标，他便达成了善。正如实现了勇敢之目标的人是"勇敢"的，即使后来证明这种勇敢是不必要和鲁莽的。在这个意义上，亚里士多

252

德也是意向伦理学家，而非后果主义者；当然，他承认，我们的意志是薄弱的，而我们的意图有时并不坚定。出于好意的行为因此往往难以成功。道德行为因而不仅仅如柏拉图所主张的那样以理性洞见为前提，而是同样以相应的稳定的**品性**（Charakter）为条件。那么我要如何获得稳定的品性呢？

德　性

我们行为的目的是幸福生活，这在亚里士多德看来是毫无疑问的。亚里士多德不考虑这一点，即一些人有意作恶。这一想法在他形而上学式的生物学中也是不适合的，在他看来，所有人从本性上都是追求善的。人类究竟**如何**达到完满的生活，这种生活具体存在于何处，对此人们往往争论不休，"大众与思想家的答案是不同的"[93]。在此我们还要补充一点，即这种状况至今并没有改变多少。因为人们对思想和更高价值的需求显然是十分不同的。很多人将诸如性、有吸引力的伴侣、华衣美食、社会地位以及金钱等快乐的需求的充分满足视为完美生活，而迄今为止几乎没有哪位哲学家完全赞同这一点。

对亚里士多德来说，好的品性是获得幸福生活最重要的前提。当具备尽可能多的**德性**（areté）时，一个人才拥有好的品性。德性有助于我们过上以幸福为目标的生活。而什么是正当的德性呢？对于有些文化来说，比如人们可以想到的斯巴达或者第三帝国，对非我族类和其心必异者的强硬与残酷曾是重要的德性。甚至社会达尔文主义的伦理学也认可这种德性。相反，许多文化则恰恰认为仁慈和宽容才是重要的德性。所有人生来应该追求幸福的生活，这一点对于这些文化而言是无价值的，并不与某种德性相关。

亚里士多德对此有完全不同的看法。对他而言，在什么是善以及哪些德性属于善这个问题中，不存在自由选择。尽管善不存在于宇宙空间之内，而是存在于每个个体的好的行为中，他依然相信一种对所有人同等有效的普遍预设。正如关于正当手段的论题，关于一个成功的人生是致力于善的，这一点在亚里士多德那里同样无须讨论。我们有向善的自然倾向。并且我们必须通过促进我们的德性来培养这种倾向。在这个意义上，亚里士多德认为，关于德性的清单不是他**发明**出来，而是他**发现**出来的。缺少某些德性的人，绝对无法达成更高的生活目标。

254

过一种道德的生活，因此意味着一项持续致力于自身的工作，意味着对一个道德总体艺术品的塑造。最终，一个人有德性地行动，是因为他纯然是有德性的。他的品性德性，诸如勇敢、谨慎、慷慨、大度，和他的理智德性，诸如机敏、智慧、正义，得以充分发展并且彼此协调一致。他的理性判断力经过知识与经验的磨炼而变得敏锐，如此他便能实现善与公正的行为。人们了解生活，也了解自己。在这种充足经验的基础上，就能过上一种正确的伦理生活。

人尽管不是天生就具有德性，但却可以通过学习、思虑、练习和自我修养而成为有德性的人。伦理上的（自我）教育便是长期的判断力训练。人不是为了做出有用的正确决定而变得格外聪明和机智。而是，人们更应该出于正确的理由做正确的事，同时伴随着日益渐增的智慧。亚里士多德认为，这样的生活给人自己与世界带来快乐。至高的目标不是快乐本身。快乐仅仅是一种行为的心理回报，这种行为出于善本身（德性）而追求善（目的）。

至此，一切都是可理解的。然而，我需要哪些德性以及在多大程度上需要？这些德性又应该彼此处于何种比例关系？怎么评价这种理想的混合比例？与柏拉图不同，亚里士多德在这个问题上没有给出

255 明确的答案；而是给出了为什么他不能确切回答这些问题的原因。因为不能在人类之外的领域对善的理念和德性予以实在的把握，我们最终也不能对其进行整理与等级划分。德性"本身"并不存在，而是仅仅存在于有德性地生活着的人之中。因此，也不能对其进行完备的描述。

德性从来不是绝对的，而总是可变的。这意味着人的慷慨、谨慎、勇敢都是可多可少的。善的理念对柏拉图来说就如凌驾于一切星辰之上的太阳或北极星，在他看到唯一的善之理念的地方，亚里士多德看到的则是**善之多元性**。人们勇敢的时候，人们为善；人们智慧的时候，人们为善。尽管二者皆"善"，但却是不一样的。有时候，善也会完全陷入互相冲突之中。在某些场合，当勇敢无用且仅仅是无谓的自我牺牲时，不勇敢倒更是明智之举。慷慨毫无疑问是一件好事，但太过于慷慨则使人成为轻率挥霍之徒。在这里，有限度地帮助他人，同样更明智些。慷慨从何处起是错误的，界限在哪里，这只能在生活实践中定夺。

在某些情况下，那些基本上好的事物，偶尔也会是错误的，或者招致令人不悦的后果。理论上一直认定为"好"的东西，最终在实践中却也总得视情况而定。讲真话在理论上固然是对的。然而在生活中总有诸多情形，例如为了在不公正和危险面前保护心爱之人，说谎才是可取的。人们当然不应该杀人，但在自卫和战争的情况下为了救人则可以例外。

亚里士多德不仅了解价值与规范，而且知晓人性的和太人性的状况及弱点。因而伦理学一方面告知人们什么是"正确的"，另一方面也在什么是"合适的"这个问题上给出提示。在此，价值和规范要比道德机巧更为重要。一个人如果一生始终尽其所能、精明机巧地回避困难，他的生活肯定是不正确的。一种道德上好的生活对于亚里士多德来说毫无疑问不是投机取巧，而在于**意欲去践行一种道德上好的生活**。

因此对德性而言，重要的在于恰当的尺度。因为高贵的与不那么高贵的品格特性仅仅是**相对的**存在。慷慨位于吝啬与挥霍这些恶习之间的中道（*mesotes*）。勇敢存在于鲁莽和怯懦之间的某处。德性不是极端，而是中间值。正是因为如此，人们必须在生活中不断历练道德判断力，并试图在生活中变得明智。

生活智慧（实践智慧，*phronêsis*）是所有德性中最重要的。因为我何时以及如何践行德性，最终必须由它来定夺。亚里士多德并未发明实践智慧这个概念。柏拉图笔下的苏格拉底在《斐多篇》中就已经指出，没有实践智慧的话，勇敢、正义和审慎将不能得以适当地运用。柏拉图在旧有的贵族伦理中已经发现了这个概念。当一个贵族人士了解自己以及他在生活中应当得到的财富与尊重时，他便拥有了实践智慧。以这种自信的方式成为自我确信之人，是值得称赞的品性。

为了心理上的自我确信与自我肯定，柏拉图和亚里士多德的实践智慧排除了物质上的自信，或者说，对社会地位的注重。拥有实践智慧意味着，自信且明智地掌控生活。这种生活智慧是一种非常模糊的概念。就连为食物或冬眠操心的动物，在亚里士多德看来，也具有前瞻性，并因此是具有实践智慧的。另一方面，他不把智慧看成一种人的本能，而是当作通过经验与知识的积累而逐渐成熟的理智德性，当作我在生活中并为了生活而培养的一种**习性**（*habitus*）。拥有实践智慧之人管理自己的生活，了解自己的愿望，反思自己的判断，继而在任何个别情况下，着眼于全局与整体上尽可能好的生活而做出决断。

生活智慧首先要面临两个不同的挑战。人的幸福由这个问题决定：我能否在与他人的共处中实现幸福。我的社会生活幸福吗？另一个问题是，我自己本身是否幸福。因为很有可能一个人尽管很有名望且受欢迎，

257

自己却是不幸福的。在这里，只有笼统的建议和明智的原则还不够。

品性的统一性

　　亚里士多德的德性伦理学的优点在于，它从心理学上进行细致的区分，而不像其他伦理学家那样划出不可动摇的界限。善与恶不是绝对的事物。它们也不像在埃斯库罗斯和索福克罗斯的戏剧中那样，是神的作品。命运既不受奥林匹斯山诸神的摆布，也不在远方闪耀光芒的理念之阴影中如幽灵般出没。人肩负一切责任！除了人所作的善，没有什么是善！亚里士多德以这些洞见掀起了伦理学的革命。不是知识本身造就高贵和善好，而是知识与品性历练的共同作用造就了它们。单靠求知不能塑造人性！知识获得若无心灵修养则空，心灵修养若无知识获得则盲。这个强命题将在之后的哲学家中引发激烈的争论。虽然后来者中不会有人像柏拉图那样认定有识之士自然会为善。但亚里士多德的这一观点，即无知者与未受教育者因为缺乏为善的洞见而不可能是善的，最晚从康德开始就倍受争议。

　　然而，对亚里士多德来说，好的生活是理智引导的生活。并且，伦理行为是建立在明智思量基础上的明智行为。这种思量通过把控我们的意志、情绪、冲动反应、敏感度、情愫、愿望与期待，能够塑造我们的品性。倘若这种修养是成功的，那么易变且脆弱的品性就变成一种沉稳的品性，变成一种"拥有"德性而不只是简单运用德性的品性，这就是德性的内化。

　　根据这种观点，每个人都有一种品性。当亚里士多德以这种方式使用这个概念时，之前它已经有一段历史了。品性（*charactér*）一词的原本含义是本性或特性，一个人根据其本性与其他人区别开来。人们在公元前 6 和前 5 世纪开始铸币并以特定的品性规定钱币时，这个概念就以普遍的方式确立了下来。正如来源、材质和价值规定了一枚钱币的特性，人的品性也是被规定的。不管你信不信，古希腊人由此意识到：一枚钱币有两面，一种特性也有两面。但在亚里士多德的造词中，无论如何都只有唯一的品性，而不是多重品性。

品性的统一性与诸多德性的统一性，是德性伦理学最重要的信条之一。正如我们可以在亚里士多德的动物学式的人类图景中发现这种统一性，在柏拉图的形而上学式人类图景中我们也能发现它。尽管德性**之间**存在着冲突，但在一种德性**之内**是不存在冲突的。人们或者有一种德性，或者就没有。然而，这种统一性和严格性在我们今天看来是一种很成问题的信念。因为亚里士多德之后两千年，人们会问："我是谁？如果有我，有几个我？"・

259

社会心理学和行为经济学在实际生存和行动着的人中并没有找到稳定的德性。一名士兵可以在战争中格外勇敢，但在与妻子相处时却十分懦弱。谨慎之人陷入不寻常的极端情况时，可能会完全失去控制。哪位信念坚定的道德学家在战俘营中会依旧如此坚定？相反，又有多少英雄事迹的主人公在事情发生时全然没有意识到自己的德性，而仅仅就是做了他们认为必须做的事情？

持续习得的并被深刻反思和内化的德性，不仅十分难以获得，甚至几乎已经是非人性的了。拥有不可动摇之德性的人会被我们视为特例，抑或圣人。无论如何，我们不会把他当作追求某个特定目标的平常的理性个体。甚至我们可能已经失掉了这种理想，即想要成为全然有德性的成熟之士。往往只有当不知道应该做什么，以及陷入冲突的

---

* "我是谁？如果有我，有几个我？"（*Wer bin ich - und wenn ja, wie viele?*）也是作者另一部著作的书名。——编注

时候，我们才会获得强大的学习经验。问题、挑战和失败是我们终生学习历程中不可或缺的陪伴者。道德挑战的不可测度性也会一直蜿蜒环绕我们的人生。它并不会被成熟和智慧，而往往只会被执拗和天真掰直。人生的河流并不是笔直的运河。

在今天看来，亚里士多德的德性理想是不现实的。如果其中蕴含的不仅仅是他教育儿子尼各马可的良苦用心，那么我们就必须更确切地交代当时的社会状况，亚里士多德是在这一社会状况中构建了他的德性伦理学。

公元前 4 世纪的雅典自然也具备与今天的西方社会相去不远的复杂性。但是人们以何种方式或在何种状态下生活，这样的选择显然要少很多。出生于一个特定阶层的人，如农民的儿子、手工业者的女儿、商人的儿子或贵族子弟，一生都会固守在这一阶层，这与 19 世纪的整个欧洲没有什么不同，甚或在许多方面也令人不无唏嘘地与我们的当下别无二致。生活在特定阶层的人会被这一阶层的秉性深深熏染。人们看待地产、金钱、信仰、婚姻和家庭的方式，通常已被事先决定。在这种情况下，认为不仅仅阶层能塑造人，而且人也能**塑造自身**的观点，就显得是完全进步的主张。从外在的阶层气质变成了自身的品性**气质**。当亚里士多德认为，自身的品性气质比**环境**对于我们行为的影响力更大时，这种认识就显得可以理解了。

为了摆脱面对诸神的无力感和阶级等级的束缚，亚里士多德提出责任自负的原则（至少对于所有男性自由人）。要能为自己的行为负责，人们必须在其品性中调和各种相互矛盾的情感、兴趣和目的。这一要求已然很重要，因为亚里士多德将其从个人推广到整个城邦。他认为，政治整体所追求的与个人所追求的是一样的。柏拉图在理想国和马格尼西亚中所期许的灵魂平静与城邦和谐之统一，在亚里士多德那里得到了呼应。因为个体的德性之间越是相互协调，城邦便也越和谐稳定。

　　自信自足的公民对于一个令人满意的城邦来说不应该是累赘，这   261
种想法本不足为奇——尽管现代国家更可能本末颠倒，不想对每个个
体的幸福负责。然而，柏拉图和亚里士多德的理想，即让所有巨大的
冲突和分歧在一个理想的城邦中完全得以避免，显得有些过时了。冲
突与分歧应该在一种温和的协调中被消解掉。因为正如失败的人生只
能归咎于德性上的失误，进而归于严重的品性缺陷，那么在城邦共同
体中出现纷争，也只是因为某些人作奸犯科。一种"天然的"贫与富、
强与弱、公正与不公、特权阶级与被压榨者的对立是不被接受的……

幸福，以哲学的方式生活

　　从这位自然研究者的动物学视角来看，人是一种构建共同体的群
居动物，**一种天生的政治动物**（*physei politikon zôon*）。没有他人，人无
法生活。社交是人固有的本性。当今，社会生活有很多可能的形式，
然而对亚里士多德来说却只有一种，这种形式是如此合理，以至于人
之复杂情感本性和理性本性在其中能够得到最好的发展。令人惊奇的
是，他认为这种形式就是城邦，即古希腊的 Polis。人的生活总是朝向
完满，朝向幸福前进，人的群居本性则指向一种城邦生活。在这个城
邦中，群居本性实现了它自然的目标："城邦的诞生源自人的本性……
因为城邦正是共同体的目标……"[94]

　　城邦是理想的生活空间，是人（尤其是男性自由人）的首选聚居
地。在这里，人可以发展他理想的生活方式，**即道德—政治的**和更为   262
完满的**理论性**生活。同柏拉图一样，亚里士多德认为人生的巅峰就是
成为自由的哲学家。哲学家可以不为诸多事物所累，独立自足地塑造

自己的命运——作为一个可以自由拓展知识、实践正义的人，作为一个与所有人友好共处的人。这种理论意义上的生活理想影响极其深远。在两千多年的岁月里，它塑造了学术和学者的自我认知。

最晚在拉斐尔的《雅典学园》问世之后，我们更愿意设想，大部分古希腊人——或者至少是雅典人，事实上都曾过着这样一种生活：沉思的、思考着的，以及闲适自在的。然而那些将自己的整个生命都用于追求智慧的人，很大程度上兴许并没有像我们认为的那么卓尔不凡。我们只需想想那个被阿里斯托芬描绘成一个无用的、胡说八道的灾星的苏格拉底是何种形象。像柏拉图这样出身雅典贵族的人，之所以或许看起来与苏格拉底不同，是因为他的社会地位，而不是因为他的哲学思考。亚里士多德的情况则更为复杂。作为没有公民权的外邦人，他将一个他不能参与选举的城邦理想化。我们也无法准确地知道他是如何解决生计问题的。亚里士多德将理论生活视为对所有人而言最合理的生活方式。这种生活在同时代的人看来无论如何是不怎么靠谱的，就像人们今天看待一个没有职位、财产或收入的饥肠辘辘的哲学家。

尽管如此，这种生活理想仍是值得关注的。因为在这种理论式生活的理想中，亚里士多德在闲暇中仍能继续推广旧式贵族伦理。哲学家生活之优渥源于贵族生活之优渥。哲学家几乎成了古代贵族在精神层面上的追随者，这基于一种将好奇心、不断学习和求知欲刻画为人之本性中最重要特征的动物学。在亚里士多德眼里，只有哲学家能够正确地生活，所有其他人可惜只能偶尔为之。

做哲学家是最大的幸事，因为只有他有机会全方位品性卓越地生活，通达最高的人生幸福。在这一点上，人仅次于诸神。成就品性的卓越是在柏拉图和亚里士多德那里都得以明确的目标，是对贵族伦理的推进。而哲学家不用像荷马笔下的英雄那样无比强壮和勇敢，也不用在体育或者战争中创造辉煌成就。

"卓越"的概念适用于理论生活并被道德化了。而亚里士多德只保留了卓越的某些外在层面。如果人们在生活中不仅历练品性，还能积累财富，那就非常好了。正如我们在柏拉图《理想国》的开头所了解到的，金钱以让人不负债的方式给人自由。那么，人们在没有钱的时候，应该如何发扬慷慨的德性呢？亚里士多德在《尼各马可伦理学》中如是说："然而那些外在的善……也属于幸福。因为，如果人们无法支配那些必要的辅助手段，就不可能，至少很难通过高贵的行为而引人注目。很多事情都需要借助于朋友、金钱和政治权力才能实现，这些东西在此发挥了类似于工具的作用。"[95]

高贵卓越的品性的另一个外在层面则是美，这一层面也同属于公民世界。因为在古希腊时期，美不像今天可以被人工制造或者装饰出来，而只能靠运气："还有些东西，如高贵出身、可爱的子女和健美，缺少了它们福祉就会黯淡无光。一个身材丑陋……的人，不是我们所说的幸福的人。"[96] 高贵的出身和拥有子女对于卓越生活而言不是坏事。所以，一个出身高贵、仪表堂堂、家产丰厚、子孙满堂的哲学家拥有最好的生活……

与柏拉图深奥的贵族伦理不同，在亚里士多德那里所谈的是一种实用主义的贵族精神。亚里士多德将贵族精神从绝对的国家领域转化为明智的内在世界。人们在自由世界中应该贵族式地感受和行动。柏拉图将贵族精神限制在一个不自由的世界、一种国家思想专制中。在这一点上，亚里士多德更为自由主义，并且如我们接下来将了解到的，也更多元主义。他不将国家秩序，而是将具有足够条件的公民贵族化，只要这个公民致力于培养自己的德性。这样的一种信念不仅对伦理生活，也对经济和政治产生了影响。亚里士多德拒绝柏拉图式的城邦共产主义。

自由和有德性的公民必须**友好相处**，只有这样，城邦才会成就幸福生活而不被国家思想专制拖累。德性的协调统一在有德之士之间的和谐统一中得到呼应。显然德性不源自一个虚无的空间或者灵魂自身，而是产生于共同体。人们越有德性，这个共同体就越卓越，反之亦然。城邦和公民应该以这种方式相互成就。在此，亚里士多德根据对人性的根本理解做出如是预设，即所有有德之士都欲求同样的善。并且人们在友好的沟通交流中一起认识和实践这种善。

政治于是成了以德为友的人们所构建的工程。在足球中屡试不爽的制胜法门——你们应该是十一个朋友！这应当被当作城邦的基石。个人兴趣要服务于共同友谊的理想，这在我们今天的时代看起来是陌生的。因为它与当代的个人主义相冲突。我通过择友所达成的，恰恰不是普遍的共同体，因为我正是通过友谊把对我重要的人和对我不那么重要的人区分开来。友谊因而看起来是私人的东西，恰恰不是共同体之前提。我们看重的是对朋友的忠诚，而不是对好人的忠诚。（甚至在我们乐意支持"善"并欲求"善"的时候。）善究竟应该为何物，在这一问题上，今天的我们与亚里士多德相去不远。或许在我们的生活中，不止一次出现过对这个问题的追问。我们的道德世界并没有被一以贯之地构建和设计。相应的，我们倾向于对许多事物听之任之，而不去仔细检验。现代社会包容的多，规定的少。

对今天的我们而言，团体的道德统一性跟品性的道德统一性同样陌生。此外，我们的生活世界要比亚里士多德的时代复杂得多。因为时间和精力的缺乏，我们不能总是对我们的周遭世界进行相应的检验。我们也应当看到，亚里士多德的共同体利益统一体本身在公元前 4 世纪是一个无法实现的理想。那时候的雅典大街跟今天不同，那时的现实更是令人生厌的。载入史册的不仅仅是作为集体功绩的城邦政治，同时还有争斗与卑劣。

正如所描述的那样，生活在公元前 4 世纪之雅典的自由公民最多

只有数万人。外邦人、妇女和奴隶在政治上并没有被一并算作友爱的
对象。在公民中建构且应该建构互助团体是一个现实的想法。然而，
要将这些互助团体联结为一个统一的、博大的友谊之网，却是个幻觉。
但这个幻觉对亚里士多德来说非常重要。在他眼中，友谊才是城邦正
义的保障。人们之间越是友善相处，城邦就越正义。在这个意义上，
《尼各马可伦理学》宣称：友谊的建立是正义的表现。

　　友谊之联盟大概总要比对正义的爱更加稳定。与法律裁决相比，
友谊确实将社会从最内在的层面上更为牢固地联结起来。尽管我们现
在有理由认为友谊对于正义社会的价值并不那么大。因为友谊替代正
义之处是裙带关系和任人唯亲的盛行之地。相反，在立法者和法官完
全不考虑敌友关系，而是在法律面前对所有人都一视同仁，也即在价
值中立的地方，我们才能看到正义的实现。

　　因为亚里士多德如此高估了友谊在城邦中的作用，所以他相信，
少量的规则便足以应付城邦的管理。面对偷窃、劫掠、身体伤害、杀人
以及诽谤等罪行，人们只得到最基本的法律保护。法律与道德在此还没
有真正区分开来。对法律的起草和运用不被归为法学，而是伦理学。有
德之士会依法行事并能够公正地运用法律。因此，城邦的公职人员必须
都是有德之士——这在我们今天看来确实是难以攀登的高峰……

在民主政治与寡头政治之间

　　在亚里士多德眼中，城邦作为政治动物之最适合的聚居地，让男
性自由公民过上闲暇和沉思的生活成为可能。并且城邦也为这种生活
打造了正义的友爱氛围。而哪种政体是适合的呢？亚里士多德试图在
《尼各马可伦理学》与《政治学》中寻找这个问题的答案。然而二者的

判断却截然不同。

在《尼各马可伦理学》中，亚里士多德认为最佳的政体是**君主制**。这种制度让事情以最简单的方式得到协调规划。如同父亲照料他的孩子，统治者也照料其子民。但是与柏拉图一样，亚里士多德认为君主制这种政体为无法控制的不当行为提供了可乘之机。君主太容易变成僭主，后者服务自己而非公共福祉，成为奴役自己孩子的父亲。

从德性的视角来看，仅次于最佳政体的是**贵族制**。亚里士多德非常推崇过去的贵族伦理，一直以来，这一点是毋庸置疑且显而易见的。他坚信在贵族伦理中，贵族与德性是直接统一在一起的。正如男人生来就天经地义地统治着女人，贵族也如此统治着下等人。但是贵族制同样为不当行为提供了一些机会。因为在现实世界中，鲜有高尚的贵族获得实权进行统治。相反的是，某些特权人士总是臭味相投，很快建立寡头政治以服务其利益。这幅不光彩的图景就如同一个继承了万贯家财的贵族女儿凭借对财富的自信反抗男人的权力。

从德性的视角来看，再次之的政体是以梭伦时代为典范的**金权政治**。在这种政体中，公民根据收入的高低获得相应的选举权。亚里士多德将金权政治的规则比喻为兄与弟的友谊。德性视角下的最差政体是**民主制**，在这个政体中，每个自由公民都获得同样的投票权。民主制尤其不是有德性的政体。因为民主制中缺少"一家之主"，而每个人都能做并且肆意做自己喜欢的事情。但是另一方面，在所有政体中，民主制最能防止不当行为，这一点毫无争议。这让民主制成为"最不坏"的政体——丘吉尔（Winston Churchill）于 1947 年 11 月 11 日在英国下议院发表的演讲中说过一句不无戏谑的话："如果忽略掉那些在历史长河中已经被全部尝试过的其他政体，那么民主制就是所有政体中最坏的。"这基本上是对亚里士多德在《尼各马可伦理学》中关于政体问题之阐述的一种出色总结。

事物的本质总是悖论。一种政体越是具有较少的德性，它运作起来就越是可靠。在以德性为基础来建构政治学的哲学家看来，这根本就是一个灾难性的结论。因而，亚里士多德在《政治学》中对这一课题也做了很多更为细致的思考。他想要通过将民主政治与他的德性理想协调一致来缓解民主政治带来的困扰。结果是一种混合政体方案。亚里士多德想要促成虽受万千宠爱但却易遭破坏的贵族制和虽不受待见但却更为坚固的民主制之间的和解。

这种混合政体方案在细节上看起来应该是何种样貌，我们却不得而知。亚里士多德将民主制之四种不同的形式区分开来，在这些形式中他最不赞同彻底的民主制，即那种让每个自由民都获得平等的权利，并且在政治公职人员的竞选中获得均等机会的民主制。因为在蛊惑人心之徒的煽动下，这种民主制将不可避免地导致流氓暴政："因为不为法律限制，彻底自治的民众寻求自主统治。然而，当谄媚者统领大众，这种彻底的民主将变成暴政。"[97]

亚里士多德把最好的解决方案称为政治（politie），一种由理性之士所领导的共同体。亚里士多德主张每个自由民都应参与城邦政务，但他认为只有政治精英才可以成为高层领导者。因为普通民众缺少闲暇时间去处理高度复杂的政治任务。这样的理念毫无疑问是贵族或寡头政治式的。每个公民都可以选举，但是只有德高望重者和不愁生计之人才可以领导国家。

并非亚里士多德的所有想法都一清二楚。一方面，他谈到了民主政体中的民间智库以及民众日益积累的智慧和德性。另一方面，他却又拒绝民主统治这一形式，并倾向寡头精英的统治。他褒扬了城邦中的中间阶层，并希望这一沟通上层和底层阶级的中间阶层可以维系和扩大。但同时他却不希望中间阶层获得权力。有时他会称赞那些像梭伦那样的历史英雄，梭伦据说出身中间阶层。有时他又会详细解释为什么从根本上来讲只有上层阶级才能够统治城邦。此时，他早已偏离了在动物学基础上构建政治伦理学的哲学理想，而更像通过考量不同的历史和政治经验进行论证的社会学家。

亚里士多德的政治思想在整体上有多少问题和矛盾，在细节上就有多少明智而富有指导性的洞见。他主张政治必须对**公共福祉**负责并以此衡量自身。公共福祉这一概念是模糊不清的，但却比奠基了柏拉图两个理想城邦的善之理念要具体得多。亚里士多德也把**自由**的概念引入了政治学。因为没有自由就不可能培养和践行德性，所以政治的任务就是尊重和保护公民的自由。亚里士多德在此区分了两种自由：从事政治的自由与在国家事务上顺其自然的自由。这是政治哲学史上最为重要的区分之一。康德将会详细地回溯这一区分。哲学家以赛亚·伯林（Isaiah Berlin）在 20 世纪将这种区分概念性地把握为**积极自由**和**消极自由**，这是自由主义的两个关键概念。

女人、奴隶与野蛮人

亚里士多德的城邦规划并非既定的蓝图。与柏拉图相反，在他眼中，政治中不存在**技艺**（*techné*），不存在人的计划或塑造，而只有体验着的实践。政治是从政者的生活，正如生活是生活者所做的事。政治生活是多面的，它的充实需要自由空间。这乍一听简直太过现代，简直不可能，但它确实就是这样。

尽管亚里士多德值得我们的尊崇，但我们不能忽略一个问题。他的整个政治哲学建立在一个基本原则上：有德性的公民**不劳动**。"劳动"的概念从来不出现在他的世界中，出现的只有手工业者的"制作"（*poiesis*）。"才干"（Tüchtigkeit）概念在我们的时代与"劳动"概念最为紧密地联系在一起，然而对亚里士多德来说，只有那些**不**劳动的人才可以有才干。因为劳动与培养德性并不般配。相反，在亚里士多德看来，必须劳动则意味着，被排除在德性范畴之外。因此，在女人和奴隶那里谈不上德性。

值得指出的一点是，女人和奴隶被排除在德性世界之外，亚里士多德并不把这看作一种社会现象，也即闲暇者的不公正统治所带来的后果。是的，他从根本上否认奴隶和女人有获得德性的能力。因此他们只属于劳动世界，而没有能力上升到更高层的社会。

在这里，亚里士多德的崇拜者总是如此为他辩护，即亚里士多德受到他身处时代的限制。但是这种辩护并不总是恰当的。平等对待奴隶和女人的思想，在那时已经存在很久了，尽管这种思想只是少数人的观点。此外，亚里士多德是许多领域的开拓者，那么将他的保守归咎于理智上的欠缺是说不过去的。看起来他在这个问题上显然是远远低于其正常水准的。这个训练有素的逻辑学家甚至冒险进行循环论证：因为奴隶和女人不具有德性，所以他们负责底层的工作。既然他们从事底层的工作，人们便认为，他们不具有德性。

所有认为女人先天在理性上有欠缺，奴隶则完全无理性的观点，是直接从他们的社会角色推出的结论。在公元前4世纪雅典的政治生活中，女人和奴隶无足轻重，由此人们认为，他们并不适合政治："奴隶根本不具有筹划能力，女人虽然有这种能力，但却没有决断力……"[98]

在亚里士多德眼中，女人和奴隶是认知上有欠缺的存在者。因而他们仅仅将低等灵魂肉身化。他们有感受和欲求，但他们的行为却没有理性和逻辑。逻各斯自赫拉克利特以来是诸神和古希腊男人的私有财产，女人和奴隶要么不具有逻各斯，要么只具有极不成熟的逻各斯。正如在柏拉图那里自由男性必须协调其灵魂中低等的"女人般的"力量以便培养德性，在亚里士多德那里，自由男性对女人的统治也是天

271

经地义的。

男人的自我统治使他们对女人的统治合法化。这种观点对今天的我们而言不仅是陌生的，而且在逻辑上也有问题。那些不能成功协调其灵魂中低等力量的男人们该怎么办？他们似乎必须降格到女人的层次并因此失去其权利。不是所有的男人都在理智和德性上超过女人。所以男人对女人的统治在这个意义上不是原则性的而是程度上的？所以人们不能全然区分"男人的"和"女人的"权利？从逻辑的视角出发，经验上局部的适用无论如何不能成为普遍原则上的适用。在这一点上，这位逻辑学家因为从男性化的、太过男性化的理由出发而失去了推理的正确性。

亚里士多德不仅证明女人和奴隶的本性不可变，他还从中推导出政治结论。作为逻辑学家的他其实非常清楚，政治的游戏规则不能毫无漏洞地从人的本性中推演出来。对政治事务的演绎是不存在的。政治学不是科学，而是从经验以及令人遗憾的偏见中获得的洞见。

亚里士多德的功劳在于将自由概念深深地植入政治思考中，他的这一功劳与认为人们在原则上**不平等**的偏见有着紧密的联系。只有少数人在城邦里是政治上自由的，大多数人则是不自由的。这一偏见的阴影从一开始就伴随着"自由"的政治概念，并在之后的两千多年一直与后者如影随形。甚至我们今天的政治思考往往也不能无偏见地处理"自由"概念。20 世纪的现代社会充斥着各种打着"自由"旗号的政治罪行，人们只需想想越南战争。自由的社会似乎具有不受限制的许可，让人们自己觉得比不自由的社会更好，这一直以来都是我们文化中没怎么被深究的感觉。

自由，正如亚里士多德所认为的那样，不是民主政治的概念，而是一种统治关系的特权象征。自由世界是特权人士的公共空间，这一空间与其余阶层严格划界。妇女和奴隶在古希腊家庭的私人世界中劳

动，这是一个不自由的世界。此外，雅典的妇女只被允许在公共场合
以头纱罩发的面目示人。她们并不是自由的主体，而是男人的财产，
没有头纱是"不体面的"。几百年后，这种强制遮头之风由希腊和罗马
帝国传播到阿拉伯文化圈。虽然人们在古老的东方世界里也能找到遮
头的证据，尤其在《旧约》中。但在穆罕默德时代，阿拉伯女性大多
是不遮头的。在阿拉伯世界，妇女的强制性遮头始自 8 世纪由倭马亚
（Umayyad）家族建立的哈里发帝国，这次不仅仅是遮头，连面部也要
遮住。

妇女的遮面如同"自由"一样是希腊式的。柏拉图将那些据说像
男人一样赤身裸体做运动并且作为女战士守卫城邦的女人，安排到理
想国去做女性护卫者，而这在亚里士多德看来简直匪夷所思。没有人
天生是奴隶，这一思想似乎是亚里士多德难以接受的。许多古希腊人
曾固执地认为，男人在本性上就比女人优越。然而，奴隶的本性是什
么？难道不是每个人都可能因为战争或者厄运而成为奴隶吗？是什么
让亚里士多德如此确信男性奴隶没有理性？

奴隶没有理性这一点是不容易论证的。对此，亚里士多德的观点
是，奴隶像非希腊的外邦人和野蛮人一样，没有城邦。谁没有城邦，
就表明他仅仅部分地而不能完全作为**政治动物**发挥其作用。他没参与
建构现实的共同体。这当然是残缺理性的特征！现在人们可以问，作
为主人财产的奴隶在没有任何权利的情况下应该以怎样的方式去参与
建构一个城邦？谁又能断定野蛮人不曾建立起与古希腊城邦一样的邦
国？但是亚里士多德远没有这种历史视角。他宁愿将女人、奴隶和野
蛮人看作特定的动物种类，他从他们的行为出发来推导其本性。

与以这种奇特的、非历史的眼光考察人类相应的，是以同样非历
史的视角考察城邦。亚里士多德显然并不想知道，即使具有高度理性
的希腊人也会在某个时候无法生活在他所熟悉那种城邦中。他同样视

而不见的是，他在哲学创作的巅峰期已然经历的这一事件，即腓力二世征服了独立的雅典城邦并将其并入马其顿帝国！因为他父亲和他太子老师的身份，亚里士多德与这些野蛮人之间存在紧密的关联，而他们通过剥夺其自由摧毁了被亚里士多德永恒美化了的家园。历史的维度是如此惊心动魄——尽管不是城邦形成的维度，而是其消逝的维度……

家庭经济与金融经济

古希腊的自由男性对妇女、奴隶与野蛮人的统治合法性在哲学上是完全站不住脚的。然而，亚里士多德的论证将在此后两千多年的时间里为人的不平等进行辩解。如果对于女性和奴隶的压迫没有让像亚里士多德这般伟大的人物遭受名誉上的损失，那么直至 19 世纪那些相对渺小的人物在这一点上也就没什么好羞愧的了。

亚里士多德为私有财产所做的辩护，在影响力上与他对人的不平等的论证不相上下。与柏拉图不同，他不仅不赞成妇女在权利上的平等，而且也不赞同让年幼的孩子与父母分离，以及共产主义式的共同财产理念。在此，他的论点绝不是哲学的，而是冷静清醒而实用主义的。父母宁愿将他们的亲生孩子托付给他人，这在生物学的视角看来纯属无稽之谈，并且也无法为国家所接受。倘若如柏拉图建议的那样，财产为所有人所共有，那么最终就没有人会自觉为这些财产负责。亚里士多德在这一点上早已正确地意识到共产主义的缺陷。

"主要有两样东西唤起人们的关心与爱：自己的东西以及对它们的保护。"[99] 亚里士多德在《尼各马可伦理学》中已经明确了财产使人幸福的观点，他说："以与他的财产相称的方式建造他的宅邸（因为一幢建筑也是一件装饰物），首先把钱花在恒久存在的事物上（因为这些东西是最美的），并且在所有情形下都注意要适度，这些都属于了不起的事。"[100] 尽管挥霍与骄恣是为人所指摘的缺陷，但是适当的财富在亚里士多德看来绝对有助于开展有德性的生活。此外，追求物质财富的愿望有利于总体的国民经济。

应该如何理解这一点，亚里士多德在《政治学》的一个段落给出了相关解释，这一段落被公认为经济理论的开端。但此时它还不涉及像我们如今的经济学那样对经济运行周期和运作规则的中立描述。它具有哲学意义的核心问题是：经济学以何种方式有助于人们过上完满的生活。这个问题的意义直到今天也不曾变化，尽管当代的国民经济学家（特例除外）并不熟悉这一问题。

与柏拉图不同，个体家庭经济和家庭世界在亚里士多德眼中不成问题。"无论个体家庭、集体家庭，还是高贵家族的联盟，它们的目的都是过上完满并独立的生活。"[101] 在雅典或是其他城邦中，这样的家庭大多数实现了自给自足。城邦里的个体家庭大多在乡下拥有田庄地产。在这里人们能够获取满足家庭所需的生活物资。亚里士多德从不怀疑这种同时兼有生产和消费的自给自足的家庭经济是一种合理、健康的经济形式。城市文化的基础因而是私人农业。谁家在某些物资上有了剩余，就可以与那些需要这一物资的其他家庭进行交换。不仅市民之间互相交换，他们还和农民、商人以及手工业者进行交换。这实际上是一种物物交换，但其间也使用货币。亚里士多德将这种经营方式称作 *oikonomiké*——家政管理的学问，并对其赞赏有加。

如果货币在这种物品交换中被使用，那它就一方面具有支付媒介的功能，另一方面也充当衡量物品价值的标尺。但无论如何这都与赚钱无关。因为如果营利成了交换的**目的**，经济的本质就会发生变化：从家庭经济的管理技艺变成赚钱技艺，即 *chrematistiké*。其目的不是获得某物，而是营利。货币的占有成了目的本身。

在这个转变过程中，一些伦理的东西被抛诸脑后。如果只涉及自己对物品的需求，人们可以很容易估量自己需要什么、不需要什么。但如果金钱是目的本身，那便不存在一种理性的尺度。欲求金钱的人看不到界限。他总是想拥有更多的金钱。多少钱才算够用呢？让我果腹的饮食和让我裹身的衣物一样，它们有一个自然限度。但是金钱不具有固定的自然限度。金钱的质仅由它的量来衡量。因此它倾向于腐化自然限度，这就致使医生为了金钱，甚至越来越多的金钱而提供服务。士兵不再为了有德性的灵魂变得勇敢，而是为了赚钱。行为的目的，如助人为乐和勇敢，成为手段。而原来的手段，金钱，则变成了目的。对于一个像亚里士多德那样的德性伦理学家来说，这是一个严肃的问题，正如柏拉图曾面临的那样。为了坚守道德，道德行为不应该成为手段。但是，金钱看起来迟早会让一切都沦为手段。

在城邦生活中比其他人拥有更多的金钱，这在亚里士多德看来并非坏事。如果所有人在物质上有同样的所得，那么这将"激怒受过教育的人"，因为受过教育的人十分清楚他们应该比其他人得到更多。[102]然而仅仅为了钱而去挣钱，在亚里士多德看来是可鄙的。"忙碌生活的目的"是"荣誉"而非金钱。如果以德性伦理学来治理城邦，那么除了经济效益外人们还必须考虑其他标准。否则，经济的道德平均主义会蚕食掉公共福祉。

与柏拉图一样，亚里士多德也坚决排斥利息经济。"钱生钱"的模式是"最天理不容的"。[103]他认为，家庭世界与城邦之间的脆弱平衡不应该被这种毁坏秩序根基的机制打破。家庭与城邦是自然的，他们构建起人类的生活空间。相反，通过收取利息让钱生钱则是非自然的，也不是整体秩序原本的安排。无疑，这种有悖自然的行为使人不像人，让人被占有欲（pleonexia）吞噬。直至路德为止，中世纪的哲学家们与亚里士多德所见略同。他们都认为赚钱技艺是一切社会罪恶的根源，这一洞见在今天也获得了越来越多的认同。

人们或许会希望，要是亚里士多德在细节上更确切深入地阐明货币经济对国民经济和社会心理所产生的影响该有多好。因为根据我们现今的认知，银行业有利于国民经济，且至少促进其动态增长。而亚里士多德从根本上拒绝扩张性的国民经济。为了成为有利于德性发展的理想生活空间，城邦不应该太大，而应该维持在中等大小。因而，他对国民经济需要增长这一要求完全没有概念。此外，他对继续深究这一问题表示反感："精细的条分缕析虽有益于讨论，但如果过分沉湎于此，就不免太过平庸。"[104]

尽管如此，亚里士多德是我们所认识的第一位经济学思想家。他也是第一位分析和命名货币经济中"资本主义"游戏规则的人。只不过令人惋惜的是，他将对正当生活、政治治理以及经济发展的思考局限于城邦，局限在一种在他的时代就已从政治图景里消失的政体中。故而，他的追随者不得不自问：如果时代限制了亚里士多德的思考，那么他对于正当生活的洞见中还有什么能作为永恒真理而留存下来？除了理想的雅典城，还有其他适合灵魂发展的舞台吗？

避世者与怀疑者

被管理的世界——嬉皮士与挑衅者——"此后"的一代——
怀疑论与怀疑——随意的隐秘魅力

被管理的世界

如果有人问起，就哲学的处境而言，哪一个时代同我们最相似，
亚里士多德身后五十年也许是一个好的备选。在某些方面，这一时期
是一次哲学的繁荣。因为在古代，此前大概从没有像公元前 3 世纪的
雅典一样，在极短时间内有过这么多哲学家。亚历山大大帝迅疾的征
伐队伍将希腊文化从一览无遗的小城带到了当时已知世界的远方。即
便还没有"希腊人"这个词，并且在雅典人眼中亚历山大甚至是个野
蛮人，但希腊文化仍以时疫般的速度传播开来，并深入亚洲和北非。
当时，一些聪慧好学的人士正是从这些地方前往雅典，为了在苏格拉
底昔日进行哲学活动的著名广场走上一遭。他们想看看柏拉图和亚里
士多德的校舍，阿卡德米和吕克昂学园，并在那里学习。最终他们在

伟大哲学的发祥地安顿下来，建立自己的学派。

　　亚历山大毫无道理可言的征战像海啸般冲倒了旧世界的高墙，留下了无尽辽阔的风景。几乎在一夜间，视野得到了拓展，希腊打开了看向其他文化的视角，更加开放地接受中东和东方的影响。

　　另一方面，新的哲学还未做好准备，也缺少柏拉图与亚里士多德的政治乐观主义。两位伟大的哲学家死后的时代精神状态，有些让人想起 1968 年的西欧与我们今天时代的不同。所谓的"六八一代"曾是政治空想家，他们想让西方社会变得更加自由，更加社会主义。他们想象出社会立体主义的理论，把个体生活如整个社会一般往各个方向拓展，当然也可能是扭曲。在历史的一瞬间，一个切分音的出现，使六八一代看到一个由十足令人兴奋的、至今无法成为现实的可能性构成的世界。然而在他们希望的春天后，并没有乌托邦的夏天随之而来。到来的是冰冷的醒悟，即他们在资本主义铁铸的齿轮面前是多么渺小和无能，而后者确实推动着历史。不愿习惯美丽新商品世界的人或是不愿同其妥协的人，主要逃避到内心世界，从社会性劳动时代的社会—心理行话，到密教的徒手打造的栖息地，以及远东宗教教派的诸多变种。

　　需要注意的是，历史比较总是不充分的——亚里士多德死后的希腊哲学与社会遭受了一个幻灭的过程，这个幻灭过程看起来与我们今天有些相似。柏拉图和亚里士多德在诸多方面固然是政治保守的。柏拉图勾画出的乌托邦，更倾向于一个理想地构思的过去，而非朝向未来的预兆。亚里士多德对处于做了细微改变和理想化的框架下的雅典城邦进行了说明，却没有考虑让多数居民通向所有可能中最好的那个世界。两种政治愿景都是极为静态的，它们或是奠基于唯心主义之上，或是在生物学上得到巩固。然而有一件事一直将柏拉图和亚里士多德同所有的政治解放运动和革命联系起来：他们相信，借助于更好的认识，人们确实能踏入一个更好的世界！

　　但恰如六八一代在七十年代的进程中那样，雅典的哲学家在马其顿人的统治下迅速丢失了这种信仰。除去芝诺（Zenon von Kition）和克吕西普（Chrysippos von Soloi）下落不明的国家著作之外，雅典在几百年间再没酝酿出任何政治乌托邦！社会状况在很大程度上偏离了这个关注点。取而代之的是，人们致力于灵魂的救赎。首要的不再是所有自由民充实的生活，而是个体的幸福，用阿多诺在《最低限度的道德》（*Minima Moralia*）中著名的表述来说，是关乎在错误生活中的正确生活。

　　柏拉图和亚里士多德之后的哲学最引人注目的特点是私人化。这与剧院里上演的"新喜剧"并无二致。米南德（Menander，公元前342/341—前291/290）的戏剧显得多么政治无害啊！这位作家不再描绘社会状况，而仅仅描绘人类心灵的狡诈和软弱。连新兴的哲学流派也以争执与妒忌为特色——在私人辩论俱乐部中，人们多疑地窥探彼此。

　　人们首先关心自身的幸福，并只寻求这一问题的答案，即个体的生活意义与什么有关，这很大程度上揭示了他们生活时代的状况。微观世界就好像被管理的宏观世界的对应物。如果说柏拉图曾以此为出发点，即认为健康的国家以健康的灵魂生活为先决条件，那么在公元前3世纪初，对健康的灵魂生活之思考往往缺乏社会维度。人们出奇迅速地接受了，"上面的人"总归在做他们想做的事。"上面的人"即马其顿统治者、他们的行政长官、众多内奸和一个无所不管的管理部门，他们莎草纸色的衣袖揽尽一切，制定一切。

　　亚历山大的胜利和入侵大军穿越了希腊地区、小亚细亚、波斯和埃及，继续将希腊文化传播、普及开来。但他同时也剥夺了希腊人的自主性和自信心。他们一度再次陷入始终只能看到异族人的境地中。希波克拉底认为，安纳托利亚居民容忍、恭顺，不是因为政治状况，而是由于那里的气候。柏拉图和亚里士多德对这个观点欣然赞同，后者甚至在《政治学》中对亚洲民族的不自由状态给出了一个近似自然科学的依据。他们"非常聪慧，擅长机巧，但缺乏勇气；因此，他们常常屈从于他人而为臣民，甚至沦为奴隶"[105]。

然而现在的希腊人，甚至骄傲的雅典人，某种意义上自己也处在这样"亚洲式的"生活条件下。这段历史似乎一夜间毁灭了自由的希腊公民作为世界"主人"的自然法地位。亚历山大迫使雅典居民将他视若神明，与波斯大帝并无二致。政治和经济受马其顿管理者监视。唯有响应继任竞争者、将军和亚历山大继位者的号召，在亚洲或埃及的被占领地区定居下来时，他们才能够保持这不受限制的"主人"姿态。数十万人迁出希腊，前往新世界帝国的老城市和新建起的城市，在那里获得公民权。在那些地方，希腊的主人道德随着殖民者的居高凌下死灰复燃。此外，马其顿人长久以来视自己为完完全全的希腊人，就如同从前雅典、底比斯、科林斯、斯巴达等城邦的公民那样，相反东方人被他们视为劣等人。

在早期继业者*战争引发的混乱和纷争之后，雅典落入了亚历山大大帝主要继位者之一卡山德（Kassander）的统治区域中。但是雅典对其新角色并不满意。亚历山大刚过世，马其顿人就镇压了一场武装起义。当时的行政长官正好是亚里士多德的学生，法勒鲁姆的德米特里（Demetrios von Phaleron），尽管历史学家对他的摄政有着积极的评价，但仍然发生了武装起义。当亚历山大的另一位将军德米特里一世（Demetrios Poliorketes）接手雅典时，情况就更加混乱了。这个城市再次沦为继位竞争者的战场，竞争者们由着多变的命运来来往往，他们招募士兵征集给养，甚至引发了一场饥荒。人口衰减和大量外流在雅

---

* 继业者（Diadochen），在泛希腊历史中，专指亚历山大大帝逝世后互相竞争的那些王位继承人。——译注

典实属平常，城市经济实力也在倒退。

　　几年前还是西方世界中心的雅典，虽然之后很长时间里还是西方的文化之都，但它的政治重要性却在减弱。毫不意外，这座城市里的各种新哲学几乎全是逃避苦难的哲学。这些哲学不开辟新视野，而是服务于对不安的免疫，即对**错误**的不安（怀疑论者）、对**痛苦**的不安（伊壁鸠鲁学派）以及对**激情**的不安（斯多亚派）的免疫。从作为理论建构巨匠的哲学家变成生活助手和顾问，或者变为彻底的拒绝者、挑衅者和行为艺术家，相比于他们无政府主义式的怀疑，苏格拉底倒是一个温和且善意的人……

284　嬉皮士与挑衅者

　　他是柏拉图和亚里士多德同时代的人，但他完全不受人尊敬。他后来的追随者热烈地尊崇他，而在批评者看来他是末流。关于他的事，柏拉图故意保持沉默，亚里士多德大约仅在一处提到过他。在公元前3世纪60年代的某时，第欧根尼从锡诺普——一个黑海边的米利都殖民地，来到雅典。自此他居无定所，在公共建筑的廊柱间栖身，在木桶里入睡——如果人们愿意相信的话。大概按他自己的说法，他"像狗一样"生活，据传他甚至当众手淫。他是否曾落笔著书，关于这一问题诸多观点莫衷一是。相反，确定的是，在生命的最后几年里，也许是在死后，他跃升为一位传奇人物。

　　我们所知的关于第欧根尼的差不多所有事情，都是从众多流传后世的逸闻中了解到的，而这些逸闻中可能没有一个是真实的。几乎所有故事都围绕着唯一一个核心：第欧根尼宣扬无所欲求。因而幸福不在于拥有极高智慧的生活（柏拉图），也不在于细心培养德性以善于处世（亚里士多德）。按照第欧根尼的观点，一个从这样那样的野心中抽身出来的人，恰恰是最幸福的。

诚然，这个想法并不是全新的，苏格拉底的学生安提斯泰尼（Antisthenes）已经想到了这一点，也许第欧根尼事实上从他那里得到了很多启发。然而，关于安提斯泰尼的原始资料就像关于第欧根尼的一样稀缺。关于这两个人的传说都宣称，他们视无所欲求为通往幸福的唯一道路。一个人只要从其内在与外在的束缚中自我解放，他就是无所欲求的。他安于现状（autárkeia），只知生理需求，如吃、喝、睡、性以及对温暖居所的向往。

有关第欧根尼最著名的逸闻虚构了一次他与亚历山大大帝的相遇。传说这位世界征服者曾偶然碰见这位躺在木桶里的哲学家。亚历山大问，他能否有所效劳。这位哲学家对此的全部回应是："能，离我远点，别挡住阳光！"

这个故事和其他很多有关第欧根尼的故事一样确定无疑是编造的。连他是否以及何时在雅典逗留过，何时在科林斯生活过，我们基本都不知道。如果逸闻收集者第欧根尼·拉尔修的传说中还有些别的什么的话，那就是，第欧根尼传播了许多挑衅的胡话，并以吓唬身边的人为乐。他公然称社会习俗和约束是多余的，各种形式的政治秩序也一样。毕竟，健康的人类理智就已足够，人们压根不需要再学更多的东西。

历史上的第欧根尼也是如此模糊不清地同传奇故事联系在一起，在他那里，最重要的似乎是他对后来的同时代人的意义。"桶中人"的故事吸引了无数的追随者和模仿者前往雅典，这在公元前 3 世纪赋予了这座城市以古代世界里旧金山般的气息。效仿这一阿提卡嬉皮士文化的实例至少有七位哲学家和文学家，他们在无所欲求的生活观和世界观里或多或少地追随着安提斯泰尼和第欧根尼。第欧根尼·拉尔修针对他们使用的概念"犬儒主义者"（Kyniker）源自哪里，众说纷纭。

因为将这个名称追溯到单词"狗"（*kyon*），是有疑问的。

其中重要的犬儒主义者有底比斯的克拉底斯（Krates von Theben）与其妻希帕琪亚（Hipparchia），一位早期女性平权斗士。另一位知名人士是加达拉的墨尼波斯（Menippos von Gadara），他是讽刺文学体裁的奠基人。从犬儒主义者梅格洛波利斯的克尔克达斯（Kerkedas von Megalopolis）那里我们得到一篇文章，其中他极其尖锐地批判了财富和贪婪。他如此问道，为什么人们试图从每块石头中敲打出不要命的利益？为什么每个人都在追逐一块他会洗劫一空的土地？

对"犬儒主义者"概念下的所有思想家及其性情的把握，肯定都是非常粗糙的，与其说这是紧密的亲和关系的象征，不如说是原始资料缺乏造成的后果。也不是所有人都适于那位行为哲学家的人物模式，即像第欧根尼所做的那样，不断以挑衅的言行消遣身边的人。一方面无所欲求，另一方面进行挑衅，在哲学史的进程中二者渐行渐远。后来多数过着无所欲求的生活的传道者就不再是职业挑衅者了。

相反的是，哲学家中还有一种持续至今的传统，即作为挑衅者。人们可以想到一系列人物，从第欧根尼到伏尔泰、巴枯宁（Michail Bakunin）、尼采，再到费耶阿本德（Paul Feyerabend）、德里达（Jacques Derrida）、德勒兹（Gilles Deleuze）、齐泽克（Slavoj Žižek），等等。这种哲学的标志就是有意识的、刻意的、政治性的亵语、夸张，还有常常对那些受人贬低的老实同行的嘲讽——各种表达形式，也正是因为如此这种哲学寻找并找到了现代艺术，从先锋派直到激浪派运动。

"此后"的一代

在犬儒主义成为某种时尚时，柏拉图的阿卡德米学园当然还继续存在着。但在这位大师死后的数十年间发生了许多事。他的外甥及继任者斯彪西波仅在任十年，就于公元前 339/338 年去世了。这期间他疏远了理念论，撰写了一部关于事物相似性的书。这本书的贡献在于，对现实性做了比柏拉图所能做的更准确的分类。斯彪西波不再追随柏拉图式宇宙的统一性和完整性。没有像在柏拉图那里一样高于其他一切的绝对的善，只有单一性和多样性二者平等的效用。这一切听起来依据的更像是亚里士多德而非柏拉图。

斯彪西波的继任者卡尔西顿的色诺克拉底（Xenokrates von Chalkedon）是一位受人尊敬的先生，传说他有一些木讷愚钝。他是极其高产的哲学家——撰写了 70 部著作，但全部都遗失了。从其他文献中我们知道，色诺克拉底将哲学清晰明了、指向明确地划分成逻辑学、物理学和伦理学。他想要将柏拉图极其复杂且充斥着矛盾的著作整理出来，合编成一部全集。这是一项困难的任务，因为如我们所见，柏拉图的思想抗拒任何过于快速的平整化和系统化。

无论他的导师是否会对此满意——一个完整的柏拉图体系首先是经由色诺克拉底而问世的。然而很多地方却有所改变。理念不再具有成问题的物之特性。在色诺克拉底那里，理念成为像数一样抽象的东西。只有那些我们在自然中发现的事物，在作为理念时才同时是物性的。人创造出的东西，椅子、菜肴、画作，在理念王国中根本就没有对应物。在另一篇文章中，色诺克拉底干脆颠倒了柏拉图的思想。对柏拉图这位大师而言，动物理念比一条狗更为本质。与之相反，在色诺克拉底看来，狗比抽象的动物理念要本质得多。基于此，色诺克拉底也摒弃了人类灵魂的不朽，而柏拉图曾花了很多力气去证明这一点。

色诺克拉底于公元前 314/313 年去世时，终于有了一种"柏拉图主义"，但是人们对其兴趣不是很大。虽然接下来的继任者珀勒蒙（Polemon）和克拉底斯（Krates）很重视这种柏拉图主义，然而柏拉图

287

288

哲学在那时的雅典只是众多哲学之一。亚里士多德死后的名声还要更糟糕。他的哲学受到的敬奉比柏拉图远少得多。吕克昂学园的继承者，**逍遥学派**，并没有一个自成一体的思想体系。当时，他们首要地还是继续研究亚里士多德创立的那些独立学科。直到约公元前 287 年，提奥弗拉斯特（Theophrast）掌管了亚里士多德的学园，他主要作为植物学家而闻名。他的植物学代表作《植物志》（*Historia plantarum*）和《植物之生成》（*Causa Plantarum*），表明了他是一个比亚里士多德还要更细心的自然观察者。提奥弗拉斯特将其导师的观点分割开来，即植物的生命应当是**实现功能**，动物的生命应当是**达成目的**，人类的生命应当是**获得幸福**。在亚里士多德那里，凌驾于这些考虑之上的"合目的性"这一大概念，在提奥弗拉斯特那里瓦解和局限为物质层面的细碎文字。

尽管摒弃了灵魂转世说，但提奥弗拉斯特却一再追溯到恩培多克勒的"化学式"思考。在提奥弗拉斯特《论虔诚》（*De pietate*）一文中，人们也可以觉察到这位来自阿格里真托（Agrigent）的哲学家的影响。与恩培多克勒一样，提奥弗拉斯特也慷慨激昂地斥骂动物祭祀的残忍。但对他来说，与恩培多克勒不同，其原因并非对杀死一个进入动物体内的人类灵魂一事的厌恶。提奥弗拉斯特的论据更多是生物学的，而非形而上学的。使得动物祭祀看起来如此野蛮的，是动物与人之间相近的亲缘关系，是动物与人之间情感的相似性——19 世纪初的英国哲学家边沁（Jeremy Bentham）也认识到了这一点。据此，道德的相关问题就不是动物能否思考或说话，而是："他们会**痛苦**吗？"

289 提奥弗拉斯特的继任者拉普塞基的斯特拉顿（Straton von Lampsakos）掌管逍遥学派直至约公元前 268 年，他看来几乎完全摆脱了所有形而上学的思想成果。他主要以物理学家的身份而闻名。他认识到，下落的物体在空中会加速——这是牛顿万有引力定律的一个前设。斯特拉顿的这一洞见与其他洞见对物理学来说如此重要，而对于一个哲学学派的团结一致却几乎没有贡献。从公元前 3 世纪中叶开始，亚里士多德的光辉在接下来的一千五百年里几近熄灭，尽管他建立的学派继续存在了很长时间。

怀疑论与怀疑

随着阿卡德米学园和逍遥学派影响力的淡去，这个城市为众多新兴哲学家打开了空间。**激进怀疑论**就是其中重要的流派之一。像柏拉图和亚里士多德这样的巨匠，无论何时建造起崇高的思想建筑，都会有一群狗在其旁边抬起后腿，就像第欧根尼一样。或者就会出现激进怀疑者，否认建筑整体的坚实基础。通过这种方式，经常不用费太多力气，他们就能在市场上占得一席之地。

在所有看待世界的哲学态度中，激进怀疑论一定是最谨小慎微的。怀疑一切的人从不会失望。再者说，进行怀疑要求不高也不困难，而使谨小慎微的人很容易获得站对边的感觉。但从逻辑上看，怀疑不具有认识论上的优先地位。没有任何怀疑是从其自身出发就比断言要更真实的。某事"不正确"并不比某事"正确"在根本上更有可能。

对公元前 3 世纪雅典的氛围而言，怀疑似乎恰好是正确的态度。在那个时代，一个终其一生从未在雅典待过的人，却被视作精神导师。埃利斯的皮浪（Pyrrhon von Elis）出身于伯罗奔尼撒半岛，他生活在大约公元前 362—前 270 年。尽管因为与苏格拉底和第欧根尼相似，他没有撰写过任何著作，或者说恰恰因为如此，他的生平成了一个传奇。关于他的英雄故事几乎说不完。也许他曾跟随亚历山大大帝的军队到过印度，见识了那里的哲学。对他尤其产生影响的显然是**苦修者**，即苦行主义导师，他们像第欧根尼一样以相似的方式无所欲求地生活着。

290

皮浪面对亚历山大大帝时，像苦修者一样勇敢和冷漠，这件事很有可能是编造的。正如据说第欧根尼将亚历山大从太阳底下撵走，其他哲学家也应该在面对占领者时，表现出那种希腊军队不曾具备的大胆无畏来。而且骄傲的城邦居民忍受外邦人统治越多，哲学家在他们的幻想中就越有胆量，在精神上就越独立……

回到埃利斯，皮浪创立了一个哲学学派，这大概是西方第一个受到印度哲学启发的学派。很多文献向我们讲述了那里所教授的东西。皮浪的名声想必很大，以至于甚至后世重要的思想家，如西塞罗（Marcus Tullius Cicero）、塞克斯都·恩披里柯（Sextus Empiricus），也在探讨他的学问。显然，除了印度哲学以外，皮浪还受到德谟克利特的启发，传授他情感平静和灵魂自由的目标。从认识论上来看，德谟克利特只认为那些能以类似自然科学的角度认识到的东西是有价值的，而拒绝一切对世界本质的进一步推想。皮浪在这一点上也追随着他，当然，要激进得多。他从根本上怀疑认识的所有形式，怀疑知觉，同样怀疑思想。在皮浪看来，这个世界对人类来说是绝对不可理解的。唯一留下来的是判断的悬置（*epoché*）——这种态度在 20 世纪成为胡塞尔（Edmund Husserl）现象学的出发点。

这种态度以**皮浪式怀疑论**的名称载入哲学史册，并在很长时间里持续产生影响。因此，对世界的确定认识——这是柏拉图和亚里士多德的目标，从一开始就被剥夺了价值，成为自我欺骗的无用之物。哲学的工作不再是认识或知识，而是对一切，包括对逻各斯的怀疑。

从逻辑的角度看，这个态度是成问题的。因为如果我怀疑一切知识，那么为什么我不对怀疑是有意义的这件事产生怀疑？如果一切都是不确定的，那么怀疑也是不确定的。然而一个如皮浪一样的激进的怀疑者声称，怀疑比相信要更加正确！但他是从哪里得到这个认识的？激进的怀疑者不用对怀疑的真理资格也做出怀疑吗？这种思想我们从希腊哲学中，从皮浪之前的时代就已经熟知。据西塞罗所说，德谟克利特的学生，希俄斯岛的米特罗多鲁斯（Metrodoros von Chios）曾说过："在我们之中没有人知道什么，甚至从不曾知道我们是否知道。"[106] 米特罗多鲁斯主要以物理学家而为人所知，尽管他借这句话是想说，我们根本不可能认识外部世界的任何东西，这本身当然也是值得怀疑的。

像苏格拉底一样，皮浪也不能将思考与生活区别开来。据说，他对事物和世事很冷漠。如果没有什么能够得到清晰的认识，那么人们就不能，也不必在生活中摆明立场。这样一种态度是无懈可击的，吸引了许多同时代人，也吸引了讽刺文学家斐利亚修斯的蒂孟（Timon von Phleius）。他出生于公元前 320 年的伯罗奔尼撒城市斐利亚修斯，据说曾在皮浪处求学。在雅典他作为讽刺作家，尤其是多卷本讽刺诗歌《讽刺诗》（Silloi）的作者而为人所熟知。据推测，这首诗超过千行，但其中只有 135 行保存下来。在保存下来的部分中，作者与已死去 200 多年的科洛封的色诺芬尼（Xenophanes von Kolophon）进行了讨论，我们已经熟悉，后者（在"流浪汉、他的弟子与雅典公共秩序"一章中）曾对过于人格化的神提出过尖锐的批评。

这首诗的风格模仿荷马和赫西俄德的叙事诗，所有人物都一直在场。蒂孟和色诺芬尼一起对所有伟大的希腊哲学家品头论足，此外还拿他们与神话里的英雄来对比，贬损他们目空一切和无所不知的样子。唯独皮浪没有受到轻蔑的批判，因为他是作为第一束光亮被带入其他哲学家蛮横狂妄的命题的黑暗中去的。

一种在政治无聊的时代始终旺盛生长的思想，无立场、讽刺和尖刻的嘲弄是其廉价附属品。从其角度看，没有什么是值得争取或争辩的，只有普遍的反对和一点点私人的幸福。心境平和（ataraxia）是怀疑论者追求的状态。因为"神圣与善的本性总是存在于，人身上最为

292

平和的生活逐渐形成之源头"[107]。"我不因现实中的损失而痛苦——我享受它！"和"哲学取消了重要性——但我无所谓！"这些皮浪式的嬉皮士智慧，显然与马其顿统治下希腊城市的政治委顿完美匹配。也没过多久，激进怀疑论进入雅典，在那里它甚至霸占了曾经的英雄式的哲学圣地——阿卡德米学园！

随意的隐秘魅力

让激进怀疑论在雅典登堂入室的人，是阿尔克西拉乌斯（Arkesilaos）。他出生于约公元前315年小亚细亚西北沿岸的皮塔内（Pitane）。像当时众多哲学家一样，他是来自今天土耳其地区的迁入者，他前往雅典，想在那里求学。他在提奥弗拉斯特圈子里待过一段时间，但后来转去了阿卡德米学园。在公元前268—前264年的某段时间，他成了阿卡德米学园的校长。在他的领导下，学校注入了一种全新的精神。他极富魅力与雅量。此外，他是个敏锐的思想家和杰出的演说家，对于损誉宽容大度。他的私人生活完全就是犬儒主义和怀疑论理想的反面。他并未无所欲求地生活，而是喜爱奢华和享受，置身于高级妓女（情妇）的环绕中，毫不羞耻。他与马其顿军事当局，特别是比雷埃夫斯的总指挥官关系很好。

在阿尔克西拉乌斯的领导下，柏拉图哲学发生了彻底的改变。不久后人们就将阿卡德米学园的人称为怀疑论者（skeptikoi），与皮浪的追随者名号相同。因为这位新校长再次把柏拉图哲学拉回到其苏格拉底式的出发点上去。"怀疑"这个概念甚至在阿卡德米学园占据了一个位置，这是难以想象的。普鲁塔克将那些围绕着阿尔克西拉乌斯的阿卡德米学园的人称为"在一切事物里中止了判断"[108]的人。此外，还不十分清楚的是，在这基础上，阿尔克西拉乌斯是否也撰写过文章，或者像苏格拉底一样仅进行口头工作。无论如何，他将苏格拉底哲学作为一种针对所有被认为确凿的知识的驳斥技艺，并使之复活。

阿尔克西拉乌斯接手阿卡德米学园时，柏拉图已经去世 70 年了。然而，据说这位新导师曾持有他的原始手稿。色诺克拉底从柏拉图思想中创造出的东西——一个整齐有序的体系，在阿尔克西拉乌斯看来却是完全错误的。对他来说，柏拉图首先是：一个没有提出确定的立场，同时又对每一种观点都马上会产生怀疑的人。阿尔克西拉乌斯眼前的这个柏拉图是个怀疑者和讽刺者，他从未达至确定性，更谈不上创立教条了。

对这位阿卡德米学园的新校长来说，获得确定知识的可能性根本不存在，这和皮浪没什么不同。如何能确定地知道某事是否正确？为此需要一条客观的标准，而它可能从未存在过。因为每一条标准都会面临同一个问题：为证明一条标准是客观的，就需要另一条客观标准，以此类推。根据阿尔克西拉乌斯的观点，在一个论证的最后始终是一个信念、直觉或者明见性（Evidenz），它是不可能真正被证明的。在这种情况下，人们只能像皮浪一样中止自己的判断。人们最多能够探索和揭示他人思想中的规则、认识路径与逻辑。阿尔克西拉乌斯复活了苏格拉底的雄辩术，他制定了一条规则："想要听他说话的人们不应向他提问，而应该自己说出他们所思考的东西。如果他们说了，他会对此进行辩论。"[109]

对阿尔克西拉乌斯来说，哲学中所有断言都是纯粹的空想。如此激进的怀疑论大概跟柏拉图没有很大关系，即便阿尔克西拉乌斯从未批评过这位阿卡德米学园创立者，且巧妙地处于他的传统中——将他视为苏格拉底在世间的代表。像在皮浪那里一样，人们可以在他那里争论，他的怀疑有多激进，以及他是否同样质疑了怀疑的意义，就像西塞罗所觉察到的那样。阿尔克西拉乌斯应当赞同如下这句名言，这句话由米特罗多鲁斯的西塞罗流传下来：人们无法知道自己的无知。
那句被认为是苏格拉底的话"我知道我一无所知"也要因此添上这句
补充："而连这我也不知道！"这样的态度是前后一致的，且不乏机
智——但这种态度是一切哲学的终结，所有进一步的哲学研究都是无
用的。一个这样思考其职业的哲学家，根本不能创立学派（如皮浪），
也不能领导学派（如阿尔克西拉乌斯）。

毕竟，像阿尔克西拉乌斯一样的激进怀疑论者熟悉这些价值判断，
也就是这样的价值判断：最好是放弃价值判断。他不关心道德，也是顺
理成章的。他既不重视某种行为，也不轻视它。这种态度当然同样是
极度前后矛盾的。因为一个放弃所有判断的人，决不能支持这样的观
点，即最好放弃判断。这也是一个价值判断，甚至是一个相当强的价
值判断。此外阿尔克西拉乌斯表明，心境平和是生活的目标，这与德
谟克利特和皮浪没什么不同。显然他知道，这是一个好的目标。对一
个认为不可能做出价值判断的人来说，这个目标就是一个相当明确的
价值判断！

鉴于无法过一种彻彻底底的怀疑论式的生活，问题就来了：激进
怀疑论真是一个好的观念吗？至少它把显然最一贯的思考形式不可避
免地带进了前后矛盾之中。错误可能在于，怀疑论者把一种真理概念
宣称为目标，这种概念对人类思想提出了过分的要求。然而他们为什
么要这样做？哲学家真的需要一种关于真理的知识来进行哲学探索
吗？不能把哲学思考的门槛放得更低一些吗？某事不是绝对真的，但
却是可信的，这难道还不够吗？这正是阿尔克西拉乌斯之后的继任者
昔勒尼的卡尔内阿德斯（Karneades von Kyrene，公元前 214/213—前
129/128）走出的一步。他主要是因为一则西塞罗流传下来的逸闻而出
名的。卡尔内阿德斯曾是前往罗马的希腊外交代表团的一员（我们以
后还会提到这支代表团）。他在元老院面前，第一天赞成正义，第二天

却反对，就被驱逐了。

卡尔内阿德斯建议将这个"可靠的观念"作为怀疑论者的方向，即"同时是可靠、未被曲解且经过彻底检视的"[110] 观念。从怀疑论哲学的角度来看，当然不可能存在这样一条标准，它也不可能有意义。我从什么样的立场得到这一知识，即某物是可靠的？阿卡德米学园的人如此谨慎地想要避免欺骗和自我欺骗，却在这里为它敞开了大门。

一种哲学如果无法向其追随者施以援手，给他们一些能够帮助他们过上成功生活的东西，就会受到非议。因为哲学应该在某种方式上是有用的、有帮助的，对哲学而言这就是不成文的法定任务，它不仅适用于古代。据塞克斯都·恩披里柯所说，阿尔克西拉乌斯因此也曾引入过一条不那么绝对的标准，即"有充分根据的事"。某事有充分的根据，虽然这不能获得最终的确定性，但能把可靠的事同不太可靠的事区分开来。诚然，塞克斯都在这里是否正确地复述了阿尔克西拉乌斯的观点，还是个问题。因为如果一切都被怀疑，"有充分根据的事"又如何可能存在？什么是有充分根据的？是我不管诸多同等程度的反驳，经过仔细考虑后想到的东西吗？或者是我凭直觉**感觉到**的东西，比如，要是我饿了，最好去吃点什么？在这里，后世思想家对阿尔克西拉乌斯的立场的说明十分矛盾，我们只能在黑暗中摸索。

尽管对于怀疑有着诸多疑问，阿尔克西拉乌斯仍是"所有哲学家中""当时最被重视的"[111] 那一个。有一件事流传了下来，即他从苏格拉底—柏拉图式的哲学创造出一种系统的反驳技艺。他完善了这个探明为什么某事不正确的思想。他的哲学成就无疑不是偶然的。这种哲学在我们看来，于一个悲观、政治冷淡的时代具有典型意义。在马其顿人统治的数十年间，雅典居民非常明显地放弃了这一信念，即人能够决定自己的命运。一种哲学，其中质疑优先于各种断言，与此完美地匹配的情况是：在个体上极为尖锐，同时在整体上惊人地冷漠。对马其顿当局来说，这大概是一种相当无害的哲学，它被准许不受限制地存在着。不管怎么样，它都不导向任何建设性或者实践性的后果。

从今天的角度来看，阿卡德米学园的激进怀疑论时期让人想起了六十年代到九十年代的法国后结构主义。对阿尔克西拉乌斯和他的学生来说，事物的"不可辨认性"，就是雅克·德里达及其门徒所言的语言表达的"任意性"（随意性）。类似于阿尔克西拉乌斯的哲学，后结构主义是这样一种思考方式，它在其自洽的（语言）怀疑论中对一切批评免疫。在时代进程中它越无关政治，同样也就越摆出玩世不恭和自负的样子。如同后结构主义一样，不止一代学生丧失了活动能力（随后作为犬儒主义者分布在各种广告代理和小品专栏里），阿卡德米学园精英式的怀疑论大概也大大地添了一把火，让阿提卡社会在社会和政治方面跛足而行……

错误生活中的正确生活

无限的世界，冷漠的诸神——快乐伦理——自我管理——斯多亚派——

程序化的世界——做最好的自己！——自然本能与道德要求

无限的世界，冷漠的诸神

　　公元前 3 世纪初雅典城邦的景象与 18、19 世纪之交的魏玛有点类似：虽是小城，却是文化大都会。在这仅仅 1 平方公里的拥挤城市中，生活着如维兰德（Wieland）、赫尔德（Herder）、歌德和席勒这样的精神领袖，他们彼此紧密相邻、合作又互相竞争，他们让思想碰撞而又各自专注于自己的作品和世界。

　　雅典在亚里士多德去世 50 年后变化不大。两个一流的教育机构阿卡德米与吕克昂彼此相距仅两公里，步行不超过半小时。雅典卫城山脚下的希腊广场就位于两者中间，无数哲学家效仿苏格拉底游走在这个市场上。斯多亚柱廊（*Stoa Poikile*）是雅典众多圆柱大厅中的一个，也是一个新兴哲学团体的集会地。位于市场与阿卡德米之间的是一座隐秘的园林（*Kepos*），它紧邻阿卡德米的围墙。园林的所有者是伊壁鸠鲁（Epikur），公元前306年他成为这座园林的主人，在温暖的夜晚与他的追随者们探讨哲学。

伊壁鸠鲁来自萨摩斯岛，公元前341年左右，他出生在这座岛上。他的父亲是农民或者教师。伊壁鸠鲁可能很早就在导师的支持下研究柏拉图与德谟克利特的哲学，德谟克利特无疑对他产生了更深的影响。18岁的时候，他在雅典接受了军事培训。亚历山大大帝逝世后随即爆发的拉米亚战争——这是雅典人的起义战争，给伊壁鸠鲁家族带来了灾难。他们失掉了萨摩斯岛上的财产，并逃往小亚细亚的科洛封。伊壁鸠鲁在那里一度销声匿迹，直至他又重新出现在雅典，并与三位亲密的友人一起购置了园林。

这位大师与他的追随者以一种共产主义共同体的方式居住在园林一带。他们在很短的时间内吸引了来自各地的人们。甚至妓女和奴隶也生活在伊壁鸠鲁的团体中，因而招致了雅典人的嘲讽。关于这种团体生活是多么不堪的传言很快传播开来。故事收藏家第欧根尼·拉尔修在五百多年后如是评价伊壁鸠鲁：他是所有自然哲学家中最为下流不堪。然而关于他的不堪行径，人们并没有确切的证据，此外，这些行径也与伊壁鸠鲁所宣扬的学说有着明显的矛盾。

在据说由他撰写的40篇手稿中，只有少量残篇留存至今。和许多其他希腊思想家的情况一样，每一种陈述伊壁鸠鲁学说的尝试，都是从稀缺的残篇中对一幅画面的重构。他的认识论使人们联想到德谟克利特。与德谟克利特一样，伊壁鸠鲁也认为世界由虚空中的原子构成。原子是永恒的、不灭的，它们数量无限，在无际的宇宙中自行运动。据罗马人卢克莱修记载，伊壁鸠鲁曾宣称：

存在者整体是……无界限的。否则就必然存在与它相对的外
部事物。那我们将看到，这个外部事物又有它的外部事物，后者
与前者相对并限制它……而因为人们现在必须承认，存在者整体
之外不存在任何东西，所以存在者整体便没有外部事物，因而没
有界限与终点。[112]

原子的数量无限，世界也存在多个。伊壁鸠鲁认为宇宙是多重的。
其中，原子由于自身的重量下坠。有时会出现一些偏差，于是原子会
彼此触碰。这些碰撞又引起新的运动，这是一种在原子层面发生的，
以旋涡为形式的连环追尾事故。这些新的运动造就不可计数的原子组
合，在数以百万计的其他组合之中，有一种组合是人。人也仅仅由原
子构成，并且还不单只躯体。甚至灵魂也由"大量的原子"组成。灵
魂"像极了混有热的风，从某些角度看与风相似，但在其他角度看与
热相似"[113]。

这些设想并不是完全原创性的，因为他们几乎从头到尾照搬了德
谟克利特的观点。但至少伊壁鸠鲁也有创新。因为对他来说，在一个
彻彻底底的物质宇宙中确实存在着诸神。这是怎样罕见的诸神啊！他
们是拥有人的形态和躯体的生物，也有新陈代谢，并且与其他事物一
样由原子构成。于是伊壁鸠鲁建立了一种迄今为止西方哲学中从未有
过的——唯物主义神学！他认为，存在着无数不同种类的神。而且他
的神学最具特色的地方在于：诸神没有创造宇宙，而是像人类那样生活
于其中。他们享受着极乐并且无暇他顾，既不影响世界进程也不改变
人类命运。当卑微的人类烦恼忧心的时候，奥林匹斯山上的诸神在操
心什么呢？伊壁鸠鲁关于诸神世界的设想，既不解释世界的形成，也
不为人类生活敞开更深刻的维度，指示更高远的命运。在西方所有关
于诸神的设想中，伊壁鸠鲁肯定是最具原创性的。正是因为它缺少上

301

述这两种理论意图，而在所有其他哲学家与非哲学家那里，诸神恰恰因为这些意图才存在！

　　无论如何，人能预感到诸神的存在。最精细的原子有时会从神身上脱离，并以不可见的方式进入人类灵魂。这就是为什么几乎所有人都有神的观念，效仿并崇敬之。与许多其他哲学家不同，伊壁鸠鲁不认为人们关于流行的祭祀仪式、传统上内容丰富的众神的天堂中所有的杰出人物，这一切有什么问题。他只是反对，人类将诸神设想为举止行为与自己相似并且参与人类生活的神："快乐的不朽者既不知困难为何物，也不会帮人克服困难，因而既不会恼怒也不会偏爱；因为所有这些都是弱者的特征。" [114]

　　在伊壁鸠鲁看来，诸神也不能保证就是自由的。他们只不过是遵循自然法则的原子世界中的一部分。所以，同德谟克利特一样，伊壁鸠鲁不得不允许人们提出这一问题，即在一个完全机械因果式的世界中，自由如何存在？如果一切都遵循自然法则而被规定，那么人到底是否自由，是否拥有自己的意志？这是个爆炸性的问题。如荷马史诗与古希腊悲剧所刻画的那样，在诸神掷骰子的地方，人没有真正的自由。人的命运被更高的力量预先决定了。如果永恒的自然法则确定了原子运行轨迹的话，那人的命运不也就被预先规定了吗？

　　事实上，意志自由对伊壁鸠鲁来说是一个至关重要的问题。他在著作《论自然》（ De natura ）中强调，原子并不规定精神事物的行为方式："自然对原子的某些运行方式及其行为和特性的细微差别没有做出规定；而是，自然的发展全然或者在很大程度上决定了某些事物。" [115] 动物与人类因而能够改变自身的原子运动。并且他们自己对这些改变负责。然而，伊壁鸠鲁不能令人满意地对此做出解释，即如何在一个由自然法则规定的世界里找到自由和责任的起源，尽管他在一个精致的推理游戏中仔细推敲："声称一切都基于必然性而发生的人，没有任何理由指责那些认为并非一切都是基于必然性而发生的人；因为正如前者所言，宣称并非一切都是基于必然性而发生这一点本身，正是基于必然性而发生的。"[116]

快乐伦理

伊壁鸠鲁的哲学有如下三个要点：意志自由、感觉的真理以及快乐之于生活的重大意义。对他来说经验仅仅来自感觉，这是一种我们从普罗泰戈拉、安提斯泰尼与皮浪那里所获知的立场。两千年后这一立场将再次复兴。盎格鲁-撒克逊的经验主义者们与持有同样观点的 17 和 18世纪的法国感觉论者们（洛克 [John Locke]、休谟 [David Hume]、贝克莱 [George Berkeley]、孔狄亚克 [Étienne Bonnot de Condillac]）将会站在这一立场，与当时占上风的理性主义相抗衡。

基于这一观点，可以得出两个完全不同的推论，这取决于我将玻璃杯看作半空的还是半满的。我能得出这样的结论，即每一条经验，如果它以感官知觉这样不可靠之物为依据，那么它就是没有价值的，因为感官知觉从来也不导向可靠的知识。怀疑论者走的就是这条路。或者我可以说，所有我经验到的东西（对我来说）都是真实的，并且十分真实。人们并不需要非常确定的知识来获得好的生活。敏锐的感官与清醒的理智——拥有这些的人就拥有了智慧。我们猜测，普罗泰戈拉选了前一条路，伊壁鸠鲁也一样。

他不反对逻辑，也不反对我们能凭借机敏的思考取得明智的洞见。但他断然否定存在一个作为真理唯一源泉的逻各斯。对于他来说，与人的感官和感性没有瓜葛的东西，就是没有价值的。如果谁严肃地对待感性，那么他就会很快得出结论，即快乐有益于人，而痛苦是无益的。

303

这一洞见并不始于伊壁鸠鲁。早在昔勒尼学派（Kyrenaiker）那里，这种观点就已经出现。对他们的称呼源自今天位于利比亚的城市昔勒尼。公元前 440 年以来，这块希腊属地是一座民主城邦。苏格拉底的学生亚里斯提卜（Aristippos，公元前 435—约前 355）就来自这里。可惜的是，他与其追随者没有著述传世，而只有后来的哲学家对他的评述。他获得的名声源自维兰德在 19 世纪初为他树立的纪念碑：《亚里斯提卜和几位他的同时代人》（*Aristipp und einige seine Zeitgenossen*），这是一部涉猎广泛的书信体小说，在小说中，老练又从容的亚里斯提卜优雅地表达了其启蒙思想。

历史上的亚里斯提卜却是完全不关心政治的人。他的伦理学涉及大量私人领域的讨论。作为一位早期感觉论者，他只相信感觉而不相信理性洞见。我们经验与认识的一切，都是通过感官而进入我们，并且由此引发精神过程。感觉有好有坏，有温和快乐的感觉，也有痛楚不适的感觉。伦理学的语法由此简化为：增加快乐并且减少痛苦——这是以**快乐主义**（Hedonismus，源自词义为"快乐"的 *hêdonê*）之名广为人知的一种生活态度。

作为早期西方哲学家的亚里斯提卜没有将人生幸福定义为人们追求的遥远目标，而是定义为一种短暂的状态。人们并非通过长久的劳动以获得幸福，也不像资本一样通过勤勉来积累幸福。幸福是人们追求幸福时的体验。幸福生活是人们在其中常常（感到）幸福的生活。美国作家赛珍珠（Pearl S. Buck）的名言"许多人会在徒劳地等待大幸福的时候，错失小幸福"，就是对亚里斯提卜所理解的快乐主义十分精辟的总结。

对于什么样的快乐值得去追求的问题，昔勒尼学派（包括亚里斯提卜的女儿和孙子）是乐意解答的。有许多种身体上的快乐与精神—灵魂上的快乐。这两方面同等重要。对于这样的想法，柏拉图在《会饮篇》中进行了尖锐的批判。然而对亚里斯提卜而言，重要的不是快乐的道德性质，而是快乐的强度。如果快乐是强烈的，那么它在道德上也是善的，因为快乐的彼岸不存在道德。质与量孰优孰劣的问题，却难以回答，因为强度同时包含这二者。（伍迪·艾伦［Woody Allen］在他的电影《爱与死》［*Love and Death*，1975］的结尾，以相似的手法论证："你要知道，对性生活来说重要的不是次数，而是质量。另一方面，如果超过八个月才有一次的话，那么人们应当对这一问题再好好思量一番……"）

305

　　尽管出发点全然不同，但昔勒尼学派人在某一点上甚至与亚里士多德相当接近。亚里斯提卜也看重富足、友谊和生活智慧。所有这些都让生活变得愉悦。有生活智慧的人应当从诸如嫉妒和迷恋的沉重情感中摆脱出来。亚里斯提卜认为，与悲伤、忧虑或畏惧不同，外部世界中也许不存在强制引起嫉妒和迷恋的东西。例如害怕某物是一种有意义的生理反射，而爱慕某物却不是！谁自信地掌控自身，谁就超然于迷恋和嫉妒之上。于是我们在亚里斯提卜那里看到一位有魅力的、富足又高雅的、放浪不羁的花花公子，这种形象兴许比维兰德笔下幽默的启蒙者更接近这位哲学家本身。

　　再回到伊壁鸠鲁。我们假定他知晓昔勒尼学派的学说，尽管他没有提及这一源头。与昔勒尼学派一样，他也将快乐置于其伦理学的中心。伊壁鸠鲁确信，每个生物"从出生开始就为快乐"而努力，并且"把快乐当作至善"。[117] 然而与亚里斯提卜不同，伊壁鸠鲁的学说不是获得快乐的哲学，而是避免痛苦的哲学。他问道，是什么阻碍我们过上闲适从容的生活？答案是，由身体和精神上的缺乏与担忧引起的痛苦。饥饿和口渴时，我们感觉到痛苦，我们因畏惧与忧虑而受苦。相反，宴饮、愉悦与欢欣则使我们感到快乐，因为它们将痛苦屏蔽或是排遣掉。

306　　　　伊壁鸠鲁与亚里斯提卜一样，将自然的欲望与"空虚的"欲望区分开来。当我们欲求那些事实上根本不需要的事物，许多痛苦便会产生。我们还操心那些对于我们来说根本无须操心的事情。在此，我们必须学会区别和追问，哪些畏惧与欲求是自然的，哪些是必要的。能理智地约束、控制欲望和冲动，并能区分主次的人，就能过上伦理上正确的生活。因为"对这些事物坚定而不动摇的洞察，让人们知晓如何管理身体，如何摆脱迷惘获得精神自由，因为这是属于幸福生活的目标"[118]。

自我管理

　　　　一位秉承伊壁鸠鲁生活理念的人会期待什么呢？"进来吧，陌生人！好客的主人为你准备了超量的面包和水，你的欲望在这里将不会被激起，而会被平复"，伊比鸠鲁园林入口处的著名标语如是宣告。超量的面包和水？如果说伊壁鸠鲁把快乐当作伦理学的核心的话，那么这并不是一种亚里斯提卜意义上的快乐主义生活。伊壁鸠鲁所谓的快乐是有节制的。对他而言，重要的不是快乐的强度，而是持续。一种持续而恬淡的幸福比先享乐而后饱和、先兴奋而后低落、先贪婪而后失望要更好。对于伊壁鸠鲁而言，一种始终细水长流的快乐（**沉静的**快乐）比强烈又不定的快乐（**动荡的**快乐）更有价值。根据他的观察，快乐越无节制，带来的持久满足就会越少。

307　　　　如上所述，伊壁鸠鲁的哲学不是获得快乐的哲学，而是避免痛苦的哲学。这种哲学将避免痛苦与怀疑论以及当时的其他思想联系起来。到处都潜伏着痛苦的危险，面对神灵与死亡时的恐惧，对身体疼痛与精神折磨的畏惧，以及不必要的激情投入，这些都会导致痛苦。伊壁鸠鲁认为，存在着针对所有这些痛苦的身心层面的预防措施或者疗法：**四味丸**（*Tetrapharmakon*）。

　　一种正确的哲学发挥效用，就像治疗生命中炎症的抗生素一样。人类生活与诸神是不相干的，知道这一点有助于克服对神的畏惧。死亡对于人类来说本是不可经验的，知晓这一点有助于坦然面对死亡。所有触动我们的东西，都是通过我们的感觉而被经验到的。但死亡是感性生活的终结，为什么我们要害怕这种状态呢？死去的人不再遭受任何恐惧与疼痛。伊壁鸠鲁在给友人米诺修斯（Menoikeus）的信中写道："所有坏事中最糟糕的，也即死亡，是与我们无关的；因为只要我们还活着，死亡就不会来，而当死亡到来时，我们就不复存在了。"[119] 知晓这一真知灼见的人，或许会想起德意志帝国与魏玛共和国时期最著名的"打击乐手"奥托·罗伊特（Otto Reutter）。他的《五十载梦幻泡影》（"In fünfzig Jahren ist alles vorbei"）中的如下歌词，显然改编自伊壁鸠鲁："恐惧死亡毫无意义。人们根本不会体验死亡，当死亡来临，人们便离去了。"

　　正如亚里斯提卜所言，将自然且必要的东西，与我们完全不需要但被误导而竭力追求的东西严格区分开，这有助于约束欲望与激情。哪个冷静的人需要无节制的性生活？谁必须得吃肉？谁一定得富有？根据伊壁鸠鲁的观点，人们不是通过增加自己的财产，而是通过减少自己的欲望让自己实质上变得富足。"无限的财富是一种巨大的贫穷。"——希望德意志银行的入口上方能写上这句话。

　　伊壁鸠鲁所理解的哲学是一种精神治疗，目标是心境平和的精神状态，这与德谟克利特没什么不同。为了切实而持久地改变自己的行为举止，伊壁鸠鲁的追随者必须将导师的许多言教默记于心，这些格言在今天所有的箴言集中都不会缺席。在名言警句的启发下，人们可以尝试去尽情享受每一天并在生活小事中感受快乐。训练自己的专注力、从日常琐事中体验快乐的人，能从魔法石上敲出使生活幸福而有价值的神秘火花。

在伊壁鸠鲁看来，哲学思考和讨论也是快乐的。它有助于获得一种人们能够直接运用于切身生活的洞见。在伊壁鸠鲁的园林中，人们执行一项任务，或者说面对一项要求："你必须改变你的生活！"很多读者会认出这是里尔克的十四行诗《古老的阿波罗石像残躯》（"Archaïscher Torso Apollps"）的最后一句。在伊壁鸠鲁这里，改变命运不仅仅意味着变得更有道德、更正义（就如柏拉图所认为的那样）；而是意味着彻彻底底地在饮食、性习惯以及财产观念等方面改变本有的习性。柏拉图认为富于哲学洞察力的人是社会的启蒙者和先觉者。伊壁鸠鲁则正相反，他认为明智之人首先要改变自己的日常生活。与柏拉图不同，他的哲学首先并不涉及社会，而是关涉自身，即字面意义上的以自我为中心。

伊壁鸠鲁创立了史上一种全新的哲学理念：哲学是**实践性的生活助力**（praktische Lebenshilfe）！毕达哥拉斯将哲学家视为某种印度教意义上的**精神导师**（Guru），赫拉克利特则将哲学家视为一位**孤独的智者**。在苏格拉底那里，哲学家成为**追问者与探求者**；柏拉图则认为哲学家是**社会改良家**，而在亚里士多德眼中哲学家是**万事通**。伊壁鸠鲁园林的言教是生活哲学的开端。因为在哲学史上，之前只有毕达哥拉斯及其七十一条"金句"讨论了这种生活实践规则。然而，这些还很可能并不源自毕达哥拉斯这位宗师本人，而是多年之后才被汇编而成。其确切年代非常难说，且尚有争议。

伊壁鸠鲁确立了生活的实践原理与具体的行为准则，由此全新定义了哲学的任务。人们只需想象一下，假如一位阿卡德米的新成员向柏拉图询问成功人生的实用性建议，会是怎样一种情形。（对生活意义的追问并不是经典问题，因为如我们今天所理解的"意义"这个词，

在古希腊语中是不存在的。）柏拉图或许会建议这个年轻的学生，至少
花十年时间去学习算数、几何学、辩证法、修辞学等等。在柏拉图看
来，通往更高知识的道路是一条漫长而艰辛的攀峰之旅。对于新人的
问题，即为了征服南迦帕尔巴特峰他必须先做到什么，有经验的登山
者也会如此回答。年长的专业人士会坚信，人们应该首先登上成百上
千座小山峰。同样在今天，一名学生在第一学期向大学哲学教授们询
问生活意义的时候，他们也许会这样回答：首先静心学习，广泛阅读，
精勤思考，再广泛阅读，如此等等。

　　与此相反，伊壁鸠鲁的哲学承诺了一种删繁就简，这种哲学甚至
仇视教育。它不看重大量的知识（尤其是数学知识！），而只专注少数
重要的洞见。人们无须长期执着地研究理论。重要的是，要学会在明
智且有耐心的实操中**践行**已经知晓的重要洞见。于是伊壁鸠鲁在给米
诺修斯的书信中写道："明智……比哲学更有价值；所有其他的德性都
出自明智。明智告诉我们，如果不进行明智、良善且正义的生活实践，
就不存在快乐的生活；如果没有快乐的生活，也就无法进行明智、良善
且正义的生活实践。"[120] 如果谁仅仅生活在理论中，而没有从理论出
发开展生活实践，那么在伊壁鸠鲁看来，他就不是真正的哲学家。

　　生活艺术家伊壁鸠鲁与"学院派"哲学家之间的分歧十分有趣，
因为它是贯穿整个哲学史的一条线索。直至今日，"学院派"一方与
"建言派"或是哲学"治疗派"一方仍然互相鄙夷。所以，大学里的学
院哲学家经常会批评那些在商业上相当成功的生活咨询师缺乏哲学训
练。反过来，咨询师则总是嘲笑学院哲学多么脱离生活实践和智慧。

　　伊壁鸠鲁认为有智慧的人是这样一种人，他学会了如何自我调整
和自我管理，没有错误的欲望与无谓的恐惧，他从容地观照世界并享
受生活的小快乐。这是一个美好的理想，但与伊壁鸠鲁的前辈柏拉图
和亚里士多德相比，就显得过于离群索居了。伊壁鸠鲁留传下来的著

310

作中没有任何一处谈及城邦。生活在 1 世纪的普鲁塔克传承了伊壁鸠鲁的生活理念:"隐秘无闻地生活!"一位真正的伊壁鸠鲁派哲学家并不热衷于获得公职或是重要的公共或政治角色。哲学家最多管理一个园林,而不是一个国家。所有的生活关系在伊壁鸠鲁眼中都是私人的。亚历山大大帝对城邦的瓦解就从哲学上再清楚不过地表现了这一点。

在亚里士多德那里,连友谊都是政治的,相反,伊壁鸠鲁则认为它是非政治的私人事务。在他看来,交游广阔、胜友如云是件美事。伊壁鸠鲁的思想具有高度的现代性,他认为所有人之间应该订立关于如何最好地彼此理解和相处的"契约"。这个前瞻性的理念在之后的西塞罗那里,而后又于 17 世纪再度出现并盛行一时。然而,伊壁鸠鲁的伦理学似乎是为一种有限的园林集体、一种"自由国家"所打造的,他的这种社会契约理念如何作为一种伦理学适用于所有人,就非常让人琢磨不透了。因为契约的前提是人们遵守和维护契约。即使是或多或少能够自我节制的人也需要他人的干涉以达到利益平衡。而这些如果没有政治与政治家的存在,是不可能实现的。

伊壁鸠鲁执掌园林长达 35 年,病故于公元前 271/270 年,死因可能是长期折磨他的肾结石或膀胱结石。从他写给伊多梅纽斯(Idomeneus)的辞别信中可以看出,相较于病痛,他更在乎与友人谈笑风生。伊壁鸠鲁死后,人们遵照遗嘱在他自己指定的几个纪念日里举行祭拜仪式。祭拜伊壁鸠鲁的园林团体存续了好几代,长达五百多年,直至公元 2 世纪。伊壁鸠鲁的追随者之中没有出现举足轻重的哲学家,载入史册的只有这个团体的学说。在罗马皇帝的支持下,尤其是 2 世纪的马可·奥勒留(Mark Aurel)的支持下,园林得以维持最后一段时间。尽管奥勒留实际上属于他们在哲学上的竞争对手,但他还是支持了园林。作为哲学家,他属于伊壁鸠鲁学派最重要的对手——斯多亚派(Stoiker)。

斯多亚派

当伊壁鸠鲁与他的追随者享受着园林的私人幸福时，另一些哲人则相聚在斯多亚柱廊，即雅典市场上满墙绘有波希战争壁画的圆柱大厅。他们的学说即使在哲学之外也对西方世界产生了长达数世纪的无可匹敌的影响：斯多亚学派。"人性"与"世界公民"的理念是他们最大的贡献。世界对于锡诺普的第欧根尼而言是头上的穹顶，对怀疑论者来说是一部带着七道封印的书，在伊壁鸠鲁那里是高朋满座的园林，而斯多亚派哲人则将自己理解为政治人。

记载如果可信的话，人类中心主义（*anthropismós*）的概念最早来源于亚里斯提卜，他认为人的本质是道德能力。伊壁鸠鲁学派也关心"人性"，他们既不根据种族，也不根据社会地位或性别区分人类。在他们看来，所有人都生而平等。然而，真正将公元前 2 世纪的所谓人性（*humanitas*）学说发扬光大的流派当属斯多亚派。

世界公民主义（Kosmopolitismus）的理念也是一样。一开始在亚里斯提卜和第欧根尼那里就已经出现了这个概念。然而花花公子和隐士的世界公民观，看起来更像一种私人态度，而不是适于所有人的义务性伦理学说。只有斯多亚派才把一种真正以世界公民为目标的世界公民主义置于其伦理学的核心。这一理念可能源自一种失落的经历。雅典城邦共同体的解体使高傲的雅典公民成了政治上的丧家之犬。但是另一方面，雅典人由此学会了突破城邦高墙的局限，用更广阔的视角来思考世界。既然古希腊文明在波斯和埃及落地生根、蓬勃发展，那么希腊人有什么理由不成为这一主流文明的世界公民呢？

然而，为世界公民主义的发展推波助澜的还有一些其他因素：在当时举足轻重的哲学家中，只有少数人来自雅典！在斯多亚柱廊向追随者们传播世界公民理念的是一位来自塞浦路斯岛的男人：科蒂昂的芝

诺（Zenon von Kition）。他生于公元前 333/332 年，约公元前 311 年来
到雅典。在第欧根尼·拉尔修笔下的传奇故事中，芝诺是做紫袍贸易
的腓尼基商人，在前往雅典的途中船沉货毁。到达雅典的他漫无目的
地徘徊在大街小巷，并最终停在了一家书店前面。在那里，他读到了
色诺芬撰写的关于苏格拉底生平的著作。当芝诺询问店主在哪里能找
到像苏格拉底这样的人时，店主指了指此时恰好从书店旁走过的犬儒
派哲人克拉底斯。芝诺立刻跟上克拉底斯并追随了他一段时间。根据
第欧根尼·拉尔修的记载，芝诺应该是在马其顿国王安提柯·贡纳塔
斯二世（Antigonos II. Gonatas）时期遇到了一位有权势的赞助者。芝诺
这一时期始终保持着简朴生活，仅以面包、蜂蜜和些许红酒为食。此
外，他与同时代的其他哲学家一样敌视女人。

　　无论是芝诺的传说，还是第欧根尼·拉尔修撰写的其他名人逸事，
人们都应该谨慎看待这些消息来源。其中包括这一传闻，即 70 岁的芝
诺在离开学校时从楼梯上坠落而摔断脚趾，此后他选择了自杀，事情
发生在公元前 262/261 年。据说他当即自缢而亡，雅典人葬以哀荣。

　　在第欧根尼·拉尔修罗列的芝诺所著的 20 部作品中，没有一部
留存了下来。然而，通过后来的历史记录，我们可以全面地了解芝诺
的哲学。芝诺哲学看起来就像我们至此为止所了解的哲学家的精选集。
恰是这一点让他招致以阿卡德米学园领袖阿尔克西拉乌斯为首的反对
者的激烈批评。此外，他们嘲笑并批评芝诺冥顽不灵的教条主义。斯
多亚哲学似乎再没遭受过比这更大的质疑了。尽管质疑使得斯多亚哲
学在其他哲学家眼中不尽可信，但同时也恰恰成就了它重大而深远的
影响。

　　芝诺教导人们，应当学习观察自己，做事区分轻重主次。人们应
当驯化野性的欲望与激情，可能的话，应当完全避免。对于不能改变
的事物，比如包括死亡在内的自然法则，应该坦然面对。和伊壁鸠鲁

派哲学家一样，斯多亚派哲人也努力追求心境平和以及与自然和谐一致的自在生活。

人们应该控制自己的欲望，获得一种高度的内在统一。这一理念我们在柏拉图、德谟克利特、亚里士多德以及伊壁鸠鲁那里都可以找到。而斯多亚哲学是一种极其独特又新颖的混合物。古代的一些极具智慧的哲学家竭力将斯多亚学说整合为一个体系，使其在复杂性上可以与柏拉图和亚里士多德相匹敌。据猜测，完成这一体系的是芝诺的学生阿索斯的克里安特斯（Kleanthes von Assos，公元前331—约前232）和索罗伊的克吕西普（Chrysippos von Soloi，公元前276—前204）以及其他一些学生。克里安特斯从土耳其西部的阿索斯来到雅典，成为芝诺的接班人。克吕西普来自与塞浦路斯隔海相望、位于小亚细亚海岸的乞里乞亚（Kilikien），他接替克里安特斯成为学派领袖。除了克里安特斯歌颂宙斯的诗篇和克吕西普关于逻辑学的残篇，我们对这两位哲学家的了解也仅仅来自之后的哲学家和编年史家的记述。尽管如此，今天所谓斯多亚学说的全景图仍然得以形成。

整个斯多亚哲学从一个非常特殊的假设出发。据此，人类作为理性生物，**以可靠的方式认识着世界**。人类的咒语叫作"明见性"（Evidenz）。人类可以区分真与假，可以从世界中获得完全客观的、确定的知识。斯多亚派以此为前提发展了一种与从皮浪直至阿尔克西劳斯的怀疑论针锋相对的观点。这两个哲学流派之间的激烈斗争长达数个世纪，也就不足为奇了。

斯多亚派哲学家认为，他可以完全把握世界。因为人这个物种拥有一种感性及认知的认识系统，它就是为能够正确认识所有事物而造就的。此外，人还具有一种与认知表象力（*phantasia kataléptiké*）相关的理解能力，它使我们能对事物做出正确判断，并形成概念。这两点都为斯多亚派所坚持。他们认为，通过人去认识真理，这是世界宏图

315

的一部分。自然本身就让世界万物与人类认识完全吻合。

从这些极其大胆的假定出发，哲学家能够着手去探究宇宙的规律和世界的关联，并揭示出整个宇宙体系。此前，还没有任何其他哲学能够在**系统性**上比得过斯多亚派。至此为止，最严谨的体系化思想家亚里士多德，也只是确立了不同领域的哲学进路，而非构建一幅宏伟的哲学蓝图。这对斯多亚派来说却是不可接受的。因为**一切**哲学都应服务于良善的、正确的生活，所以万物也必须系统地相互关联起来。斯多亚派因而将柏拉图对浑然一体的哲学的诉求与亚里士多德系统化的多样性融合成一种新的世界体系。此外，斯多亚派也接受了色诺克拉底将哲学分成逻辑学、物理学与伦理学的划分。由此，克吕西普建立了一座无所不包的思想大厦。

几乎与当时的所有哲学家一样，斯多亚派拒绝柏拉图的理念论。他们不相信，精神、理念或理智之物应该比感性的可感事物更具存在的优先性。对于斯多亚派来说，"人""植物"或"正义"并不存在于人的意识之外，而是人的思想产物。也即是说，只有具体的人（作为个体）、具体的植物以及正义的行为真实存在于世界之中。相反，抽象的"人""植物"等等并不存在，而只是有益的想象。这是一种极其现代的观点，它甚至超越了亚里士多德，并将推动中世纪的思想发展。然而，直到 17、18 世纪，英国经验论者才真正以这一思想为基础建立起自己的哲学。

如果抽象事物是帮助我们理解世界的思想产物，那它就使我把目光转向我们为了理解事物运用词语和句子的方式。对克吕西普来说（不同于某些斯多亚派哲学家），**逻辑学**是哲学的首要部分。人类拥有一种认知系统，它既具有精确理解，也具有理性推断的能力。在理性思维的帮助下，人类能够模仿统摄万物的世界理性。这与赫拉克利特将世界的逻各斯和人的逻各斯统一起来的思路并无二致。斯多亚派哲学家和赫拉克利特的不同之处在于，后者认为仅有极少的人进行理性思考，而前者相信每个人原则上都具有这一能力。

当克吕西普谈及"逻辑学"时，他指的是所有跟一种能力相关的事物，这种能力即我们进行理性思考并充分理解客观世界的能力。我们也许还记得前面提到过，在亚里士多德那里，逻辑学、辩证法和修辞学都是非常好的人类精神的辅助工具。而它们对于克吕西普来说则意味着更多。它们是钥匙，在它们的帮助下我们能够解锁世界秩序并将之揭示出来。

斯多亚派哲学家在修辞学上的创新不多，但他们在辩证法和语言逻辑学上取得了登峰造极的成就。辩证法方面，他们将追求最高原则和终极真理的柏拉图传统，与他们那个时代关于逻辑问题以及诡辩的知识统一起来。语言逻辑学方面，他们也打开了全新的领域。他们认为，我们用以解开世界秩序的钥匙，（除数学外）就是**语言的**钥匙。因此重要的就是，认识并界定游戏规则，区分合乎逻辑的正确句子和不合逻辑的错误句子。

克吕西普为**命题逻辑**（Aussagenlogik）奠定了基础，并将一种判断手段，即**标准**（*Kriterium*）引入到命题逻辑中。如果一个命题符合清楚明白的标准，那么它就是真的。句子的外在关联（*hypokeimenon*）与意义内容（*lekton*）在克吕西普，也许还有芝诺那里，就已经得到区分——这一区分让 19 世纪末的数学家弗雷格在思考一个句子的"意义"与"所指"之时灵感迸发。此外，斯多亚派提倡毫无漏洞的论证，即一条论证能够必然地从另一条中推导出来。为此，除了形式逻辑，还需要一种清楚直观的语法，这种语法在当时还不存在。在这一方面，斯多亚派也功绩斐然。我们今天研究的主语和谓语的联结、进行名词变格、使用各种时态，都要归功于克吕西普。（不过我们的孩子也许会在语法课上咒骂他……）

318   ## 程序化的世界

　　克吕西普在逻辑学与语法学领域中的成就是如此之大，以至于他自己都没意识到，他在这方面已经离开斯多亚的哲学理念很远了。如前所述，实践的生活是斯多亚哲学真正的出发点。斯多亚派的哲人研究关于世界的知识时，总是会带着这个问题：什么能帮助我在尽可能的心境平和中过上幸福生活？

　　斯多亚派哲学家一定会认为，人们不需要大量形式逻辑的细节知识去获得这种生活。深入了解逻辑学，这在实践上的意义极其有限。通常一些逻辑的基础知识就可让我们生活无碍。毫无疑问，除了爱好者和专家之外几乎没有人对此感兴趣——即使语言逻辑学在今天我们时代的哲学中扮演了十分重要的角色。狂热的逻辑学家通常给人这样的印象，即他在日常生活中不能很好地自理。因为人类的日常生活几乎没有给逻辑学留出空间。真正生存着的人们并不按照逻辑学而是按照心理学来生活和做出反应。后者大多数情况下与逻辑相悖。

　　斯多亚派哲学家的理想不是现实中的人类，而更像是《星际迷航》中的火星人斯波克先生那种类型的。一种不受任何刺激与激情影响，不接受任何不合逻辑之事的人。逻辑的重要意义同样在斯多亚派对自然的理解中。因为逻辑思维与整个宇宙的逻辑相符合，所以它才确实如此富有价值。斯多亚派认为，世界本性上是彻底理性的，并且井然有序。与斯波克先生这一人中龙凤的理想类型相应的是，斯多亚派同样带有些许科幻色彩的"物理学"理解。也即是说，斯多亚派哲学家很少检验他们关于自然的观点是否符合自然，这一点是出人意料的。对充分验证的知识的崇尚，在其他情况下对于斯多亚派哲学家而言是神圣的，但在这里却被遗忘。当亚里士多德的学生——那些距离斯多亚派不足一公里的逍遥派成员，致力于精确地研究并揭开自然的奥秘时，斯多亚派哲学家则相信一个关于宇宙本质的完全非科学的神学基本假设。相较于他们在逻辑学中的巨大成就，斯多亚派哲学家在物理学上远远落后于亚里士多德。他们将整个物理学大厦建造在摇摇欲坠的基座上。

斯多亚派关心的不是自然理论，而是一种唯物主义形而上学。他们在许多方面都回溯到前苏格拉底的自然哲学家那里。斯多亚派主张，有两条永恒的原则统摄世界：神性与物质。神是积极动态的原则，它赋予物质以灵魂并统摄物质。斯多亚派哲学家是**泛神论者**。他们的神并非创造世界，而是世界内在的塑造力。同赫拉克利特一样，斯多亚派也把这种神力等同于火。正如火"以精通艺术的方式"创造某物又毁灭它，神也以火的形式塑造又摧毁万物。

神力将生长的"种子原则"置于所有物质中。在胚芽中，世界所有未来的变化和发展都被不可更改地制订出来。克里安特斯认为，神赐予物质火一般的力量，确保了世界的"生命热度"。如同克里安特斯所熟谙的《蒂迈欧篇》中柏拉图式的"世界灵魂"，生命热度给世界提供了一种不可湮灭的能量。然而与柏拉图的"世界灵魂"不同，斯多亚派的生命热度是某种身体性而非精神性的事物。世界万物几乎都是身体性的，除了语词、虚无、地点和时间。甚至知识和德性都是身体性的，因为它们能够改变一个具有知识和德性的人，并对他的灵魂状态产生直接影响。

深入研究过亚里士多德的克吕西普，相对于物理学的"生命热度"，更偏爱接近生物学的概念"气息"。作为赋予生命的动态原则，气息以不同的程度作用于万物。未被赋予生命的物质和植物位于最底层。与柏拉图和亚里士多德不同，斯多亚派哲学家将植物视为无灵魂的，因为它们无法自主掌控生命，而是被掌控的。斯多亚派认为只有能够掌控自己生命的生物才是有灵魂的。因为灵魂的关键是"掌控能

320

力"。如同神统摄物质那样，神性的掌控原则也统摄被赋予灵魂的生命。与动物不同，人能够使这一掌控趋于完美直至完满的自我掌控。倘若成功了，那么他的自我掌控便与世界的神性掌控协调一致。他的生活便完完全全地遵循自然法则。

然而，完美掌控自我的艺术并不简单，因为人的灵魂分为许多部分，它们必须在总体上协调一致，并且处于理性的支配之下。柏拉图与亚里士多德也秉持这种观点。埃提乌斯写道："斯多亚派哲学家说掌控能力是灵魂最上层的部分，它产生观念、认同、感觉与驱力。他们也将掌控能力称为一种思维能力。从掌控能力中生长出七个灵魂部分并延展到身体之中——正如珊瑚伸展出枝丫那样。"[121] 这些灵魂部分即五种感官、生殖器官和语言系统。

将灵魂拆成部分并给它们排序，是许多古希腊哲学家热衷的事情。今天这些灵魂细目研究则是心理学的专长，因为心理学总是尽可能完整地罗列激情、冲动和感情的清单。然而，这些区分直到今天也尚未被完全确定下来。令人惊讶的是，斯多亚派不将灵魂的掌控能力置于大脑，而是置于心灵中，在那里，掌控能力可以物质性地通过身体延伸到器官中。对他们而言，大脑的位置太过偏僻而无法成为控制中心。在这里，斯多亚派有意同当时最重要的生理学家们保持距离，后者自阿尔克迈翁起就认为灵魂位于大脑中。

对斯多亚派来说，灵魂是一种直接塑造身体的力量。因为灵魂不适时，就会表现在身体的可感表象上，如面色苍白、恶心、皱眉头等。身体的灵魂并不四处飘荡，而是万物关联网络中的一部分。世界是独一无二的巨型因果链条。灵魂则为严格的因果性所决定。

然而将世界设想为独一无二的巨型因果链，却并不意味着斯多亚派如其实际地看待自然。和所有古代哲学家一样，他们认为，世界是命运、逻各斯和天意的结果。斯多亚派哲学家故而相信，万物已经被神火所置的种子精密地预先决定了。由因果构成的永恒的神性世界是既定的，万物的命运也是被决定了的。在这样的世界中没有什么是偶然发生的，没有什么是例外的，没有什么是随意的。换句话说：因果性统治之处，自由已死。而骇人的地方在于，预先确定了的世界进程却是向着灾难行进，更确切地说，向着一系列灾难行进。神火不仅塑造世界，也摧毁它。在这一循环的终点，有一场惨烈的末日劫火，万物都将被毁灭。世界被劫火彻底清空——直到创造和摧毁的轮回重新启动并精确重复。世界进程是一条独一无二的生灭往复的链条，它是永恒、既定的循环。

322

这是令人震惊的。然而对于那些已经在与自然法则的协调一致中找到心灵安宁的、泰然自若的斯多亚派哲学家而言，这种想法不应是骇人听闻的。他们专注于德性修养，在对万物生灭往复的观照中从容生活。一个反正也影响不了世界进程的人，也无须对此绝望，而是应该首先操心自己的灵魂救赎。然而，如果一切都已经被精确地预先确定了，这人该如何操心呢？如果严格的因果性根本不允许任何塑造行为和活动空间，塑造个人生命的空间又从何而来呢？

古希腊哲学的一个特点是，它总是设计不同的模型，在其中世界被不可改变地决定着，同时又承认行动的自由。我们回忆一下，这个问题在恩培多克勒那里就已经存在了。既然相爱与斗争的冷—热冲突最终致使万物湮灭，那么灵魂如何，又为何要改善自身呢？就像之前已指出的那样，类似的矛盾贯穿伊壁鸠鲁的唯物主义学说。而斯多亚派也深陷迷雾。

在过去的信仰中，奥林匹斯诸神决定世界进程，斯多亚派则认为逻各斯的或自然的（这对斯多亚派哲学家是一样的）神圣法则控制着世界命运。一切都已被预先决定。但同时斯多亚派又宣称，所有这些只是为了人而被设定，并且被以最优的方式设定！那么，命定的末日

劫火是所有可能世界里最好的吗？此外，斯多亚派认为，人类应该也

能够，并且必须将命运完全掌握在自己手中。每个人都应该致力于德性，并由此获得幸福生活。但是在一个一切都已被预先决定好的世界中，人应该如何获得掌握自己命运的自由呢？人是世界的一部分。世界是无限的、被预先决定了的整体关联网络，对于人来说，这种自由不可能存在！

也许这一矛盾对于这类哲学是典型的，它像斯多亚派和伊壁鸠鲁学派那般在错误生活中寻找正确生活。因为按照两种学派的观点，几乎所有的人类都生活在一个巨大的、令人迷惑的社会关联中。第一代斯多亚哲人芝诺和克里安特斯看来甚至从来没有意识到预先决定的命运与个人责任之间的矛盾。到克吕西普那里，至少他在努力弱化这个难题。他确实能够有力地表明，尽管命运被决定，但没有人会这样生活，即把自身仅仅感知为必然因果链条中的一部分。我们总是将我们的决定视为**我们的**决定，在日常生活中，我们总感觉自己不是为外物所决定。我们是否屈从于刺激或诱惑，似乎这也是我们自己的选择，因此我们**觉得**自己有自由意志。

然而，机智的克吕西普所证明的，却不是行动的自由。在一个因果既定的世界中自由地行事，这只是每个人的**幻想**。连逻辑学家克吕西普也不能真正将自己从这个陷阱中解脱出来。尽管他将人区分为遵循自己的理性本质并由此达到自律的人，和未完成这一艰巨任务的人。然而，我是否有能力过上合乎理性的生活，这个问题自我出生之时起就已然不可变更地确定下来了。我视为自由的东西，从根本上说不是自由的，因为对我而言，我的内心状况决定了我的行为。但这些内心状况不是我个人造成，而是由命运决定的。另外一个论证是当代决定

论者，还包括一些脑科学家乐于援引的。如果我不能掌控自己的思想与行为，是因为因果既定的脑回路预先编排了我的念头，那么就既不

存在自由也不存在责任。如此一来，因我的犯罪意图与动机而追究责任的刑罚便似乎是荒谬的。因为一个因果既定的世界不具备追责条件。我们将在本哲学史的第三卷再详细讨论这一难题。

做最好的自己！

如果我的命运被预先决定了，那么我该如何生活？我的灵魂又是如何的？灵魂问题是斯多亚派最复杂的问题之一，这个问题的答案就像意式冰激凌店里冰激凌的品种那样五花八门。因为，尽管斯多亚派哲学家是坚定的唯物主义者，他们的学说却在限定的框架内允许灵魂不朽理论。每一场末日劫火之后世界又会浴火重生。如果这个新世界的设计图纸一成不变的话，那么一再诞生的就是拥有相同灵魂的完全相同的人。克吕西普如是说过："既然规律如此，那么下面的事就并非不可能，即我们在死去一段时间之后又重新回到现在的形态。"[122] 但是斯多亚派的哲人并非全都如此确信此事。"如果他们认为在（世界）重生时同一个我也再次诞生，那么他们有理由继续追问，现在的我和那个其他时间里的我是否具有同一性，因为他们在实体层面是同一个，或者我是否是碎片化的，因为我归属于世界进程的连续序列中。"[123]

这个问题有非常不同的答案。世界进程精确重复的一个无聊后果就是：我在每一次重生之后过着如同电影《土拨鼠之日》里那般同样的生活。每一次都是相同的遭遇和相同的错误！如此往复亿万年！教父奥利金认为，人及其生活的精确重复学说至少让一些斯多亚派哲学家感到"尴尬"。在重生这一问题上，他们坚持会有一种"微小的、极其细微的差异"。[124]

认为人是名为自然的巨大的理性世界网络中的一部分，这是所有

325

斯多亚伦理学的出发点。所有道德准则和规范都一律源自并遵循自然法则。在这个意义上，斯多亚派的出发点与今天的生物学家和某些哲学家的相似，他们都试图"以自然主义的方式"阐释并奠基伦理学。人的本性中有什么？人在追求什么？伊壁鸠鲁的答案是"快乐"。斯多亚派的答案分两个部分。首先，人是一种能掌控自己的自然生物。在这一点上，人类与动物一样。此外，人和动物都追求对自己**有用的**东西。人起初追求的是有用之物，比如食物、温暖、庇护所等等。接下来所追求的则已经远远超出他们对自身的操心范围。动物也一样。它们关心幼崽的养育，并且彼此维系共同生活的规则。有用性因而包括**自我保存**与**照料他人**。

答案的第二部分将人类当作一种特殊的生物。人类不仅拥有欲望，还拥有理性。这极大地扩展并改变了游戏规则。对于理性生物而言，有用的不仅仅是满足欲求的事物，还有能满足理性要求的事物。根据其本性，理性、逻各斯是统摄万物的世界理性的一部分。这一世界理性是无限完满至善的。在逻各斯之气息的催动下，我们的理性希求尽可能与神的理性一致，即变得与后者同样完满至善。因而人作为理性的生物，在本性上致力于**做道德上正确的事**。从我们的欲望天性出发，我们追求有用之物。从我们的理性天性出发，我们致力于做道德上正确的事。道德上正确的事因而是更高级的有用之物，但这仅限于理性生物。

因为由神—逻各斯统摄的世界是所有可能世界中最好的，所以人类理性对道德完美性的追求也全然是善的。在这一意义上，斯多亚派认为完满而有德性的生活是一种自然目的，其源自我们更高的生物本性。作为理性生物，人对善的追求是预先决定好的。每一个错误行为或缺陷都是我们人性—神性的理性程序的偏差。斯多亚派哲学家看不到灰色地带。一个行为要么是善的，即白色的；要么偏离我们的自然程式，是坏的，即黑色的。人类行为一点也不会超出这些范畴，甚至都不会是中立的或者具有多重含义的。

斯多亚派哲学家想要在生物学上证明的东西，在今天看来似乎是"不人道的"。他们的论证与后人的一种尝试类似，即从设想的人之本性出发，引申出什么是善与恶，以及人理应如何行动。在对人的生物描述与道德要求之间存在一道逻辑鸿沟，前者关于人**是**什么，后者关于人**应当**如何生活。这一条逻辑鸿沟一直延续到 18 世纪，直至休谟对其展开研究并在逻辑上加以澄清。今天的"自然主义者"却一次又一次不小心地摔进去……

跟柏拉图和亚里士多德一样，斯多亚派哲学家过分高估了人的理性。没有其他任何学派或思潮像他们那样将人类行为如此严格地还原为他们的**动机**。斯多亚派认为好人是理性高度发展的人，以至于他能够准确地知道，哪些思想与行为是值得赞同的。他在完美程序化的理性机器的协助下区分善与恶。斯多亚式贤者的一言一行**总**是善的，甚至在他有意为善而不得之时也是如此。亚里士多德认为人的行动应当成功实现一个目标。这一观点与斯多亚派相去甚远。后者不认为人可以通过善行积累让善本身变得更多。对于斯多亚贤者而言，行为的结果不重要。他行善，是因为行善**对于他自己**是好的。

然而，对道德完满状态，即心境平和的不懈追求，本身含有一种巨大的矛盾。德谟克利特哲学和皮浪与伊壁鸠鲁的不动心也涉及心境平和。心境平和对所有人来说是处世的最佳心态。有智慧的人是自在的，因为他与**自身**同一。这是一个从斯宾诺莎和歌德的时代直至今日，对许多人而言仍然非常具有诱惑力的观念。基督教传统则无法理解这一理想，因为人的救赎不在人本身，而在上帝那里。

我们所有的知识都告诉我们，人并不是通过旷日持久的劳动而达到泰然自若！然而，斯多亚派恰恰要求：人应该在德性之事上努力劳

327

动，从而最终达到幸福的心境平和。为了洞彻真理、正义与至善，人
应当终生修身养性。正如我们所见，这种观念来自柏拉图和亚里士多
德。但他们的目标不是心境平和，而是**卓越**。卓越也体现为在劳动上
的精明能干。这对于追求心境平和的人却是困难的，因为劳动与平和
并不般配。说某人应该通过努力劳动有朝一日变得自在，这估计是谣
言。那一再尝试在极度疲劳中变得更自在的人，从未成功过。

　　人可以通过磨炼本领来获得更多的幸福，就像钱生钱的资本游戏
一样。这种观点是希腊哲学中一个非常特别的观念。在金钱的彼岸寻
找幸福的柏拉图和斯多亚派哲学家用资本收益来比喻才干和德性的培
养，将其视为一种收益，一种克服挥霍、实践节俭而获得的酬劳。这
一点也许并非偶然。他们用生活艺术的收益思维取代资本收益思维！
在这个意义上，柏拉图和斯多亚派与波兰斯基（Roman Polanski）的小
说《吸血鬼之舞》里的那位阿布伦修斯（Abronsius）教授一样，带着
他极力抗争的邪恶一道来到了世界。

　　斯多亚派伦理学的要求是具有挑战性的。斯多亚派哲学家提倡**目
的导向的行为方式**，培养对完善自己有帮助的习惯与态度。斯多亚派
的世界是一个自我追寻与自我完善的世界，也即是说只与自己打交道。
孩子、妻子、财产与朋友，在生物学上是有用的生活组成部分，但却
没有道德价值。

　　终生的自我完善（*oikeiosis*）是自然的生命程序——这在今天看来
是一种讽刺漫画，我们将其称为纯粹身体性的完美化理想。想一想那
些或明确或模糊地将自己当作自身量化运动的一分子进行持续观测和
测量的人。在每一个细节上控制营养供给，用专业程序每天监控消化、
睡眠、生理周期，计算走过的步数，等等，这是我们这个时代量化和
庸俗化了的自我完善。与斯多亚派哲学家一样，对于自身的严格关照
助长了人们的自我中心主义和利己主义，他们神化自身，奉自己的身

体为神物，把对自身的关照奉为一种宗教。他们的心境平和是一种身体性的理想状态，斯多亚派追求的则是一种精神上的理想状态。即使我们通过完美健身的方式去获得心境平和（因为我们会觉得健身并不那么庸俗），这也不会改变我们完美主义诉求本身的非社会性。哲学导师与健身导师是同一枚勋章的两面。

与此相应，斯多亚派哲学家已然将精神的理想状态视为"健康"的最高形式。他们将有损健康的一切东西都病理化，首当其冲的便是激情。斯多亚派的健康生活指南类似医学建议：

> 在生活实践中不稳定的，并且与自身不和谐的行为或者性格是成问题的……它是混乱的源头，这些混乱……是精神的迷乱和冲动，它们与理性相悖，尤其有碍精神与生活的安宁。因为它们让人徒增烦恼和痛苦，压抑人的精神并以恐惧扰乱它。它们还以无节制的欲求煽动精神……它们是一种与审慎克制极端对立的精神上的无力……只能在德性中被治愈。[125]

不按理性规则生活的人是不健康的。所以医生盖伦写道：克吕西普说过，那些被欲望支配之人的灵魂，"与那些容易因为微不足道的、偶然的诱因出现发烧、腹泻等这类问题的身体相似"[126]。柏拉图曾断言，灵魂的不同部分彼此争斗会导致灵魂的冲突。斯多亚派哲学家则认为只存在一种唯一的灵魂能力，即起主导作用的理性。而凡是与理性不相符的事物，就是缺陷，一种相对于理性程序的偏离。

不能控制自身欲望、渴求与恐惧的人，如同在不自律中违反交通规则。愤怒、性瘾、对爱情的执着、追求享乐、贪图财富、追名逐利、幸灾乐祸、自我满足（！）、欺骗、犹豫、恐慌、羞愧（！）、迷乱、迷信、惊恐、惊慌、虚荣、同情（！）、悲戚（！）、烦恼（！）、生气、痛苦（！）

330

以及厌恶，都会落在这一交通肇事者头上。[127] 斯多亚派哲学家描绘的
理想图景，不仅骇人地以自我为中心，而且是极其冷酷的。17 世纪的
法国人帕斯卡尔（Blaise Pascal）写道：斯多亚派哲学家只知人之伟大，
却不知人之苦难。

很难相信，斯多亚派中有哪怕一位哲学家如此坚持斯多亚式理想，
即真的毫无同情心地生活。总会有一位或其他斯多亚派哲学家清楚意
识到，斯多亚式的贤者不是现实，而只是一个理想化的典范。谁能真
正控制全部冲动，熄灭所有激情并且纯然自足地、坚定地生活？

自然本能与道德要求

随着斯多亚派的发展，他们的理想贤者变得越来越人性化，也越
来越入世。斯多亚派哲人清楚地意识到，他们的哲学在实践中遭遇了
巨大的应用困难。于是问题暴露出来了：人们的自然道德动机与斯多
亚派对所有人一视同仁的理想并不相容。也即是说，人们从本性出发，
相较于陌生人会更看重自己人。拯救自己的孩子还是其他十个陌生人
的生命，在这个选择面前，谁都会选择自己的孩子。

我们认为自己人的道德价值比陌生人高，这是人类的本性。自
1960 年代以来，对这一生物上的亲近之爱的研究甚至形成了理论："总
体适应"理论。根据这一理论，人们认为在生物学上离他近的人比基
因上距离远的人更重要，这不仅归因于人心，也归因于基因。然而，
兄弟姐妹之间的冲突以及父母子女关系破裂等等现象表明，这种理论
在人类生活中并不总是绝对准确。

不论是否取决于基因，比起陌生人，我们更关注被我们视为自己
人的亲友。就这点而言，从根本上平等对待每个人的这一崇高要求，

并不**符合**，而是**悖逆**于我们的本性。然而，斯多亚派哲学家却认为，所有人在道德上的平等是理性的要求。在这一意义上，人人平等虽然**背离**我们的感觉，但却（以理想的方式）**符合**我们理性的洞见。这一内在矛盾是今天每一种理智的道德思考的出发点。事实上，这一出发点源于斯多亚派。

在平等理想方面，斯多亚派哲学家从一开始就表现出令人印象深刻的坚定。芝诺关于**国家**的著述在彻底性方面使柏拉图都黯然失色。也许这其中含有不少他导师克拉底斯的观点，克拉底斯曾设想过一种由平和又知足的人构成的、没有权力中心的国家形态。芝诺批判当时流行的教育课程，并认为神庙没有价值。他也反对货币经济："人们既不应该为了贸易也不应该为了远行而将货币储蓄视为必需。"[128] 在关于女人的社会角色方面，他号召权利平等并以近乎毛主义的方式，要求规定同样的着装："最终他规定，男人和女人应该穿同样的服装，不可以完全遮住身体。"[129]

与柏拉图的理想国不同，芝诺的国家不是由三个彼此隔绝的不同阶级构成的等级制国家。据普鲁塔克说，芝诺设想了一个人人平等的共同体："我们应当将所有人看作我们共同体的成员，看作同胞，并且遵循**同一**种生活方式和**同一**种秩序，像一群牲畜那样一起吃草，并按照同样的规定被饲养。"[130] 芝诺批判君主政治和政治机关。因为没有谈及任何针对既有政治传统的治理建议，而只是提到应该遵守的法规，他被许多人当作**无政府主义**，即没有统治者的统治形式的鼻祖。因此芝诺必然也会谴责奴隶制，然而我们并不知晓他的相关论断。他精神上的追随者尽管几个世纪以来变得愈加保守，但却令人遗憾地与奴隶制相安无事，并以斯多亚式的自在包容着它……

据不光彩的传闻，芝诺接受同类相食与乱伦，在这一点上，克吕西普与他观点一致，并且还有理有据。他的论据甚至能让今天最无畏

332

的社会生物学家都感到恐惧。他说，如果在动物世界中存在同类相食的现象（比如猫科或者鳄鱼目），那么同类相食便是一项自然属性。乱伦也是如此。只有少数动物懂得乱伦禁忌。既然乱伦显然是动物天性，为什么在人这里就应该是错的呢？虽然芝诺和克吕西普没有为同类相食和乱伦摇旗呐喊。但他们对此也没有进行任何反驳——尽管人们不难看出，没有人愿意成为这种伦理和风俗的牺牲品。而同类相食和乱伦也与斯多亚派哲学家所捍卫的"人性"相悖。

后期斯多亚派哲学家显然不再认可这一伦理上的阴暗点，并且可能对此羞于启齿。他们虽然像爱比克泰德（Epiktet）那样呼吁人们成为"世界公民"[131]，但他们避免以权利平等和人民解放的诉求对抗当权者。所以，后期斯多亚派哲人跻身上层统治阶层并进入皇宫，也就不足为奇了。与此同时，这些上流阶层也不再生活在日渐衰落的雅典，而是迁到了一个全新的世界大都会……

合法化与赋魅

一种新精神的征兆——新兴大都会——罗马的崛起，雅典的遗产——
变革者的转变——怀疑天命——摩西，所有哲学家的老师！——变得神圣！——
柏拉图式城邦中少数人的沉思

一种新精神的征兆

不知什么时候，大概在公元前 250 年，希腊世界发生了一次大地
震，没有任何一个同时代人能预料到这场地震的巨大后果。事情发生
在一个八十年前仍是荒漠，但现在经过空前绝后的飞速发展成为世界
最大城市的地方——亚历山大里亚！

我们可以把伯利克里时代的雅典与纽约相比较，但亚历山大里亚
则远远不适合这种比较。在埃及战役中，这座由亚历山大大帝的名字
命名的新城市像棋盘一样被安置在海角。计划要建立的，至少是一座
大都市，在最短的时间内，这里聚集了来自五湖四海的人。其中有很

多来自地中海东部贫瘠的沙漠地带的犹太移民。与希腊人、色雷斯人、亚美尼亚人、叙利亚人，以及所有新的城邦居民一样，他们也带来了他们的宗教。

大约公元前 250 年，亚历山大里亚的犹太居民开始着手将希伯来圣经《摩西五经》翻译成希腊语，这可能是在马其顿国王托勒密二世（Ptolemäus II）的委托下进行的。至少有很多资料表明了这一点，而且统治者对于犹太人感兴趣也并不奇怪。亚历山大为埃及战役招募了许多犹太移民当兵。犹太人和希腊人的关系是不错的。在世俗事务和宗教事务上，犹太人都是托勒密的好臣民，他们给予国王应属于国王的东西；巴勒斯坦地区的犹太人与此完全相反，他们饱受亚历山大的后继者塞琉古的欺凌。

根据传说，72 位犹太学者将摩西的五卷书在亚历山大里亚翻译成希腊文。四舍五入就是 70 位译者，这就产生了"七十子译本"的名称，这一名称很快就成了希腊语版《摩西五经》的专有名称，尽管与历史上的 72 位译者并不相符。圣经的翻译初看起来并不是一件意义很大的事情。这个生活在相当不重要的地区的游牧民族，被腓尼基人与其他海洋民族隔绝，他们的宗教传承有什么特别的呢？一个从没拥有过正当领地的民族，顶多只拥有一些战争胜利者如扫罗、大卫和所罗门，后来人们把他们塑造成国王的形象，尽管历史学家未能找到任何关于他们的线索。此外，亚历山大里亚的犹太人只是在迅猛发展的城市中诸多信仰共同体中的一个罢了。

然而，七十子译本只是一场文化震动的开端，这场文化震动在下一个世纪空前绝后地席卷了整个西方与东方文化：亚伯拉罕宗教的胜利之师！它从黑暗中产生。但很多人都说，它的星星之火源于埃及。大概是通过名为"阿肯那顿"的法老阿蒙霍特普四世（Amenophis IV.），一神教进入文化史中——对于唯一神的存在与全能的信仰！这种引入规规矩矩的一神教的尝试并没有成功，但是一神教的纲领已经在世界之中了。可以设想，来自埃及的移民将这种新的宗教观念带到了近东与中东——这是摩西与希伯来人出埃及记的故事的一种可能的历史原型。显而易见，移民在地中海东部与美索不达米亚平原建立了一神教的思想，播撒了所谓的亚伯拉罕宗教的种子，这种宗教是人类历史上影响最大的信仰流派。

我们并不清楚，是什么导致犹太人迁出埃及，但他们在托勒密时代迁入埃及的事情在世界史上产生了重大的影响。《摩西五经》在亚历山大里亚被翻译，当然是其中之一。然而，在光芒四射的希腊世界中，我们要提及的却是一种无足轻重的闪米特人的信仰。希腊奥林匹斯古老的多神论继续在民间信仰中流传，并很快与埃及神的世界发生联系。而为知识分子提供意义的希腊哲学此刻已有三百多年的传统。这一切都处于成长阶段，并仍将持续存在很长时间。然而，最终亚伯拉罕启示宗教将变得难以抵挡。

犹太宗教及其私生子——基督教和伊斯兰教如海啸般席卷了整个西方文化与近东、中东地区的文化。希腊人在毕达哥拉斯主义和柏拉图主义的外衣下的逻各斯宗教已无法再坚守下去。就如基督徒将从古希腊和罗马的神庙中开掘建造教堂的石块一样，古代哲学提供了精神基石，赋予基督教和穆斯林的信仰以稳定与高雅。斯多亚主义，希腊哲学服装盛宴中最后的晚礼服，也即将面临长期平庸的局面。尽管希波的奥古斯丁（Augustius von Hippo）相信，使徒保罗和斯多亚主义者塞涅卡（Lucius Annaeus Seneca）有通信往来（这一点之后被发现了），但是斯多亚主义的余晖也已经所剩无几。

古代哲学缺乏质朴简洁、激情、一神教的启示力量以及自上而下进行宗教改革的活力。亚伯拉罕宗教谈论大众的灵魂，这对于古希腊哲学总归是陌生的、不可靠的。不过，民众越多，他们越无历史前提地、混杂地共同生活，就如在亚历山大里亚一样，这样希腊哲学的精英就越自食其果。像赫拉克利特以来的很多哲学家那样不重视民众意见的人，就不能对民众产生影响，他们很快被冲到边缘。尽管距基督徒改变、替代、吸收古代哲学尚有两百多年的时间。基督教将保留哲学的上层建筑，西方最重要的哲学家也将是基督徒。种子在亚历山大里亚已经播下，这个在许多地方有别于雅典的城市，即将建立全新的文明……

新兴大都会

亚历山大里亚具体的居住人口数和雅典一样是不清楚的。没有户籍管理机构，就不可能有确切的数据，不像我们今天可以很好地推测孟买、开罗和墨西哥城的居住人口。公元前 1 世纪生活在这座城市的历史学家狄奥多罗斯提到，这座城市有 30 万自由民，这个数字大约十倍于最繁盛时期的雅典。将女人、奴隶和非自由民都算上的话，亚历山大里亚绝对是人口百万以上的城市。从很远处就能看到，在一个近海的小岛上，法罗斯的灯塔欢迎着到来的船只——这是古代世界的自由女神像。灯塔超过百米高，是世界上第一座摩天之塔，它象征着托勒密王国的影响力。

作为经济大都会，亚历山大里亚在建立数十年之后已是世界第一。不计其数的轮船携带粮食离开埃及，驶向地中海的诸多港口。随之而来地，亚历山大里亚人也拥有了地中海世界的所有商品。税收与贡赋使得托勒密一世及其后继者成为当时最富有的人。金钱流入商船与华丽的战船的制造中。与其他继业者的海上军事竞赛开始了，黎巴嫩、塞浦路斯和南安纳托利亚的很多局部地区的森林被完全毁坏。

托勒密王朝在推动文化发展上也是慷慨大度的。亚历山大里亚大大小小的图书馆拥有古代世界最全面的藏书。这里应该藏有 40 万到 70 万卷书；汇集了那个时代的知识。在市场上买不到的书籍，就通过抢夺与欺骗获得。此外，图书馆的第一任馆长是一位年迈的名人，法勒鲁姆的德米特里，他此前在雅典担任负责调节居民与马其顿政府关系的行政长官，现在则找到了一个没有压力的理想工作。

受惠于一个崛起中的帝国用之不竭的财富积累，托勒密王朝在他们的宫殿附近又建造了一个博学园（Museion），这是一个学院和研究机构。很快，在其庄严神圣的大厅里（museion 的本意是"剧院"）就聚集了半个世界的学者和科学家。人的聚集随着资本的积聚而来，有文化的人也不例外。那么，哲学中的重大成就对于博学园来说也就无须赘述。亚历山大里亚的很多哲学家毕竟仅仅是作为无意中的收获进入哲学史的。

自然科学家的成就变得越来越卓越。著名的科斯的普拉克萨戈拉（Praxagoras von Kos），他是传奇人物希波克拉底的后继者，当时除狄奥克勒斯·卡里斯托斯（Diokles Karystos）以外最有名的医生，很长一段时间都在亚历山大里亚活动。数学方面的传奇人物是欧几里得，他从雅典搬到了亚历山大里亚。这位大概是古代最伟大的数学家，绝对可以和当时最伟大的医生希波克拉底媲美。关于欧几里得的生活，我们几乎一无所知，他甚至有可能是后人的虚构。欧几里得的几何学绝不是他唯一的工作，著名的《几何原本》也不仅仅是几何学，这部最伟大的数学经典，容括了古代所有数学知识。

相反，全能天才昔勒尼的埃拉托斯特尼（Eratosthenes von Kyrene，公元前 276/273—约前 194）则在历史上有所记载。他曾在雅典跟随斯多亚派的希俄斯的阿里斯顿（Ariston von Chios）和阿尔克西拉乌斯学习。埃拉托斯特尼掌管亚历山大里亚图书馆五十来年。这段时间里，

339

他系统整理了几乎所有古代的知识，专心研究所有想要了解的领域。作为哲学家，他接近柏拉图，但却与之相反地认为灵魂不是纯粹精神性的，而是肉体性的。他撰写了讨论道德的文章与大量讨论财产的作品，可惜都没有保留下来。如同斯多亚主义者那样，他公开宣称自己是世界主义者，原则上平等地尊重来自世界各地的人。埃拉托斯特尼更重要的身份是"语言学家"，这是一个显然由他自己创造的概念。他致力于语法、文学史，推动文学研究，并且撰写诗歌，此外还有一部关于信使赫尔墨斯的作品。这些作品涉及宇宙论、柏拉图的自然哲学以及毕达哥拉斯的天体音乐。

埃拉托斯特尼撰写关于宇宙的作品，并不是偶然。因为作为物理学家、地理学家与天文学家，他取得了巨大的成就。可惜他的三卷本《地理学》中仅保留下来一些残篇。"地理学"这个概念似乎像其他许多的概念一样，是埃拉托斯特尼自己创造的，它的意思是"地球绘制"。亚历山大里亚的图书馆馆长了解整个地中海地区与一直到印度的亚洲世界。在北方，他命名了大不列颠和坐落在很北面的"图勒"岛。这些都以来自马萨里亚（马赛）的皮西亚斯（Pytheas von Massalia）的旅行见闻为依据，这位旅行家吹嘘自己曾乘迦太基商船到北海旅行。"吹嘘"一词在这里当然就是字面上的意思。皮西亚斯是否真的穿越直布罗陀海峡到达过大不列颠与"图勒"，还是存在争议的。并且，只有这位作家知道全部真相。想想阿尔诺·施密特（Arno Schmidt）奇妙的短篇小说《加迪尔》（Gadir）。小说中，年迈的皮西亚斯被关在迦太基的监狱里，梦想着最后一次向北的逃亡。

埃拉托斯特尼最大的成就是计算了地球的周长。就如自毕达哥拉斯以来的许多希腊人一样，他也从地球是一个球体这个结论出发，并借助无数的佐证与深思熟虑的推测计算出地球的周长。他的结果因为一个简单的原因很难验证。我们不清楚，他的测量单位"斯塔蒂亚"

（Stadien）是多长。但是人们认为，他测算的周长已经令人惊讶地接近了 40 000 千米的实际长度。

同样令人惊讶的是萨摩斯的阿里斯塔克斯（Aristarchos von Samos，约公元前 310—前 230）的研究，他同样有可能在亚历山大里亚待过一段时间。他被认为是日心说宇宙观之父——认为地球绕着太阳转，而不是相反。他可能受到毕达哥拉斯学派的菲洛劳斯的启发，我们已经详细阐述过后者的宇宙论，菲洛劳斯是在相似的方向上思考问题的。尽管阿里斯塔克斯死后，还有一位很出色的学生，塞琉古的塞琉克斯（Seleukos von Seleukia），但可惜的是他的（宽广的）见解很遗憾并没有传承下去。

341

亚历山大里亚在那几百年里一直是世界上最大的城市，它拥有大都会所有的特征：有富人也有穷人，有宫殿也有贫民窟，有受过良好教育的人也有路边乞讨的人，有市场的呐喊声也有犯罪行为。它的文化鼎盛时期则是在埃拉托斯特尼的时代。因为之后不久，其他城市就开始崛起，与亚历山大里亚竞争。

在公元前 3 世纪，它的最古老的竞争对手是地中海最强大的迦太基（Karthago），位于当今突尼斯附近的腓尼基殖民地。这个城邦在那时已经有 40 万居民，凭借商船和战船统治着整个西部地中海地区。其政治由寡头和军事力量掌控。他们关于城邦神巴尔 – 哈蒙（Baal-Hammon）的信仰，在古希腊历史作家看来是黑暗和残暴的；儿童祭品也被提及。这样的环境大概难以孕育出一种迦太基哲学，对于迦太基哲学我们知道的也不多。唯独有一则材料表明，迦太基人克莱托马库斯（Kleitomachos，公元前 187/186—前 110/109）据说在其故乡从事哲学，这意味着迦太基可能是有哲学的。克莱托马库斯随后进入了雅典的阿卡德米学园，扮演着决定性的角色。

亚历山大里亚的新对手是帕伽蒙（Pergamon）。许多德国人是因为

在柏林参观过帕伽蒙博物馆才知道这个名字；这个博物馆看上去好像就
建在帕伽蒙当地一样（其实不是）。这个城邦政权以前在小亚细亚半岛
北部，公元前 200 年左右几乎统治了今天整个土耳其西部地区。在哲
学上，它数二流，尽管我们知道来自帕伽蒙的一些哲学家的名字。按
照一则著名的传说，是这里的人发明了羊皮纸。这则传说称，帕伽蒙
人计划建立一座巨型图书馆，与亚历山大里亚的图书馆抗衡。嫉妒的
托勒密六世（Ptolemäus IV.）因此采取了经济制裁，禁止向帕伽蒙出口
莎草纸。那里的人急中生智发明了羊皮纸，一种用刮下来的动物皮制
成的书写材料。即使这段历史不确凿，但帕伽蒙可能从公元前 2 世纪
开始成为羊皮纸的生产中心，逐步降低了莎草纸的使用。

位于今天的土耳其与叙利亚边界的安提阿（Antiochia）也不比帕伽
蒙逊色。这个城市是托勒密王朝的敌人塞琉古人的主要居住地，之后这
座城市在基督教的历史上将扮演重要角色。其居住人口在罗马时代一度
增长到 50 万。

这些新兴政权中，从长时间段来看最为重要者，在公元前 4 世纪
成功夺得了几乎整个意大利半岛，但现在仍然是一个相对弱小的城邦。
在文化上几乎没有什么影响力，也没有涉足海洋，公元前 3 世纪仍是
二流的商业地区，但这个城邦即将在西方历史上写下一笔，并改天换
地。我们说的是——罗马！

罗马的崛起，雅典的遗产

"强盛的迦太基王朝发起过三次战争。第一次战争之后它仍旧强
大，第二次之后尚有人居。第三次之后，这个王朝再也无处寻找。"尽
管布莱希特（Bertolt Brecht）关于三次布匿战争的概括是为了对第三次

世界大战发出警告，但这也同时是对罗马和迦太基为抢夺地中海优势地位的百年之争的出色总结。公元前264年，正如第一次世界大战中的欧洲强国，这两个强大的王朝带着同样梦游式的天真陷入第一次战争。五十二年后，罗马帝国最终击退了迦太基，将统治区域扩张到西西里、撒丁岛以及科西嘉。

第二次战争是第一次战争的直接后果。受辱的迦太基人在统帅汉尼拔（Hannibal）的指挥下试图打击海洋新霸主罗马在意大利的大本营。在接下来七十年的战争之后，罗马赢得了胜利，将迦太基王朝削弱为一个地区势力。第三次战争意在消灭长期对抗的敌手，结束于公元前146年，罗马只用了三年时间完全摧毁了迦太基王朝。

凭借第二次布匿战争的胜利，罗马成功得到了西班牙，同时在南西班牙的矿山发现了大量的银矿。凭借这些宝藏和为军事力量配备的大量经济物资，罗马继续它的政治扩张之路。战争结束不久，罗马就参与了继业者王国的纷争，征服了希腊以及小亚细亚半岛的大部分。此外，公元前156/155年，罗马建造了有纪念意义的公使馆，我们已简单提到过它。为了躲过一项罗马的罚金，雅典人派了三位哲学家去罗马，他们是斯多亚派的塞琉古的第欧根尼（Diogenes von Seleukia），柏拉图学派的昔勒尼的卡尔内阿德斯与逍遥学派的克里托劳斯（Kritolaos）。三位聪明人物组成的使团并没有在罗马人那里得到预期的结果，但他们对帝国决策者并不是完全没有影响。与此同时，罗马人继续他们的政治扩张。第三次布匿战争之后，强大的帕伽蒙也成了罗马帝国的一部分。最终，塞琉古王朝的最后一部分残余也并入罗马帝国，成了叙利亚行省。

罗马人向其他国家成功发动战争并获得土地时，罗马在内政方面却没有任何改观。最为棘手的是罗马农村人口的状况。为了满足整个地中海地区持续不断的战争需求，农民被强制服兵役，因而他们在意大利的田地都荒芜了。在西班牙、希腊与小亚细亚，新掠夺来的土地毫无悬念地落入富人手中，他们自行决定向农民征税。如此看来，罗马士兵在有野心且富有的地主的领导下，是在与自己的利益相斗争。而当罗马的贵族和大地主变得极其富有，他们常胜的步兵却经常被迫贩卖自己的土地，甚至因无力偿还债务而成为农奴。正如在希腊，罗马的上层社会不需要下层社会作为消费者。此外，数十万免费劳动力成为奴隶，而这些人是通过战争劫掠来的。

因此公元前 2 世纪，罗马内部发生了起义和内战，就丝毫不令人奇怪了。军事上过度迅猛发展成霸权的罗马帝国，需要很长一段时间去应付和处理国内已经彻底改变的状况。当提比略·格拉古（Tiberius Gracchus）和盖约·格拉古（Gaius Gracchus）兄弟俩通过土地改革推行一种新的社会协议时，极端保守的罗马上层社会则极力反对任何变革。温和保守的元老院议员小西庇阿（Publius Cornelius Scipio Aemilianus der Jüngere）接任了特别关键的职位。他是那位在扎马战役中给汉尼拔以重创的大西庇阿的养孙。在第三次布匿战争中毁灭了迦太基，年轻的小西庇阿名声大振。此外，尽管他残忍地毁灭了迦太基，但他的支持者西塞罗仍将他描述为一个考虑周全且有教养的人。

小西庇阿所受的大部分教育来自伯罗奔尼撒半岛的一位希腊人，他在公元前 167 年罗马攻占希腊后作为俘虏来到了罗马：麦加洛波里斯的波里比阿（Polybios von Megalopolis，约公元前 200—前 120）。波里比阿出身于贵族家庭，他很快就在罗马引人注意，并激发了罗马贵族对古希腊文化的兴趣。另一方面，他创作了关于布匿战争的规模宏大的历史作品，这部作品引人注目，因为他支持罗马人。波里比阿作为历史学家的全部工作，在我们今天看来，都在于试图确立和捍卫罗马作为世界霸权的合法性。

作为世界历史中的暴发户，罗马也需要这种正当性辩护。波里比阿做了很大的努力，从哲学和文化史上为罗马帝国在历史中定位，这比对希腊城邦进行定位要更为深入与仔细。因为亚里士多德把希腊城邦之外的人都视为野蛮人，而波里比阿则必须将罗马的发展置入一个更为宏大的历史和地理背景中。如果现在是罗马而不是传统的雅典和闪耀的亚历山大里亚处于文化史发展的顶端，那就需要大量论证。在他的四卷本历史著作中，波里比阿从很多领域都进行了探讨，从对人类本性（人类学）的总体思考，到宪法权利的问题。最终，在波里比阿眼中，宪法使得罗马成为合法的世界霸权，这是一种独特的君主制、贵族制、民主制元素的混合物，正如波里比阿看来，没有比这更好的制度了。

波里比阿将罗马人的国家描绘得如此美好，是有一些讽刺意义的，因为那时正是罗马内部矛盾十分激烈的时候，它正陷入土地、财富与决策权的合理分配问题引发的激烈内战中。然而，他并不是唯一一个在那个时代成功服务于新主人的希腊人。与波里比阿齐名的还有罗德的帕奈提奥斯（Panaitios von Rhodos，约公元前185—前109）。他也来自贵族家庭，在帕伽蒙和雅典学习。公元前129年，他成为斯多亚派的掌门人。他和罗马名人圈子关系很密切。帕奈提奥斯认识波里比阿，他曾陪同小西庇阿去往埃及和亚洲。他在哲学上的功绩则表现在对斯多亚哲学大胆且惊人的改造。

346

变革者的转变

为什么会有人类？他们在世界上的角色是什么？谁思考过这些问题？这些问题不仅古希腊哲学的代表人物要研究，更是所有哲学与宗教都要处理的问题。但是只有少部分人将世界构想得如斯多亚主义者那样，将其裁剪得如此与人类相匹配。斯多亚主义世界观漫画式地以人为中心。整个自然应该仅只围绕人类的意志而存在！这样，根据克吕西普的想法，甚至猪的灵魂也是神赠予人类的礼物。同样，盐帮助我们保存鱼类、调味，这样我们就能更好地品尝美味。[132]

人类是世界的合法统治者，世界属于人类。帕奈提奥斯的学说也是如此。当然，我们今天也可以从文化理论上对他的斯多亚式的人类中心主义做进一步的研究和评价。这个合目的的世界的神性天命，世界理性的计划，不仅至上的生物——人类，而且所有其他生物都应该服从它。不，人类之中的最优者与不那么卓越者也是如此的。而最优者就是胜利与光荣的罗马人，对此没有人会感到吃惊。

持同样观点的是帕奈提奥斯最有名且最有学问的学生，阿帕美亚的波赛东尼奥（Poseidonios von Apameia，公元前 135—前 51）。他同样为最强大的统治者辩护，认为他是最智慧的，因为世界理性仅仅将力量赋予那些精神上尤为卓越的人。诗人维吉尔（Vergil）之后曾就罗马的统治使命的问题向神话中罗马的建立者埃涅阿斯（Aeneas）的父亲——特洛伊人安基塞斯（Anchises）说道："罗马人，你要考虑，用统治的方式去引导民众。/ 这应是你的技艺：提升教化与和平，/ 对臣服的人要宽大，对反抗的人要使之屈服。"[133]

按照帕奈提奥斯和波赛东尼奥的看法，对于罗马人来说，世界的其余部分就相当于对于希腊城邦居民来说的野蛮人。尽管帕奈提奥斯是希腊人，波赛东尼奥则是叙利亚人！他们在罗马的功绩远比他们的出身重要。芝诺与克吕西普如果听到他们的学说，一定会愤怒地敲打棺材，但帕奈提奥斯和波赛东尼奥似乎对此并无所谓。因为第一代斯多亚主义不是任何统治者的意识形态，他们也不想成为意识形态。想想芝诺的牧群图景，其中所有的人都似乎不受统治地生活。再想想，芝诺的国家乌托邦并不是指向未来的。恰恰相反，面对腐败和利欲熏心的文明中的错误与歧途，它是一种对假想的自然状态的复归。芝诺的人类社会理想状态并不是帝国。它从来不是"金灿灿的"，而是一片和平的牧羊草地，尽管他也承认其中存在着乱伦与种种野蛮……

　　而在帕奈提奥斯和波赛东尼奥那里恰恰相反，罗马帝国的官方意识形态来自斯多亚主义。当任何一个罗马统治者、议员或皇帝拥护一种哲学时，这一哲学都具有斯多亚主义的特征（恺撒的例外忽略不计）。帕奈提奥斯和波赛东尼奥所教授的东西中，不再有任何令人不安的东西。在政治上，它服务于罗马统治的合法性、对家庭（与批评者柏拉图或芝诺相反）与私有财产的辩护。之前严肃的斯多亚主义伦理学由此获得了人性的、太人性的特征。新的斯多亚主义者灵活地适应着大众日常心理的挑战。

　　此外，更值得注意的是，帕奈提奥斯和波赛东尼奥对技术与自然科学的实际效用表现得极为兴奋。这些对于早期斯多亚主义者来说，甚至连次要的东西都不是，现在却进入了哲学思考的中心：人类凭借双手幸运地成为自然的塑造者和统治者。在帕奈提奥斯看来，人类成为"第二"自然、自行生产的自然的创造者。而创造的手段则是手、工具和技术。"让地球听命于你！"这是罗马—斯多亚主义的创世任务。柏拉图主义者的精神性世界观与逍遥学派的经验主义世界观在此不假思索地融为了一体。

　　在这个掌控自然的精神—经验性任务中，相当重要的是**对财产的自然权利**。帕奈提奥斯和波赛东尼奥知道，"由自然出发"并不存在所有权。克吕西普对此并不赞同，难道对于财产的权利只是一种暂时的要求？他没有责骂富人："正如一个人走入剧院，占了一个位置，把其他后来的人都挤掉了，在这个意义上，原本所有人共享的东西，现在只由他独享：这就是富人。因为在他们事先占有了公共的东西之后，他们通过抢先夺取而将这些变为自己的财产。如果每个人仅索取能够满足基本需要的东西，而把其他人需要的留给他人，哪里还有富人，哪里还有穷人呢？"[134]

　　然而，帕奈提奥斯引进了一种全新的，即心理学式的对财产的辩护。对他来说，人类文化的历史中的一切，都开始于我们的祖先想要保护他们的财产。从这里发展出城邦的保护区。相反，试图彻底清除和重新分配传留下来的财产的人，是有罪的，帕奈提奥斯的这一论证，可能是为了反对格拉古兄弟的土地改革。

　　私有财产法是一种习惯法，无论是先来的人还是前来争夺的人，都应该将其维持下去。这种论证并不特别有说服力。如何为罗马人在整个地中海地区的大量土地掠夺辩护呢？希腊人、色雷斯人、帕伽蒙人、叙利亚人等等，他们的土地以前并不属于罗马。为什么在罗马城里适用的，对于那些罗马城之外的罗马人就不适用呢？

　　中期的和更晚的斯多亚主义者为财产权奠基，还缺少一个概念，这个概念对于后来的自由主义是决定性的，它就是"成就"的概念！从自由主义的观点出发，如果财产属于我，那是因为我基于劳动成就获得了它（或者基于我祖先的劳动成就）。财产在很大程度上通过能力证明自己的合理性。有能力者应该获得并保有他应得的东西。然而，罗马人和古希腊人一样都缺少成就的概念。公民并不通过劳动获取什么，妇女和奴隶也是。能力是人们在经过训练的伦理交往中自己培养的，而不是借助劳动工具。

　　在帕奈提奥斯和波赛东尼奥看来，适用于财产概念的，同样适用于政治。一切都应该如其所是地维持下去。少数强大的领导者应该引领生活在罗马帝国中的大众，这是所有可能世界中最好的那一个。年轻的罗马人马库斯·图留斯·西塞罗（Marcus Tullius Cicero，公元前106—前43）在罗德岛的波希多尼的哲学学校学习的正是这些。西塞罗是贵族家庭的后代，之前在罗马和希腊学习。几乎所有我们关于帕奈提奥斯和波赛东尼奥的信息都要归功于他的记载。西塞罗首先致力于哲学研究将近20年，撰写了大量作品，并将许多希腊文书籍翻译成拉丁文。作为优雅的文体学家和修辞学家，西塞罗属于罗马最为优秀的人物，随后他开始了变幻无常的从政经历，先成为执行长官，之后陷入生命危险。他被恺撒的后继者所迫害，并于公元前43年自尽。

西塞罗将成为欧洲修辞学最重要的导师。他的巨大影响在于简明扼要的文风，他精通以简明扼要的方式来定义。此外，他将智慧与说服力联系在一起。因为智慧若没有雄辩是没有用的，而雄辩没有智慧则会造成许多灾祸。

西塞罗的哲学接近斯多亚派，但也有很多柏拉图式的思考。这给他带来"折中主义者"的名声，即在自己不参与的情况下从所有东西中挑选出合适的。西塞罗对罗马的文化有着举足轻重的影响。他更新了柏拉图—亚里士多德的人类学。他让罗马人了解，人类是一个精神性的存在，是能动的。他在伦理学与政治学中倡导自我责任。同时，他接续了柏拉图关于伦理学与城邦哲学的思考。西塞罗关于城邦（《论共和国》[*De republica*]）和法律的著作（《论法律》[*De legibus*]）讨论的是《理想国》和《法律篇》的中心思想。然而，他的城邦理论比柏拉图更为现代。对于西塞罗来说，城邦是基于权利约定与利益共同体而建立的。城邦的基础是，在正义和有益的事情上达成一致。他的政治哲学的终点不是梦想中的理想国或者想象出来的马格尼西亚，而是罗马共和国，正如之前的帕奈提奥斯，他以同样的热忱宣称，罗马的宪法是所有宪法中最好的。

351

怀疑天命

中期和年轻的斯多亚派在很长时间内费尽心思地为帝国的现状辩护。而这也使得斯多亚派成了真正的罗马官方哲学。为此，对斯多亚主义做出重大改变也是有必要的。人们抛弃了普遍原则，将伦理学几乎仅仅移到私人领域。我自己认为正确和可敬的东西，不一定适用于我的政治行为！对事物的基本看法与特定情况下的行为无须在逻辑与实际上保持一致。罗马的斯多亚主义者具有异常灵活的原则。只有这样他们才能适应政治生活。

　　同样进入罗马的伊壁鸠鲁学派则仅仅扮演了一个很小的角色。在斯多亚主义者看来，伊壁鸠鲁主义是大众哲学的快餐，但这一看法肯定是不准确的。毕竟在恺撒身边，更多的是伊壁鸠鲁主义者，他自己也可能跟伊壁鸠鲁的学说很接近。同样，像维吉尔和贺拉斯（Horaz）这样的诗人也钟情于伊壁鸠鲁主义哲学。它在当时最有影响力的代表人物是伽达拉的菲罗德谟斯（Philodemos von Gadara，约公元前 110—前 40），他当时从现在的约旦来到罗马。他的作品被认为简单易懂。菲罗德谟斯撰写哲学和文学的文本为伊壁鸠鲁辩护。留传下来的主要是诗歌集，其中部分带有色情的内容。菲罗德谟斯为受到抨击的伊壁鸠鲁主义做了详细的辩护，这不是偶然事件，因为其他哲学学派，尤其是斯多亚主义最为反对伊壁鸠鲁的学说。

352　　　　还有一个充分的理由可以说明为何需要辩护。把人类看作一种神性天命的目标以及把罗马帝国理解为历史理所应当的终结，伊壁鸠鲁学派与此观点相距甚远。而著名伊壁鸠鲁主义者卢克莱修（Lukrez，约公元前 95—前 55）的诗作《物性论》（De rerum natura）则发展出一种特别现代的自然演化论图景。据此，在人类诞生之前，我们的世界已经持续经历着动植物的来回往复了。没有什么是长久存在的。"时间改变整个宇宙，地球上遍布着一种状态向另一种状态的变化，以至于一种状态不可能再生成它曾经所是的样子，而是要变成它之前不可能的样子。"[135] 卢克莱修不讨论那个只服务于人类的自然母亲，而是讨论"自然继母"（natura noverca）。对卢克莱修来说，作为支付手段的财产和金子不是天命有意创造出来的元素，而是分裂、不幸、争执的源头。

一种对自然与文化的考察，不把现状视为永恒和终极的，并将财产看作有害的东西，这不适合作为官方哲学。它甚至是一种潜在的危险，清醒地保持对罗马的世界秩序的怀疑。甚至如吕齐乌斯·安涅·塞涅卡（公元前 1—65）这样著名的斯多亚主义者，都没办法摆脱对这个一切可能世界中最好的世界的伊壁鸠鲁式怀疑。也许这位在罗马飞黄腾达的富有的西班牙人，总的来说是被阅读最多的斯多亚主义者。他信奉心境平和（ataraxia）和泰然自若（apatheia）的理想，为理性对于激情的优先地位辩护，是人类平等的坚定支持者，慎重地批判奴隶制度。命运将重担加之于他，使他成为国师，培养罗马皇帝中最残忍和疯狂的尼禄（Nero），这应该对塞涅卡泰然自若的能力提出了最高的要求。

塞涅卡被他的学生所迫而自杀之前，在诸多信件中，没有忘记对斯多亚主义的自然—神式的天命进行立场鲜明的批判。在技术的进步和资本的渗透将世界尽数摧毁之前，一切本应该是更好的，对芝诺和克吕西普来说是如此，对塞涅卡来说也是如此："你说什么？哲学教会人类使用钥匙和门闩？那除了给贪婪的人以暗示，还有什么别的？哲学为处于巨大危险之下的居民建造了高大的建筑？依靠偶然措施来保护自己，在没有技术和困难的条件下发现自然住处，这还不够吗？相信我，在建筑师和泥水匠之前的时代是幸福的。" [136] 塞涅卡沉溺于一种对技术和文化进步的深深的悲观主义中，而非通常的历史乐观主义——一千七百年之后，一位来自日内瓦的钟表匠之子，卢梭，以同样的态度在哲学中引起了轰动……

尼禄狂暴地迫害了越来越多重要的斯多亚主义者之后，曾经的官方意识形态很快失去了影响力。晚期的斯多亚主义者，例如来自今日土耳其中部弗里吉亚地区被释放的奴隶爱比克泰德（约 50—约 138），尽管使斯多亚伦理学更为精进，但在政治上持消极态度。最后一位伟大的斯多亚主义者，皇帝马可·奥勒留（121—180），他用古希腊语撰写的《沉思录》，并不面向广泛的大众，而仅为自己。这些在今天各种格言集中都不会缺席的精炼语句，劝导人们在巨大的世界整体面前保持谦虚、恭敬和泰然自若。

皇帝对伊壁鸠鲁格言做的注解几乎与原文相混淆，考虑到斯多亚派和伊壁鸠鲁学派之间百年的敌对，这看起来有些讽刺。"幸福，意味着拥有好的品格"[137]；"一根苦的黄瓜？把它扔掉吧！路上的荆棘？避开它吧！就这样。不要再问：世界上为什么存在这样的东西？"[138]；"人们在乡村的田野、海岸边、山中寻求隐居。然而，这种愿望产生于一种狭隘的观点！只要你想要，任何时候你都能做到，抽身返回你自己。没有任何比人类灵魂更安静而不受干扰的避身之处。"[139] 关于永恒的智慧："那些你时常沉思的想法完全是你的意向。"[140]

斯多亚主义的思想保留下来，经历了一条多么漫长的路！从一种严格、无情的教条出发，要求在一种纯粹的"无政府主义"世界中自我完善，到技术与政治上罗马的统治使命，直到马可·奥勒留的自我沉思中寂静的忧郁！一开始，斯多亚主义是一种社会纲领，一个改变世界的计划。到最后，它成了一种心理上敏锐与智慧的私人哲学，不再洞悉统治使命，"谁能够改变人们的基本原则呢？"[141] 伴随着这句机敏的话的，一定是一种谨慎的畏惧。作为皇帝，马可·奥勒留必须为自尼禄以来对于基督教最为残忍的迫害负责！当他在日耳曼，在多瑙河边将其敏锐的自我沉思写在羊皮纸上时，他也让这种政策在那个时代贯彻。

这种迫害和大屠杀也许有许多缘由。罗马人需要为皇帝统治的最后几年帝国发生的瘟疫和经济危机找替罪羊。此外，竞技场上缺少足够的罪犯，为了重启持续停滞的马戏团式的谋杀戏剧，基督徒刚好被

抓去填补空缺。在西方观念史上，马可·奥勒留对基督教的迫害是最
后一次大规模的防御，它给予观念与意义世界未来的意识形态赢家又
一次持续的伤害。

2世纪，基督教从获胜到取代一切或者被接纳为西方的主流文化，
只是时间问题。当然，与此同时，基督教也巧妙地利用哲学迂回前行，
为的是逐步渗透到有教养的人之中——借助柏拉图主义！

摩西，所有哲学家的老师！

公元前1世纪，罗马的斯多亚主义已经是一种非正式的官方哲学，
罗马统帅苏拉（Sulla）的军队大肆毁坏雅典阿卡德米学园地区。公元
前86年，西方最为古老的思想工厂长达300年的历史结束了。它的遗
产由一个来自今天以色列南部的人继承：亚实基伦的安条克（Antiochos
von Askalon，约公元前130—前68）。大约在公元前110年，他生活
在雅典，同时在阿卡德米学园和斯多亚派学习。罗马人向雅典逼近
时，安条克逃到了罗马人的军营，并与一位苏拉军队的军官卢库鲁斯
（Lucullus）成了朋友。此后不久，安条克陪同卢库鲁斯去了昔勒尼和亚
历山大里亚。

回到雅典，他建立了一所自己的哲学学校，他秉承阿卡德米学园
的传统，称之为"老阿卡德米"（Alte Akademie）。它的名声很大，为
了在安条克身边学习，很多出身高贵的罗马人前往雅典。西塞罗也寻
找"老阿卡德米"，作为学习园地。尽管要完成繁忙的教学任务，安条
克还是抽出时间陪同参加了他越发具有影响力的朋友卢库鲁斯的战役，
也就是向亚美尼亚和美索不达米亚的进军，这位哲学家死于那里，原
因不明。

355

356　　　安条克的野心是将古希腊哲学统一于一个唯一的空间性和精神性的顶层之下。在学习时代，他自己在阿卡德米学园以怀疑论者的身份出场，随后，在建立了"老阿卡德米"后，他彻底地批评任何形式的怀疑主义。阿尔克西拉乌斯和他的后代门生成了他公开的敌人。安条克指责他们严重背叛了柏拉图的哲学，并计划在古老的精神中再次恢复这种哲学。因此，他的学校取名为"老阿卡德米"。

　　那么，"原初的"柏拉图要如何继续保留下来呢？在柏拉图的继承者以一种难以接受的方式将柏拉图完善和系统化（色诺克拉底），后来又以片段的方式碎片化（阿尔克西拉乌斯）之后，在公元前1世纪，柏拉图在思想上已经死亡。然而，安条克活力四射地工作着。他并不把斯多亚派和逍遥学派理解为竞争对手。一切难道不都是起源于柏拉图的精神吗？对安条克来说，斯多亚主义者比起在阿卡德米学园持怀疑论的叛变者更为接近柏拉图。而安条克也向逍遥学派伸出手，去再次收集那些从柏拉图树干远端掉落下来的苹果。

　　但是，一份手稿显示出，安条克是用什么来冒充真正的柏拉图哲学，这其中的许多内容都离斯多亚主义者更近，而非柏拉图。斯多亚主义者是唯物主义者。他们的出发点，即世界的身体性的基础建筑（物理学），以及它的目标，即心境平和，这些与德谟克利特类似，而非柏拉图。芝诺（还有伊壁鸠鲁也是）接受了小幅修改过的德谟克利特学说的导论和结尾章节。只有中间部分的阐述不一样。

　　安条克的物理学很大程度上也是唯物主义的，而非像柏拉图那样精神性的。物质被一种作用力渗透于其中，根据神的天命构建了我们
357　生活的世界。柏拉图至少有时会去论证星空彼岸的理念，但安条克对此从未知晓。这一切在之后都给安条克带来了这样的名声，即戴着柏拉图主义者面具的斯多亚主义伪装者。

　　事实上，这一点对于所有伟大的希腊思想流派都是一样的，即力

求一种自制与泰然自若的状态。德谟克利特和芝诺的心境平和，与皮浪式怀疑主义者和伊壁鸠鲁主义者的不动心状态是相近的。而著名的追求灵魂安宁的柏拉图—亚里士多德式的理念与此相距并不远。不管在具体问题中如何恼怒地互相敌视，但在一种值得向往的情绪状态应该是什么样的这个问题上，古希腊哲学家则是非常一致的。有争议的是，共同体、社会和政治在多大程度上纳入对于成功生活的考量。同样有争议的是，一个智慧的人应该在多大程度上产生和容许肉体的快乐与舒适。

关于这点，安条克在方法上明显偏离了既往的哲学观念轨道。为什么身体不能对于人类的幸福做出主要贡献？对他来说，健康的身体状况、正直的身体姿态和优雅的步态也都绝对属于和谐的灵魂总体状态。类似这样的平衡，同样适用于幸福或政治问题。声望和统治不能给灵魂带来和平，其反面状况，即全然的隐退也无法做到。

当安条克在美索不达米亚战役期间逝世时，他或许相信，他以现代化的方式拯救了古老的柏拉图学说。他的弟弟和学生阿里斯托斯（Aristos von Askalon）在之后的二十年中继续在雅典教授综合法。此外，他还同时教导马可斯·布鲁图斯（Marcus Junius Brutus），也就是历史上恺撒的谋杀者。然而，随着阿里斯托斯在大约公元前 45 年去世，"真正的"柏拉图主义这条线索在世界上也中断了。因为，后来的几百年中作为"柏拉图主义"轰动一时的东西与柏拉图本人已不再相同，这就像唐老鸭与野鸭一样。

"柏拉图主义"的延续并不在雅典，而是在亚历山大里亚。在这里，柏拉图主义很快与犹太人从其故乡带来的新精神关联在一起。同样，亚历山大里亚在公元前 1 世纪失去了它的独立性，而成为像埃及那样的罗马帝国的外省。罗马的当权者庞贝（Pompeius）、恺撒和安东尼奥（Marcus Antonius）相继来到了这个城市。甚至托勒密公主克利奥

358

帕特拉七世（Kleopatra VII）与恺撒和安东尼奥的火热情事，都不能削弱罗马人对该地的军事控制。最终，公元前30年，屋大维（Octavian）治下的罗马帝国将其吞并。这场骚乱的牺牲者并不仅仅是托勒密王朝，还有亚历山大里亚图书馆的一部分。直到今天仍然不确定，公元前48年燃起大火的港口中，安置了多少库房的书籍。

但亚历山大里亚在经济和文化上的重要性并未因此而动摇。作为罗马的粮仓，这座城市养活了帝国大部分人。在这变动的时刻，亚历山大里亚的欧陀罗斯（Eudoros von Alexandria）对罗马当权者产生了影响。他自认是一个"毕达哥拉斯信徒"。欧陀罗斯援引了许多据称是关于毕达哥拉斯生平的流行作品。这些作品自公元前3、前2世纪以来经常在古代世界流传。在很多事实并不清楚的情况下，欧陀罗斯将毕达哥拉斯解释为西方哲学真正的鼻祖。而在柏拉图、亚里士多德与斯多亚派那里引以为重要的东西，只不过是对这位哲学大师的模仿。

欧陀罗斯揭示"真正的毕达哥拉斯"的要求，与安条克的一个大胆主张有关，即复兴"真正的柏拉图"。然而，另一位亚历山大里亚哲学家认为，对这位应将一切都归功于他的伟大的精神导师的追寻，是完全荒谬的。他即是亚历山大里亚的斐洛（Philon von Anxiandira）。他出生于一个富裕的犹太教家庭，生活于1世纪的前半期。斐洛与许多在亚历山大里亚有影响力的犹太教徒一样，接受希腊式的教育。"七十子译本"对他来说反倒是陌生的，最初显得尤为晦暗不明。而随着时间的推移，斐洛把心思花在了将摩西书中的晦暗世界与在亚历山大里亚备受青睐的毕达哥拉斯叙事统一起来。最终，他在埃及的沙漠上描绘了一个深奥的谱系。据此，受到神性启示的摩西成了所有哲学的源头，他的学生是伟大的毕达哥拉斯，之后他把知识传给了柏拉图。这种哲学的噱头不仅是将犹太教和古希腊哲学粗暴地融合在一起。它的登峰造极在于，以一种哲学—宗教的恭顺姿态面对唯一的犹太神，该神以魔力般的智慧将自己传达给古希腊哲学。

斐洛可能是一个幻想家，然而，将摩西与古希腊哲学相融合的观点，绝不仅仅是一个人的想法。叙利亚人阿帕美亚的努梅尼奥斯（Numenios von Apameia）于2世纪把柏拉图归为一种强大的宗教流派，与印度的婆罗门教、犹太教、琐罗亚斯德的门徒及埃及的宗教观念并列。所有这些宗教都分享唯一真正的真理见证，而柏拉图只是这种智慧的传话人之一，一位"在阿提卡言说的摩西"。

对于斐洛和努梅尼奥斯来说，历史上的柏拉图，比歌德之于现在的我们更加遥远。而较之于马丁·路德与今天的我们，毕达哥拉斯则与他相隔更多个世纪。然而，他们决定性地为未来的几个世纪塑造了独特的柏拉图形象。最主要的是，从许多方面来看都成问题的《蒂迈欧篇》以其毕达哥拉斯式的宇宙观，从那时开始将作为柏拉图的遗赠继续存在下去。在这个解释中，他看起来像一位天地之间的神秘大人物。从柏拉图的造物主出发，塑造物质的建造师在斐洛那里，则成了一位全能的世界创造者，与《摩西五经》中的创世之神相提并论。而柏拉图在精神与物质那里发现了两种原初规则，到了斐洛那里则以毕达哥拉斯的传统分为三种。正如对于毕达哥拉斯来说，直角三角形是一切知识的始端，在斐洛看来，世界也是由三性（Trias）支配的。这是一个影响很大的思想形象。因为从这里到后来的基督教的三位一体学说，只差一小步了……

360

变得神圣！

大约在基督出生前后的一百年内，每一种哲学都造就了他们自己的柏拉图。许多人仅仅只是把柏拉图的财产当门面而已。与我们称之为"柏拉图主义"相关联的，是一堆混乱的观念。最有影响力的是德尔斐阿波罗神庙的教士喀罗尼亚的普鲁塔克（约45—约125），他极为勤奋，博闻强识。他是最伟大的历史学家，也是历史和哲学史最重要的源头。毕竟，现在尚存他一半的作品，有250多篇。在历经雅典、亚历山大里亚和罗马的学习生涯之后，他在德尔斐神庙度过了漫长的一生。他最重要的老师叫阿谟尼乌斯（Ammonios），从名字看起来像是一位埃及人，我们只能通过普鲁塔克的著作了解他。普鲁塔克将他看作一位带有埃及传统中典型的强大精神—宗教特质的柏拉图主义者。生活的目标不再仅仅是苏格拉底式的智慧的自制，而是尝试尽可能与神相似。

361　　从柏拉图作品《泰阿泰德篇》和《理想国》中的两段话可以看出，有智慧的人应该"同神相似"。[142] 然而，柏拉图可能想表达的是，不存在人格化的神，顶多存在"具有神性者"（das Göttliche）。相反，阿谟尼乌斯和普鲁塔克将绝对的神性定义为阿波罗。生活的目标则是竭力仿效甚至成为阿波罗。虽然不能证明普鲁塔克与基督教以某种方式相关联，但他的神及其神性德性与基督显然非常接近：温和、宽厚、宽恕、好心肠、爱人。

　　然而，普鲁塔克不仅为人类保留了这些德性。他让这些德性也适用于与动物打交道！秉承素食主义者毕达哥拉斯的传统，他猛烈地抨击斯多亚主义者认为理所当然的吃肉行为：

　　　　你真的想知道为什么毕达哥拉斯不吃肉吗？我多次问自己，一个人在什么样的情况下，在什么样的情感与理智状态下第一次对此有所触动：满嘴嗜血，用嘴巴对付死尸的肉，把死亡和不新鲜的肉体端上桌，作为配菜和主食的一部分，而这些肉体不久之前在其面前咆哮嘶吼、活动、四处张望。他的视觉如何忍受生物

被宰杀、剥皮与肢解的血腥景象，他的嗅觉如何承受恶臭；肮脏
并没有让他的味觉远离伤口与从死尸伤口中流出来的汁液，这又
如何可能？[143]

有别于毕达哥拉斯信徒，普鲁塔克没有用灵魂转世来为禁止食肉
作依据。他认为灵魂转世是可以设想的，但无法证实。他对于放弃食肉
的理由是基于同情以及对造物的仁慈。此外，人们应该从无节制的恶习
与享乐中净化自己的身体与精神，以此更接近神，完善自身。在柏拉
图主义者那里有这种节制的传统。阿卡德米学园有两任校长，色诺克
拉底和珀勒蒙曾主张素食主义。而在普鲁塔克的同时代人与精神上的
继承人中，也存在几位坚定的素食主义者，如提亚纳的阿波罗尼乌斯
（Apollonios von Tyana，约40—约120）、普罗提诺（205—270）与波菲
利（Porphyrios，约233—301/305）。我们将详细讨论后两位人物。

普罗提诺出生于意大利坎帕尼亚地区的一个庄园，在许多人看来
他是继柏拉图与亚里士多德之后古代最重要的哲学家。其中一个理由
是确定无疑的，即所有他的54部作品后世都保存了下来——同诸多其
他哲学家相比真是一个幸运的例外！他的学生波菲利的命运在很多方
面与普罗提诺紧密相连，他根据内容分类将普罗提诺的作品进行了整
理，此外还描绘了普罗提诺详细的生活图景。今天我们认为，除去个
别关于神圣的普罗提诺的奇迹故事，这些作品都是可靠的来源。

普罗提诺28岁时前往亚历山大里亚，成为亚历山大里亚众多柏拉
图主义者之中的阿蒙尼奥斯·萨卡斯（Ammonios Sakkas）的学生。此
外，阿蒙尼奥斯至少年轻时是一名基督徒，可能之后也一直是。3世纪
的亚历山大里亚是一座基督教之城，同样也是之后残忍迫害的发生地。
从阿蒙尼奥斯的哲学中，我们只能知道，他与众多柏拉图主义者一样，
致力于调解众多哲学流派的矛盾，以发掘出一种唯一真正的哲学。普

罗提诺在亚历山大里亚跟随阿蒙尼奥斯 11 年。243 年，他陪同年轻的
罗马皇帝戈尔迪安三世（Gordian III.）征战美索不达米亚行省。然而，
镇压波斯人起义的战争最终以惨痛的失败告终。国王战死，普罗提诺
穿越安提阿来到罗马，之后在那里度过余生。

363 　　在帝国首都，普罗提诺很快就大受欢迎，有像阿梅里奥斯·根
提里阿诺斯（Amelios Gentilianos）和波菲利这样有天赋的学生围绕
在他身边。元老院议员、最高行政长官，甚至皇室成员加里恩努斯
（Gallienus）和萨隆尼安娜（Saloniana）都属于他的听众。一段时间后，
普罗提诺在罗马结交了许多朋友，进入了上流圈子。据波菲利所说，
他应该当过仲裁法庭的法官，多次做过监护人以及基金管理人。他一
开始只做口头上的教授，十年之后才开始撰写作品。普罗提诺用希腊
语写作，只将作品讲给听众听，长期以来拒绝将其作品发表。每部作
品与一个不同的主题相关，是一个范围广泛的完整体系的一部分。以
这种方式，普罗提诺将自己视作柏拉图的继承者。而正如许多其他柏
拉图主义者所理解的，他要"真正"成为柏拉图的忠实解释者，他要
阐明柏拉图没有写出来的学说与隐藏着的整体体系。

　　普罗提诺很清楚，3 世纪的希腊哲学并不处于至高无上的地位。尽
管遭到猛烈的迫害，基督教仍然从底层赢得了越来越多信众。与柏拉
图主义者、斯多亚主义者、伊壁鸠鲁主义者和逍遥派人士不同，基督
教以包罗万象的总体性与一神论吸引了所有对个人生活感兴趣的人。
基督教的神是一位仁慈的父亲，而非一个"不动的推动者"，或一种形
而上学的原则，或一种作用力抑或伊壁鸠鲁那里一群对世事漠不关心
的逍遥者。

　　如果普罗提诺想让柏拉图哲学变得吸引人，他就不能忽略那些竞
争对手。相应地，他花了很多时间亲自或者委托他的学生去反驳竞争
对手。他最钟意的对手是我们今天统称为诺斯替（Gnosis）的宗教思

潮——这个词在普罗提诺的时代，用于一切可能的教义与理智的直观。诺斯替派信徒共同追求的是，在狭隘的肉体世界中得到宗教救赎；这种愿望我们早在毕达哥拉斯和柏拉图那里就已经知道了。因为普罗提诺也关心类似的精神救赎，所以他也将诺斯替派视作竞争者。让普罗提诺特别愤怒的是，诺斯替派信徒不把世俗世界视为对精神世界不完满的模仿，而是看作完全失败的作品。世界上存在着制作失败的造物，这对于普罗提诺来说是不可接受的。对于他而言，即便不完满的世俗世界隐约觉察到这一点，那个世界也是完美无缺的，不可能变得更好。因此普罗提诺猛烈地抨击他的对手。

　　普罗提诺把反对基督教的修辞学论战委托给他的学生波菲利。对于他来说，基督教的信仰同所有宗教的传统一样，是不清晰的，与柏拉图哲学中的概念阐明工作相比也是含混不清的。宗教对于波菲利和普罗提诺来说只是知识的入门阶段，它缺乏真正启悟人的洞见。

　　令人吃惊的是，与此相反，波菲利把另外一种冥思视为纯粹的知识来源，即卡尔迪亚预言（*Chaldäischen Orakel*）。据称，这位托名的作者是一名术士，通神术士尤里安（Julian der Theurg），流传着许多他的奇异事迹。预言真正的创作者应该来自努梅尼奥斯（Numenios）学派，这是一个柏拉图主义者，他把柏拉图置入东方的宗教传统中。2世纪末，马可·奥勒留统治的时期，这种预言非常盛行。它包含了对人类重要问题的回答。此外，它也提出了毕达哥拉斯式的三性，正如我们从斐洛和努梅尼奥斯那里知道的。卡尔迪亚预言中的神是父亲、权力与精神三位一体。波菲利用柏拉图的方式将其转变为存在、生命与精神，并以此对抗基督教。上帝成为人，即耶稣，这并不符合他的新柏拉图主义三位一体学说。特别引人注目的是，基督教后来采纳了波菲利反驳言论的核心思想。当基督教今日将上帝的显现形式称为圣父、圣子与圣灵时，它站在它最尖刻的敌人的肩膀之上，却将其文章烧毁……

364

365

波菲利的老师普罗提诺与三位一体学说相距甚远。对于他来说，世界中所有的表象与过程都要追溯到一个唯一的原则：**太一**（*das Eine*）。这个太一在其他所有事物之上，其他所有事物都由太一产生。太一（同一［Homologie］）的思想形成了普罗提诺哲学与生活的方法和目的。所有其余的，宇宙论、"心理学"、伦理学、神秘主义和美学，都隶属于太一的思想。

普罗提诺像柏拉图一样，将精神世界从感性的可感知世界中区分出来，置于经验的彼岸。这种精神世界（kósmos noetós）包括最高的太一，第二层的**绝对精神**（absoluten Geist），第三层的**灵魂**（Seelischen）。人们可以感性体验的、由精神塑造出的原初质料的世界，对于普罗提诺就如对柏拉图来说是次一等的。

在普罗提诺的哲学中，太一处于一神论中神的位置，这与亚伯拉罕宗教相同。但普罗提诺反对给太一强加神性的特质。他并不把太一与善抑或是绝对存在相提并论。这样的描述对于普罗提诺来说太局限了，因为它为太一编造出某种特质。太一拥有的不是某个特质，而是**所有**特质。因此，在思考方式上，太一对于人类的经验来说是完全不可通达的。它不仅关乎事物，还关乎思想。它简直就是"无所不关"。唯一能接近太一的方式就是冥思（Meditation）。人们必须倾听自己内心的声音，超越感官与精神，以感受太一，并——至少暂时——与太一相结合。这是所有哲学努力追求的目标：与太一合而为一！

柏拉图式城邦中少数人的沉思

普罗提诺用柏拉图的学说作为建立哲学大厦的基石。然而，人们做梦也不会想到，绝对的终极智慧并不是通过不断进行概念的辩证法

工作而来，而是仅仅通过冥思来觉察。普罗提诺断然拒绝的东方宗教
和智慧学说，对他的影响却是确凿无疑的。

　　普罗提诺应该尝试过更接近柏拉图，他试图将柏拉图的理念论有
序地嵌入自己的宇宙观中。正如太阳绽放光芒，在不失去实体的情况
下，绝对精神（nous）从太一流溢出来。凭借这种精神，现象的世界
开始了，即如谓语"存在着"（seiend）所表示的状态。精神同时也是
绝对存在。其他所有存在都是较不完美的，仅仅以有限的方式"存在
着"。完美地存在着的是精神，因为它与思想同时发生。正如巴门尼德
已经知道的，只存在一个唯一的永恒不变的存在。而这种存在于思想
中展现，它与思想共在——没有思想就没有存在，没有存在就没有思
想。这一思想体系影响巨大，它以后将深刻地启发19世纪初谢林和黑
格尔的"德国观念论"。

　　当人在思想中超越了感官现象世界并推进到抽象领域时，他就
能在绝对精神的领域中遨游。对于普罗提诺来说，绝对精神的世界是
一个完美，因而善且真的世界，它比我们感官所能体验的世界更为真
实——比起我们共同置身于其中的、较不真实的世界，它是真正的真
实。普诺提诺解释说，只有将太一与杂多之物建立起联系，人们才能
思考它。这涉及亚里士多德所忽略的**关系**范畴。不借助于他者，人们
无法思考太一。

　　在思考难度极大的关于绝对之物的领域中，思考者认识到了作为
一切现象之基础的理念，这与柏拉图并没有什么不同。理念是绝对存
在的精神内容，甚至绝对存在仅仅由理念构成。正如精神从太一流溢
出来，世界灵魂也从精神中涌出。它是纯粹精神性的，同时是永恒的，
与斯多亚派的身体性灵魂不同。世界灵魂正如在柏拉图那里一样，在
天体、植物、动物和人那里使自身具体化。世界灵魂在理念的协助下
根据天界的原型塑造物质。在生物那里，灵魂还担任着操控器官的工

作。他们必须与世俗世界的诸多条件和限制相纠缠，以达到与他们远远相隔的完满的幸福。总体来说，物质世界与天界世界相比，是一个非常低劣的世界，短暂、糟糕、丑陋。灵魂渴望回到天界之中伟大的太一中，而不是散落于一个世俗的身体中生活与操劳，这就不奇怪了。

　　如果灵魂是一种神性的产物，它真正的居所在天界，那么就有这样的问题：为什么灵魂一般都会降到尘世，进入到包围着它的世俗身体之中？这个问题让普罗提诺伤脑筋。对于诺斯替派信徒来说，这个事情很简单。对于他们来说，造物是坏的造物主的失败作品，因此灵魂在较差的情况下会在俗世出没。但对于普诺提诺来说，世界是从完美的太一流溢出的最佳状态。在这样的世界中，一切都是善的和有意义的。

　　依照普罗提诺的观念，人们应该站在世界整体的角度，而不是从灵魂的视角来思考事物。虽然灵魂在去往尘世的路上已经损失了很多，但俗世存在也通过灵魂能量的在场而至少获得了天界微弱的光芒。出于这样的原因，灵魂在天界和尘世之间循环往复，在人类、动物和植物之间转世轮回。它的使命是给尘世赋予灵魂，同时让个体变得完满。所以，一方面，灵魂总是一往无前地转换于天界和尘世之间，这是有意义的。在这种角色中，它为此而感到高兴，即它自己"肆意地"自我决定，自由地决定身体的命运。另一方面，灵魂同时致力于终极的解脱，以便在遥远将来的某一天，在神性的美好世界中接近太一，这是对其赋予灵魂的功绩最为公正的酬劳。

　　普罗提诺通常将灵魂的下降以"满溢"和"流出"的形式描画成"五彩缤纷的图片"（黑格尔）。灵魂的上升则相对是一条从感官到超感官的漫长之路，在此人们必须学习去开启他们的理智。对于人们的实践生活来说，这种灵魂学说影响很大。因为灵魂构成个体——身体作为质料仅仅是丑陋的承载物——，所以努力帮助灵魂向上追

求是人的责任。对此，人们必须努力训练，达到对理念的本质直观
（Wesensschau），尤其是对那些美的理念。人们由于理智的缺陷，只能
追寻物质性的善。那些不能观视到美的理念的人，必须用美的事物将
自己包围起来。他这么做，因为至少他想对美略有所知，但是显然无
法得到更多。因此，零散的人（男人）和有秩序的人（女人）都有内
在的需要，去用美的事物来填补灵魂中的空洞，这是最初的形而上学
奠基。

相反，艺术作品得到了更高的评价，它被专门制造出来，为的是
能在其中感知美的理念。在艺术品之美中，天界的美以感性形式出现。
普罗提诺开创性的思想，我们在"金钱还是荣誉？柏拉图的国家"那
一章已经谈过了。在艺术中"理念的感性显现"的理论，之后主要对
黑格尔和阿多诺的美学产生了深远的影响。

为了理解为什么美对于我们有如此大的影响，人们必须更为准确
地了解人类的心理。普罗提诺哲学在心理学上的细腻，毫无疑问是令
人惊叹的。他致力于详细地研究"无意识"。普罗提诺属于较早发现内
心世界的人，之后如奥古斯丁、彼得拉克（Francesco Petrarca）和爱克
哈特大师（Eckhart von Hochheim）这样的思想家都对内心世界进行了
研究。

根据柏拉图，通过灵魂对曾经在天界生活的回忆，我们学到了某些
抽象之物。普罗提诺从中发展出一种复杂的无意识学说。我们的无意识
一方面由反射（Reflex）与自然本能组成。另一方面，它由灵魂对天界
或者一个他者过去生活的回忆组成："当死亡之时来到面前，对一个他者
存在的回忆就能从早先的生活经历（在灵魂中）涌现，以致灵魂轻视种
种来自于此生的记忆，而让其消逝，因为它已经离开身体而变得纯粹，
因而能够（在记忆中）记起在尘世间不曾拥有的东西。"[144]

因为真正的存在位于理念和所思（Gedachten）中，俗世的规则，

369

例如物质世界的因果性，对普罗提诺来说并不重要。此外，当主张人类拥有自由意志时，他属于古代哲学中少有的没有陷入矛盾的哲学家。与斯多亚主义者不同，他深信不疑的是，灵魂能够自发和自由地决定它想要什么和不想要什么。作为天界的产物，它不与原因和结果的因果性相联系——这个论证在反对自然科学对自由意志的批判时，直到今天仍占有一席之地。

370

可惜的是，意志的自由很少得以利用，因为人类的理性太软弱了。如同美，人类看起来也没有能力直观善。在德性上的不断努力只是那些最杰出者的事情。怪不得那些"戏剧"中——我们依据普罗提诺将人生称为"戏剧"——会经常上演坏与恶。那么，恶难道不是善的缺乏吗？"恶——这条原理很确凿——总是人们放弃的善。"人们也能将威廉·布什的这句话颠倒过来，作为虔诚的希腊人普罗提诺的断言。

对于伊壁鸠鲁、犬儒学派和早期斯多亚主义者来说，物质上的财富对于成功的人生并不重要，在普罗提诺看来也是如此。他所践行与倡导的生活是禁欲的生活，它与一个大目的保持一致，这个目的就是接近太一并体验与太一的结合（henosis）。简朴的面具背后，当然是极端自我中心主义。人们可以严肃地想象一下，要是所有人都遵循普罗提诺的理念，情况会怎样。不会再有人工作，人类将会灭绝。说这种秘传的哲学是柏拉图哲学的完满形态，这一点是值得怀疑的。它更像是柏拉图思想中的某些精神要素的漫画。

要说出它与柏拉图哲学最重要的区别并不难。普罗提诺的哲学不再与政治统治有关，顶多是自我统治。普罗提诺只在很个别的地方提到政治。他说，按照惯例，被统治者太过愚蠢，并不需要明智的统治者。而如果统治者真是智慧的，他首先会激起猜忌和嫉妒。没有理智的大众，就不会有理智的政治。所以，大多数人应当有一个高于自己的君主。波菲利称，普罗提诺也想借助皇帝的支持来建立一个理想的国家。他想把在坎帕尼亚的被遗弃的居住地改造成一个柏拉图式的城邦，但这不是政治构想，而是一种修行处所。普罗提诺更像那个将光明的孩子聚集在自己身边的薄伽梵，而不像列宁。人们可以粗略地将列宁与柏拉图相比较，因为列宁希望在理想国实行的一种共产主义式的专政。

在所有古代的超越性想象中，普罗提诺的太一哲学可能是最具有理智特性的：这种信仰，没有去迎合地中海和东方宗教所有苛刻的要求。这样看来，普罗提诺其实并没有发展出一种哲学，而是为知识分子提供了一种具有永恒诱惑力的高品位的宗教替代品。普罗提诺的哲学是一种没有拯救者的救赎宗教，它仅仅保留给一个小圈子。然而，在缺乏社会和政治维度的情况下，柏拉图哲学将同时衰弱和缩小。虔诚取代了革命性，新柏拉图主义者把他们的修辞潜质用于对抗秘传的对手，而不是用来为所有人创造一个更好生活的乌托邦。

因此，在普罗提诺和他的学生那里，柏拉图主义的漫长之路结束了。这是最后一次理智化的伟大尝试，从柏拉图的积木中用始终相同的条块去建造一个整体体系。从众所周知的配件存货中不断产生新的变体，从而不断重新宣称，现在这就是永恒的终极真理，除了这种努力以外，"柏拉图主义"还意味着什么？此外，普罗提诺为柏拉图主义添加了严格的伦理学。而他表达出的最为重要的新思想就是，太一不应该用人类的文字书写。正如我们仍将看到的，这种"消极神学"经过一个自称亚略巴古的狄奥尼索斯（Dionysius vom Areopag）的人，迂回进入了中世纪的世界。对于中世纪来说，普罗提诺是亚里士多德以外最重要的哲学家。同样，现代世界也受到他的很多启发。没有普罗提诺，就不能设想之后诸如诺瓦利斯（Novalis）、歌德、黑格尔、谢林以及柏格森（Henri Bergson）等哲学家。

这是新柏拉图主义哲学的命运，它搭建起精致的空中楼阁，但土

371

372

地周围却出现了裂缝。普罗提诺在 270 年去世，同时，日耳曼人在罗马帝国北部边境摧毁界墙。在高卢，他们建立起一个特殊王国，宣布与罗马脱离关系，但是并不稳固。在近东和远东，罗马显然失去了萨珊。即使戴克里先大帝（Diokletian）最后一次稳固了帝国，但帝国的长期衰落不可阻挡。308 年，罗马暂时分裂为东西两个帝国。在五年后的米兰敕令中，君士坦丁（Konstantin）和李锡尼（Licinius）两位国王官方承认了基督教。

新的信仰在帝国土地上迅速发展。通过其对独一性统治的要求，基督教很快排挤了其余的宗教与哲学对手。380 年，东罗马帝国皇帝狄奥多西一世（Theodosius I.）签署了一份文件，将基督教作为帝国的国教，不加粉饰地要求排斥其他宗教："所有在我们宽大和适度的统治之下的公民，你们应该……皈依由神圣的使徒彼得传入罗马的这个宗教……此外，教皇达马苏斯以及主教亚历山大里亚的彼得声明信奉它……" [145]

奥古斯丁或上帝之恩典

耶稣、保罗、基督教及其早期门徒——新宗教的形成——怀疑、阅读与虚构的经历——债与罪——时间、意识、爱、启悟——上帝之国与尘世之国——罗马的覆灭与慰藉

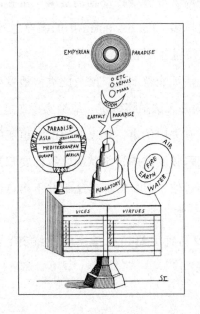

耶稣、保罗、基督教及其早期门徒

公元 30 年或者再早一些时候，一个年轻的游方布道者穿过迦百农周边地区，迦百农是位于北加利利海岸加利利省的渔村。他在这个地区游历了一段时间，身边聚集了一小群门徒。在这个甚至没有卢森堡一半大的罗马加利利行省，鲜少发生什么不寻常的事情。这个地区草木不生，且人烟稀少，生活贫困。一两年后，这位布道者突然动身前

往一段更长的旅程。他想去大约 150 公里外的耶路撒冷。犹太人最重要的宗教节日逾越节准时来临，他和他的门徒进入了这座城市。对罗马占领势力和犹太人来说，在这个城市热闹的气氛里专注于自身的很多人中，他是一个在宗教方面胡思乱想的人。他也确实是这样。在一次难以解释的行动中，这名来自加利利的布道者突然在所罗门神庙前吵闹起来，弄翻了商人放着祭祀动物的货架。紧张的罗马当局在冷酷的执政官本丢·彼拉多（Pontius Pilatus）的领导之下，没有犹豫很久，逮捕了这名布道者并判之以死刑。

耶稣基督的生活可能就如此，或与此类似地发生了。在此要强调的是"可能"，因为并无法最终确定，他确实存在过。没有任何 1 世纪的罗马文献讲述过有关他的事。就连亚历山大里亚的斐洛——能有关于这个时期以色列宗教流派的详细状况，我们要归功于此人——也没有在任何地方提起过他。最早的那份文献并不出自他的门徒之手，也明显后来被修改和"歪曲"了。

这份文献是罗马犹太籍历史学家弗拉维奥·约瑟夫斯（Flavius Josephus）的"证据"：

> 耶稣大约生活在这一时期，他是一个充满智慧的人——**如果人们还能认为他根本上是一个人的话**。因为他做了非常令人难以置信的事，而且他是那些愿意接受真理的人的老师；这样他就吸引了很多犹太人和异教徒到身边。**他是救世主**。但由于我们这里的贵族人士的控告，彼拉多判处将他钉死于十字架；早先爱过他的那些人现在仍忠诚于他。**因为他第三天又活着出现在他们面前，就像神派遣的先知所预示的那样，更不用说上千件关于他的其他神奇的事情了**。直到今天，基督的子民——这是他们对自己的称呼——仍源源不绝。[146]

弗拉维奥·约瑟夫斯是一个笃信的犹太人，而非基督徒。对他来说，耶稣不是犹太人等待至今的救世主。这正把基督徒同犹太人区分开来：基督徒将耶稣看作众先知在《旧约》中预告的救世主——相反犹太人不这样认为。难以想象的是，据说约瑟夫斯写下了这些斜体的（原文中没有以斜体标示）* 的句子。这位历史学家的材料是从哪儿来的，我们也不清楚。或许他仅从福音书里知道这些，而非其他文献。

我们所知道的有关耶稣的所有事情，事实上也来自这部所谓的福音书。这意味着，我们根本不能确定地知道任何事情。因为马可福音、马太福音、路加福音和约翰福音不是历史报道，也根本不想成为历史报道。这四位撰写耶稣生平故事的人也不为人所知。我们认为他们是比较有教养的人，并使用希腊语书写。他们发明了一种特殊形式的自白文学（Bekenntnisliteratur），在西方传统里此前可能还从来没有过。虽然毕达哥拉斯学派同样神化了他们的导师，把他刻画成一个神一般的人物，围绕着他编造出各种传奇故事。然而这四位福音书的作者在公元 60—100 年间的某个时刻记录下来的东西，却是一种全新的文学体裁。

尽管文献寥寥，人们却没有太过怀疑，公元 30 年左右，这位 35 岁上下、来自加利利地区的布道者耶稣，在耶路撒冷被罗马当局处以死刑。而绝对有可能的是，他身后留下了一群不知所措的门徒，他们跟着他从加利利海来到耶路撒冷，到他死去为止都尊他为救世主。现在他们的导师预示的上帝之城未曾到来，他自己却死了，像罪犯一样被钉在十字架上。这一小群人和他们的"运动"惨遭失败，体面地讲大概几近终结。

后来发生的事就是一个奇迹，至少在不信教的人看来是这样。是

---

* 本书以着重表示。——编注

的，这可能是西方历史上最伟大的奇迹！出于各种我们直到今天仍在猜测的原因，这个世界上最强劲的宗教运动从耶稣门徒的信仰发展起来了。三百年后，基督教成为拥有数百万民众的伟大的罗马帝国的国教，今天官方在册的基督徒则超过了 20 亿。

为这个伟大运动奠定基石的人是塔尔索的保罗（Paulus von Tarsus，约5—65），他是个受希腊文化教育的犹太人，来自安提阿（今土耳其东南部）北部地区的奇里乞亚。在奇里乞亚的犹太聚集区，这个来自某犹太家族的后代一开始可能叫作扫罗（Saulus），后来才改成了希腊—罗马式的名字保罗。对罗马帝国的外族公民来说，这种方式的更名并不少见。弗拉维奥·约瑟夫斯也不是从出生起就叫这个名字，最初他叫约瑟夫·本·马提亚胡（Joseph Ben Mathijahu）。这个家喻户晓的从"扫罗到保罗"的转变经历无疑是一个传说。据说，起初保罗猛烈迫害基督徒，后来成为其真正的宗教创立者，这倒是可信的。身为法利赛人，这位受过训练的《摩西五经》教授者是犹太教猛烈的智识改革运动的一员，并且显然不能容忍任何竞争对手。他的委托人可能是犹太公会，即耶路撒冷的最高犹太议会。

我们知道的有关保罗的多数事情，要归功于他写给新成立的基督教教团的信件。但《新约》十三封保罗的信件中，有六封今天被认为是伪作。此外，保罗为什么要在公元 35 年前后改变信仰阵营，从基督徒迫害者转变为基督教传教士，这在历史上也是完全不清楚的。在对路加福音进行宗教释义的《使徒行传》中，保罗是在前往大马士革的途中产生了幻象，并发生了转变经历。接下来的时间里，他开始了在西方传教之旅，他经希腊地区到雅典和科林斯，在东方，他经过整个西土耳其一直到腓尼基城市西顿和推罗，最后在前往耶路撒冷时到了耶稣活动过的原始现场。

比传教之旅更重要的是精力与智力，凭着这些，保罗重新解释了耶稣的学说，并将那种宗教命名为基督教。如果耶稣说过，上帝之城即将到来，那么从这个角度看来，这一点现在几乎完全达到了。换言之，这就说到了基督精神的持续影响。如果耶稣曾经要求人们简朴地、不求物质满足地，并且不吝惜怜悯之心地生活，那么保罗很快将这一极端的伦理推至顶峰。成为这个新宗教之核心的，不是耶稣生前的学说，而是耶稣的死与复活的意义。虽然历史上的耶稣经常说起要成为选民和上帝之子，但他是不是真的乐意保罗在基督教神学中奉他为神呢？

　　历史上的耶稣极少有人感兴趣。因为保罗不仅重新解读了耶稣，他还为基督信仰添上了全新的附加内容，这些与耶稣的学说和布道活动几乎没有什么关系。据福音书所载，那个过着简朴而虔敬的生活的人获得了永生。然而人于死后获得拯救，在保罗那里却不是由于善良虔诚的生活而自动获得的奖赏。这是一个关于神的**恩典**的问题。只有遵循该新兴教派的游戏规则的人才能得到恩典。保罗创造了教会工作人员的职业，即使徒和教师，他确立了妇女在教会中的次要地位——这与耶稣的传统相违背，后者身边也有女子围绕。

　　然而，这位来自塔尔索的传教士不只是杰出的组织者和政治家。他还机智地将其他宗教中有诱惑力的传统习俗和哲学思想片段融进基督教中。赫拉克利特提出的美好、古老且神圣的**逻各斯**，通过柏拉图在希腊哲学中出现过上千次，接受过希腊文化教育的保罗对此也非常熟悉。如果他想要赢得雅典、科林斯、萨洛尼卡和其他地方知识分子的支持，就必须将基督教和逻各斯结合起来。他这一招似乎确实成功了。可能是最后一部福音书的约翰福音，多次将基督与逻各斯相等同。由此转折出现，它后来导致了柏拉图—基督教式三位一体学说，并奠定了基督教的世界性影响。

　　保罗的第二次革新借鉴的是琐罗亚斯德教。琐罗亚斯德教是一个古老的波斯宗教，它在那个时代还很兴盛。后来在萨珊王朝的统治下，它甚至成为中东地区占支配地位的宗教。据琐罗亚斯德教的观点，在这个世界上，善与恶之间的争斗由来已久。不仅存在着神圣的元善（Ur-Gutes），也存在着同样古老的元恶（Ur-Böses）或元罪（Ur-Sündiges）。我们不确定保罗是从哪儿知道这个思想的，也不确知他了解的是哪个版本。也许他借鉴了一些由琐罗亚斯德教解读过的犹太教；也许他直接了解琐罗亚斯德教传统。无论如何，他为基督教吸取了善与恶的二元性。从琐罗亚斯德教的元罪（Ursünde）出发，保罗创造了**原罪**（Erbsünde, *peccatum originale*）——这是一个新的思想结构，后来证明对于基督教有极其重要的影响！犹太教虽然知道亚当吃掉禁果的过错，却不知道自此传下的罪行。然而对保罗来说，耶稣在十字架上为了所谓的亚当的原罪而受到惩处，并以此方式拯救人类："因为就像所有人在亚当身上死去，那么所有人也将会在基督身上得生"，给科林斯人的第一封信中如是说道。因而人类虽然作为整体得到了救赎，但是每一个体距此还很遥远。每个人必须亲自在上帝面前自我**辩护**，由此才会遇到并得到（triff und betriff）真正的**和解**。

基督教的其他元素，就像保罗创造它们时一样，同样显露出琐罗亚斯德教的影响。琐罗亚斯德教众像犹太人一样，对**救世主降临**期待已久，尽管是第三次了。此外，救世主的到来被与善对于恶的胜利相提并论。琐罗亚斯德教众熟知天堂和地狱的死亡审判，以及进行最后清算的**末日审判**。对保罗来说，末日审判将变成这个新宗教的关键点。因为末日不仅会开始一个新国度，还将得救的基督徒与该受诅咒的非基督徒分别开来。凭借末日审判，这一新兴信仰拥有了一种恐惧氛围和高压手段，这二者在迄今为止的宗教史中都有其类似物……

新宗教的形成

如果处于世界末日场景下的众门徒必须认识到，世界末日并未来临，那么他们的脑海中会上演什么情景？对于这一问题，有着广泛的社会心理学研究。[147] 根据这项研究，在此前所信仰的东西和与此不协调的新经历之间，人们经历了一场"认知失调"。我们可以以此为出发点，即曾追随耶稣至耶路撒冷的门徒感受到了这种失调。神之王国不曾到来，他们的救世主却被处死了。除此之外什么也没有发生。

根据社会心理学知识，在这样的处境中，人们很少倾向于承认自己的错误。他们反而会马上尝试对希望的落空进行**重新解释**，并再次巩固他们旧有的信仰。很多说法认为，基督教就是发端于此。必须指出，也令人印象深刻的是：一个失败的教派能够像基督教一样，如此成功地对其信仰进行全新的解释，这在历史中并不存在任何相似的例子。

宗教从来不是由单一因素铸造而成，而总是受到诸多影响的混杂物。保罗打造的基督教也一样，它虽然只有短暂的历史，却已有漫长的传统。这一新宗教难以置信的魅力在于何处呢？能够让一个无名且暂时失败的运动实现在西半球数百年的统治，其诱惑力又在于何处？

基督教最初 300 年于其中成长的世界，从西方的罗马差不多延伸到东方的印度。范围之广，可以参见公元 200 年前后写成的《国家律法书》（*Liber legum regionum*）。该书作者是著名基督教学者埃德萨的巴戴桑（Bardaisan von Edessa）的学生，他在此书中描述了他所熟悉的文化，从印度的种姓制度写到贵霜帝国（今巴基斯坦和阿富汗地区）的骑兵文化、受琐罗亚斯德教影响的波斯、幼发拉底河畔和佩特拉的阿拉伯民族，以及希腊人、罗马人、凯尔特人和日耳曼人，一直写到北大西洋曲折的海岸线。基督教恰恰在这片世界逐渐传播开来。

起先，这一最为成功的教团位于近东、中东地区以及希腊和意大

380

利。在这里，基督徒随处可遇到既有的宗教、崇拜和风俗，它们在数百年间互相融合，局面日新。许多宗教是地方性的，有一些仅由不知名的信仰团体构成，这些团体在不同的村之间有着不同的特点。世上存在着家宅守护神、城市守护神和属于民族的神。大多数文化有若干神明，而一神论却是个例外。就像希腊—罗马世界一样，哲学同样存在于整个东方世界。这种哲学类似于为智识领导层而设的高档宗教替代品。想想柏拉图主义的诸多变种，它们在整个地中海东部地区或多或少有着宗教色彩。相同的情况也适用于柏拉图主义最具智慧的变体，即具有神秘主义性质的新柏拉图主义，虽然它流传的圈子小，但这个圈子里的人却是精挑细选出来的。

　　哲学家从一开始就为了唯一一个正确的世界体系而竞争，继而为了"真理"而竞争，但宗教的情况并不如此。多数信仰团体并不传教。它们既不干涉其他文化尊重别的神明，也不为此感到担忧。同样要强调的是，这些团体也不像哲学家一样关心真理。宗教使人联合并统一起来，它们使风俗习惯及传统的现状得到保证，它们把对逝者的纪念郑重地保存在记忆中。毫不奇怪，只要仁慈地承认，在官方宗教崇拜中有罗马皇帝的一席之地，罗马帝国的众多宗教就不会有问题。

　　然而，基督徒与此不同。带着一个普遍的真理诉求，他们着手于一个计划，将古代世界和东方世界中到那时为止所已知的一切都置于其笼罩之下。这个新兴的仁慈宗教的一个独特标志就是，它对其他宗教毫不仁慈的不宽容。当然，在基督教团体中，还是有人充满爱心，体贴他人，甚至人数还很多。福音书向我们讲述的这位社会教师耶稣，他慈悲、善良、博爱、谦逊、恭顺，传诵最高贵的价值。在这一点上，基督教几乎没有对手，顶多就是普鲁塔克的柏拉图主义也提出了相似的博爱。然而基督教的博爱——在完全误解了耶稣的教导的意义上——仅适用于基督徒，而不适用于其他人。

　　只要基督徒仅在分散的小团体里生活而不掌握政治权力，这种对其他信仰的不宽容就不会产生巨大的影响。其实，恰是早期基督徒再三沦为无端迫害的牺牲品。虽然保罗在给罗马人的书信中，曾敦促基督徒要尊敬当局，承认罗马的国家权力，然而基督教团体拒绝对罗马皇帝进行祭拜。而在宗教问题上通常很宽容的罗马人也相应做出了激烈回应。公元41—311年间，基督徒在一波又一波的残忍迫害中艰难度日。293年，戴克里先对疲软的罗马帝国进行改革，重新组织行政部门，加强皇权，基督徒惨遇尤甚。此外，罗马人摧毁了基督教教堂，将基督教文章著述焚为灰烬，禁止基督徒在罗马国内担任任何职务，实行集体处决，还将无数基督徒流放至矿井与矿山。

　　值得一提的是，这些迫害没有削弱基督教团体，反而让他们的联合更加坚固。以身殉教表明信教者坚定不移的心，它作为榜样影响着其他基督徒。从一开始，基督徒就是凭借牢固的联合建立起各种团体的。他们圈子的人不像那些哲学家圈子这么优秀。从原则上来讲，教团应对所有人开放，宗教也应为所有人理解。尽管头300年里的基督教教堂往往是小型或者中型的集会场所，但是它们依然成了强大的宣传中心。基督徒将宗教作为生活的重心，他们的伦理和道德彻底由宗教决定。礼拜、仪式和符号使日常生活仪式化，主教才能宣告什么是真理，别人不行。因而基督教不是包含在某文化之内的一种宗教，它就是一种文化。

　　基督徒把他们的神想象成一位仁慈的父亲，这也是全新的。犹太人的神性格喜怒无常，为善和发怒都没有节制。他和东方的其他神一样，就像一位暴君，人们能讨得其恩宠，也能轻易失去其欢心。但基督教是一种"父亲宗教"。信教的基督徒与其神的关系是一种强烈的心理联系，与家庭中的关系无异。

　　在这个与上帝和教团强烈地、"家庭式地"联系起来的世界里，却

383

不仅只有善。教会同时是基督徒涤除自身罪孽的地方。不同于其他许多宗教，与唯一神或众神的交流主要不是私人的，而是集体性的活动。一项定期的仪式是让主教驱除罪恶。柏拉图和亚里士多德的学生修磨德性全然为己，斯多亚学派和伊壁鸠鲁学派在寂静中完善个人，而基督教教会却以祛污除秽的形式轰轰烈烈地举行涤除活动。人类由不可控制的精灵（daimonen）驱使，做出不受控制的行为，不仅是少数柏拉图主义者，一些东方宗教也相信这一点。而基督徒首先由此创造了驱除仪式与教团表演。251 年，罗马三分之一的基督教教会人士有着驱除师的身份。

基督教教会不是光凭宗教上的联合就能稳固，金钱也很重要。教团的每个成员在道德上被推动着，为教会布施。无论贫富，每个人都向教团支付金钱。以这种方式，基督教教会有了稳固的经济基础，这往往是其他宗教团体所欠缺的。基督徒还出钱来承担制作书籍手抄本（Codex）的费用。除此之外，人们用木制封面将莎草纸或羊皮纸张装订起来。这些手抄本显然比传统卷轴小巧便携，可以一直带在身边。基督教因此成为能够编撰教义的"经籍宗教"。不同于其他没有装订文集的宗教，基督徒能将一个永久誊抄下来的真理一直带在身边。虽然犹太教的《摩西五经》有文字根据，然而只有通过手抄本让一部圣典得以再三传播的，才是文字宗教，它处处遵循在文本中揭示出的诸真理。

313 年发生了什么事，让君士坦丁和李锡尼这两位罗马皇帝从这一年开始容忍这个罗马人长久以来视为祸害的基督教，这是一个倍受争论的问题。原因大概是多种多样的。也许需要基督徒在帝国东部对抗新兴的劲敌萨珊王朝。而君士坦丁这位帝国新一位强势者的个人动机和信仰值得深思。在他摄政统治期间，基督教成了帝国最重要的宗教，尽管基督徒大概只占人口的十分之一。

基督教好不容易才在帝国中获得了新的地位，当时，教会内部已经爆发了一场激烈的争吵。起因是关于迦太基地区选举新主教的争论。由君士坦丁官方认可并支持的教会也不是毫无争议的。教会最重要的对手是多纳图斯派（Donatisten），它以其当时的领导人多纳图斯（Donatus）为名。在众多位于非洲的罗马行省，多纳图斯派占所有基督徒的大多数。他们不承认罗马皇帝在教会中的新身份。圣礼神圣与否，并不依赖于教会，而是依赖于神职人员的纯洁性。一句话：多纳图斯派不认为教会与皇帝是神圣的，神圣的是他们坚定不移的、不因任何来自尘世的妥协而暗淡的信仰。

多纳图斯派不欢迎君士坦丁皇帝，这是君士坦丁不能容忍的。他授权迦太基主教凯其里安（Caecilianus）尽全力对付异端分子。基督教教会充当帝国的权力手段时，比起其他权力机关，它也并不表现得更具基督教性质。教会残酷地迫害多纳图斯派人士。按照后者的自我认识，他们是在反对自己的基督教教会时作为首批殉教者而死去的。

当来自亚历山大里亚的基督教长老阿里乌（Arius）对三位一体学说提出质疑时，又出现了新麻烦。阿里乌做了大量的柏拉图主义研究工作。根据圣父、圣子、圣灵皆以相同方式得以永恒并具备神性的观点，官方的基督教体系在他看来是荒谬的。对他来说，作为逻各斯来理解的圣灵，不可能具有父亲的特性，并创造出一个圣子来。据此，耶稣不是神圣三位一体的某部分，而仅仅是一个十分特别的人类。罗马皇帝也不容许这一异端邪说，325年，他根据尼西亚宗教会议的决定将阿里乌流放。尽管三年后他得到了赦免，但他的对头，亚历山大里亚的阿塔纳修（Athanasius von Alexandria）——一个满肚子坏水的当权政客——还是继续执行了流放。自此以后，教会之中对耶稣基督的神性再无正式质疑。

基督教第三次重大的建设机遇是4世纪与摩尼教的斗争。就像耶

稣曾宣称自己是上帝的先知和救世主学说的最终完成者，3世纪中叶的
波斯人摩尼（Mani，216—276/277）也以相似的方式宣告了自己的身
份。其宗教观念是对基督教、诺斯替教和琐罗亚斯德教的理念的一种
新综合。此外，摩尼采纳并影响了诺斯替教的观念，即古代晚期，人
们生活的世界只是一个非本真的糟糕的世界。与此相对的，此前还存
在本真的世界，在这个本真的世界里善战胜了恶；这个诱人的希望显
然触碰了时代的神经。传教多年后，就像耶稣受到罗马人的判决一样，
波斯当局以相似的原因判决了摩尼，他死在了牢狱之中。

　　然而，新宗教恰如当初的基督教一样，依然快速扩散开来。所以
基督徒面对这些摩尼教徒时，就像以前犹太教徒面对基督徒时一样，
处于相同的角色当中。基督徒动用一切权力，试图阻止这一亚伯拉罕
宗教存货的最新升级版获得成功。"摩尼教徒"这个词迅速就被拿来与
"异端分子"相提并论。危险的竞争者遭到严酷的迫害，直至摩尼教于
5世纪在欧洲和近东地区被彻底消灭。摩尼教只在东方长久保留下来，
甚至一度成为东突厥汗国的国教。

　　尽管基督教在政治上取得了成功，但从内容方面来看，它在4世
纪末前后依然不是很稳固，受到众多分裂力量的威胁。弥补这一缺陷，
同时巩固基督教学说，使其到达最高的智识水平，这是古代晚期最重
要的基督教哲学家——奥古斯丁毕生的任务！

怀疑、阅读与虚构的经历

　　从我19岁那年读了西塞罗的《荷尔顿西乌斯》一书并引发
了我对智慧的追求后，多少年月悠悠过去了——大约有12年。
而我始终流连希冀于世俗的幸福而无法弃绝，并乐此不疲。然而

不要说获得智慧，即便只是对于智慧的这个寻求过程，就已经
远胜于获得任何宝藏，胜于身践帝王之位，胜于随心所欲恣享淫
乐。可是我这个不堪的青年，在我进入青年时代之际就已陷于可
悲的卑劣，那时我也曾向你（也就是神）祈祷请求纯洁，但是我
说的是："请赏赐我纯洁和节制，但不要立即赏给。"[148]

在此讲述其于渴望快乐与追求节制之间的内心斗争的这个人，是
一位 32 岁的修辞学教师。他来自今阿尔及利亚境内的塔加斯特城，曾
流亡至米兰：他就是希波的奥古斯丁（Augustinus von Hippo）。他生于
354 年，父亲是罗马政府人员，与一名信仰基督教的柏柏尔女子结婚。
一生中，奥古斯丁与母亲莫妮卡关系紧密。他的母语是拉丁语，在迦
太基学习修辞学期间，他的拉丁语更为精妙。早前他认识了一个女人，
和她一起生活了 15 年，还有了一个儿子。他阅读过西塞罗的《荷尔顿
西乌斯》（Hortensius），这部著作已经佚失，仅能通过引文而为人所知。
作为哲学导论，该书讨论了经典的希腊式主题，即协助理性战胜情感。
受过如此熏陶，奥古斯丁就不太能从他母亲的基督教入手。对他来说，
在吸引人的程度上和理智上显得更令人满意的是摩尼教，他声明信奉
摩尼教达九年之久。

在这种情况下，384 年，一道来自西罗马王廷的召唤突然从天而
降。西罗马帝国的现状很糟。324 年，君士坦丁将他的政府落址于新建
成的君士坦丁堡。四十年后，瓦伦提尼安一世（Valentinian I.）出于管
理技术上的原因，将帝国分为东帝国和西帝国。当东帝国在经济和政
治方面都有所成就时，西帝国却在政治上陷入内忧外患中。有钱人从
城市逃往乡村，罗马衰落了，赋税压力达到顶峰，经济能力衰弱。同
时，在北部，帝国失去了对不列颠、高卢与日耳曼的控制。国界不保，
军队人员不足，兵士报酬极低。留驻特里尔和米兰的皇帝格拉提安于

383 年在高卢被罗马士兵杀害。

在这个倍受威胁的局面下，天才修辞学家奥古斯丁接到了一项任务，即充分发挥演说的技艺来维护年仅 13 岁的瓦伦提尼安二世和他的政策，并为其歌功颂德。在米兰，这位皇帝身后有位强人，安布罗修（Ambrosius），一位具有权力意识的主教，当时他正与阿里乌的门徒激烈争吵着。天主教教会尊其为四大圣师之首（其余为哲罗姆、奥古斯丁和教皇格里高利）。

奥古斯丁从母亲的影响中脱身，和爱人先迁往罗马，不久后又去了米兰。然而莫妮卡迅速跟了上来，不让儿子脱离自己的视线。在安布罗修与其朋友的影响下，奥古斯丁开始阅读新柏拉图主义著作的拉丁文译本。他并不精通希腊语，只能通过波菲利的通识文章迂回了解普罗提诺。

这位来自非洲的修辞学教师放弃了一切之前在智识上影响过他的东西：摩尼教，还有阿尔克西拉乌斯"新阿卡德米"的怀疑论著作。从波菲利和普罗提诺那里学习，意味着去认识理性的任务，通过思想回到它神性的原初。与此相对，感性的世界是非本真的、不真实的、欺骗性的。同时奥古斯丁学习到，根本不存在同等级的违背神性原则的恶。对普罗提诺来说，恶只是人类身上善的缺席。奥古斯丁摆脱了激进摩尼教的观点，即将世界分为善与恶。就像在新柏拉图主义者那里一样，从那时起对他来说只存在太一。太一是善与上帝。相反，恶只是上帝远离人类。这种情况正是要被克服的。新柏拉图主义就如一座桥梁，帮助奥古斯丁从摩尼教徒迈向基督教。

在柏拉图著作里读出深深的宗教意味，这也不是新鲜事。正如我们所看到的，亚历山大里亚的斐洛曾将柏拉图解读为犹太教信仰。2、3 世纪，大学者亚历山大里亚的克莱芒（约 150—约 215）和奥利金（185—约 254）以基督教的视角阅读了柏拉图著作。特别是后者，将基督教和柏拉图主义大规模地熔炼在一起，以至于后来在奥古斯丁的时代里，这招致了激烈的争论，争论是否必须将奥利金的学说定为异端邪说。

奥古斯丁开始接受基督教时，究竟发生了什么，我们不得而知。他的《忏悔录》（*Confessiones*）是一份以祈祷文形式写就的生活体验汇报，这是一种全新的文学形式。该书显示出，奥古斯丁陷入了强烈的内心斗争。对母亲的爱和对女性的强烈渴望，使他感到困惑。他应该从世间隐退而过上禁欲的生活，还是争取一番事业？何处是解脱？他应该何去何从？什么能为他提供依靠？

后来奥古斯丁在《忏悔录》中写道，他"自己曾面临很大的问题"。为什么他不幸福？是因为他的灵魂离上帝太远？我们只能从过分神化了的、关键性的皈依经历幻象中了解到他向基督教的转变，这个幻象据说是在他米兰住所的花园里发生的。我

> 心中怀着最痛苦的悲哀正在哭泣。看，我听见从隔壁屋中传来一个孩子的歌唱声——我分不清是男孩子还是女孩子的声音，这个声音反复唱着："拿起来读吧！拿起来读吧！"……此时我忍住如泉涌的眼泪，站起身来，对此我找不到其他解释，我一定是觉察到了神的命令，叫我翻开书来，目光落到哪里就读哪里……我把书（使徒之书）抓到手中，翻开来，默默读着我最先看到的一章："不可耽于酒食，不可溺于淫荡，不可趋于竞争嫉妒，应被服主耶稣基督，勿使纵恣于肉体的嗜欲。"我不想再读下去，也不需要再读下去了。因为当我还未读完这个句子时，就有一道明确无疑的光涌入心中，所有怀疑的阴霾就此消散。[149]

390

几乎没有理由相信这段记载的可靠性。因为奥古斯丁此前在《忏

悔录》中讲到，阅读新柏拉图主义如何为他开启了基督教的大门。还有一部早期作品《论幸福》（*De beata vita*），该书写于他自述的皈依经历之后，但却没有谈到任何上述的皈依经历，而只提到他转向基督教的动机，即阅读经验和安布罗修的布道。

然而，编造一段特殊经历对奥古斯丁来说显然是迫不得已的。教会的重要人物并不是通过思考而成为基督徒的，而成为柏拉图主义者、逍遥学派成员、伊壁鸠鲁主义者和斯多亚主义者则是要通过思考的。启示宗教的一个特征是，信仰是在一段皈依经历中——通常是在一个视觉或听觉幻象中——被宣布的。想想保罗在前往大马士革的路上的皈依，米尔维安大桥战役前君士坦丁的画十字的幻象，或者圣安东尼因一句上帝之言而回身，此后在荒漠中隐世而居的故事。

奥古斯丁没有到沙漠中去，但他离开了米兰，和他的母亲、妻子和孩子在附近一个名为加西齐亚根（Cassiciacum）的村庄定居下来。在此他开始了勤奋的写作，但不到一年，他就回到米兰接受洗礼。不久以后莫妮卡去世，奥古斯丁乘船前往塔加斯特城，作为修道士生活在那里。然而，教会打算赋予他更大的责任。391年，他在位于塔加斯特城不远的希波接受神职，四年后成为主教。他最重要的任务就是使富裕的北非教会更为强大，以对抗众多的异教分子。

债与罪

主教的职位是一把烫屁股的椅子。然而现在发生在奥古斯丁身上的事却让人吃惊。到那时为止，如在新柏拉图主义者那里一样，他的思想针对个体的人和通向灵魂救赎的个人之路。然而自从身处高位，他就将理论重心转移到作为一个机构的教会上来。不应再像希腊哲学中那样，由个体去寻找达至真理的通路，而是，教会已经知晓这一真理，以绝对权力来管理该真理。这位新主教铁面无情地应对威胁到教会权力的一切。他过去曾长期质疑基督教，认为其在知识上是低劣的，而偏偏是他，如今猛烈迫害着他昔日的教友——摩尼教徒。他以同样的果决与多纳图斯派教徒斗争，因为他们认为其信仰比教会机构更为根本。他禁止所有人的自由思想，规定了天主教教义（*disciplina catholica*）。

此外，约410年，他还遇见了另外一个对手。罗马不列颠行省的修道士伯拉纠（Pelagius，384—422）在罗马破口大骂基督教—罗马社会的道德颓丧和堕落。他想回到一种苦修的生活，耶稣曾为此做出榜样。在伯拉纠看来，原罪学说以及上帝善的创世中，恶的存在是尤为怪异之处。保罗曾将琐罗亚斯德教传统引入基督教，将耶稣钉死于十字架一事解读为人类的救赎；而对伯拉纠来说，这一传统与福音是不一致的。人类带着罪孽降生的地方到底在世界的何处？

相反，奥古斯丁可能出于政治权力原因无法放弃原罪学说。在保罗那里，作为"原罪"的亚当之堕落和作为"救赎"的耶稣之死之间的关联还是含蓄不明的，奥古斯丁将这关联进一步系统地发展为罪的学说。据此，人类之救赎是神的恩典，拥戴基督与教会，就可能得到这一恩典。当然，重点落在"可能"上。因为上帝施恩于何人或不施恩于何人，这一点没人能知道。而没有人本来就应得到这项恩典。

对于伯拉纠来说，这是不可接受的。到目前为止，关键在于，基督徒要过一种虔敬的生活。这意味着转向并专注于自己的内在性，这与斯多亚主义和新柏拉图主义的观点别无二致。外表友善、镇定从容、有慈悲之心、内心贴近精神，基督徒反对外在的救赎。相反，奥古斯丁在397年前后彻底打破了毕达哥拉斯—柏拉图—基督教传统。在所有相信灵魂不朽的希腊哲学家那里，救赎是善良、正当的生活作风的直接结果，但现在不再是了。按照奥古斯丁的观点，最终只有上帝能决定这些。

伯拉纠很是惊恐：如果事情只取决于信仰和上帝的恩典，那么，何人或者何事能够保证我在生活中举止得当？我丝毫不能通过我的生活作风来为自己挣得居于天堂的永恒生命吗？或者还要糟糕：如果我的福祉终究依赖于神的恩典，那么显然我将不止一次地面临这个问题，即我是否找到了正确的信仰——这是听任上帝任性而为！我的自由在哪里？

一个任性地将"他的"（den Seinen）与"其他人的"（den anderen）区别开来的神，是一个残酷且非道德的神。在这件事上，奥古斯丁碰到了大麻烦，那就是来自伯拉纠及其门徒伯拉纠主义者的质疑。如果他对这些批评听之任之，那么教会将丧失其作为唯一拯救机构的重要性。如果他坚持自己的立场，即上帝根据自己的喜好来决定人类灵魂的拯救，那么他就让拥有永恒之爱与无尽慈悲的上帝变得不可信。

最终，奥古斯丁做出了一个有些敷衍的决定，将此事一剖为二。他坚持个体不会由于有德性的生活而获得救赎的资格。同时，为了体现上帝的伟大，人类将被彻底剥夺权力、遭到贬低！然而被赋予个人意志的人类，似乎至少可以自由地投身于"决心"，自由地选择接受或不接受这个信仰。当上帝决定是否要拯救个体时，这一决心或许能为其赢取些许加分。

值得注意的是，奥古斯丁为此牺牲了所有的哲学论断。我能否感受到自己愿意信仰，这与什么有关？我不是上帝的造物吗？上帝没有多多少少赋予我一些决心吗？但从根本上来讲，一切事情之前就已经决定好了；在奥古斯丁眼中如此重要的意志自由，不过是一段笑料。然而在奥古斯丁看来，思想论断没有教会的权力地位重要。这意味着：无教会，无救赎！那些如伯拉纠一样，认为关键在于道德生活的人，他们也可以放弃教会，这是不被容许的。所以，虔敬生活的个人劳苦必须由一位恩典的建筑师来考量，即由教会来考量。

　　奥古斯丁的恩典学说是西方思想史上最具决定性的转向之一。是
什么可能让他彻底剥夺人类权力，并对自由做出猛烈的攻击，我们只
能对此做出推测。我们完全在神学之外，即在西罗马帝国的经济发展
中找到了一个可能的答案。帝国已经很长时间没有占领别的地区了，
因此缺少奴隶。后来，城里的贵族迁往乡下，很快就把各处农民变成
了奴役的对象。面对哥特人这样的入侵者，军队不再提供保护；农民迫
不得已放弃土地，为新地主提供服务。不论是在破败的城市，还是在
日益由贵族掌控的乡村，没有一处能够像城邦里一样，能够谈论自由
和自主。依赖于乡绅的判断，或者依赖于上帝的恩典，也许最终根本
不会带来什么大的不同——凭的都是足够好的运气！

　　我们不知道，奥古斯丁发展自己宿命论式的恩典论时，多大程度
上受到罗马帝国政治经济状况的影响。当然也几乎无法想象，他不会
因此受到影响。不仅在米兰，而且后来在希波，他都一直处在政治事
件的中心。同样也一直存在的另一个动机——一千多年以来，恩典学
说成为教会统治的工具，它让西方世界的信徒保持着卑微的姿态，且
让他们处于令人不安的不确定性中。

394

时间、意识、爱、启悟

　　大概没有一位西方思想家会像奥古斯丁一样，为了自己的目的而
对无尽的哲学思想瑰宝食如饕餮。就像保罗曾猎取其他亚伯拉罕式的
诸多宗教，以使基督教首次从根本上成为一个宗教，奥古斯丁也在所
有合适的地方将柏拉图主义、新柏拉图主义并夹杂着斯多亚派哲学同
样地攫为己有。此外，他还创作了大量论文，计逾百篇；还不算信件和

395

传道文。在他那里，哲学成了神学的附属行业，或者就像近 700 年后的本笃会修士彼得·达米安（Petrus Damiani）所形容的那样，哲学的任务就是成为"神学的婢女"。数百年以来，正是奥古斯丁，规定了什么是基督教以及成为基督徒意味着什么。如果按照保罗的观点，存在一位建筑师，他曾规定了教会的结构工程、建筑图纸和美化设计，那么这个人就是奥古斯丁。

然而，教会应该带来福祉这件事不应该停留在福音书里。大概耶稣也不曾设想过建立一个自己的教会吧。更确切地说，考虑到一个即将到来的神之王国，他想改革犹太教，尽管他可能曾表明，彼得将会是他教团的中流砥柱。相反，一个只有它才能救世的教会却麻烦重重。比如，所有生活在耶稣之前的虔诚的人们会怎么样？上帝为什么这么晚才把耶稣派来？如果只有受到耶稣启示的教会才能获得救赎，那这些早于他的人应该怎样得到渺茫的机会以获救赎？结论令人心酸，也与一个至善的神不相容。奥古斯丁逃避了这一观点，他认为在耶稣之前已经有了基督徒，只不过还没有很确切地明白自己基督徒的身份……

像这样的疑问，可能就是奥古斯丁要尽心竭力地研究**时间**问题的原因。因为就如基督教里有人询问**以前**的状况，一般而言就也会询问上帝创世**以前**的情况。创世之前是如何的？在上帝创造出这个世界之前，上帝在做什么？奥古斯丁给出的简洁答复最初让人感到诧异："上帝创造天地之前，什么也没有做。"[150] 存在物只能通过某物存在于此而存在。但如果创世才使得某物来到世上，那么此前就没有什么存在物。而时间是和存在联系在一起的，而且——更重要的是——是和能感受时间的生物的意识联系在一起的。

根据奥古斯丁的观点，事实上，时间只能经由某人拥有**时间意识**而存在。另外，这种主观的时间感受总是一**种**时间（*eine* Zeit），即当下。即便我思想过去或者未来，我也是**当下地**思想过去或未来。时间一直存在于此地和此刻。或者用奥古斯丁的话说：有"过去的现在，现在的现在和将来的现在。因为这三类存在于我们心中，别处找不到。过去的现在便是记忆，现在的现在便是直观，将来的现在便是期望"[151]。

对哲学史而言，奥古斯丁对时间的定义有着极重要的意义。古希腊的"时间"概念一般都是本体论意义上的。时间被理解为某种"自在"的存在物，即便亚里士多德也一定会同意，客观时间往往也只能相对地被感受到。当奥古斯丁把时间解释为一件纯粹主观之事，即把它解释为一项意识内容时，他甚至还要超出亚里士多德一大截。对奥古斯丁来说，这项考察在神学上有一个重要的核心，即不存在两个时间：一个尘世的现存的时间和一个永恒的神性的时间。存在的只是，一面是短暂的主观时间体验，另一面是神圣的无时间性。这一道分离二者的鸿沟所隔开的比两个世界还要多：它把尘世的人类生活中的短暂与非本质之物，和超越一切时间的上帝永恒的完满性分隔开来了。

奥古斯丁是一位敏感细腻的心理学家。他不仅在时间主题上研究人类灵魂的心理过程。他的整个认识论都围绕着我们把握和领会某事时，发生在我们身上的微妙的内在过程。正如柏拉图和他的众多继承者，奥古斯丁试图去理解认识无法在感性世界中表现出来的事物与联系，这如何可能。对此，奥古斯丁在思想早期追溯到柏拉图的回忆（*anamnesis*）理论。根据这一理论，我们所认识的并不是从经验中了解的东西，而是因为我们的灵魂从其过去的生命历程中回忆到这些知识。所以，每个人都可以设想一个不曾被任何人看到的三角形。我们可以创造像"永恒性""无限性"或"完满性"这些不以感性经验为基础的概念，因为我们的灵魂此前在天界经历过这一切。

关于对天界的回忆，一个尤为精辟的例子是数字。奥古斯丁花了很多时间去解释数字的神圣之处，而数字在经验世界里找不到任何位置。要认识到一串数字序列的无限性，上天的启示就很有必要。他像柏拉图一样热衷于数学中那些智力可理解的内容，而这些可理解的内容在最深处将世界结合在一起。因为上帝不是毫无计划地建造起这个世界的，而是根据数学规则创造了它。正如毕达哥拉斯学派的主张，部分上也是柏拉图的观点，对奥古斯丁来说，一切皆为数字。没有任何感性法则、空间法则、时间法则不是借助数学来描述的。数学是一切存在的通用语法——这项声明今天同样牵动着几乎所有数学家的神经，让他们心跳加速……

新柏拉图主义者曾努力要把柏拉图超时间的理念从成问题的事物属性中解救出来。对他们来说，像奥古斯丁一样，星空另一边的理念不是事物，而是原型（Urform），甚至就直接是数字。它们存在于神的精神之中；奥古斯丁欣然接受了这种构想。归根结底，理念可能栖身于世界的何处，这一古老的关键问题由此得到了基督教式的回答：理念存在于上帝的思想、理智和智慧中，存在于他启示的话语中。

但是必须得到澄清的还有，理念是怎么从神的意识到达人的意识的。对柏拉图来说，这是通过灵魂对神圣且可理解的天界进行再回忆而发生的，灵魂曾一度在这个天界驻留。基督教里当然没有对灵魂重生的规定，更是根本没有灵魂转世一说。尽管如此，神性天界与人类精神之间一定存在着一种联系。

奥古斯丁首先勾画出一幅人类记忆的复杂图景。在记忆的帮助下，我们不仅回忆起印象、经历和概念，而且我们的记忆非常具有创造性。它对这个世界进行整理，为其塑形，还对其进行解读。记忆看起来似乎是灵魂之胃（venter animi），在这里所有东西都被推翻然后再加工。它最令人惊叹的成就是我们借助记忆**自我当下化**的方式和方法。我们究竟从哪里知道我们是谁？如果我们根本上不是感性地感知到自己，我们的记忆又如何产生关于我们自己的印象？

没有什么比**自我意识**更为直接的了。奥古斯丁经过一再反复的思考证明了自我意识，这属于哲学史上最著名的思考，因为它预示了一个更为著名的思考。根据奥古斯丁的观点，我不可能严肃地怀疑我自己的意识。我存在这件事，我也不会搞错："因为，我错故我在。也就是说，不存在的人是不会弄错的。因此当我产生错觉时，我恰好就是存在的。按照这个说法，我错故我在，如果'我错故我在'是确定无疑的，那么我怎么会在我存在这件事上搞错呢？因为我可能是那个被搞错的对象，所以即便我搞错了，毫无疑问我也不会把自己存在这事搞错。"[152]

直到千余年过去，这番细致的思考才会迎来一阵研究热潮，并成为哲学的全新开端。我们说的是笛卡尔和他著名的 *Cogito ergo sum*——"我思故我在"——三十年战争前夜，这位法国人在一间农舍里经过无前提的思考，似乎从虚无中得出了这一句话。由此，笛卡尔为哲学奠定了一个新基础——主体性的基础，并开创了一个新时代。相反，奥古斯丁决不涉及主体性思考的自我赋权。他只想表明，就像新柏拉图主义中已有的观点一样，人可以通过深入自省来接近真理。而这个隐藏在我们灵魂深处的真理则是——上帝！

好消息是，人的本性中，也确实**想要**去认识上帝。我们感受到一种渴望，要去认识我们自己，并达至我们真正的本质。值得关注的是，奥古斯丁将这一渴望称为**爱**。在所有"我们想要"的开端都是对自己的爱（*amor*），以至于人们甚至能够将爱与意志相提并论。**我们爱我们想要的东西，我们想要我们爱的东西**。尽管恩典学说为意志自由设置了严格的界线，让意志自由变得根本不可能——但在奥古斯丁的意志作为自爱的理念中，闪现过一个非常现代的观念。相比于所有古希腊哲学，奥古斯丁从心理上将个体的斗争与分裂描述得更为透彻有力。在柏拉图的车夫看来，野马乃是不同的灵魂诸部分，这些部分是

难以驯服的，因为它们寻求不同的道路。在奥古斯丁那里则相反，（灵
魂）中间的分裂是由意志自身造成的。这位车夫不知道他应该驶向何
方——这个冲突，冷静客观的希腊哲学并不了解。

随着年岁的增长，认为对善与正确的认识是对过去所见之事的再
回忆，这个观点在奥古斯丁眼中越来越值得怀疑。对他来说更重要的
是，若没有上帝，更高级的知识、强大的意志决定就绝无可能。所以
他在一些文章中以异常现代化的方式对语言做出了怀疑。人们到底能
通过语词认识真理吗？在彻底的分析后，他得出结论：语词不是达到
真理的特权通道，它顶多对"回忆"和"提醒"有用。因此，神圣启
示的所有高级知识一直保留下来，却没有被领会。关于理念如何从上
帝的意识达到人类的意识这一问题，最后的答案恰恰是这样的：通过
启发（Illumination）！只有得到上帝之光照亮之人才有可能接近真
理。虽然在每个人身上都能找到这神圣启发的闪光，然而唯有被选中
之人可以恰当地利用这神圣的知识之光。多数人却都没能做到。这种
受到照亮的洞察保持为一种罕有的善，它将被选中之人与劣等之人分
离开来。

上帝之国与尘世之国

410 年，不可思议的事发生了。奥古斯丁正处在权力与影响的顶
峰，基督教成为罗马帝国国教已有 30 年，教会在神学和政治上比以往
任何时候都要稳固——然后罗马失陷了！哥特人的统帅亚拉里克一世
（Alarich I.）带着他的士兵攻陷了这座城市，将其洗劫一空。

这不仅是对罗马帝国的沉重一击，也是对基督教教会的沉重
一击！教会的思想家，比如凯撒利亚的尤西比乌斯（Eusebius von

Caesarea）连同他的《基督教会史》（*Kirchengeschichte*），以及他之后的哲罗姆教父，不都热衷于永恒的基督教的"永恒"之城？基督教好不容易终于实现了它在帝国的独家代言的要求，这座城市就陷落了——彻底离开了基督徒的至善的上帝。如果罗马诸神曾庇佑这座城市 800余年，那么基督教上帝显然在第一个大挑战时就不灵验了。

虽然罗马的陷落没有终结基督教教会在帝国的权力，但它要求一个神学解释。奥古斯丁也接受了这一挑战。起先他委托学生奥罗修斯（Orosius）写一部人类灾难史。他想表明，罗马的陷落不是个别事件，而是一个无限系列的一部分。奥古斯丁自己则历时 14 年创作了一部巨著，以解释教会与罗马、精神权力与世俗权力，以及神之王国与尘世王国的关系。这部关于上帝选民的著作叫作《上帝之城》（*De civitate dei*），成书于 426 年，德语名为 *Der Gottesstaat*。作为国家哲学的论著，该书在今天与柏拉图的《理想国》当同属一类，尽管严格讲来，它根本没有任何乌托邦的内容。无论是上帝的神圣王国，还是人类的尘世王国，都没有经由奥古斯丁而得到一部组织宪法。上帝之国——"耶路撒冷"——根本不是一个国家，而是一个没有国家机器的完美天堂。相反，尘世诸国——"巴比伦"——是如此低劣且无足轻重，以至于它们的宪法根本不重要。

如伊壁鸠鲁、西塞罗和一些斯多亚主义学者一样，奥古斯丁也认为尘世诸国是以某个"契约"为基础产生的——正如已经提到过的，这是一个极其现代的想法。然而这位希波主教所谈论的契约不像现代政治哲学的契约基础那样，是享有良好声誉的、公平的或理想化的。在奥古斯丁那里，我们看到的不是理想主义，而是他对人类诸国之成立的傲慢讥讽。因为，对他而言，尘世间不存在获得真正正义的机会：

取消了正义的王国除了是一个巨大的匪帮还能是什么？所谓

401

402

匪帮不就是一个小小的王国吗？这也就是一群人，他们按照首领的命令行事，按照约定结合成共同体，按照固定的协议来瓜分赃物。如果这个邪恶的共同体通过吸纳堕落之人得到壮大，攻城略地，建立分支，夺取城市，征服民众，那么它名副其实地就是一个王国。显而易见，支撑这个匪帮的并不是诸如逐渐消失的贪欲，而是得以实现的不受惩罚的特权。[153]

尘世之国一般情况下都是由犯罪的和好斗的一群人建立，他们从其他人那里掠夺了土地——哪一位研究罗马帝国、封建时期的欧洲诸国或者美国的诞生的历史学家会否认这一点呢？

尘世的国家建立总是一种暴力行动。在这一点上，奥古斯丁大概是对的。他站在了新阿卡德米派（如卡尔内阿德斯）和斯多亚派（如西塞罗）的肩膀上，只不过无论是卡尔内阿德斯还是西塞罗，他们在解释尘世国家缺少的正义时，都没有像这位希波主教一样，追溯到原罪。对于他来说，世俗共同体生活的堕落绝对要归结于亚当享用苹果这件事。否则这个被认为距离上帝如此遥远的世界，为什么会被如此不公正地分割，就如那些现存的各国一样？同时，奥古斯丁在尘世国度里还认识到恶的细微差别。即便真正的正义保留在圣城耶路撒冷，人们也应该尽力实践之，哪怕是一点点。统治者应该遵循基督教价值观，应该睿智而慈悲，并且须臾不忘地传播基督教，让一切反对基督教的人闭嘴。

关于尘世之国和上帝之国的这个双重国家学说，与其他很多理论一样，并不是奥古斯丁的首创。耶稣和早期基督教显然也深信上帝的国度即将来临。他们的希望以**末世论**的形式指向如此切近的拯救。另一个灵感来源大概是摩尼教。即使奥古斯丁猛烈地迫害摩尼教徒，但过去作为摩尼教徒的 11 年，在他身上并非没有留下痕迹。他一再将善与恶、拯救与罪当作乍看之下旗鼓相当的力量来对比。相较之下，奥古斯丁的新颖之处在于极端化，他极端地将生活的意义向彼岸转移。罗马也有可能衰落，但上帝之国不会被任何世俗威权所动摇，神圣耶路撒冷的城跺永不坍塌焚毁。所以这位基督教神父，应当会借用普罗提诺的话从容评价罗马的毁灭："若一个人将树倒石落和有死之物的死亡视为伟大的事，他就不是一个伟大的人。"

公元 430 年 8 月，奥古斯丁在年届 76 岁之际，死于家乡非洲的希波城。此前在《上帝之城》一书中，他还设法借助性欲来确证他倍受争议的恩典学说。他再度专心研究他的个人生活：肉身意志和灵魂意志的冲突。这位垂老的主教写道：没有比在性欲上更能察觉到人性之腐坏的了。当亚当和夏娃吃下知识之树的果实，他们认识到，他们正赤身裸体。然后他们做了什么呢？他们感到羞耻！那么这种羞耻无疑是性欲的结果。

对奥古斯丁来说，其缘由并不难找到：我们的所有意志受理智控制，而不是性需求和性器官。我们变得激动，尽管我们常常不想要如此。我们有时想要激动，但激动不起来。我们体内的这股力量不顺从、不受控制，它是原罪的土壤，以及原罪在人身上这一当下状况最可靠的证明。没有其他基督教神学家，也大概没有古希腊哲学家，像奥古斯丁一样以相同的暗示性方式谴责性欲，视其为恶。他的原罪学说变成了基督教的原罪：经过数千次反复对肉身妖魔化，还伴随着心理伤害，而有无数人一直到 20 世纪还深受其害……

404

罗马的覆灭与慰藉

奥古斯丁去世之际，日耳曼民族中的汪达尔人包围了希波。不到

十年时间，汪达尔人就全面占领了罗马帝国的这个非洲行省。从 395
年就分裂出去的东罗马帝国熬过了这段时间的纷乱，而西罗马帝国则
解体了。自 5 世纪起，中欧地区蛮族横行，将无数日耳曼族人逐出他
们祖居之地。瞬息万变的局面下，羸弱的西罗马帝国皇帝与从北部侵
入帝国，袭至意大利地区的日耳曼军队统帅结成联盟。到 5 世纪中叶，
西罗马帝国就不再是帝国了。455 年，汪达尔人洗劫了罗马。这座城市
第二次毫无防御地落入日耳曼入侵者手中。

在昔日帝国领地的北部，高卢和日耳曼地区，法兰克人和哥特人建
立了新王国。后者于 488 年在国王狄奥多里克（Theoderich）的带领下迁
往意大利，并打败了日耳曼统帅奥多亚塞（Odoacer），奥多亚塞曾在过
去的 12 年里扶持着末代罗马皇帝。狄奥多里克是基督徒，但和其他皈依
基督教的日耳曼族首领一样，他是一名阿里安派信徒（Arianer）——他
否认耶稣的神性。在东罗马带着怀疑的容忍下，这位哥特人作为罗马元
首（princeps Romanus）在拉文纳统治了西罗马帝国 30 余年。

罗马上层人士波爱修（Boethius，约 480/485—524/526）是其统
治的最重要支持者之一。波爱修是当时最有教养的人之一。他也许是
我们的最后一位古代晚期的学者，几乎了解并精通古希腊哲学所有流
派——远超奥古斯丁。他的目标是将所有保存下来的柏拉图和亚里士
多德哲学翻译成拉丁文；但他身居高位，这妨碍了这一计划。最终他只
完成了亚里士多德逻辑学著作的翻译——这带来一个让人叫苦的后果，
即之后的 700 年间，亚里士多德一直仅作为逻辑学家为人所知。

尽管和他的国王狄奥多里克一样是基督徒，波爱修却生活在柏拉
图主义和新柏拉图主义哲学的精神中，他意图借助亚里士多德哲学与
这两者达成和解。波爱修坚决地否定了奥古斯丁的恩典学说。为此，
他详细研究了耶稣的神性这一重大的争议性问题。在东罗马看来，耶
稣是三位一体的一部分，并因此是神。在西罗马教皇看来，耶稣不仅

拥有人的本性，也有神的本性。在坐在罗马皇位上的西哥特国王看来，耶稣只是一个杰出的人类。这些看似拘泥于细节的东西导致了敌对阵营和政治对立，这和今天伊斯兰世界什叶派和逊尼派之间的冲突几乎没什么不同。

波爱修借助逻辑学的精巧工具对这一问题做出剖析，为"个人"（Person）和"本性"（Natur）下了定义，将东罗马和教皇再次聚在一起。在狄奥多里克看来，这一新的结合就是大逆不道——这威胁了他的权力。麻烦和纠纷接踵而至，这位哥特国王没有犹豫很久。他下令逮捕了波爱修，将他智识上的"单人智囊团"送上法庭。

在波爱修临刑前的数月间，他困于囚牢之中，提笔写下一部畅销书:《哲学的慰藉》（Consolatio philosophiae）。古代晚期没有其他任何书能像这部作品一样，有这样多的版次、如此众多的译本，同时还有如此长远的影响历史。这是一部怪异的书。死亡迫在眉睫，波爱修撰著了一部虚构的仿古体著作。"哲学"如一个人一样出现，它能安抚满腹牢骚的波爱修。如果这个世界还是受到人类如此卑劣狡诈的统治，那么哲思之人就处于万物之上！通过摆脱俗世的烦忧、欲望和痛苦，完全朝向自身，并由此朝向自身中更崇高的部分，他寻找，并找到了与自然和理性的谐调。无所谓尘世中发生了什么，最终人类在一个善与爱的神性世界中感受到自身得到了升华。

波爱修的慰藉是一部希腊哲学精选集:柏拉图对宇宙的构想与亚里士多德对形式和质料的思考，以及斯多亚派骄傲的泰然自若，汇合在一起。这一切共同为一种新柏拉图主义哲学添枝加叶，在这样一种哲学中，人类通过自省努力上进，直至神性的太一。对基督教徒来说，这是一部十分不符合基督教的书，相较于奥古斯丁要更接近普罗提诺。波爱修避免了所有基督教的暗示，没有引用任何圣经典故。又一次，是人类自身经过思考解救自身，而不是通过仅降临于选民的上帝恩典。

尽管波爱修生活在一个几乎没有新的哲学思想成果的时代和世界，他在诸多方面仍影响了中世纪哲学。他的逻辑学著作后来引起了所谓的共相之争，这在下一章会提到。此外，波爱修尝试借鉴普罗提诺为上帝存在做出证明，这启发了坎特伯雷的安瑟尔谟（Anselm von Canterbury）的著名证明。他设置了数学化的学科"四艺"（*Quadrivium*）：算术、几何学、音乐理论和天文学。这四艺后来构成了中世纪大学学习的基础。

一位托名亚略巴古的狄奥尼索斯（Dionysius vom Areopag）的不知名的同时代人，与波爱修一样对中世纪有着巨大的影响。狄奥尼索斯是一个雅典人的名字，据保罗的《使徒行传》记载，他是保罗在那儿传道时皈依基督的。不管这个事件是否属实——5世纪晚期或6世纪早期，这个自称"亚略巴古大法官狄奥尼索斯"的，无论如何都完全是另一个人。教会将对尘世和天堂所有人的详尽描述归功于他。"狄奥尼索斯"为所有宗教职业做了分类和分级。他对天使也做了同样的事——天使被置入一个垂直的秩序体系中，这个体系像幽灵般贯穿整个中世纪，甚至还被诸伟大思想家（如托马斯·阿奎那［Thomas von Aquin］）视作模板。

这位可疑的"伪狄奥尼索斯"影响深远、举足轻重，因为他引用圣经为新柏拉图主义者普罗克洛斯（Proklos）的作品润色，如此一来搭筑了一架通往基督教的桥梁。此外，他用一种不太寻常的方式将普罗提诺的"太一"和基督教的上帝融合在一起。在普罗提诺看来，"太一"如此不可言传地完满，以至于人们不能用任何形容词来描述它。它既不是"善的"，也不是"公正的"，也不是"智慧的"，等等——所有这些词语都太渺小了，而不足以描述"太一"。伪狄奥尼索斯正是把这一点转用到基督教上帝那里。上帝也是如此崇高地凌驾于一切之上，没有描述适用于他。我们看一眼圣经，上帝像人类一样出现，他生气，

发怒，惩罚，原谅，派遣儿子到尘世，如此等等，这明确无疑地展现
出伪狄奥尼索斯如何在这一点上与基督教相去甚远。通过他关于一个
无特性上帝的言论，普罗提诺的"消极神学"被很容易地移植到基督
教中——在此，"消极"意味着"不可确定"。9 世纪，伪狄奥尼索斯出
于偶然为中世纪所发现，为数不少的大思想家随后又将追溯到他的消
极神学。

即使对奥古斯丁恩典学说的怀疑还未完全消失，除了神性之启悟，
还有更为人性的救赎之希望在闪烁，但接下来几个世纪里作为"基督
教"的东西，仍然在 6 世纪差不多被固定下来：这就是基督教及其教会
在真理方面的**绝对代言资格**；以唯一善的上帝统一体代替善恶二元论；
三位一体学说，据此圣父、圣子、圣灵既是三个，也是同一人格；**基督
的神性**，这让他远超一个杰出人类之上；**原罪学说**，据此亚当的罪行使
人类堕落，而基督拯救了人类；**恩典学说**，据此上帝拯救哪个人要听凭
上帝的决定；与新柏拉图主义的区别，因这一区别，人类**不能通过自己
的力量**来接近神性的一。还有奥古斯丁将世界划分为**两个王国**，即神
圣王国和尘世王国。

然而教会在尘世中扮演着怎样的角色呢？罗马陷落之后，它应该
从与尘世的交往中抽身而退吗？它应该与世俗国家合作来经营自己的
事业吗？或者它就应该追求尘世的统治权？伴随着这些问题，一个新
时代即将到来。关于这个时代，没有人能知道，人们将一度视它为一
段长达千年的"中间阶段"（Dazwischen）——这就是中世纪……

中世纪哲学

PHILOSOPHIE DES MITTELALTERS

ERKENNE DIE WELT

EINE GESCHICHTE DER PHILOSOPHIE

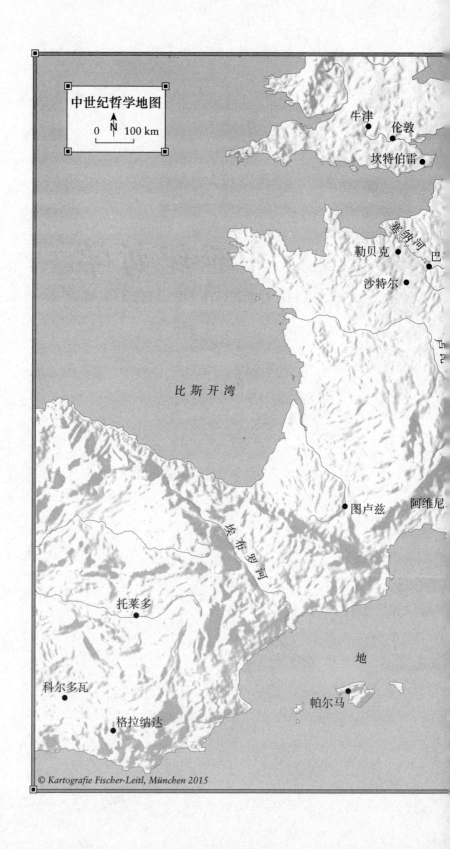

中世纪哲学地图

0 N 100 km

牛津 • 伦敦 •

坎特伯雷 •

塞纳河 勒贝克 • 巴

沙特尔 •

比 斯 开 湾

图卢兹 • 阿维尼

埃布罗河

托莱多 •

地

科尔多瓦 • 帕尔马 •

格拉纳达 •

© Kartografie Fischer-Leitl, München 2015

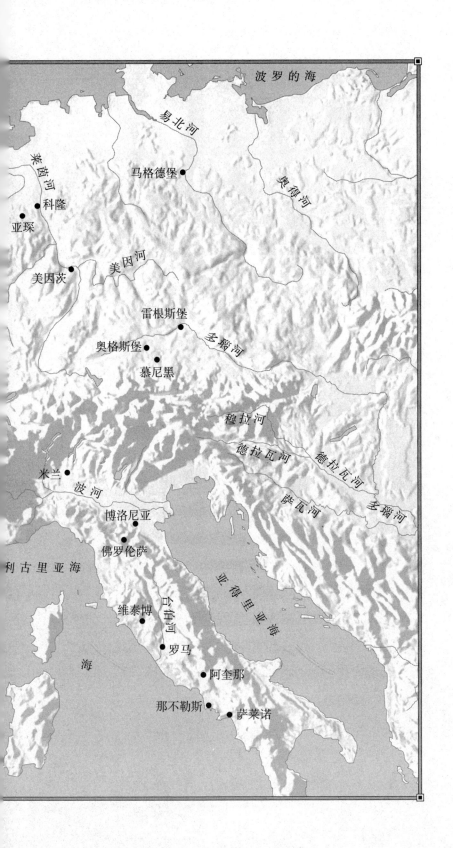

波罗的海

易北河

奥得河

莱茵河

科隆

亚琛

马格德堡

美因河

美因茨

雷根斯堡

多瑙河

奥格斯堡

慕尼黑

穆拉河

德拉瓦河

德拉瓦河

多瑙河

米兰

波河

萨瓦河

博洛尼亚

佛罗伦萨

利古里亚海

维泰博

台伯河

亚得里亚海

罗马

阿奎那

海

那不勒斯

萨莱诺

中世纪哲学家时间表

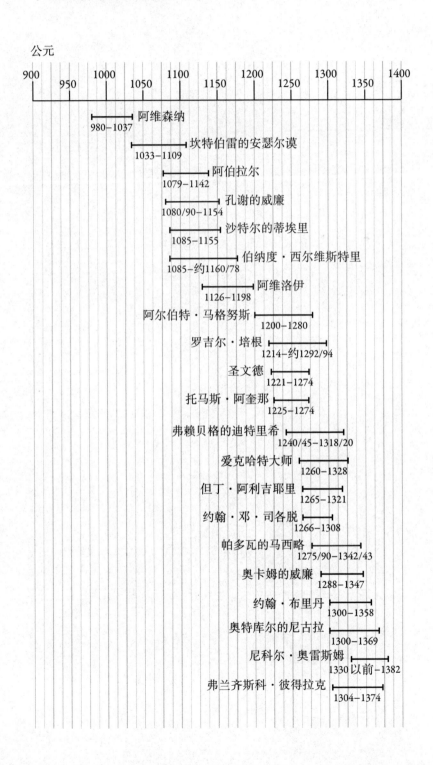

公元

900　950　1000　1050　1100　1150　1200　1250　1300　1350　1400

阿维森纳
980–1037

坎特伯雷的安瑟尔谟
1033–1109

阿伯拉尔
1079–1142

孔谢的威廉
1080/90–1154

沙特尔的蒂埃里
1085–1155

伯纳度·西尔维斯特里
1085–约1160/78

阿维洛伊
1126–1198

阿尔伯特·马格努斯
1200–1280

罗吉尔·培根
1214–约1292/94

圣文德
1221–1274

托马斯·阿奎那
1225–1274

弗赖贝格的迪特里希
1240/45–1318/20

爱克哈特大师
1260–1328

但丁·阿利吉耶里
1265–1321

约翰·邓·司各脱
1266–1308

帕多瓦的马西略
1275/90–1342/43

奥卡姆的威廉
1288–1347

约翰·布里丹
1300–1358

奥特库尔的尼古拉
1300–1369

尼科尔·奥雷斯姆
1330以前–1382

弗兰齐斯科·彼得拉克
1304–1374

在教会的阴影下

修道士、教皇、圣人——南北方国家的建立——爱留根纳，或自由意志——逻辑与信仰——上帝可以证明吗？——阿伯拉尔——玫瑰之名

修道士、教皇、圣人

公元 537 年 12 月 27 日，查士丁尼一世（Justinian I.）踏入了世界上最大的教会。仅仅用了创纪录的五年时间，这个东罗马帝国强大的男人就在君士坦丁堡建造了圣索菲亚大教堂。在直径为 33 米的巨大穹顶被安放在雄伟大气的中心建筑上之前，他早就颂扬了他的神，是那位神将这座建筑赋予了他，它甚至超过了传说中位于耶路撒冷的所罗门王的神庙。这位皇帝所无法料知的是：稍早于时代的变革，他的这座"圣智"大教堂在今天被视作古代晚期最后一座大型建筑物。

416　　　　这个穹顶历经了多次垮塌，562 年的平安夜终于覆盖到这座大教堂之上时，查士丁尼一世已经 80 岁了。精力正在衰退的他统治着地中海地区最大的政治统一体；这个帝国，包括了位于今天土耳其境内的君士坦丁堡、叙利亚、黎巴嫩、以色列、埃及、利比亚、突尼斯、阿尔及利亚、西班牙南部、意大利、克罗地亚、马其顿和希腊。地中海沿岸的整个地区，只缺少了今天的摩洛哥、西班牙北部和法国南部的沿海区域。

　　　　但是光鲜的外表具有欺骗性。尽管这位皇帝为他的帝国制订了一部统一的新法，《查士丁尼法典》(Codex Justinianus)；直至今日这部法典仍塑造着我们对于"罗马法"的印象。但是查士丁尼在地中海地区的征服地，迦太基、西西里岛、罗马和拉文纳，很长时间内并没有被有效统治。首先是在意大利，东罗马的军队事实上仅仅统治了东北部一块可掌握的地区。这个国家的其他部分被留给了东哥特人与最后越过阿尔卑斯山入侵的伦巴底人。在希腊的北部，阿瓦尔人威胁着边境，斯拉夫游牧民族的统治区域从波罗的海直至伏尔加河。东南部波斯人虎视眈眈，这是罗马人永恒的强大敌手。而在帝国几乎所有地区，鼠疫都在扩散，那些大型沿海城市的人口首当其冲地在减少。

　　　　在内政上，这个帝国也面临一场考验。尽管东罗马帝国的基础结构通过其对世俗力量和精神力量的统合得到了很好的改善。大约有2000 位基督教的主教居住在香火旺盛的大教堂内。他们代表了统治区域所有省份内的皇帝的权力。然而教会本身却发生了深度的分裂。主教们越是深陷于世俗的交易，也就越不会被尊奉为宗教的典范。在帝国的东部，真正的信仰领袖是那些禁欲主义者。他们生活在城市之外417　的沙漠和荒野里——生活得无欲、断念并且"神圣"。基督教的生活方式保证了他们的永生。奥古斯丁的恩典学说从未到达叙利亚的沙漠、安提阿的高山与加沙的沙丘。

官方教会的势力受到了限制。有损于教会的，并不仅仅是那场关于耶稣是人、是神抑或两者都是的无穷尽的古老争论。在以弗所和卡尔西顿（Chalcedon）举行的大公会议，尽管已经在449年和451年将耶稣作为神和人的不可分离的双重本性确定下来，却无法使争议各方满意。埃及和叙利亚的**一性论者**（Miaphysiten）仍然对作为神的耶稣的唯一（*mia*）本性（*phýsis*）起誓。那些得名于其早先的创教者聂斯托利的聂斯托利派（Nestorianer）则遵循阿利乌（Arius）的传统，坚持认为耶稣始终还是一个人。查士丁尼在两种立场之间疲于应付。这两种信仰方向此后都长期存在，聂斯托利派至13世纪，而一性论者甚至时至今日在科普特基督教会以及更多独立的东正教会中还存在。

无论如何，查士丁尼的国家仍然是一个帝国。在西方，基督教界的总代表想去操心皇帝的事务。4世纪以后，罗马的主教被称为教父或者教皇。这个头衔很长时间内还不是专属的——其他的主教也如此被称呼。教皇并不支持任何既有的世俗国家，而是据有一片脱离控制的土地。因此他不得不在长达30年的时间里别无选择地与阿里安派信徒狄奥多里克达成妥协。查士丁尼的军队发动了一场针对哥特人和伦巴底人的毁灭性战争，虽然取得了战争的胜利，却没有获得对西方的统治权力。仅仅15年之后，意大利的绝大部分都落入了伦巴底人之手。从此之后意大利就不再是一个国家，而是伦巴底军阀治下的一个松散的管辖地。

568年，东罗马士兵永远撤离出意大利时，年轻的罗马人格里高利（Gregorius）成了罗马元老院的议员。七年之后，这位出自德高望重的贵族家庭的后裔在政治中认输，定居在宁静安逸的西里欧山上的家族别墅内。在这里，罗马中部地区，他遵循努西亚的圣本笃（Benedikt von Nursia，约480—547）的典范，建立了一座本笃修道院。在西罗马帝国的领域内，脱离世俗生活的基督教避世者很少独自栖身在荒野之中。大多数时候他们都结成小群体，以便像修道士一样生活，即便"君主"（*monarchos*）这个词是从"孤独"（*monos*）一词中得来的。这种修道士团体不是圣本笃的发明，但是他赋予修道院制度以严格的规则，这些制度成为很多修道院的典范。

格里高利当修道士的时间并不长。579 年，他成为君士坦丁堡教皇的特别公使。那里的官方语言是希腊语，格里高利并不精通这门语言。尽管如此他还是在东罗马的宫廷里待了六年。590 年，格里高利成为教皇，自此之后这个头衔就专门留给了罗马的主教。格里高利治下，教皇的权力以迄今尚不清楚的方式得到了加强。异教徒在无情的暴力之下被迫皈依，传教士被派遣到尚未开化的不列颠。在此期间，格里高利在高卢和西班牙与两个具有自我意识的日耳曼国家周旋。法兰克的国王成为基督徒大约已经有 90 年的历史了。而在格里高利成为教皇的前一年，位于西班牙托雷多的西哥特国王雷卡雷德一世（Rekkared I.）发誓与阿利乌教派断绝关系，转而皈依罗马的天主（整体上的）教会。这两个王国富足而稳定，较少受到教皇的制约。如果罗马的主教想要至少维持对西方基督教界的控制，就必须强化他的主教地位。

格里高利——后来获得了置于名字之前的"大"的尊称——为身居宗教要职者写下一部规则手册（《牧灵准则》[*Regula pastoralis* 或 *Liber regulae pastoris*]），此书是要说明，信徒的灵魂应当如何受到神职人员的引导。这部著作影响颇大。格里高利规定，主教要掌管灵魂。圣徒并非在孤独的状态中履行这一职责，而是要在主教教区具体的权力实施过程中！通过《牧灵准则》，教会将其掌管人们灵魂的职责固定下来，并且由此也掌管俗世的行为。神职人员作为世俗中的牧师就能够成圣徒，甚至比通过离群隐居还要容易。

按照这一新的解释，很多教会中的身居要职者经过或长或短的时间都成了圣徒。迄今为止对圣徒的敬奉更多发生在殉道者和具有魅力的非教会人士身上。每个地区都有它的圣徒和守护圣徒。教会承认这些圣徒，并且尽力支持这些敬奉活动。由此它就满足了明显尚未消失的对多神信仰的需求——根本上是那些"异端"宗教的一种残余。那种随处可见的对于魔法的崇拜也属于此。教会发现和发明了这种崇拜的对应物，即圣徒骸骨、圣物，从中他们获得了巨大的经济利益。通过格里高利，圣徒很自然地大量涌现。从此以后，每一位牧师因公务至少应得到一个圣徒的身份。格里高利本人后来也被封圣了，尽管情况本不该如此。

通过官方的新的圣徒身份，教会人员在原先西罗马帝国的整个范围内地位骤然升高。就像本笃会修道院的院长作为严格的、监督一切的父亲控制着所有修道士的灵魂生活一样，按照格里高利的意愿，主教也应该这样掌管他的主教辖区。教皇的著作成了广泛传播的入门手册以及教会权力实施的合法保证。

自奥古斯丁以来，没有人像格里高利那样如此深刻地影响了教会的自我认识。而与两百年前希波的主教不同的是，那位坐在圣座上的高贵的罗马人，不再是一个受过全面教育的人。奥古斯丁尽管已几乎不识希腊文，但是至少研读过希腊哲学的拉丁文译本。对于整个西方世界而言，源于希腊的、几乎涵盖一切的博学传统在波爱修之后就终结了。在他之后的很多个世纪中，几乎没有哪位著名的西方思想家能够全面掌握希腊哲学700年的传统。

从波爱修直至11世纪，"哲学"是什么？是少量拉丁经典作家的文本，诸如西塞罗和塞涅卡。波爱修翻译的亚里士多德的逻辑学著作也属于此。此外还有在寺庙中"以哲学的方式"进行的沉思，出自奥古斯丁著作的一些段落组成的读物可能也算。但这就是所有了。自此之后，西方世界不得不面对那些数量上具有压倒性优势的、质朴直接且具有高度说服力的教会意识形态著作，就像格里高利的论著那样，而非哲学——一场灾难性的损失和智识上的荒漠化！在西方历史上，这样一场衰败是独一无二的。

教会所关心的始终是，以多样的方式系统化地传播它们新的信仰指导。生产这类书籍的地点是寺庙。修道士学习拉丁文的语法，以便阅读和书写，他们也学习生产羊皮纸。不再有私人图书馆，书籍在寺庙中制作，且大多数时候也保留在那里。7 和 8 世纪，即便是高卢、西班牙和不列颠最大的图书馆也只有不超过几百本书。对比着想想亚历山大图书馆的数十万书卷，它们当时储存着世界上的知识。与此相反，教会官方的书籍生产只是极为缓慢地得到推进。一座寺庙需要 2100 个羊皮纸卷，以便誊写格里高利的全集，这是中世纪早期最为常见的书籍。这个大型的手写本总重差不多有 50 公斤，与大圣经差不多。

拉丁语是西方神职人员书写所用的语言，对于几乎所有人而言它都是一门外语。它是教会和管理部门的语言。普通民众说凯尔特语、法语、哥特语或伦巴底语。希腊或罗马的哲学家不会面对类似的问题，他们不必完全从头学习一门新的语言，以便让其他学者理解。基于所有这些情况，7 和 8 世纪几乎没有产生重要的哲学，就毫不奇怪了。我们将西欧的外来民族的后代视为文化上有待发展的国家，这些外来民族击溃了原先衰落的帝国，但是却没有成为其继承人。因此这个时代最大的帝国也没有建立基督教的教会，而是成了基督教迄今为止最强的对手……

南北方国家的建立

大格里高利于 604 年去世。同一时间，在地中海地区的另一个角落，即阿拉伯的麦加圣地，占统治地位的商业民族古莱什族的一位族人看到了一个幻象。天使吉布利勒向穆罕默德显现，启示了他的使命，即传布真主的真言。这块多产的亚伯拉罕宗教的温床再度孕育出一种新的选民。与耶稣一样，穆罕默德也是众多感受到并传布这样一种天职的人中的一员，一开始看起来同样几乎没有成功的希望。当时的麦加是一个广受推崇的朝圣之地。形形色色的信徒来到这个城市，目的是为了在天房（Kaaba）向他们各自的神祇致敬。古莱什族在这种朝圣之旅中获利颇丰。而穆罕默德对此表示抗议，他只认安拉为唯一的神，这一点使他很快就无法在家乡继续待下去了。

穆罕默德与他的追随者一道迁移到 400 公里之外的亚特里布绿洲（Oase Yathrib），即后来的麦地那。这位古莱什族人的后代建造了一座清真寺，并且创立了一种新的信仰，即伊斯兰教（Islam，意为"献身"）。最初他对麦地那的犹太人和基督徒非常友好，而他自视为他们信仰的完成者。过了一段时间之后争端才出现。穆罕默德处死了反抗他的 500 名犹太人。

穆罕默德和他的追随者以及盟军贝都因人以暴力制服了古莱什族。630 年，他带着大约 2000 名穆斯林进军麦加。在阿拉伯半岛上，这种形式的部族世仇司空见惯，而在政治上几乎达不成什么一致。

632 年穆罕默德去世后，情况才得以改观。他的继任者们突然意识到，情况对他们而言是多么有利。由于受到相互间无穷尽的战争的消耗，东罗马帝国和萨珊王朝这两大强国都被大大削弱。穆斯林利用了这一真空。这些借由这种新宗教历史上第一次临时拼凑统一的部落，从阿拉伯半岛的沙漠出发，向北推进。临时拼凑的主要原因是，穆罕默德的继任者阿布·巴卡尔（Abu Bakr）和阿里·伊本·艾比·塔利卜（Ali ibn Abi Talib）相互敌对；这场争论时至今日仍然将他们的追随者，即逊尼派和什叶派分隔开。阿布·巴卡尔的继任者乌马尔（Umar）首先被证明是成功的统帅。作为第二代哈里发（穆罕默德的继任者），他将他的战士派往巴勒斯坦、埃及、叙利亚以及伊拉克。萨珊王朝在穆斯林的攻击下崩溃了，而东罗马帝国也遭遇了沉重的失败。其国家收入的四分之三都落入了这些信仰斗士之手。穆罕默德去世后的十年间，乌马尔就已经统治了一个帝国。从一个暴力组织开始成为一个强大的国家，从一个地区性信仰开始成为一个世界宗教。

但与基督徒相比，穆斯林相对比较宽容。只要其他宗教的信徒对他们新的统治者表现出恭顺的态度并交纳税赋，穆斯林就允许他们继续保持自身的信仰。怀着对其宗教和军队优势的自信，穆斯林继续向亚美尼亚挺进，将之从东罗马帝国的统治下抢夺过来。阿拉伯人得到了摩洛哥，后来得到了整个北非。711 年，他们在西班牙登陆，摧毁了那里的西哥特王国，并且设立了安达卢西亚哈里发，后来成为科尔多巴酋长国。这些捍卫信仰的战士翻过比利牛斯山脉、穿过法国南部时，才遇到一个势均力敌的对手。732 年在图尔和普瓦捷的争夺战中，法兰克人卡尔·马尔特尔（Karl Martell）战胜了一支打家劫舍的阿拉伯军队。阿拉伯人的版图延伸到巴利阿里群岛和西西里岛的占领地后，在接下来的时间里就不再扩张了。尽管如此，接下来的一百多年里，它仍是世界上最大的国家，比残存的东罗马帝国大十倍。

然而仿佛是在阿拉伯风暴未有触及的一个角落里，出现了一个配角式的、面积小得多的新帝国：法兰克王国，他们将阿拉伯人阻挡在了法国。418—814 年间，法兰克的统治者，从克洛维一世（Chlodwig I.）到查理大帝（Karl der Große），通过武力征服和野蛮入侵吞并了今天的法国、德国和意大利北部的整片区域。在那里基督教成为他们的主流意识形态，就类似于阿拉伯人的伊斯兰教。法兰克王国的主教辖区和修道院都被分派给皇帝的亲信和亲属，他们掌管着这些区域的权力。他们腰缠万贯，并且在处理异教的异端与基督教会之间的统一问题时，也机智万分。由此基督教在日耳曼国家通过拉丁语的文字传统获得了一种完全适合自身的样式。

对于教皇而言别无选择。他必须依靠法兰克王国，视之为基督教在西方的保护者。751 年，这位所有基督徒的精神首脑为法兰克国王矮子丕平（Pippin den Jüngeren）祈神赐福。按照古老的以色列习俗，被涂了圣油之后，法兰克国王现在就成了教会的赞助者。作为交换，他将从伦巴底人那里夺取的意大利北部和中部的大片土地送给教皇。丕平的儿子和继任者查理大帝通过与伦巴底、萨克森和阿瓦尔展开冷酷无情的战争，扩大了王国。被证明比开疆扩土更困难的任务则是，也要在内政上巩固法兰克王国。其统治区域中的大片地区被大片森林覆盖而人迹罕至。大多数农民生活在贫穷的状况之中，饥饿和贫困司空见惯。居住在亚琛的查理大帝于 800 年在罗马被加冕为罗马帝国皇帝，他投入大量的精力改善农业的种植方法，扩建修道院。到了他的继任者虔诚者路易（Ludwig des Frommen）的时代，法兰克王国有了 180 个主教教区首邑，以及 700 座较大的修道院。

建立具有统一语言的针对下一代教士的统一的教育体系，就属最重要的任务之一。查理大帝为他的教育革命找到了一个合适的人，即约克的阿尔琴（Alkuin von York），他从亚琛开始组织了一场伟大的变革。他怀着巨大的热情致力于在整个国家建立一种易于阅读的标准字体。尽管"加洛林小写字母"并非阿尔琴的发明，但是他最先使之成为标准。重要的还有，所有的修道士都书写在语法和正字法上都正确的拉丁文。阿尔琴想要以这种方式令官方的基督教信仰保持纯粹并且避免误解。同时他推广罗曼语系和日耳曼语系的民族语言。如果想要向俗人解释上帝的话语，这些语言是不可缺少的——重要的是，这些语言已经充分地与拉丁语规范语言混合在一起了。一方面是教会和政府的语言，另一方面是民间的语言，两者之间继续保持着分裂。

　　阿尔琴在后来所谓的圣像之争中找到了一种全民教育的妥协方案。在君士坦丁堡，一场激烈的争吵已经喧闹了很长时间，所涉及的是如下问题：人们是否可以敬拜圣像。对于圣像的敬奉是否像那些偶像破坏主义者（*Ikonoklasten*，意为"偶像破坏者"）所指的，就是一种偶像崇拜？抑或这是完全合法的，因为就像偶像崇拜者（*Ikonodulen*，意为"敬奉偶像的人"）所宣称的，上帝的神圣性也在他的像中得到显现？在实用主义的阿尔琴看来，这场争论不值得投入很大的热情。只要人们不将圣像与其表现的内容视为同一，就会反对圣像，为何如此？他在《加罗林书》（*Libri Carolini*）——一个受皇帝委托而做出的鉴定意见——中找到了对他观点的支持。这部作品将表现内容与表现对象分开，这符合逻辑也合乎理性。由此，圣像有可能并不神圣。然而它们在很长时间内还是合法的，因为它们对于宗教的扩散和传播有利——这是一个在西方无处不被贯彻的纲领。

　　与此相反，在另一个争论主题中，阿尔琴则几乎没有表现出宽容。西方教会也熟知关于耶稣神性问题的古老争论。西方的聂斯托利派自称为嗣子论者（Adoptianisten），并且按照阿里乌的传统进一步对此表示怀疑，即认为耶稣不仅仅是一个由上帝选中的、仿佛被上帝"收养"的人。阿尔琴在雷根斯堡、法兰克福和亚琛召开宗教会议，目的是将这些令人不快的教友判为"异端"。在对基督教标志的认同这一大问题上最终归于平静，尽管之前还有很长时间的争议。而接下来过不了很久，就会有完全古旧的和完全崭新的信仰争论……

爱留根纳，或自由意志

　　850 年，基督教的法兰克王国发生了一件前所未有的知识界丑闻。

导火索是宫廷语法学家约翰·司各特（Johannes Scottus）的一本书，这位爱尔兰后裔也自称爱留根纳（Eriugena）。在此期间，法兰克王国发生了分裂，秃头查理（Karl der Kahle）统治了王国的西部，就是今天不包含其西部省份的法国。他的主教兰斯的辛克马（Hinkmar von Reims）委托约翰·司各特撰写一份关于一场争论的鉴定意见，而这份意见很快引发了一场新的争论。

我们按顺序来说。两年之前，848 年 10 月，美因茨宗教会议的成员对修道士奥巴伊斯的高特沙尔克（Gottschalk von Orbais）判了刑。原因是高特沙尔克关于天命的观点，即**宿命论**。这位修道士完全在奥古斯丁的意义上宣称，上帝从一开始就规定了两种天命，哪些人以后会进天堂，哪些人会进地狱。这个观点不仅是传统的，甚至是一条教会的教义。但是在法兰克王国，时代变了。而奥古斯丁的恩典学说——这种学说将上帝解释为对于每个人的任意的、带有偏见的且不公正的评判者——在处于领导地位的传教士那里，并没有以其严格的形式得到完全的容许。那么人们应当如何劝诫进步、抱负和一种合乎伦理的生活方式，如果最终这些都无关紧要？很明显在法兰克的教士那里，流露出些微来自伯拉纠的历史悠久的反对意见，对抗的是希波主教的宿命论。人们召集了美因茨宗教会议，判处高特沙尔克终身监禁，并且在公共场合鞭笞了他。

但是主教们对于高特沙尔克事件的观点发生了分歧。一个人只是因为详细地复述了奥古斯丁就被判了刑，在很多人看来这一情形与教义传统的决裂过于巨大了。有鉴定意见认为要免除高特沙尔克的罪责。这种情况下，辛克马主教委托身在拉昂（Laon）的宫廷语法学家约翰·司各特·爱留根纳另写一份鉴定意见，以便调停这场争论。爱留根纳决定如主教和国王对此事的期待和希望那样去写：他将对高特沙尔克的判决解释为正当的。然而令人愤慨的是他的证明。因为爱留根纳是以哲学的方式而非神学的方式论证的，这令他的同时代人大为诧异。他既没有引用圣经，也没有依据教父的权威。尽管他接受了年轻时代、尚未被教条化的奥古斯丁的论证，但只是为了用以引出对晚期奥古斯丁的反对，并由此自由地哲思。

在爱留根纳看来，上帝是无限的完满，这类似于新柏拉图主义的看法。由此上帝的所有人性特征都被抽离了。这样一位上帝一开始并不确定要拯救谁或者谁要被罚入地狱，也不会事后有所指向。一位完满的上帝首先是无时间的，其次也不是任意的。任意性是人类世界的特征，我们不能将之投射到上帝身上。因此并不是上帝决定救赎，而是人自身——并且是通过他的生活方式。因此上帝赋予人自由意志。因为如果一个人不具有自由意志，那么他根本上就没有意志，而是类似于被远程控制着的。然而很明显，人不是这样的，所以他是自由的。如果一个人的行为正直、诚信、正派，那么他就接近上帝，反之，如果他的行为是不道德的且"有罪的"，那么他就远离了上帝。可以想想普罗提诺，他认为恶就是善的缺席。爱留根纳设想的地狱也与此相似。地狱并非一个充满烈火、折磨和受刑者的洞穴，而是单纯被看作不幸的远离上帝之地。

爱留根纳850年为自由意志所作的辩护，对于那样一个我们根本不相信会产生这样一种思想的时代来说，是一个令人印象深刻的文本。对于可怜的高特沙尔克来说，这是一篇危险的文字，但是对于整个人类，这篇文字是"具有启蒙意义的"，且有前瞻性的。显而易见，这个文本没有像大格里高利的作品一样成为畅销书。我们只能看到唯一一份手抄本。我们熟知的是特鲁瓦的普鲁顿修（Prudentius von Troyes）主教和里昂的艾尔兹迪亚肯·弗洛鲁斯（Erzdiakon Florus von Lyon）针对此文本愤怒的反驳，这些反驳认为爱留根纳犯了"致命的错误"并建议尽快让他停止恶行。如果秃头查理没有对这位拉昂的学者施以援手，那么他的处境不会比不幸的高特沙尔克更好。

然而爱留根纳却能够在不受逼迫的情况下继续工作。在对自由意志做了被当时的人认为臭名昭著的辩护 17 年后，他于 867 年发表了代表作《论自然的区分》（ *Periphyseon* ）。这部书是一些零星想法和名言的合集。一位老师和他的学生就创世和世界秩序进行讨论。教会的权威意见再一次仅仅被作为他自身思想的靶子。在他的时代，爱留根纳是极少数懂希腊语的知识分子之一。此前他已经将一份由拜占庭皇帝所赠的伪狄奥尼索斯的手稿新译成拉丁文。新柏拉图主义对他代表作的影响同样强烈。就像伪狄奥尼索斯所认为的那样，爱留根纳也认为上帝是不能被规定的。因此，所有赋予上帝以人世特征的尝试，都会失败。上帝不能被把握，而只能被体验，在这种体验中，神性之物在我们之中**显现**。

推进得很远，很符合新柏拉图主义。更重要的还有，爱留根纳认为人也不能简单地被规定。他难道不就是上帝的摹本，因此同样是深不可测的吗？在我们的意识中，在我们的理性和我们思想的力量中显现的难道不是整个世界？难道我们并非首先是具有神性特征的存在，而非可怜的罪人？为了将人从一切神学的束缚中解放出来，爱留根纳付出了极大的努力。带有人类命运先定说的恩典学说被抛弃了。作为酷刑室的地狱也被废止了。希腊人那种自信的人类形象再度复活。即便我们由于亚当的原罪被逐出天堂，我们的精神却仍然以自然的方式努力接近上帝，并且可以凭借自由的行为达到这一目的。在长达 350 多年的时间里，这一观点在基督教的世界里被允许讲授，并且悄悄地流传——即便这种情况的发生极为罕见。直到 1225 年，教皇出面干预，反对爱留根纳的观点，并且基于或新或旧的争议焚烧了他的著作。

429

逻辑与信仰

爱留根纳关于人及其自由的现代化看法并没有被普遍接受。他思想中的明亮和清晰就如一团巨大黑暗中意外的磷火在我们面前一闪而过。中世纪早期和中期的教会的想法并没有延伸到如此之远，即将一个人从他作为罪人卷入的纠葛中解放出来。他们操心的事完全不同。分裂的法兰克王国瓦解了。萨克森人奥托大帝（Otto der Grosse）在欧洲中部建立了一个新帝国，后来人们称之为神圣罗马帝国。中欧和西欧的安宁持续了几十年。随后爆发了一场新的建立国家的浪潮。

1000 年，年轻的国王奥托三世（Otto III.）统治着中欧。他皇冠上的八角形环囊括了整个世界。八代表着"天"和"地"，每块宝石包含了一种美德。他的权力巨大，甚至教皇都是他忠实的追随者。这位教皇就是他以前的老师，聪明而狡黠的学者欧里亚克的格伯特（Gerbert von Aurillac），后来被奉为教皇西尔维斯特二世（Silvester II.）。作为数学家，他发明了算盘，并且是最早使用阿拉伯数字的人之一。他也曾专心研究星盘，并制作了一个天球仪。然而皇帝和他的教皇都在短暂的统治之后去世了。

在北方和欧洲文化圈的东部，当时有一大群"伟大的"和"神圣的"国王建立了他们的伟大帝国。这些国王来自诺曼底，来自斯堪的纳维亚半岛，来自波兰，来自波西米亚和匈牙利，来自俄罗斯，以及来自保加利亚：征服者威廉（Wilhelm der Eroberer）、神圣的奥拉夫（der heilige Olaf）、神圣的克努特（der heilige Knut）、伟大的博列斯拉夫（der große Boleslav）、神圣的弗拉迪米尔（der heilige Wladimir）、神圣的文策尔（der heilige Wenzel）、神圣的斯蒂芬（der heilige Stephan）以及伟大的西米昂（der große Symeon）。所有这些国王都生活在 10 和 11 世纪，他们机智灵活地与教会达成一致，并且在他们的领土上第一次建立了类似于"民族国家"的帝国。

这些帝国的建立都付出了牺牲的代价。战争的破坏不断扩散。装备精良的战士穿着锁子甲，手持沉重的盾牌、长矛，戴着铁头套，他们为了国土使用暴力。然而发生在战役中的残酷死亡只是无处不在的人生终结的一种类型。平均的预期寿命大约是 30 到 50 岁（在欧洲直至 19 世纪，在其他地方直至 20 世纪仍然保持如此低下的水平）。一个 40 岁的人就是位老人了。教皇英诺森二世（Innozenz II.）1195 年前后修改了《旧约》中"诗篇"第 90 篇第 10 节的表述，即人会达到 70 到 80 岁的年纪："现在少数人能活到 60 岁，极少有人活到 70 岁"——而他自己是在 56 岁去世的。

无处不在的死亡笼罩着生活。如果一个人病了，他生命的结束就很快了。这种对于生命的态度在哲学和神学中留下了痕迹。从 12 世纪开始，主教堂学校进入城市，与通常位于乡间的修道院竞争。这是一个飞速城市化的时代。当乡间的农民在封建制度统治下唉声叹气时，城市中新的共同体形式则正在形成。首先是商人和手工业者在这里获得了影响力和权力。类似于近 1500 年前的雅典，城市中旧有的封建体系和新的有产市民之间爆发了冲突。一方是教士和贵族，另一方是新兴的具有自我意识的市民阶层，两方之间产生了时而流血的权力斗争。就像在古希腊，生意人和工商业者组成的新阶层也以理性的目的合理性行动。就像对买进和卖出、生意和盈利的计算与算计要符合逻辑一样，根据这一理想，社会中发生的事同样应当理性化。

逻辑、理性、透明：当神圣罗马帝国的德意志皇帝与教皇在"叙任权之争"（1076—1122）中对欧洲的统治争吵不休时，征服者威廉则从 1086 年开始将国家中的地产绘制成地图。《末日审判书》（*Domesday Book*）将法律关系——按照其理念——永远固定了下来。大约五十年后，一位来自博洛尼亚的高校教师、加默度会会士

（Kamaldulensermönch）格拉蒂安（Gratian）起草了一部普遍的教会法，即《格拉蒂安教令集》（*Decretum Gratiani*）。在关于财产、管理与政治问题上什么是正当的，什么是不正当的，从现在开始必须是**有理据的**，必须参考具有意义的书面法条进行**论证**。

教会无法对抗那种商人和律师的理性日渐强大的势头。他们的整个体系立足于非理性和信仰，而不是逻辑和理性。教会中只有极少数人自认为有能力和有义务，将信仰和逻辑彼此联系到一起。但还是有这样的人。而其中最为著名的就是一名来自位于意大利阿尔卑斯山脚下的奥斯塔（Aosta）的贵族后裔。

坎特伯雷的安瑟尔谟（约 1033—1109）并非像他的名字容易让人猜测的那样是个英格兰人，他是在萨伏依的伯爵领地长大的。23 岁时，他横穿法国来到位于诺曼底的勒贝克本笃修道院（Benediktinerabtei Le Bec）。这个修道院的院长兰弗兰克（Lanfrank）同样是意大利人，并且声名卓著。像大多数神职人员一样，兰弗兰克并不非常认同如下做法，即**以辩证法的方式**达至信仰。在中世纪，辩证法意味着争论式的对话、对论证的理性化权衡以及对逻辑的运用。辩证法与语法学、修辞学、算术、几何学、音乐以及天文学并列，同属于**博雅教育**（*artes liberales*），即**七种自由的技艺**。教会在与这种自由技艺的纠葛中发生了深刻的分裂。一部分人认为这种自由技艺对于每位神职人员都是不可或缺的，另一部分人则反对，认为这是魔鬼的所为。

兰弗兰克站在保守的一边。与他的竞争对手图尔的贝伦加尔（Berengar von Tours）针锋相对。尽管这二位曾跟着同一位老师福贝尔特（Fulbert）在沙特尔（Chartres）学习，但是在对辩证法的看法上二人争吵不休。具体而言，他们的争论是在以下问题上爆发的：圣餐中的面包和酒能否**实在地**转化为基督的肉和血，还是仅仅是**精神层面的**。兰弗兰克将之理解为食物实在的转化。他相信，面包和酒事实上是在完全物质化的层面转化为基督的肉和血的，亦即它们此后再也不是面包和酒了。与此相反，贝伦加尔认为这不是信仰，而是迷信。他的观点是，圣餐中面包和酒只是在精神层面转换了含义。而物质化的实体在这里并没有任何变化。

兰弗兰克始终坚持他那个明显更为朴素的观点。但显而易见的是，贝伦加尔辩证法式的论证给了安瑟尔谟巨大的影响。他人生的目标就是，使信仰与理性彼此和解，并且使神学真正变得符合逻辑。

上帝可以证明吗？

两年多之后，安瑟尔谟就来到了勒贝克的修道院，他成了那里的修道院院长。在此期间，兰弗兰克则搬到了卡昂；1070 年，安瑟尔谟遵从新任英格兰国王征服者威廉的召唤，成为坎特伯雷的大主教。安瑟尔谟利用在勒贝克的时间，不受干扰地以辩证法的方式做论证。当时的情况非常有利。11 世纪的世界，除了修道院之外，哪里还会有哲学思考的空间呢？那些宫廷，比如当时亚琛的查理大帝的宫廷，长期在知识领域无足轻重。一切东西都被转移往修道院。然而那些修士可以支配的哲学宝藏则是非常简单的。古希腊的传统几乎完全被斩断了。只有奥古斯丁、波爱修和亚里士多德的逻辑学著作还能在像安瑟尔谟这样的思想家那里作为依据。借助这些资源，安瑟尔谟想要以逻辑和理性的方式通达基督教信仰。因为在他看来，逻辑和理性是上帝极好的馈赠，人由此而有能力分有神性之物。

如果一位哲学史的读者知晓，西方文化史中自中世纪鼎盛期和中世纪晚期以来，古代的理性是如何慢慢地再度被普遍接受的，那么安瑟尔谟的哲学就应被看作其中不言而喻的一个步骤。然而安瑟尔谟生活和思考的那个世界对此尚一无所知。今天完全支配了我们生活世界的理性，在那时还十分茫远，就像一道微弱的灯光，从门下的缝隙中透进来。时间和空间还没有像今天这样被测量和丈量。直至14世纪，人们要测量时间时，还是使用日晷、沙漏钟和滴漏来计时。有关一个世纪甚至一千年的时间单位的观念，对于中世纪的人来说还是陌生的；时间（*tempus*）和天气（*tempestas*）被混为一谈。计时是以循环往复的自然现象为基础的，比如立春、月相或者日出。人一生的时间被看成最大程度上可以纵观的时间单位。就在祖父母生活的时期，历史的神话铺陈、伟大的英雄和圣人，在世纪与政治统治的线索中交织于一起。

434　　只有教士才关心历史年代。8世纪，本笃会修士贝达（Beda）将世界产生的时间标定为公元前3952年3月18日，并由此修正了教父哲罗姆的日历，后者认为世界起源于公元前5198年。然而尽管贝达引入了时至今日依然通行的"按照耶稣出生的时间"的纪年方式作为历史时间的尺度，但是这一思想在中世纪的数百年中毫无意义。

在安瑟尔谟的时代，人们所获得的时间图景并非抽象的，而是具体的。希望、愿望和忧虑并不是光秃秃的数字，而是可以充分想象的事件过程。诸如"末日审判"和"基督再临"这样的概念都是日常生活中的观念。在一个几乎没有历史观念的时代，现实和虚构就会草率地混杂在一起。一旦最后活着的见证人去世，时间就失去了那一段，就如同蝙蝠的翅膀那样折叠起来。并非时间，而是空间统治了中世纪的想象力。生命的轮回是在通往天堂的大门前发生的。而天堂又再度类似于一幅中世纪的图景，类似于一个果园或者一个由城垛围护着的城市。

甚至连修道院中的那些地图绘制者也从未提出过如下问题：他们的地图是否与计算、与那些受到蔑视的经验相符。地表的自然状态并非要表达的主题，他们的地图是具有象征意义的地图。他们丝毫没有考虑到要合乎比例。在中世纪已经没落的迦太基被标识的与新建立的吕内堡（Lüneburg）完全一样。埃斯佩里兹（Hesperiden）的诸神之园坐落于西南，非洲背后的某个地方。"极乐仙境"（Insel der Seligen）位于爱尔兰的西边。遍地都是高耸的教堂。这些地图的世界是人们的经验世界，没有把梦境和现实分离开来。

在这个以神话和宗教的方式混合的世界中，有像安瑟尔谟这样的人抽出了理性的解剖刀。作为修道院副院长以及后来的院长，他在勒贝克书写了关于真理、正义、恶的起源以及意义与含义之区分的论著。其中他几乎没有引用其他著作。当所有其他的教士都在对流传下来的文本进行"注解"时，安瑟尔谟却用这种方式写作，即仿佛根本不存在哲学或神学传统。他早期的两部著作首先广为人知，即《独白》（Monologion）和《宣讲》（Proslogion）。特别是第二部，后来被载入哲学史。因为安瑟尔谟就理性与信仰的关系问题找到了一种新的表述："我信仰，因此我理解"（Credo ut intelligam）。正如耶稣对带有怀疑的多马说道，"那些没有看见而信的是多么有福啊！"（《约翰福音》20：29），安瑟尔谟也是如此期待，信仰将会引导他最终达至洞见和更为确定的知识。

通过辩证法的手段去揭示真理，其中最具轰动效应的尝试，乃是安瑟尔谟在《宣讲》中对上帝存在所做的证明。关于此证明的基本思想起源于普罗提诺，然而后者所关注的并不是基督教的上帝，而是那个无所不包的"太一"。普罗提诺认为，因为这个"太一"是绝对的完满，因此它也必定存在，否则它就是不完满的。这一思想对波爱修产生了巨大的影响，他重复了这一"上帝证明"，并且将之传递到中世纪的世界。安瑟尔谟熟知波爱修的论证，并且由此开辟出一条思想路径，这条路径经由四个步骤达成。证明开始前，安瑟尔谟借用普罗提诺和波爱修的方式，把上帝定义为无与伦比的东西（quo nihil maius cogitari *potest*）。在我们今天看来，这并非无前提的设定，因为这个设定已经包含了关于上帝本性的一个特定图景。多神论者不会如此定义一个神。这事实上是普罗提诺关于完满的太一的观念，早于安瑟尔谟700年就已渗入基督教神学。

然而在安瑟尔谟看来，完满的上帝是确定无疑的。这个无与伦比的完满的上帝首先只是我的思想，一个在我的理智中存在的观念。我从何而知，与这个完满的上帝的观念相对应，还有一个外在于我的思想的实在的上帝？非常简单，安瑟尔谟如此论证：如果上帝不存在，那么他就不是那个人们可以想象的完满之物。因为具备完满性的所有特性，这就属于完满性。而如果一个完满的完满之物却不存在，这是什么呢？这就是不完满！因此，如果上帝是我们能够想到的完满之物，那么他的完满性从逻辑上也包含这一点，即上帝存在。

安瑟尔谟的上帝证明是哲学史上的一座里程碑；有很多相似的证明是遵循他的方式做出的，比如托马斯·阿奎那和笛卡尔的证明。然而有一些安瑟尔谟的同时代人，已经认识到这个证明的困难所在：上帝是无与伦比的东西，这是**我的思想**。而属于这种完满性的上帝存在，**同样是我的思想**！我从何而知，我关于上帝的观念，如果是令人信服的，在外部世界就有一个这样的上帝与之对应呢？在我的思想世界中上帝必然是存在的，而上帝是如何从我的思想世界跃入他应当事实存在的现实之中的？所有在我头脑中的定义只能是**我头脑中的**定义。

安瑟尔谟多次为他的上帝证明辩护，但是他人的怀疑从未中断。在此期间，兰弗兰克于1089年去世了。四年之后，征服者威廉的儿子威廉二世将这位智慧的理性主义者从勒贝克接回坎特伯雷，让他做大主教。在此期间这个职位变得日益重要。大教堂在兰弗兰克时代还不是一座壮观的建筑，此时也被建造成一座国家级别的上帝居所。安瑟尔谟在位期间，被称为"坎特伯雷的安瑟尔谟"，但是这段时间却没有

给他带来好运。叙任权之争，亦即教会势力和世俗势力之间的争斗，   437
也在英格兰汹涌澎湃，这场斗争迫使在此事中毫不退让的安瑟尔谟经
历了两次长达数年的流亡。最后，这位罗马教廷利益的自豪的捍卫者
在国外度过了与他在英格兰任职时一样多的时间。

尽管如此，他刚开始担任大主教时，还有空闲完成一部著述，讨
论信仰中最棘手的一个问题：**上帝为何化身为人？**（*Cur deus homo?*）
上帝献出自己的儿子，以使人从原罪中解脱出来，对此的信仰乃是自
古以来基督教最伟大且最重要的要求。那种令像保罗和奥古斯丁这样
的人在完全不同的时代境遇下皈依信仰的东西，几百年后却无法直接
说服安瑟尔谟。在他看来，尤其感到陌生的是琐罗亚斯德教和摩尼教
的遗产，按照这些宗教的说法，作为本源原则的善与恶相互间在争斗。
保罗和奥古斯丁将亚当的原罪解释为魔鬼所为。这种观念与安瑟尔谟
的思想世界完全不相一致，他的想法类似于爱留根纳（安瑟尔谟并不
熟知他），即认为根本不存在魔鬼。

安瑟尔谟为原罪与基督受难之关系所找到的新的图景，源自他的
中世纪生活世界。按照中世纪的流行观点，亚当由于其原罪冒犯了上
帝，就如同不忠实的奴仆冒犯了他的领主。只有当领主得到补偿时，
冒犯才能被宽恕——与这种补偿类似的就是基督的受难。这样一种英
雄行为当然不是普通人能够做的，因为所有普通人都是罪人。因此上
帝就必须亲自介入。因此，以上帝的方式，无罪的耶稣死去，乃是由
于他的父亲不抛弃有罪的人类，而是宽恕了他们。善与恶之间的古老
争斗在中世纪封建时代社会问题的外衣下，看起来成了一个虔敬与诽
谤的问题。当时人们关心的问题不再是人之中或人之外的权力搏斗，   438
而是补偿（**救赎论**）。

安瑟尔谟于 1109 年去世。他对于原罪和受难的诠释被时代忽略，
他仍被长时间讨论的上帝证明也一样。然而，今天我们看起来，这位

聪明的意大利北方人可被视为一种新思想的开端，人们称之为"经院哲学"。但这个词在中世纪并没有这样被使用过。然而对我们来说，这个词后来指称一种以辩证方式论证的"科学式"证明过程的大获全胜，这种证明过程逐渐席卷了几乎整个学院神学。然而"经院哲学之父"这个头衔，安瑟尔谟必须要与一位与他同时代的学术争论者分享。为了理解后一位人物与他的世界，我们必须动身前往 12 世纪世界上新的文化首都，前往那个时代无可比肩、光芒四射且繁荣忙碌的大都会——巴黎！

阿伯拉尔

由于当时欧洲中部的情形，巴黎在 1130 年前后成为一座大城市。位于塞纳河中西堤岛上的居住点远远超出了河岸，居民数量接近 3 万。与古代的大都会雅典、亚历山大里亚、迦太基和罗马相比，这个数目并不算多，而与拥有数十万人口的巴格达和君士坦丁堡相比，巴黎的人口也不算多。但是对于 12 世纪的欧洲中部和北部地区而言，这已经很多了。

此前的漫长岁月里，9 世纪的诺曼人威胁着这座城市，并向皇帝秃头查理和胖子查理提出高额的金钱勒索。自 10 世纪以来，巴黎就是卡佩王朝偏爱的都城，这个王朝属于法兰克国王雨果·卡佩（Hugo Capet）的后裔。即便时至 12 世纪末，这座塞纳河畔的城市才成为法兰克王国的首都，但之前它已经是王国中最为著名的定居城市。持续了很长时间的和平时期使商业繁荣起来。首先是塞纳河畔的水路贸易，使得一个富裕的商人阶层得以形成。经营食品、酒、盐、武器和布料的商贩增加了他们的财富与这座城市的繁荣程度。在城市中的很多码头上，船只日复一日地为建造房屋运送煤炭、木材与石料。1137 年，巴黎第一家固定的大型市场——中央市场（*Les Halles*）就已开张，这就是著名的"巴黎之腹"。

与中产阶级的兴起同一时期，王室和高层贵族剥夺了城市和地方的底层贵族的权力。此时文人群体则填补了这个空缺。因为为了城市和国家中的许多重要功能，王室和高层贵族需要一些受过良好教育的人，谈话记录员、行政专员、公证人、税务专家和银行家等。在修道院以及新建立的圣母院的主教学校里，智识生活繁荣起来。如果有人在 12 世纪初来到巴黎学习，就会有如下选择：在大教堂学校聆听著名的香浦的威廉（Wilhelm von Champeaux）的课程，去访问圣维克托的牧师学校，在位于塞纳河左岸的圣日耳曼德佩修道院的写经室或者蒙塔涅圣吉纳维芙（Montagne Sainte-Geneviève）的学校中接受教育。后来的巴黎大学，也就是索邦大学，应当就是源自最后这所学校，其校名来自于大学神学系的创始人索邦的罗贝尔（Robert von Sorbon）。

但是这个时代最激动人心且最闪耀夺目的教师，无疑是阿伯拉尔（Abaelard）。1079 年，他出生于布列塔尼的南特附近，跟随那个时代最有名望的辩证法专家学习，最后在主教学校跟随香浦的威廉学习。天分很高的阿伯拉尔很快就成功地驳倒了他的老师，并将之弃于身后。他开创了自己的学派，最初是在默伦，后来在考贝尔（Corbeil）。1108 年，我们又在巴黎发现了他的踪迹，在这里他又一次与威廉闹翻。而当他找拉昂的安瑟尔谟作为新的导师时，情况并不比之前一次更好，很快他就猛烈抨击了安瑟尔谟，就像之前对威廉一样。1114 年，35 岁的阿伯拉尔爱上了他的巴黎女学生海洛薇兹（Heloïsa）并使其怀孕。由于对她的叔叔菲尔贝（Fulbert）充满了恐惧，海洛薇兹躲避到阿伯拉尔乡下的老家，并在那里生下一个男孩。阿伯拉尔和海洛薇兹打算结婚，按照与菲尔贝的约定，婚事应当秘密进行。海洛薇兹去了阿让

440

特伊的修道院。她的叔叔菲尔贝在那里发现阿伯拉尔违背了约定，他下令袭击并且阉割了阿伯拉尔。

在饱受屈辱和歧视的状况下，阿伯拉尔度过了他居无定所的余生。他在巴黎的圣丹尼斯修道院成为修道士，再一次与其他教士交恶，离开巴黎，隐退到位于香槟行省的一处隐居地。1127 年，他成为位于布列塔尼的圣吉尔达斯－恩胡伊（Saint-Gildas-en-Rhuys）修道院的院长。在那里他的同僚多次袭击他，威胁他的生命，于是阿伯拉尔六年之后返回了巴黎。在位于蒙塔涅－圣吉纳维芙的一家慈善机构中可以找到他。他在圣希莱（Saint-Hilaire）教堂上课。很短的时间内他用他的魅力吸引了无数的学生，并对他们的一生产生了影响。索尔兹伯里的约翰（Johannes von Salisbury）和弗莱辛的奥托（Otto von Freising）作为国家理论学者和历史学家留下了名声。策勒的彼得（Peter von Celle）后来成为著名的沙特尔座席上的主教。而且同时有三位后来的教皇在偷偷听阿伯拉尔的课。

他们听到了什么？在这位来自布列塔尼的好争吵和辩论的辩证法专家的思想中，有什么新的和非同寻常的东西？首先，他所接受的在那个时代不同寻常的哲学教育就十分引人注目。他不仅读过柏拉图和波爱修，也读过波菲利和亚里士多德的逻辑学著作。他非常熟悉哲学上对于知识的追求，由此他就否认了教会应当是真理的完全占有者。因为何为真理，与一个思考的人能够逐步领会什么，这两个问题是不同的。如果一个人想要获得真理和知识，他就必须思考、讨论和争论。他必须遵循逻辑的规则来论证和发展他的观点，并且遵循辩证法的技艺对此进行维护和辩护。安瑟尔谟理性化的纲领在阿伯拉尔这里被更进一步极端化。他的信条并不是"我信仰，因此我理解"，而是"如果无所理解，那就无所信仰"。

对于他所处时代的教会而言，阿伯拉尔的思想是危险的。因为

441

在他的思想中，没有任何东西是永远确定不变的。一切都必须按照他的逻辑学进行核验，而一切传统之物都需要论证。在这方面，阿伯拉尔将新出现的公民自我意识转换到神学之中。他追问观点、立场和价值的根据与合法性。在他看来，传统无足轻重，仅仅是比较古老。而同样的，权威也决定不了什么，因为每个人都有权力。重要的是理由——理性（*rationes*），而不是传统——权威（*auctoritates*）。

毫不奇怪，阿伯拉尔的"革命性"思想遭到强有力的对手的阻挠。他的《论圣三一》（*Theologia summi boni*）于 1121 年在苏瓦松的宗教会议上受到谴责。阿伯拉尔过度自由地以柏拉图的方式解释了上帝的三位一体。按照他的说法，圣父与善的力量，意义相同。圣子则对应于那种作为世界之基础的智慧。而圣灵就是爱。这三者共同构成了神性之物。借由柏拉图的学说让信仰看起来更加理性，这在阿伯拉尔的时代并非非常罕见。但是他面对那些教会的权威时表现出的好斗和目中无人，导致他在苏瓦松被判为异端。阿伯拉尔被迫亲手焚毁他的著作。

这个判决并无损于阿伯拉尔的干劲。他想将基督教推上时代的巅峰，他想使之具备推理性而非独断性。1122/23 年他完成了《是与否》（*Sic et non*），在这部代表作中，他列出了 2000 条教会权威的语录，来自圣经、教父乃至当时的教皇和神学家。他将这些语录以如下方式归置到一起：将对于 185 个信仰问题中的每一个问题的完全针锋相对的看法相互比照。这整个传统就是一大堆杂乱的矛盾！因此，在其完全的对立性中以辩证的方式详尽地研究它们，正当其时。但是，只有当人们将在修道院学校作为神启而被教授的知识相对化，并且着手去追寻隐藏在很多矛盾中的真理时，这种辩证研究才能展开。人们不能**按字面意思**接受圣经和教父，而是要**真诚地**接受它们！

通过诸如此类的课程，阿伯拉尔在 1130 年代引起了那些充满求知欲的巴黎民众的注意。他否认原罪使每一个体的人负罪。亚当所犯的

442

罪行，其他人为何要承担？罪并非代代相传。阿伯拉尔也无法相信安瑟尔谟的赎罪说。上帝的荣耀多大程度上能以人们将耶稣钉上十字架这件事得到满足？对于他来说，基督的死并不是罪，而是上帝之爱的征兆，是对一个崭新结盟的象征。因为，并非原罪和报复的债务关系将人和上帝联结在一起，而是每一单个人自由决定参与进上帝之爱的力量。

面对其他宗教，阿伯拉尔心胸十分开阔。尽管他认为基督教是唯一全面的、真正的信仰，但是他也承认，犹太教和伊斯兰教也分有真理。如果一切都无外乎逻各斯，那么什么是上帝的智慧？在这一点上，这位来自布列塔尼的辩证法学家坚定地站在柏拉图的肩膀上。众所周知，这种逻各斯并非仅仅在基督教之中，而是已在希腊哲学以及受希腊哲学启发的所有一神论宗教中都可以找到。

443

玫瑰之名

阿伯拉尔对于一个问题的观点尤其富有洞察力，这个问题就是哲学史中的**共相之争**，这场争论在整个中世纪困扰着整个知识界。广为人知的是，柏拉图在他的理念论中是由此出发的：对于感官世界的一切事物都存在着理念。这些理念是位于天球之外的原型，与此相对，它们具体的在感官中的显现则只是摹本。按此观点，每条具体的狗都只是对"狗"的理念的个别摹本，而每个人都是对"人"这个理念的具体摹本。这两个理念又在诸如"生物"等更高一级的理念中被扬弃。就像我们已经看到的，在这个问题上亚里士多德持不同的看法。他拒绝关于天球之外的理念的想象，尽管在他看来"人类"和"生物"也还是存在的。但是首先它们**并非抽象之物**，其次，它们因此也并非以与具体的狗或人**分离的方式**存在着。

此外，就像我们已看到的那样，早期和中期的中世纪主要遵循着柏拉图的足迹。理念论成为基督教神学的组成部分。因此，中世纪的学者都相信，上帝的三位一体存在于三种精神实体的形式之中，圣父、圣子和圣灵。所有这些都是实在的，且以物的方式现成存在，就如"善""恶""罪""宽恕""正义""爱"等等。尤其是像安瑟尔谟这样聪明的逻辑学家和辩证学家，对此深信不疑。然而在那个时代的学者中流传着一部传播广泛的论著，它激起了一些怀疑。这部论著讨论的是波爱修对波菲利为亚里士多德讨论**范畴**的论著所写的导言所作的注疏。在这里，波菲利和波爱修对于以下问题悬而未决，即种属（*genera*）是否真的存在，或者它是否事实上只是样式（*species*）。

阿伯拉尔的老师贡比涅的约翰·洛色林（Johannes Roscelin von Compiègne，约 1050—1124）被视为第一位伟大的怀疑者。我们可以从他的辩论对手的著作中推断出，他笃信如下批判性的观点：普遍性概念（普遍之物）并不真的存在。在洛色林看来，这些普遍性概念只是我头脑中的想象。人是真的存在的，而人类则与此相反，只存在于幻想之中。因为普遍概念不是事物，而只能是名称（*nomen*）；人们称这种立场为**唯名论**（Nominalismus）。

阿伯拉尔第二位著名的老师，乃是香浦的威廉（约 1070—1121），他代表了与此相反的传统观点。和大多数同时代人一样，在他看来，普遍概念是事实上存在的。这些概念是彻彻底底实在的，因此人们称这种立场为**唯实论 / 实在论**（Realismus）。（这个概念很容易引起混淆。一位现代的实在论者并不认为"爱"和"人类"是某种现实存在的东西。而中世纪的"实在论"的含义恰好与今天的含义相反！）

围绕这个问题争论了数百年之久，放在今天看，这是很令人惊异的。为什么这个问题在中世纪如此重要？难道这不是一个特殊研究领

444

域的问题，不是逻辑学家的练习题吗？然而恰好并非如此。这个问题
兹事体大。中世纪的人们，那些朴实的农民、手工业者和教士们都生
活在如下想象之中，即此岸世界应当是"非真实的"——乃是彼岸世
界的预备阶段或资格赛阶段。他们就是这样被教育，并且几乎所有人
都这样思考。但是这个想象对于人的认识意味着什么？大地上的现实
性到底有多实在？毕竟在所有事物之上都还有一个第二层的，更为真
实的现实性。然而这样一种上帝的实在性中，有多少是人们可以经验
到的？以何种方式经验？对于这些问题，人们能够以逻辑的方式破解，
还是必须等待一次伟大的启悟？

　　当时的知识分子争论在他们抽象的和普遍的表象中具有多少实在
性时，其背景就是这些紧迫的问题。正统的教会代表根本没法足够频
繁地去重复说，他们所宣讲的所有一切都是实在的。他们宣称，**唯一
的**真理、正义和上帝的秩序是真实存在的，所有这些都毫无疑问是实
在的。教会的整个统治资格都取决于以下情形，即他们拥有那些揭示
和代表了一个非真实世界中的真实之物的概念，而这些概念是用大部
分人无法理解的拉丁文书写的。

　　与此相对的，那些聪明的怀疑者对此表示了高度的怀疑，即教会
应当享有通往真实实在性的特权，这种实在性并没有通过逻辑学的工
具真正向理智阐明。因此他们倾向于认为，在那些普遍概念中，首先
能看到的是语言上的约定；这种观点当然与教会相悖。因为这就可以
得出，普遍概念除了是人的想象之外什么都不是——那么有谁或者有
什么能够保证，上帝也并非只是一个人为的想象呢？世界上根本没有
罪"实际存在"？正义并不"存在"？以及上帝的爱并非"在世界上
存在"？

　　对普遍概念的怀疑是对中世纪神学的一次重大冲击。很显然，关
于意义和含义的逻辑反思导致了一些教会从未准备接受的结论。因此

当阿伯拉尔涉足这一领域时，这里已成了禁区。他谨慎地批判了"实在论"。当人、动物和植物在实体意义上是不同的事物时，作为实体的"生物"应当如何存在呢？人与草茎有所不同，而他与植物和动物的差异在于，他被赋予了理性。因此，就像洛色林已经正确认识到的那样，普遍概念首先是语词。我们的心灵从感官感知中抽象出并且自动形成了一个基于相似性的抽象含义。

446

　　这样就是唯名论的观点。然而这事实上就是极端唯名论的最终判决吗？洛色林公开宣称，我们的观念**仅仅**存在于语词之中。我们看到事物，然后借助我们的想象力造就我们的普遍概念。因此这些普遍概念仅仅以纯粹思想的方式存在着，并且不是像柏拉图和实在论者所认为的"先于事物"存在，而是"后于事物"存在。然而它们是否因此就不是实在的？借助于普遍概念，上帝的灵性发挥作用，帮助我以适当的方式认识了世界，有可能不是这样的吗？此外，在我的心灵中，我从何分清，"人类"这个概念到底真的意味着某种实在之物，亦即意味着所有人的总和，还是意味着我自己想象的一个幻象，而非实在之物，因为在现实世界中并不存在幻象？显然，阿伯拉尔得出了如下结论，即普遍概念的有效性存在于"事物本身之中"。即便世界上不再存在玫瑰，"玫瑰"之名还是有其意义。同样的，"花"这个概念也有意义。玫瑰这个名称尽管是我想象力的一个产物，但是显而易见并非偶然的产物，而是作为事物之根基的一个产物。

　　读者很可能就本节的标题猜测，所有这些与翁贝托·埃柯（Umberto Eco）的小说《玫瑰之名》（*Der Name der Rose*）有某些关系。事实上在这本书中，有一段涉及了共相问题之争论，关于这个问题我们之后还会更详细地谈到。巴斯克威尔的威廉（William von Baskerville）是这部小说的主人公，他是一个像阿伯拉尔或者像奥卡姆的威廉（Wilhelm von Ockham）一样的概念主义者，埃柯正是将奥卡姆的威廉用作这个角色的原型。尽管概念主义者认为普遍概念是语词而不是现实存在之物，但是他们也认为这些概念绝非完全任意的。这部小说的最后一句话看上去提示了我们，所有一切最终都是语言，仅此而已："昔日玫瑰以其名流芳，而今人唯持玫瑰之名。"然而这句话并非来自阿伯拉尔或奥卡姆，而是来自伯纳德·德莫尔拉斯（Bernhard de Morlas）的一首诗，他是法国克鲁尼（Cluny）的一位修道士。

当然阿伯拉尔概念主义的解决方案，绝非共相问题之争这一复杂墙体的拱顶石。这场讨论就像一条红线，贯穿了接下来几百年的认识论，我们将会不断与这个问题相遇。当代恰好也还有如下争论：比如物理学中的自然法则到底是现成实在的，还是仅仅表达了人类的虚构——以便将那些不可理解的东西变得更加容易理解。

阿伯拉尔毕竟为敌对阵营提供了一个和解的解决方案。然而下一个丑闻不久之后就出现了。1130年代中后期，他写出了《伦理学》（Ethica），又名《认识你自己》（Scito te ipsum）。这是一包危险的炸药，因为他在书中非常明确地反驳了教会的官方观点。某物是好还是坏，并非只是一个关于正确或者错误价值的问题。因此或许不存在"恶的"快乐或者"坏的"意愿。对于阿伯拉尔而言具有决定性的是，以何种方式我才能够使我的行动与良知协调一致，或者反之。我的行动与我的良知协调一致，那么我的行动在伦理学上就是善的。如果它与我的良知相悖，那么它就是恶的。因此这个决定性的伦理问题就不是一个外在的，而是一个内在的问题。

让我们回忆一下，对斯多亚主义者来说，人们在理性评判中能**够认同**一个行为时，那么这个行为就是善的。阿伯拉尔也认识到这样一种认同，并且使之成为其伦理学思考的支点与核心。他的伦理学是一门建基于主观认同之上的意向伦理学。就像这一类型的所有其他伦理学一样，它将内心分裂、充满矛盾却又有良知的个体置于中心。它并非出自那个必须要去遵循的、固定且神圣的规则的宝库。

　　过一种伦理上好的生活，首先意味着认识到自身的弱点。我做到了这一点，就可以进行自我控制和自我支配。如果我的行为导致了坏的后果，人们不能将之归罪于我。要负担罪责的情形只有，我所**意识到**的行为被判定为导致了坏的后果。只有信念和良知可以对一个行为的道德价值做出判定。也只有我自身才是我的行动的道德法官。在这一点上，阿伯拉尔遵循柏拉图和斯多亚主义者的观点，并且紧接着不可避免地陷入与教会的矛盾冲突之中。如果只有个体本身及其良知对所有行为负责，那么教会的权力如何才能施加到信徒的灵魂之上呢？

　　阿伯拉尔的对手是一个危险的人物：克勒窝的伯纳德（Bernhard von Clairvaux，约1090—1153），他想要永久终结阿伯拉尔的学术事业。伯纳德在欧洲中部的影响很大，而且在教会的争论中，他大部分时候站在保守的一边。历史上，他是教会冷酷无情的强权政治家，也是煽动基督徒发动反对穆斯林和文德族人（Wenden）圣战的重要人物，文德族是一个斯拉夫地区的部族，生活在易北河和萨勒河的东部。

　　1141年，伯纳德硬拉着阿伯拉尔来到桑斯（Sens）的宗教会议上，指控他为异端。尚在被告人自我辩护之前，判决就已经确定。紧急状况下，阿伯拉尔求助于教皇。然而英诺森二世也已受够了这位来自布列塔尼的思想家。他判处阿伯拉尔在修道院中终身监禁，并且永远不许发声。带着沉重的疾病和受到责罚的标记，阿伯拉尔来到了克鲁尼修道院，接下来又去往位于索恩河畔沙隆附近的圣马塞尔（Saint-Marcel）。1142年4月，他在那里去世。海洛薇兹，当时是位于香槟省的圣灵修道院的院长，把他的遗体带到自己那里安葬。如同二人之间频繁的通信关系所证明的，他们之间的爱情从未中断。22年后，海洛薇兹被安葬在她的爱人身旁。自1817年以来，这两位生前被强制拆散的爱人的共同陵墓就位于巴黎的拉雪兹神父公墓中，在一座新哥特式

449

的小教堂里。

以今天的视角看，阿伯拉尔和海洛薇兹是中世纪经典的爱情故事。13 世纪，阿伯拉尔的人生忏悔史《我的苦难历程》（*Historia calamitatum*）就已被译成法文而广为流行。以他的爱情故事为原型，很快就出现了小说《玫瑰传奇》（*Le roman de la rose*）。从那时起有超过 500 种基于这个材料的改编作品，其中之一出自卢梭之手。今天，阿伯拉尔在哲学史上被视为中世纪最伟大的人物之一，他反对教会的权威，捍卫主体的自由，并且帮助理性思考获得其正当地位。此外，在 12 世纪，他以亚里士多德的逻辑学论著为支持，但是没有援引他的本体论和自然哲学，后二者波爱修可能没有再翻译。在这个意义上，阿伯拉尔的革命性思想今天在我们看来，只像一次先于之后那次巨大得多的震动而发生的前震：与亚里士多德的物理学，首先是他的形而上学再次相遇。但是这次重返并不是沿着直接的路径实现的，而是经历了阿拉伯化的曲折道路⋯⋯

创世的意义与目的

亚里士多德归来！——基督教的时间，物理学的空间——阿尔伯特——
托马斯——新的上帝存在证明

亚里士多德归来！

953 年，德意志国王奥托大帝做出了重大而艰难的决定：和阿拉
伯人，那个无论在宗教还是世俗方面都极为成功的强大竞争对手进行
谈判。当时，摩尔人一再侵犯奥托大帝统治范围南界的省份法兰西顿
（Fraxinetum）。9 世纪末，他们在那里修建了桥头堡，一个转运奴隶和
木材的海盗中心。奥托大帝希望勃艮第王国的人民在其庇护下能够安
居乐业，于是派洛林的修道士戈尔泽的约翰（Johannes von Gorze）作为

451　谈判代表，面见科尔多瓦的哈里发。

　　两年后约翰归来时，他已经全面领略了那个在所有方面都远胜于他们的文明。现代石头建筑取代木头房子，超前的排水系统与灌溉技术，高度发展的数学与医学知识，这些对于同时期的基督教世界而言，都是令人瞩目的成就。约翰结识了哈里发座下的伊斯兰教、犹太教和基督教高级知识分子，他们是各知识领域的领袖人物。956 年再次回到洛林时，约翰带来了涵盖所有可能知识领域的无数阿拉伯书籍。这是等待着在基督教世界大放异彩的瑰宝。

　　然而，对这笔瑰宝的发掘要等到百年之后，那个"天降之人"出现，才真正开始。他叫康斯坦丁（Constantin），姓"阿非利加努斯"（Africanus），是来自迦太基的柏柏尔人。他在东方待了近 40 年，到过巴格达和开罗。他研究了医学与其他许多学科，熟谙多门语言。他回到迦太基之后，很快名声大噪，但也招致众人妒忌。1077 年，康斯坦丁逃往意大利，进入萨莱诺学院。当康斯坦丁凭借杰出的医学知识声名鹊起时，这座本笃修会引以为傲的医学院早已名声在外。在离学院不远的卡西诺山修道院（Kloster Montecassino），他把古希腊医生希波克拉底和盖伦的著作从阿拉伯文翻译成拉丁文，此外还有一些阿拉伯人的医学论文。

　　他花了几十年才将大量阿拉伯语论著最终译成拉丁语。12 世纪最重要的翻译中心在托莱多。1085 年，阿尔方斯六世（Alfons VI.）从摩尔人那里夺回了曾经属于西哥特人的城市。这里的基督徒有助于他的文化建设。他们，即所谓的莫兹阿拉伯人（Mozaraber），曾一度生活在阿拉伯人的统治下，于是在两种文化的交流沟通中扮演关键角色。托莱多的大主教瑞蒙德（Raimund）大力推行文化沟通。在这里，阿拉伯

452　人、犹太人以及莫兹阿拉伯人携手合作。他们翻译古兰经和神学论文，以及数学、天文学和医学典籍。毫无疑问，对中世纪基督教世界而言，

最令人震撼的事件是亚里士多德原著的发现，尤其是那些关于形而上学、物理学、伦理学和政治学的著作。这是令人振奋的文化碰撞！

阿拉伯的学者非常熟悉亚里士多德。然而他们首先接触的是从叙利亚语和波斯语转译过来的阿拉伯语译著，不是希腊文原著。当穆罕默德的圣战士在其逝世九年后征服波斯时，一批被波斯人保存完好、十分珍贵的古希腊文献藏品于 641 年落入他们手中。穆斯林系统地翻译了这些文本。由此他们认识了柏拉图、亚里士多德和普罗提诺等哲学家，也接触到希波克拉底和盖伦的医学著作集。

东罗马帝国只是在新柏拉图主义的有色眼镜下认识并往往低估亚里士多德的时候，阿拉伯人却能够全面完整地了解他。对阿拉伯人来说，亚里士多德是古代传统中最为重要的哲学家。尽管许多新柏拉图主义思想混入、夹杂在他们手上的亚里士多德著作中，这一点却并未给阿拉伯学者带来困扰。对他们而言，如同对许多后来的柏拉图主义者那样，柏拉图和亚里士多德的思想可以相互协调。他们寻找的不是分歧，而是共通与互补之处。因此对他们大有裨益的是诸如《论原因》（*Liber de causis*）这类著作，传闻是亚里士多德的神学论述，但事实上是一部新柏拉图主义作品。

总而言之，真正的亚里士多德跟一块古代的化石差不多。在文化传承的时代隔阂和翻译误释中，人们只能看到他残缺不全的面貌。9 和 10 世纪的阿拉伯注疏家如阿尔－金迪（Al-Kindi）和阿尔－法拉比（Al-Farabi），也因此在哲学史上留下了印迹。前一位将亚里士多德的理智理论划分为令人费解的四个部分。第二位则将亚里士多德的理智学说与一种占星术宇宙论关联起来。据此，理智控制月亮，月亮又决定自然进程。清楚、明白的古希腊思想在此变成了沙漠居民的神话，这一转变过程甚至都不允许亚里士多德自己来反驳一下。

波斯人伊本·西那（Ibn Sina）对亚里士多德的解读也很有影响。

453

他以阿维森纳（Avicenna）之名被载入哲学史，某些读者也许对这个诺亚·戈登（Noah Gordon）的畅销小说《神医》（*Der Medicus*）中的名字并不陌生。11世纪初，结束半生云游的生活之后，阿维森纳成为伊斯法罕的一位名医。与很多穆斯林哲学家一样，他试图将亚里士多德与天文学以及神秘主义调和起来。与生活在丘陵、山脉和森林的中欧城市居民相比，习惯天穹下开阔视野的阿拉伯文明与众星、太阳和月亮的世界更为亲近。因而，对于阿拉伯学者而言，有两件事具有巨大的吸引力：亚里士多德百科全书式的哲学体系及其对宇宙天体的论述；新柏拉图主义对于天穹的迷恋和沉思。正如普罗提诺，阿维森纳也认为，一方面，上帝是无所不包的太一；另一方面，太一并不遥远如天穹，而是真实存在于万物中：它就是存在！

阿维森纳的核心概念是**必然性**。绝对必然之物，也即上帝，才具有绝对的存在。因为在上帝那里，"本质"与"存在"统一，宇宙中所有其他事物都派生于必然者。在此，必然性的派生与偶然性的派生被区别开来。中心的、必然的派生是理智。理智直接从上帝那里流溢而出，并造就世界的多样性。因为人一旦思考，便分享了这神性理智，所以人与上帝具有内在联系。这从人们的思维习惯也可看出，即人总是先理解普遍事物，然后才是特殊事物。我们首先将某人当成一个"人"，而后才在更进一步的考察中了解他具体是怎样的人。在这一点上，阿维森纳与亚里士多德保持一致。

从物理学视角来看，被设想为绝对必然性的上帝是相当有吸引力的。上帝如同不变的、永恒的自然常量，所有其他的东西都依赖于这一常量。然而，在亚伯拉罕宗教看来，对上帝的这种理解是一种挑衅！如果上帝是必然的，那么创世便是必然的，而所有从上帝那里新柏拉图主义式"流溢"出来的事物也是必然的。那么上帝的自由，一种对人类而言如此崇高又仁慈的行为，比如创世，又该何处安放？上帝在物理层面越是伟大，在心理层面就越渺小。因为"物理"上帝如同亚里士多德的"不动的推动者"，并不干涉人类生活，也不引导和评判人的灵魂。所以对伊斯兰教的伦理卫士，以及后来的基督教而言，阿维森纳学说是一种挑衅。他的许多著作在 12 世纪中叶的托莱多已被译出，并对中世纪思想进程产生了重大影响。

然而，在信仰的卫道士眼中更具挑衅意味的是以阿维洛伊（Averroës）之名为人所知的伊本·鲁西德（Ibn Rušd）。他生活在 12 世纪后半叶的科尔多瓦，作为医生和法学家，他深受哈里发青睐。作为亚里士多德坚定的追随者，他注解了亚里士多德全集，直至 1195 年被穆斯林教士控告并判刑。当时摩尔人的当权者被他国军队逼迫，在危险的政治形势中变得狭隘暴虐。人们偏离传统的思想观念也能令他们勃然大怒。尽管阿维洛伊两年后得到赦免，但很快就在马拉喀什去世了。

455

他被判刑的原因很快为人知晓：阿维洛伊比阿维森纳更为坚定地将宗教与哲学区分开来。他毫不掩饰地认为，只有哲学和自然研究能推进精神的发展并揭示真理。在宗教中，阿维洛伊只看到一种被斑斓的想象与表象装扮的象征艺术。哲学则能如剃须刀般对其进行锐利细致的分析。在他的理解中，宗教类似高端哲学之通俗流行的平民版本，一种服务于淳朴群众的有益信仰。这一思想跟同时代的犹太学者迈蒙尼德（Moses Maimonides）的观点如出一辙。12 世纪中叶，年轻的迈蒙尼德逃离科尔多瓦，此后在开罗撰写了《迷途指津》（*Führer der Unschlüssigen*）。

宗教适于大众，哲学则适于学者。然而让伊斯兰教的卫道士明白这一点，却没那么简单。因为像阿维森纳一样，阿维洛伊的许多主张是与穆斯林宗教背道而驰的。首先，在创世这个问题上就有诸多分歧。阿维洛伊认为世界是永恒的，而不是上帝出于莫名其妙的原因偶然创

造的。他用亚里士多德的思想堵住了通往创世、救赎以及复活的古老
历史之路。突然间，救赎不再是人生的主要关切，取而代之的是普遍
自然史。神学成了宇宙演化论。

456   在自然史中肯定上帝的存在，这对阿维洛伊来说没有意义。上帝
在他那里扮演的角色对于伊斯兰教会来说太过于渺小。另外，和阿维
森纳的情况类似，在阿维洛伊那里也缺乏"灵魂"的概念。两位阿拉
伯医生兼哲学家只谈论理智。而这在一定程度上是有问题的。理智，
如希腊的逻各斯，把人与宇宙、绝对者以及神性关联起来。而在柏拉
图和亚里士多德那里，至少每个人都有灵魂，尽管灵魂是否不朽这一
点存有争议。普罗提诺的神秘哲学也谈及仰望太一宇宙的灵魂，但是
在阿维森纳和阿维洛伊那里，灵魂不再出现。同时缺失的还有质料、
实体或者作为个体之载体驶向彼岸的以太。

    自然史取代救赎史？一种无灵魂的不朽？人们很难想象，基督
教教士第一次读到阿维洛伊的学说时，他们的脑海中会是怎样一副情
形。这一刺激的程度也许不会小于某个生活在极度封闭的专制统治下
的人第一次上网冲浪时内心经历的震慑。大约从 1230 年起，阿维洛
伊著作的拉丁文译本便出现在巴黎的教研室和萨莱诺学院、博洛尼亚
以及其他大学的大课教室。它们由苏格兰或爱尔兰人迈克尔·司各特
（Michael Scotus）受国王弗里德里希二世（Friedrichs II.）的委托在巴勒
莫译出。

    在此之前，勤勉的翻译者已经一部接一部地译出了亚里士多德的
自然哲学与伦理学专著。可以确信的是，1210 年之前，巴黎开设了很
多关于亚里士多德自然哲学的讲座。而在这一年，教会决定禁止对其
著作进行任何私下或公开的研读。但巴黎的博雅院（Artistenfakultät）
却没有特别在意禁令，这个机构负责所有未来的法学家、医学家与神
457   学家的基础教育。于是，教皇在五年之后再次颁布了这条禁令。

亚里士多德原著的重现于世正好发生在此时。当时在西欧，比如巴黎、图卢兹、牛津、那不勒斯和帕多瓦等地，在最早的大学中哲学已经获得一席之地。全欧洲学者对这些古老文本的好奇心是无可阻挡的，它们属于与圣经阐释、宗教寓言、教父智慧和教条教规不同的世界。在巴黎没有机会听到亚里士多德形而上学和自然哲学的人就会去图卢兹，那里的人更为大胆些。1231 年，教皇决定不再只是一味禁止亚里士多德，而是派人仔细检查这些文本，以便给出一个鉴定过的版本。禁令在 1245 年再一次颁布，但到了 1255 年，基督教伦理的卫道士已然无力回天。巴黎的博雅院将亚里士多德的逻辑学、伦理学、形而上学与自然哲学设为必修课程，此后不再做任何妥协。牛津大学紧随其后，这一切势不可挡。从那以后，学术思考就无法绕过亚里士多德及其阿拉伯注疏者的思想了。而打上基督教烙印的中世纪哲学即将迎来全新的开端……

基督教的时间，物理学的空间

那一时期，人们的生活可谓水深火热。城市快速而无序地增长，市场上充斥着各种叫喊，人们行走于污秽和阴沟之间，生活在巨大的贫富差距之中以及阶级压迫之下。人们遭受着各种疾病和瘟疫的折磨，丧命于接连不断的战争和掠夺。为了建房取暖和修建更大的教堂，人们滥砍森林植被。大学教研室和大课教室之外的世界依旧混乱如斯，整个社会的世界观根基却几乎在一夜之间丧失了。因为基督教所宣扬的一切不再是不言自明的，比如，人是上帝仁慈创世的目的，人在上帝的恩典中从生走到死，人根据上帝的意志获得重生，教会是救世史在世俗世界的代表。七百年来，人们生活在这种奥古斯丁式的确信以及

458

死后得升天堂的希望之中。然而，在当时的知识分子眼中，这种确信变得不再可信。对于他们中的很多人而言，一个古希腊人（亚里士多德）的思想才是理性的、逻辑的和真实的。这个一千六百年前的人，像一位严苛的启蒙者，驱散了笼罩着他们的虔诚的阴云。

对于 13 世纪的哲学家而言，亚里士多德的思想和功绩与他们的历史间隔，差不多相当于奥古斯丁和波爱修之于今天的我们！与今天不同的是，那时的人们对亚里士多德的生活世界的社会文化与政治状况几乎一无所知。假如信仰的支柱没有开始摇摇欲坠，亚里士多德的形而上学与自然哲学要在中世纪产生如此重大的影响，估计是不可能的。阿伯拉尔在巴黎等地力图以理性抗拒教条式信仰的时候，孔谢的威廉（Wihelm von Conches）、沙特尔的蒂埃里（Thierry von Chartres）以及伯纳度·西尔维斯特里（Bernardus Silvestris）等人也摩拳擦掌，准备开创基督教的历史先河——通过数学知识和因果关系阐释创世说。

关于孔谢的威廉的生平，我们几乎一无所知。据推测，他曾在沙特尔和巴黎教过书。与亚里士多德一样，威廉早在 1120 年间就开始尝试对当时的知识进行百科全书式的思考和把握，当时他对亚里士多德的自然哲学还一无所知。这一尝试的结果便是，他基于柏拉图《蒂迈欧篇》阐述了世界的物理性和精神性起源。他将"圣灵"阐释为柏拉图式的世界灵魂。他把凡是与自然科学研究不相符的事物仅仅当作单纯的想象排除在研究之外。因而，对威廉来说，女人当然不是上帝用亚当的肋骨创造出来的。对于一位通晓康斯坦丁医学著作的人而言，这是不可接受的观点。同阿伯拉尔一样，威廉决定不再按字面意思去理解圣经，而是严肃地对待它。

与威廉类似，沙特尔的蒂埃里也非常理性地看待创世。他也在巴黎教过书，但可能不曾在跟他同名的沙特尔区教过。尽管他并不认识后辈阿维洛伊，但两者所见略同，蒂埃里大概于 1140—1150 年间在圣经五彩斑斓的想象世界和冷静分析的哲学知识之间做出了区分。他并不认为上帝用七天从虚无中创造出世界和人类。而是如孔谢的威廉那样，他相信上帝仅仅提供了四种元素——火、水、气、土，然后万物从这些元素中自己诞生出来。所以他致敬的是恩培多克勒，而不是圣经的世界。斯多亚派的物理学观点给了蒂埃里很多启发。他将人类简单划归为动物，并且按照严格的数学规则和理想的数字形式来处理创世问题。这无疑会让今天的数学家和物理学家甚感欣慰。这是 12 世纪的流行观点。甚至对于自然研究兴致不高的阿伯拉尔也确信，世界是被上帝以"几何"的方式构造起来的。

来自图尔的伯纳度·西尔维斯特里是 12 世纪第三位以理性方式解释自然的人。他也被归入沙特尔的主教派。尽管这一判断可能并不合理。因为从他的《宇宙图景》（*Cosmographia*）来看，这一文本实际上并不是哲学论文而是诗歌。这部大约于 1147 年撰写的著作以寓言的方式讲述了世界的诞生。跟威廉和蒂埃里情况相似，夹杂着许多新柏拉图主义思想概念的柏拉图的《蒂迈欧篇》，对这部著作有着深刻的影响。在这部著作中，上帝创造的世界拥有神圣的理性起源。世界表面的混乱下是一种更高的宇宙秩序。他的理性创世史的一个特别之处在于，伯纳度明确认可人类的性器官和性欲是人类繁衍的完美的生理手段。摆脱原罪的阴影和奥古斯丁的羞愧感，坦然接受交配繁衍的欲乐！这在 12 世纪中叶是非常大胆的主张。

当亚里士多德如同一枚炸弹被投向中世纪世界时，物理学上最进步的基督教思想家的情况便大致如此了。而对他的形而上学和自然哲学的重新发现到底意味着什么呢？关于世界的起源和法则，这些令人不安的学说到底说出了什么？

基督教世界的思想家现在认识到，可以通过自然科学的手段来揭示自然的奥秘，更确切地说，是通过对自然精细的经验探究。然而，威

460

廉、蒂埃里、伯纳度的物理学阐释却是柏拉图主义思辨式的。一直以来，处于奥古斯丁传统中的教会排斥经验性的自然研究。人不能将上帝置于凡俗之物中！那些像阿拉伯医生那般解剖尸体的人看起来是可疑和病态的。然而阿拉伯医学的优越性，以及萨莱诺医师在新的知识基础上进行实践所获得的成就，却不容否认。有益于身体和灵魂的事物，事实上并不一定就与教会或清真寺伦理相一致。萨莱诺学院的一条名言道："沐浴、美酒与爱消耗我们的力量；然而沐浴、美酒与爱又多么让我们生机勃发啊。"对此，奥古斯丁肯定会进行最强烈的抗议！

461　　　　基督教世界的思想家在亚里士多德那里进一步认识到世界是永恒的，万事万物为绝对有效的自然规律所统摄。这里既没有创世，也没有神迹。因此阿维森纳，尤其是阿维洛伊在宗教伦理卫道士的眼中是非常令人不悦的，而且嫌疑重重。因为永恒的创世无论如何与基督教的时间观是相冲突的。

中世纪的读者应该如何来把握这样的主张呢？如上所述，不能把中世纪的时间感拿来与我们今天的比较。尽管阿拉伯人已经发明了机械水钟，但是带齿轮的时钟直到 14 世纪才挂在钟塔上。在中世纪，计时仅仅是在小时和天数的单位上规定生活。人们一起干活儿的时候，时间才出现。尽管按照亚里士多德的观点，世界不应该有开端，但世界仍以时间的方式延伸，并有一个自身进程，这超出了中世纪人们的想象。他们对于超越人类的时代的期待是他们对于新的神圣时代或急切或平和的期望。来自卡拉布里亚的大修道院院长菲奥雷的约阿希姆（Joachim von Fiore）对人们这样解释道，"第三帝国"（Dritte Reich）不久就会到来。继旧约时代的圣父帝国之后，是自耶稣诞生以来的圣子帝国。而现在的圣子帝国时代马上要终结，即将到来的是圣灵时代，一个真理和爱的时代。天堂不在彼岸，而在现实的世俗时代，正如耶稣和他的子民与我们同在。约阿希姆的思想震惊了整个欧洲，赢得了很多信徒。然而令教会不安的是，没有了恩典与救赎作为统治手段，他们不得不为其权力担忧。

对于一个相信约阿希姆的观念的社会而言，一个没有意义和目的、与人类命运无关的自然历史是完全陌生的。一个由元素、运动以及生物构成的物理世界，和一个由信仰、爱、希望以及救赎构成的基督教世界根本无法调和。这种调和即使是对中世纪最渊博、最睿智的思想家来说也是巨大的挑战。人们如何能让亚里士多德与基督教协调一致？人们能够承认亚里士多德的哪些理论？哪些又不能？信仰能经受得住多少冷静的思考？新兴自然科学的世界观与基督教的拯救能够和解吗？面对这一挑战，13 世纪的不少人都跃跃欲试。其中最著名的是一位来自多瑙河的施瓦本人，与一位来自意大利拉齐奥大区的贵族：大阿尔伯特（Albert der Große）与托马斯·阿奎那。

阿尔伯特

法国有巴黎，英国有牛津，而德国长久以来都没有令人瞩目的文化中心。13 世纪伊始，至少科隆在土地面积和居民数量方面算得上一个大都会。在科隆 400 公顷的土地上居住着大约 4 万人，这片土地由四面高墙守卫，算是当时最大的防御工程。对科隆的发展尤其重要的是它获得的一件礼物。1164 年，腓特烈·巴巴罗萨（Friedrich Barbarossa）皇帝征服米兰之后，将他在米兰抢到的三圣王的遗骨留在了科隆城。这些遗骨自然不是真的，但却使科隆的朝圣者数量倍增。几乎一夜之间，这座莱茵河畔的城市成为与圣地亚哥·德孔波斯特拉和罗马并列的最重要的朝圣地。人们继续搜集圣骨，直至最终数量达到令人难以置信的 800 具之多。1248 年，人们为一座新的大教堂奠基，这座教堂也就是今天的科隆大教堂。1259 年，科隆获得港口许可之后，莱茵河上的每一艘货船都争先恐后驶向科隆去卸货。

463 　　而科隆不只成为当时的经济中心，也成为学术重地，这几乎全归功于一人：大阿尔伯特。他的拉丁名字叫阿尔伯特·马格努斯（Albertus Magnus）。1200 年左右，他出生于多瑙河畔的劳因根（Lauingen）。据可查资料，他在 1223 年成为帕多瓦博雅院的学生。那里发生的两件事改变了他的生命历程。他结识了来自萨克森州的约旦（Jordan），约旦是成立于 1215 年的多明我会的成员，担任修会理事，是修会创始人的忠实拥护者。阿尔伯特立马加入了该修会。他在这里第一次读到亚里士多德的著作，据说不久后他就成了最有名的亚里士多德讲师。在科隆当见习修士以及在弗莱堡修道院任哲学神学教师期间，他继续深入研究亚里士多德。1243 年，他的名气已经大到足够让他获得去巴黎索邦大学进修五年的机会。在那里，他获得大学讲师资格，教授亚里士多德和阿拉伯哲学家的思想。他在 1248 年签署了一份命令焚毁犹太教经典的官方文件，这算是他人生中的一件不光彩行为。

　　同年，阿尔伯特回到科隆，建立起多明我会的基础学制，这是后来科隆大学的基础。他同时也是教会中举足轻重的人物，曾两次调停科隆市民和大主教之间的激烈争端。争端在他死后才最终引爆沃林根战役，无论如何他都尽力了。1254 年，阿尔伯特成为多明我会的首席修士，并作为督察官巡游全国。三年后他回到科隆，短暂停留。他当了两年雷根斯堡的主教，而后被教皇乌尔班四世（Urban IV.）任命为第七次东征的十字军的训导员（Hassprediger）。1264 年，因教皇去世，任命取消。自此他潜心于研究，先是在维尔茨堡和斯特拉斯堡，1269 年起又再次常驻科隆。1280 年，年迈的他在科隆离世。

464 　　阿尔伯特何以对哲学产生重大影响？首先他著作等身——超过70 部之多。他差不多注解并评述了亚里士多德的所有论著，其中包括

《论原因》，只是他不知道这部著作并非出自大师之手。阿尔伯特以一种基督教世界并不熟悉的方式，将神学领域与自然研究区别开来。对他而言，两者是相互平行的存在。象征、神迹和未经确证的东西在神学中是有效的，但作为自然研究者，他会摒弃这些东西。

然而，与同时代的人一样，阿尔伯特也将天文学和占星术混为一谈。他相信人们可以在星象图中预言世界。在化学以及尚未与化学区分开的炼丹术领域，他也是开拓者。虽然他未能成功制造出黄金，但是他通过蒸馏和气化分离出了化学元素。在亚里士多德和阿拉伯哲人的知识指导下，他是第一批研究矿物结构的人。继罗马人普林尼之后，他是欧洲汇编了动植物领域的知识，并根据亚里士多德的分类区分了477 种动物的第一人。

阿尔伯特并不仅以自然研究而出名。他总是不断涉猎他那个时代几乎所有的哲学和神学问题，这些问题源自对亚里士多德自然哲学的重新发现：世界是永恒的，还是一种创造物？我们的理智是神性原则，还是每一个体都有一种人格性理智？灵魂是非物质且神性的，还是质料性且会变朽的？另外，人类是通过上帝的恩典，还是通过一种正确引导的生活而变得幸福？

在这些问题中的大多数上，阿尔伯特都寻求妥协。这位莱茵地区的施瓦本人以其科隆式的平和，在世界是否永恒的问题上持开放态度：谁又能知道呢？在灵魂与理智的问题上，他提供了一个混合的解决方案。阿尔伯特认为，理智是灵魂的一部分，因而是个别的。但同时，理智被一种不可混淆的普遍性统摄。因为只有如此才可解释，为什么当我们谈论普遍事物时，我们能够理解对方。我们的理智因而同时是人格的和非人格的，同时是个体的和普遍的。在理智的普遍性维度上，我们似乎超出了自身，因为我们也具有普遍性和神性。受古希腊传统影响，阿维森纳已然把我们的理智视为神性的，而阿尔伯特也持相同观点。只是阿尔伯特把理智与灵魂联系起来，由此确保灵魂的不朽，而阿维森纳和阿维洛伊并不谈论灵魂。

诸多类似的关于灵魂和理智关系问题的思考，使阿尔伯特得以回答这个问题，即人类如何或通过何种途径获得幸福。我们能动的理智造就了我们的理解力，并帮助它更好地理解世界，例如通过与他人的对话。我们的理智越是上升到普遍事物，我们就越能因此体验到更多的神圣事物并接纳它，我们的生活也就会更幸福。人因而并不像奥古斯丁说的那样，因上帝的恩典而变得幸福。人会幸福，因为人的理智使人性与神性在体验中融合。明智、正确的思考和理解，能让人获得所有语言都无法描述的幸福。

亚里士多德的自然哲学著作在中世纪世界能够备受重视，阿尔伯特所做的贡献可谓首屈一指。但他同时必须小心谨慎并策略性地对待亚里士多德的自然哲学。多明我会在极短的时间内变成了一个保守修会。对亚里士多德主义者与阿维洛伊主义者进行公开侮辱的事件并不在少数。惩罚的方式有处决、公开火刑和焚书。巴黎博雅院最有名的两位教师，布拉班的西格尔（Siger von Brabant）和达西安的波爱修（Boethius von Dacien），就分别于 1270 年和 1277 年惨遭厄运。他们被指控为"阿维洛伊主义"，因而被剥夺教学资格，之后莫名其妙地丧命于罗马。

教会上层的疑虑不无道理。因为亚里士多德主义者和阿维洛伊主义者令基督教的神圣历史变得非常荒诞。对于他们而言，自然史并非如菲奥雷的约阿希姆和其他人所认为的那样，是在三千年间一幕幕上演的戏剧，而是持续着一种永恒变化和稳定的不平衡（就像今天的生态学家所坚信的那样）。但是，如果这种观点是对的，那么信仰又是什么呢？想象和错觉？或是如阿维洛伊所主张的，对于淳朴的大众而言，信仰顶多算是多彩想象史的集合？

对待亚里士多德的方式有很大的可能性空间。布拉班的西格尔和达西安的波爱修没有顾及基督教神学。与他们不同，阿尔伯特试图缓解二者的紧张关系。他在 13 世纪针对此问题提出的诸多解决方案，简直是高难度的一字马劈叉。他试图让神圣天启与亚里士多德形而上学、基督教式神学与哲学式清醒达成和解。这些解决方案其实并不多么精彩。因为从根本上来说，阿尔伯特并不想将神学与哲学、信仰与自然研究糅合到一起，而更愿意将二者分离，让二者各得其所。对两个世界的分离并不阻碍他应征加入十字军东征对抗阿拉伯异教徒，尽管他打心底钦佩阿拉伯文化。宗教和政治处于阿尔伯特勋章的一面，哲学与自然探索位于另一面，而在这中间是他最出类拔萃的学生托马斯·阿奎那，后者孜孜不倦地与他唱着反调。

托马斯

467

这个于 1225 年在拉齐奥大区的阿基诺（Aquino in Latinum）附近出生的人，在很多人眼中，至少是 13 世纪甚或整个中世纪最伟大的哲学家。作为贵族家庭中最年幼的孩子，托马斯 5 岁就进入了著名的蒙特卡西诺（Montecassino）本笃会修道院。1239—1244 年间，他在由国王腓特烈二世（Friedrich II.）刚建立的那不勒斯大学的博雅院完成基础通识教育。19 岁时，他加入多明我修会，这让他的家人非常不满。有一段时期，家人将他强行软禁在离阿基诺不远的家族庄园。1245 年，托马斯前往巴黎并跟随阿尔伯特学习长达三年之久。阿尔伯特 1248 年回到科隆时，托马斯作为助手伴其左右。

他于 1252 年获得巴黎大学的教学资格，并很快获得人们的关注，因为他总能以与众不同的方式向人们全面又直观地讲解复杂事物。老师阿尔伯特作为多明我会的督察官遍游德国时，托马斯则在巴黎让学生们沐浴在春风化雨般的课程中。他早就胸怀大志，要将亚里士多德令人惊叹的思想以完美的、尽可能无矛盾的方式调和到基督教神学中去。托马斯的计划不是阿维洛伊、迈蒙尼德或者阿尔伯特的双重世界模型，而是一种最为理想的融合。

托马斯的著作总是涉猎广泛且形式多样，以至于在此我们只能就几个重点加以阐述。认为人从根本上可以完全洞察世界，这是他的出发点。对托马斯来说，一切都以理性和可理解的方式相互协调。上帝赐予的人类理智是用以把握这种理性秩序的出色工具。我们虽然看不见那些统摄世界的不可见的原则，但在可见世界中，我们认识到这些原则的效果与影响。"作为科学的神学"的任务由此可被大致表述为——从可见的事物出发，回溯至那些藏在可见事物背后的普遍原则与隐秘的必然性。

托马斯所理解的科学不需要经验性的观察与实验。科学致力于演绎，而不进行实测。在亚里士多德的启发下，托马斯完成了他的早期作品《论存在与本质》（*De ente et essentia*）。在这部著作中，他从哲学上廓清了"存在者"的世界。首先，存在者有两种形式。一种是**逻辑**的形式，也即一种可被认同的命题。如果我们的精神正确地认识事实，这就意味着我们的理智与上帝的理智一致，也即我们做出了正确的判断。

存在者的第二种形式是**实际存在着**的事物。与逻辑的存在者不同，实际存在者有特定的大小、数量或者位置等等。在此，托马斯采纳了亚里士多德的形而上学学说。实际存在者有某种本质（*essentia*），它要么是**实体性**的，要么是派生的并因而是**偶性**的。接下来托马斯区分了实际存在者的三种不同实体。有一种简单的实体，它是不可分的、不灭的、无限的和纯粹的。这一实体就是上帝——绝对的存在者。而所有其他存在者的实体都不是绝对的存在，它们是低等的，因为它们是复合的。这种实体分为**非质料性**的复合实体，如永生的天使和灵魂；以及**质料性**的复合实体，比如人、动物或者岩石，它们会变化、消解或者死亡。

我们很容易看清这个图式的重点。托马斯主张只有**一个**绝对的存在，也即上帝，而所有其他的东西只是仅仅以不同方式，非绝对地存在着。以这种方式，他在亚里士多德的思想体系中确立了上帝的显耀地位。其他存在者的世界与此相对变得不那么真实。对于亚里士多德而言，清楚的一点是，只有**事实上实存着**的东西才具有本质。相反，在托马斯那里，天使和人类一样也有本质。从根本上而言，托马斯关于本质的想法要更宽泛一些。一切可概念化，也即**可定义**的东西，都是存在的且是本质的。

以这种方式，托马斯认为，他已经用纯亚里士多德式的方式凸显了上帝的角色以及神学的角色。对于希腊哲学家而言，神是"不动的推动者"，并因而是世界的起源（*causa efficiens*），对中世纪的神学家来说也是如此。而托马斯与亚里士多德的不同之处在于，他在这个"不动的推动者"中同时看到了世界的最终目的（*causa finalis*）。亚里士多德不认为世界作为一个整体本身是有意义的目的性行为。只有个体生命朝向目的，整个世界却不是这样。然而亚里士多德的**目的论**（Teleologie）在托马斯那里成了**神学**（Theologie），成了无所不至且目的明确的救赎计划。这个"不动的推动者"成了启示的一部分，托马斯让亚里士多德和奥古斯丁如此水火不容的两种精神在一场偷梁换柱的概念典礼上强行联姻。

托马斯在巴黎大放异彩之后，又去那不勒斯教了一段时间。1261—1265 年，他担任奥尔维耶托（Orvieto）的多明我修会讲师。接着以大学讲师的身份授课于罗马与维泰博（Viterbo）。这段时间内，他继续注解亚里士多德的著作，并研究知识论问题。关于他这段时间完

469

成的一些伦理学和政治学著作，我们之后还会有所涉及。1268 年，托马斯返回巴黎，笔耕不辍。他与一众阿维洛伊主义者展开论战。论战中，他与阿维洛伊主义者针锋相对，主张理智与每一个个体灵魂不可分离地联系在一起。阿维洛伊认为不存在人格性的理智，存在的只是人对普遍上帝理性的分有。相反，托马斯认为理智不能与个体灵魂分离。它就是灵魂的一部分，并且塑造着灵魂。精神塑造灵魂如同灵魂塑造肉身，并且二者相互统一。对托马斯来说，只有这样才能解释这个命题，即个人的人格性灵魂是不朽的。那么，从上帝理智中小心翼翼分化出来的灵魂到底是什么样的？它或许生灭如同动物灵魂，抑或不朽犹如天使。

令人诧异的是，托马斯认为他在这个问题上遵循了亚里士多德的思想。然而亚里士多德这个看重经验的古希腊人却并未谈及个体灵魂的不朽。尽管亚里士多德也像托马斯那样将精神的功效与灵魂的功效关联在一起。但他并未将理智与灵魂融合到密不可分的程度。对亚里士多德及其注疏者阿维洛伊而言，只有普遍的理智是不朽的，而非个体的灵魂。

托马斯雄心勃勃。他不仅要证明（个体灵魂）不朽，也要解决近20 年来的热门难题——世界是永恒的还是被创造的？亚里士多德认为世界并不从虚无中诞生。托马斯对该问题的思考则更深入。他首先提问，什么是真正的"生成"（Werden）？之前不存在的东西产生了，我们通常便称之为"生成"。在亚里士多德那里，生成是具有起因的时间性过程，这个起因让某种质料发生变化。所以，这里必然涉及一个孰先孰后的问题。犹太传统下的基督教也同样如此设想创世。世界一开始并不存在，是上帝用六天的时间创造了世界。但不同的是，托马斯所谓的生成，也即创世，并不具时间性。这样的事物存在吗？在人类的经验世界中，无论如何都不存在。然而，凭什么人类的理解力可以与上帝的全能相符呢？托马斯认为上帝能够在创世时完成一些人类不知道的事情，即让某物从虚无中诞生，但同时又让它是永恒的。这些事我们人类当然不能领会。但是我们可以体验到它们，只要我们沉浸到这些问题中。我们必须离开哲学而仰仗我们的信仰，信仰的觉悟超越于知识的世界。

新的上帝存在证明

上述问题的思考在托马斯的代表作《神学大全》（*Summa theologica*）中可以找到。这部没有完成的著作耗费了他 1266—1273 年的七年光阴。许多出自伪狄奥尼索斯的作品《论神圣之名》（*De divinis nominibus*）中的新柏拉图主义思想也被他吸纳并用于《神学大全》的写作。就形式而言，它跟很多其他托马斯著作一样，算是一种汇编、教学用的教科书。他以直接而清晰的方式将关于世界内部结构的问题拆分为一百多个单一问题，即所谓的 *Quaestiones*。大学的神学家之间的论辩就是以不同的立场提出互相对立的问题，然后试图去澄清它们。托马斯的《答辩诸问》（*Quaestiones disputatae*）也是以这种方式写就的。

在《神学大全》中，托马斯奋战于两大阵线：一方面，他想让正统的神职人员从其避世的思辨中脱身出来，实实在在地去理解世界的本性。创世不是无趣而腐朽的主题，而是精致而神圣的艺术。人们不是从启悟中，而是在探索自然法则及其合法性的高强度精神活动中获取知识。然而另一方面，托马斯又想反对那些过于唯物主义的亚里士多德拥趸、巴黎博雅院和阿维洛伊主义者，从而为基督教辩护。《神学大全》的自身定位令所有人都无法望其项背。如一开始指出的，他想建立一门由哲学论证支撑的、作为科学的神学。

471

472

　　如果神学应当成为科学，那这意味着，信仰和理智不应互相冲突。最终，普遍的神圣理智的目的——托马斯也认为这种理智以新柏拉图主义的方式从上帝那里"流溢"出来——是使人们超越感性事物而通达真理。一种这样的理智不能与被启示的信仰相冲突。因为信仰和理智指向同一个神圣起源。如果信仰和理智之间依然貌似存在矛盾，那也仅只是貌似而已。托马斯的任务就是要消解这种似是而非的矛盾。

　　以哲学的方式探索世界对托马斯来说意味着持续不断的训练。在理智的助力下，人从感知到的事物中提取出普遍性，并在这个过程中让人的理智越来越敏锐。如此一段时间后，人便认识了世界的自然秩序。人的理智在感观把握与精神通达的交互作用中发掘自然秩序。这一过程的精彩之处在于抽象，即从个别事物中提取出普遍形式。正如亚里士多德，托马斯也认为柏拉图的理念并不处于感性世界之外，而是作为神性的形式被包含在感性世界之中，并且能在其中被识别出来。最终我得以窥见上帝造就的这一由个体及其种属、特殊性及其普遍性砌成的完美艺术建筑。

　　然而，我们从何得知整个世界建筑有着神圣的起源呢？托马斯用五个步骤表明，如果没有上帝，我们的世界将无法得到解释。上帝存在的第一个论据是**运动**。事物生灭变化，从可能变为现实。而这个运动的起源在哪里？是谁推动了它？在此，托马斯援引亚里士多德的"不动的推动者"学说，断定这个"不动的推动者"只能是上帝。托马斯的第二个论据与第一个相似，即**因果性**。世间一切都是按照原因和结果的规则发生。那么第一性的、作为自因的原因是什么呢？对此，托马斯的答案也只有上帝。

　　第三个论据有关**偶然事物的实存**。世间的许多偶然事物从何而来？它们倘若不存在反倒更好！但它们偏存在着，这不能没有理由。每一个偶然存在都派生于另一个存在。追本溯源，最终我们到达那个非偶然的存在——上帝，其他一切存在都源自它。托马斯的第四个论据即世间事物按照善、美或真的程度来划分**层次**。如果其中没有"至善"（Optimum）作为层次划分的起点，我们的划分又何以可能呢？然而，这个至善却不存在于我们的感性世界，因而只能是上帝。

所有这些论据都解释了，为什么宇宙如果没有上帝就完全不可能存在。我们因而称之为"宇宙论上帝证明"。在亚里士多德的启发下，托马斯还推出了一个更进一步的论证——"目的论上帝证明"。正如亚里士多德所表明的，自然是**合目的的**。生物完美地适应它们的环境，物理与化学也遵循理性法则、和谐统一。倘若没有某个设立了这种理性法则与和谐统一的卓越理智，这样的秩序将如何可能？托马斯认为，倘若没有某个将目的、目标、发展以及完满性都规定好的秩序精神，这一切都是不可能的。我们将这一秩序精神称作上帝。

托马斯的上帝证明成为神学和哲学界长久不衰的主题，莱布尼茨和康德都曾致力于研究这些证明。然而人们不应将这些证明当作《神学大全》的全部。在这三部曲论著的前两卷，人们能找到许多在哲学上有着重大意义的思想。托马斯不仅讨论形而上学，也探讨人类学；同时还研究伦理学和道德哲学。他的思考从哲学的普遍性问题走向了社会的实践问题。对此，我们之后会再详细阐述。

不过，接下来我们的目光会转向那些对托马斯融合哲学与神学的做法产生怀疑的人，以及那些以自己的方式将信仰和知识区分开来的人。他们有着完全不同的哲学秉性和思想趣味。他们是技术精湛的梦想家、彻底的怀疑论者、经验论者或者逻辑学家。他们联手凿开了托马斯理论大厦的高墙，并最终使其坍塌……

474

世界的祛魅

对技术的赞美——意识决定存在——意志与个体性——奥卡姆剃刀——
没有什么是必然的——在我们身上思考的质料

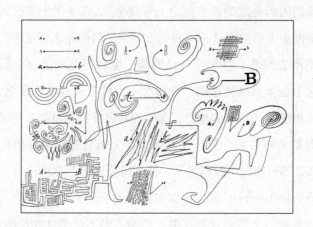

对技术的赞美

不同于巴黎或科隆，牛津只是它本郡的首府小城。而 1167 年，国
王亨利二世（Heinrich II.）短暂地禁止英国人去巴黎学习时，牛津经
历了一次腾飞。很快，牛津因它的宗教法庭吸引了来自各国未来的法
学家到这里学习。并且自 1214 年以来，与巴黎相比，（牛津）大学也
拥有了相对的自由。它的首位校长，诺曼底人罗伯特·格罗斯泰斯特
（Robert Grosseteste），是方济各会修士和神学家，但他首先是作为自然
科学家闻名的。他是一位杰出的逻辑学家和数学家，翻译了亚里士多
德，并致力于光学、天文学与占星学研究。一种尽可能不受神学影响

的自然研究的风格在牛津被开创了。

格罗斯泰斯特成为校长的同一年，他最重要的学生出生了：罗吉尔·培根（Roger Bacon，1214—1292）。培根在牛津学习，因为格罗斯泰斯特认为，只有读希腊语的亚里士多德才能正确理解亚里士多德，所以培根学习了希腊语。后来他在巴黎博雅院教授了很长一段时间。1245 年回到牛津时，他学习了数学、天文学、炼金术与光学，并投身于独立的自然科学研究。

1257 年，培根成为方济各会修士。但他对修会很失望。这位热情的自然研究者想要为人类效劳，通过数学、物理学以及技术进一步推动人类发展。他像亚里士多德与阿拉伯哲学家那样理解自然研究，认为其应服务于人类实践，并以经验考察为基础。这位方济各会成员，在还未满 15 岁时，就已经远离了亚西西的方济各（Franz von Assisi）早先就怀有的改革热情。换言之，培根在他的方济各会兄弟看来是一个可疑之人，他质疑基督教的救世史。更糟糕的是，自 1260 年起，所有方济各会作家的作品必须通过宗教上级的审查。在巴黎，培根从此时起的停留之处，与在牛津的并没有什么不同。方济各会总会长圣文德（Bonaventura）亲自颁布了针对他的教学禁令。似乎在修会中，根本没有自然科学知识的立足之地。

但这也只是表面上的情况。1265 年，这位深感沮丧的经验主义者收到一条意外的消息。枢机主教居伊·勒格罗·德富克斯（Guy le Gros de Foulques）对他的研究表达了兴趣。培根被鼓舞了。他悄悄开始急切地给枢机主教写信。后者不久被选为教皇，情况变得更好了。当克雷芒四世（Clemens IV.）登上圣座，培根递交了他的作品《大著作》（*Opus maius*）、其节选本《小著作》（*Opus minus*），以及导论《第三著作》（*Opus tertium*）。

尤其是他的主要作品《大著作》，不容小觑。如格罗斯泰斯特一

476

477

样，培根也认为，为了正确理解流传下来的知识世界，必须尽可能掌握多门语言，尤其是希腊语。自然的语法在他看来是数学，它决定了所有逻辑思想。只有数学为清醒的灵魂传递纯净的知识，提供最终的可靠性，因此它仿佛是"神性思维"。

持这种观点的并不只有培根。自 1263 年起，另一位幻想家穿行于洲与阿拉伯世界，他是一位来自帕尔马的博学多才、接受过良好教育的加泰罗尼亚人，除了母语希伯来语之外，还会说迦勒底语和阿拉伯语：拉蒙·鲁尔（Ramon Llull，约 1232—1316）。拉蒙·鲁尔也热衷于数学与逻辑的普世语言；只有这种语言，能清楚地区分谎言与真相。作为那位英国方济各会修士精神上的兄弟，他甚至构造了一种"逻辑机器"。它是七个不同大小的可旋转的圆盘。每个圆盘的边缘都放着概念，它们根据圆盘互相之间的位置构建逻辑的概念结论——这在之后看来是首次使逻辑语言变得完全清晰的尝试。

再回到培根和他的《大著作》。在第 840 页，这位受排挤的自然哲学家总结了逻辑学、语法、外语、数学、物理学、光学以及炼金术的全部知识。他总是在其中添加自己的想法与尝试：他创造了"自然法则"的概念。接续希腊哲学，他将地球描述为一个球体。培根坚信，耶稣的出生年份被算错了，他基于严谨的天文学思考而主张改良儒略历。在光学中他认识到，凹透镜含有光学的成像误差。他探求对海市蜃楼、光线折射、彩虹以及潮汐的解释。在化学领域，他证明火并不是元素，而是产生于燃料与氧气的化学反应。在医学领域，他整理了阿拉伯药物，并为制造药物用水银与血液进行试验。在生物学领域，他研究视力与解剖学。多年前他就已经知道，后来所说的黑火药是爆炸性的。他也思考如何制造眼镜。他是一位传奇的幻想家，预见了显微镜、液压系统、汽船、潜水钟罩以及飞机的出现。

所有这些知识和研究对培根来说，只有一种意义：传播基督教；改善平民的生活；扩大教会的权力范围，对抗信仰不同的敌对群体。正是最后这一项显得十分紧迫。在培根撰写自己的《大著作》时，成吉思汗的接班人钦察汗国深入今天的罗马尼亚地区和东波兰。到处都是世界末日即将到来的谣言——基督教文化会被"鞑靼人"摧毁。培根也相信这一点。对他来说，只有一个问题，这个显而易见的、即将来临的历史转折点将以何种方式发生———一种彻底的毁灭，还是菲奥雷的约阿希姆在传教中所宣扬的千年帝国的开始？

培根想要帮助而不是挑衅。让他承认神学是最高学科毫无问题，只要人们不愚昧地拒绝经验性的真理，不跟随错误的权威，不出于习惯坚持传统，或是固执地逃进不成熟的智慧。但是他凭借自然科学进步拯救人类的伟大计划，仍然无法实现。虽然罗马教皇仍然展示了他对哲学问题的兴趣，他让培根接管了托马斯·阿奎那在罗马北部 80 公里处的维泰博的庄园，但是他并没有很多时间来进行大规模的革新。克雷芒四世在他继位三年后的 1268 年去世。培根的作品沉寂消失。这位失望的神圣使者从此以后便怒气十足地破口大骂经院哲学家，招致无数敌人。1278 年，培根被怀疑是"阿维洛伊主义"，又一次被软禁家中。直到 1292 年，去世之前不久，他才被允许离开家。这使他变得沉默，并且被迅速遗忘。

479

意识决定存在

光学问题，算得上是培根研究最多的自然科学问题。在某些方面，这一问题至少隐喻了物理学与形而上学之间的联结。中世纪的神学中充满了光之隐喻，总览万物、照亮精神与灵魂的神之眼。存在与现象、可见之物与不可见之物不仅是光学问题，也是哲学问题。

学者们如此努力地研究天气现象，也就不奇怪了。彩虹是什么——现象还是存在？培根已经提出了这个问题。培根去世几年后，一个来自埃尔茨山脉的撒克逊人给出了当时最佳的回答：弗赖贝格的迪特里希（Dietrich von Freiberg，1240/45—约1310）。他晚年用一个六边形的水晶、两枚水晶球与露水做实验，由此得到了最接近正确的答案。是光线的折射，它遵循自然法则产生了彩虹的光线效果。

480

然而迪特里希并未作为物理学家被写入历史。他的文章很快被遗忘，这一光学上的发展几乎没有产生任何影响。他的元素学说与宇宙论同样是不成功的。此外，他还有关于天空的学说。在精心研究了亚里士多德与新柏拉图主义的《论原因》之后，他做了理所当然的工作：尝试将中世纪关于天体力学的知识与古代宇宙论相融合。

在天体物理学领域，托马斯·阿奎那顶多算外行。他的强项和兴趣在别处。迪特里希将天空从天使与鬼怪中净化出来，而这两者在托马斯看来推动了星体运动。同样，创世的想法在他看来是愚蠢的。更接近的是一种被称为"流溢"的持续创世，就像普罗提诺和他的学生所主张的那样。总之，在教会许可的新柏拉图主义的界限内，迪特里希深受鼓舞。在他看来，神就是"太一"，而宇宙就是其完全流溢的结果。没有无法被解释的偶然与虚无，这些都彻彻底底地由逻辑世界统摄。一切都被神的完满智慧充满，从星球的运行轨迹直到人类的精神。正如普罗提诺和他的学生所认为的，这种精神渴望返回它神性的起源。由神赋予灵魂，它不停歇地追求着复返。到目前为止，这些都可以和奥古斯丁与教会协调一致。对奥古斯丁来说，神之恩典以不可预测的任意性，决定了谁可以攀登至接近神的地方，但在迪特里希看来，至福之门是为所有人敞开的。他只须通过思考接近那个早就居于其自身之中的永恒的至福。

无论如何，迪特里希总能在他所研究的光学、宇宙论、认识论或是神学中，引入重要的新东西。他热情满满地驳斥了亚里士多德的中心思想之一。他提出了这个古老的问题：我从何而知，我关于某物所想的确实与此物的本性相一致？因为事物的感官性直接触动我的理智，并**规定**（vorschreibt）了正确的印象，亚里士多德如此回答。托马斯还补充说，这也是因为神没有迷惑我。

迪特里希想要知道得更确切。他彻底怀疑这一点，即我们的理智在自然中遇到的事物拥有这种力量和能力，只从远处就能为我们的理智规定对象。如果这里有某物规定了其他物，描绘并定义了其性质，那么这是**理智**（Intellekt）而非自然物。不是石头、时间或法兰西国王给我们的精神以一种感性印象，而是我们的精神确定了什么是石头、什么是时间以及什么是法兰西国王。这一思想是哲学史上最举足轻重的纲领之一！许多名头比这位迪特里希更为响亮的人物，继续沿着这条小径前进，这后来导致了哲学中一次命中注定的转折。

在中世纪教会看来，这一转折是炸药——即使还需要一段时间，教会高层才能认识到它的爆炸力。当教会高层终于领会了它的爆炸力，他们的怒火触及的也不是迪特里希，而是他的一个亲密同伴。迪特里希自己不仅逃过一劫，而且尽管自 1277 年起遭受了禁止"阿维洛伊主义"的动乱，他仍可以不受干扰地在巴黎的大学讲课，还德高望重地出任了多明我会德国分会的最高职务。

所有这些都不同寻常。只须看一眼，迪特里希如何在他的文章中以不妥协的严厉态度评判他的前辈和同时代人！他发现，几乎所有人的观点都不能满足他在逻辑和一致性上的严格要求。抨击亚里士多德和阿维洛伊，就能让教会高层看来是正确的。偏偏迪特里希钟爱的陪练是托马斯·阿奎那，这是极受教会尊敬的首席思想家，迪特里希代替他成为副主教，而这是所有可能的职位中第二高的。

托马斯整个体系的建立与瓦解都由于这一观点，即神根据同样

481

482

存在于每个个体之中的理性创造与安排了这个世界。迪特里希对这一
点表示怀疑。在他看来，事物的"本质"不是人类理智在自然中发**现**
（*vorfindet*）的，而是其发**明**（*erfindet*）的。在我的精神认识事物的那
一刻，是我的精神将万物塑造成它们对于我的精神来说所是的样子。
精神定义了事物的性质，尽管这完全是按照它受神启发的理性的规则。
真实（Realität）在迪特里希这里的含义滑向了亚里士多德与托马斯的
对立面，不是如真实的**事物**一样；而是如事物那般**真实**。而事物如何才
是真实的，这完全取决于我们的理智。

对于许多没上过哲学课的人来说，这一观点是陌生的。月球上的
石块难道不是它们自己所是的东西，而且，难道不是人们见到它，认
识到它是石头，把它定义为月球岩石？迪特里希没有否认这一点。但
是他也没有反对，石块一般首先是由于人类的精神对其进行研究而成
为认识的对象。以此，它们才真正成为可理解的世界的一部分。这位
多明我会修士用这一观点打开了一扇通往哲学研究中全新的主体性维
度的大门，尽管他还没有完全踏入这扇门。

人们可能会由于迪特里希在主体性上的转向而误解他，称他为神
秘主义者。但他完全不是。他甚至将自己视为得出唯一正确结论的、
冷静的逻辑学家。因为这个世界中的事物不能对我们言说，所以我们
来告诉这世界中的事物它们是什么。迪特里希相信，用这种方式来解
释世界真正的状况，与托马斯用他的方法所做的尝试没有什么不同。
但在托马斯设想的世界与理智对话之处，迪特里希只看到了精神的独
白。只有承认这一点，才能获得对隐蔽的世界法则的认识。

显然，迪特里希关于精神和世界的理论中，神的存在并不必要。
虽然这位来自撒克逊的逻辑学家将哲学从神学中严格区分出来，但是
他并没有就此脱离神。与托马斯不同，迪特里希并不认为是神担保了
理智所认识到的与真正的事实相符。但他需要神担保，理智是一种如

此杰出的工具，完全不需要与谁一致。这种有效的理智是我主动认识事物的工具，它——在严格遵守逻辑的情况下——如神一般，正确地**构建**事物。

　　然而，如果这种所有人都具有的、受神启发的理智基本上能认识并把握一切，那么为什么，并非所有人都是完美的洞察者与天才？为什么世界上存在着如此之多的愚蠢、无知与半吊子。显然，因为大部分人没有继续深入训练他们的理智、理解世界、了解自己的认识能力。思考是持续不断的逻辑工作，虽然我们的理智是受神启发的，但真理并没有向我们扑来。我们必须艰难地从"精神的隐匿"（Versteck des Geistes）中发掘这些宝藏。

　　哲学式的自我认识，这一宝藏尤其难以发掘。为了成为杰出的工具，理智必须认识它自己。在迪特里希看来，就这一点而言，大部分人从未特别成功过。否则托马斯·阿奎那也不会认为，理智是物质灵魂的精神附属品。当我们严格按照逻辑前进，就会发现，正如迪特里希所说，我们并非**拥有**理智，毋宁说，我们就**是**理智。我们不是那种附加地、支配一种杰出理智的灵魂。没有理智的人类灵魂会是什么，而没有灵魂的理智又会是什么？灵魂不是物，理智也不是，对迪特里希来说，这二者不可分割地互相联结在一起，是非身体的、非物质的，是只能被主观地掌握的。当理智研究自身，它不会发现任何客体。它认识到，自己是一种非物质的实在性，是所有意识内容的主体性来源。

　　迪特里希的观点是前后一致的，也是彻底的。他甚至不把时间视为一种前定的自然物。亚里士多德表明、奥古斯丁强调的东西，在迪特里希这里被终结。我们不生活在"时间"之中，而是，时间是我们的意识借助想象力展开的。时间不是存在范畴（Kategorie des Seins），而是一种"直观范畴"（Kategorie der Anschauung），正如康德（并没有参考迪特里希）在五百年后将要写下的那样。

然而，迪特里希并不怎么成功。他的思想显然不合时宜，而他的思考方式需要几个世纪的时间才能成为一种思想学派。尽管拥有崇高的官方职位，但他事实上仍在逝世 50 年后被人们遗忘，与罗吉尔·培根并无差别。至少，他是一位改革者，一位沉浸于自己的思想中的并不危险的改革者。或许这是因为，他没有从中得出什么政治论断。

意志与个体性

对迪特里希来说，物理学与形而上学是同一块硬币的两面。在他研究光学、解释彩虹现象的时候，这二者才彼此区分开来。如果说罗吉尔·培根的宏大计划还难言成功，那么牛津大学至少要赋予他的自然研究一个更高的价值。数学、物理学与医学是 1300 年左右最重要的主题，这一情形不仅仅是在英国。今天，在许多大学里人们将哲学从神学中区分出来，这获得了相当有益的结果。而托马斯·阿奎那几年前就想永远弥合的那个鸿沟，至此在制度上被固化下来。

无法相互协调的两个世界——看来，在神学与哲学的书斋和教室中所发生的，似乎与在宏大政治中没什么不同。整个欧洲一下子被从内部撕裂了。在中心，神圣罗马帝国支离破碎。腓特烈二世，那位从意大利开始统治帝国的皇帝，于 1250 年辞世。一个没有皇帝的时代到来了，即"空位时期"。直到 1312 年，才重新出现一位德意志皇帝，亨利七世（Heinrich VII.），但是他的权力已不再世袭。从此以后，由选帝侯选出君主——这是一个明显的信号，即权力在很大程度上从皇帝转移到诸侯那里。

很短的时间内，人们形成了这样的印象，好像在世俗与精神权力这二者之间永恒的斗争中，教皇才是最大赢家。但表象是具有欺骗性的。在皇帝与教皇之间敌对的阴影下，法国的王权加强了。这看起来肯定越发奇怪，因为教皇卜尼法斯八世（Bonifatius VIII.）在他的教谕《神圣一体敕谕》（*Unam sanctam*, 1302）中要求，所有君主都从属于教皇："我们宣布，所有丢失了灵魂至福的人类造物都必须是罗马教皇的臣民，我们告诉他们并且确认这一点。"教皇的指令其实是纸老虎。腓力四世（Philipp IV.），这位来自法兰西的美男子，毫不犹豫地逮捕了教皇，并将他判为异端！教皇是异端？在这之后不久的 1303 年，卜尼法斯在罗马去世。从此以后，由腓力来确定谁是从属于他的教皇。卜尼法斯的继任者克雷芒五世（Clemens V.）是法国人，情况无外乎如此，他在里昂被加冕为教皇！罗马对腓力来说已经过时了。从此以后，阿维尼翁成了教皇之城。

14 世纪初，欧洲政治的坐标几乎是在一场突然袭击中发生了转移。皇帝与教皇，再也不像以前那样了！那些看似神圣、不可侵犯、永恒的东西，悄然逝去：转变取代了延续。法兰西是新兴的超级大国，而英格兰已成为暗中的竞争对手。将近 600 万移民居住在不列颠诸岛。这里贸易繁荣，牛津大学与剑桥大学已有良好的声誉。

这是约翰·邓·司各脱（Johannes Dunaeis Scotus）所处的历史背景，他是中世纪最敏锐的思想家之一。他的出生年份不详。就像别名"司各脱"显示的，他是苏格兰人。1291 年，他成为北安普顿方济各会的神职人员。同时，他也在牛津大学学习，也许还有剑桥大学。如那个时代中常见的那样，他倾注了大量精力于亚里士多德研究。1302 年，也就是教谕发布的那一年，他去了巴黎，但又不得不再次离开，因为他支持教皇反对美男子腓力。一年以后，他回到法兰西首都，并在这儿教了三年书。他的最后一站是科隆，短暂停留之后，他于 1308 年辞世，其时他在 40 至 50 岁之间。

早逝阻碍了邓·司各脱留下一部伟大的著作。但他仍应在哲学史

486

上获得一个光荣的席位。尽管邓·司各脱的自我定位绝不是哲学家，而是神学家。但正如我们将看到的，他恰恰成了迄今为止中世纪最睿智的亚里士多德的批判者。丝毫不带有宗教狂热，邓·司各脱怀着冷静的愉悦，将手指戳进亚里士多德形而上学的伤口。正如以前弗赖贝格的迪特里希那样，邓·司各脱问道，亚里士多德和他的追随者从何处知道那些他们所相信的知识？就像亚里士多德主义者所正确认为的，这个世界所有的知识都来自经验。但如果我现在从我的具体感知与观察推导出未知的普遍事物、种与属，以及世界的隐秘结构与秩序，那么这些都不是知识，而是思辨（Spekulation）。我不能从普遍概念里获得任何确定的知识。我只能看到结果，而不是原因。因此，在邓·司各脱看来，亚里士多德的哲学从事实的坚实地面耸起，就好像在不可见的世界中有一个底座。但这个底座是未知且不确定的。我不能一步步推演它。我也永远不能说，在普遍概念与抽象观念的世界里有某物是必然如其所是地存在的。

　　邓·司各脱的论证方法是不同寻常的。因为迄今为止，神学家已经对亚里士多德主义者批评甚多，但并没有规定说，从以非感官的方式体验到的事物中就会一无所知。整个神学本身，就是由关于不可见的普遍之物的大胆而独断的主张构成的！但是邓·司各脱做了一些非常惊人的事情：他用亚里士多德自己的论证攻击亚里士多德，而这些论证是亚里士多德主义者用来批驳神学的：他十分怀疑，亚里士多德主义者能否提供一条令人信服的证据，来证明能够认识这些他们相信能被认识的东西。并且，他将亚里士多德的形而上学归入思辨的领域！在邓·司各脱面前，亚里士多德主义者现在必须做出辩解的，不再是他们所致力的对自然的感性现象的研究。而必须在这件事上为自己辩护，即他们设想自己知道，事物的背后隐藏着哪些存在的法则。

　　这么论证的话，那最后只有被经验审查过的，才能作为知识留下来。但这并不是邓·司各脱的用意所在。他坚信，存在一种关于万物的伟大而不可见的结构。但问题是，应该怎样准确地认识它呢？这是一个僵局，神学家与亚里士多德主义者相互指责对方的无知，邓·司各脱不想陷入其中。相反，他想要按照哲学和神学之于人类个体及其灵魂救赎的**功能**（Funktion）来区分二者。

488

　　在邓·司各脱看来，亚里士多德式的哲学主要是自然研究。但是神学也并非关于真理的演绎。完全相反，在邓·司各脱看来，神学是有助于生活的东西。人们只是渴望意义和目的，这些远超出动物在生物学意义上的目的规定。在亚里士多德那里，不仅没有救赎，也没有对人类救赎的需要！而在邓·司各脱所生活的世界中，对救赎的渴望则是一个无处不在的主题。他认识的人们都想知道，出于对彼岸生活的考虑，对他们来说什么是正确的此岸生活。但哲学无法给他们关于这个问题的确定回答，因为哲学对此也一无所知。这样的话，就只剩信仰了。这种信仰远不能使人类理智与神之理智短暂相通。这只在阿拉伯童话和托马斯·阿奎那那里存在。这种信仰是直觉的知识，是对神的爱，是完全实践性的。我所相信的价值帮助我塑造生活，指引正确的方向。这些价值给我提供了对存在以及结构与意义的热爱。那么，除了圣经文本之外，我在何处能更好地得到这所有的一切？

　　对一位中世纪的神学家来说，这是对其专业的一个具有独创性的定义。他从哲学家那里取走了相当于形而上学的区域，却也没有将之再给予神学。诚然有一条出路：没有人知道，人类目前对于世间万物的无知状态是否会持续下去？人类向更高级发展，但上帝却没有依次为人类揭开他大衣上的褶皱，这难道不可能吗？对亚里士多德来说，人类是一种永远固定的动物。他关于人类文化的图景不含任何动力学。他所言的"政治的动物"看起来像玻璃后面的标本，无法适应未来的任何变化。而邓·司各脱受其时代之喧嚣的鼓舞，将人类视为可发展

489

的，在认识能力的进一步完善上也同样如此。

相较于弗赖贝格的迪特里希，邓·司各脱向着完全相反的方向行进。迪特里希授予人类理智以世界工程师的权利。邓·司各脱则从根本上怀疑人类理智的有效范围。他否认，事物的性质是从我们精神中以思想的方式产生。由此他将自己置入阿伯拉尔的传统中。像"人性"或"动物"或"善"这些普遍概念，描述的是我们确切知晓的东西，对这一点他是极度怀疑的。因此邓·司各脱认为，事实上我们只能谈论个体之物而无法谈论普遍之物。他并没有像"唯名论"走得那么远，后者认为"人性"与"善"只存在于语言之中。但是，关于人性和"善"等表达能否确有所指，这一点存疑。我们只能认识到个体的人和具体的善的行为。

我们只认识到个体之物与具体之物，这使邓·司各脱进一步研究个体。事实上，他被认为是第一个强调和揭示了**人类的个体性**的中世纪思想家（也许阿伯拉尔是个例外）。他在此使用了大量的逻辑理性，以表明人们在日常生活中几乎不运用逻辑理性。大部分日常生活中的事物对于我们来说是明见的，它们是清楚明白的，因而不需要被证明。这看起来与人类的**意志**无异。它避开了所有逻辑与计算。

亚里士多德认为人类的意志都指向一个目的：指向一种尽可能具有德性的，因此也是幸福的生活。由此出发，托马斯·阿奎那制定了一套神圣的程序，每个人根据这套程序都能努力追求变得与上帝相似，并相应地完善自身。相反，邓·司各脱则秉承这样的观点，即我们的意志常常会走与理智不同的道路。此外，对舒适的渴望与对正义和善的渴望之间，似乎是分裂的。尽管有各种怀疑，但司各脱仍是上帝的仆从，他对善与正义的评价要高于对舒适的评价。一个勤奋的人尝试抑制自己的追求舒适的意志，这与柏拉图以及众多其他希腊哲学家所宣扬的并无二致。每个人都应该热爱上帝，这样的人就会控制自己，

490

不会毫无节制地屈从于对舒适的渴望。而正如之前的奥古斯丁那样，邓·司各脱还认识到，这是一场永恒的斗争。对托马斯·阿奎那来说不成问题的事情，即将所见与所想相互协调，在邓·司各脱看来则是一项艰巨的任务。繁琐的经院哲学中冷冰冰的逻辑，在他这里成了心理—逻辑。

奥卡姆剃刀

巴黎的邓·司各脱对亚里士多德的与神学中的形而上学产生了怀疑，与此同时，在 350 公里外的伦敦，有一个人首次被授予神职，他将更为彻底地怀疑我们关于神与世界的知识的可能性：这就是奥卡姆的威廉（Wilhelm von Ockham）。1306 年，在从前南华克区的沼泽地，也就是今天属于伦敦市中心的区域，这位年轻的方济各会修士成了副执事。

哥特式教堂逐渐变小，隐匿于碎片大厦（The Shard）旁，碎片大厦是欧洲最高的办公大楼，是属于卡塔尔王室的一座尖顶金字塔。在伦敦金融城这个现代"银行教堂"的阴影中，难以设想，这座古色古香的教堂曾是一度支配着欧洲的信仰垄断组织的一部分。大教堂与银行大楼共在的图景表明了重大的权力转移，获胜的是合理的与理性的思想。而碎片大楼中的财务经理几乎都不会知晓，"思维经济学"这一与奥卡姆的威廉密不可分的概念，正是发源于此。

1308 年，即邓·司各脱去世的这一年，威廉转到了牛津大学；1317 年，他获得神学学士学位，但他没有继续攻读硕士。大学期间他就写过这样的语句："神学不是科学。"这对 14 世纪初的神学家来说，是一句胆大包天的话！但威廉的意思不是说，神学家从事神学的方式是糟

491

糕或错误的。其原因要根本得多。在威廉看来，人类在他们精神发展的当下时间点，还没有到达可以恰当地把握神学对象的程度，即作为世界造物主与起源的上帝。神学不是科学，这不能责怪神学家。这是这一逻辑推理的结论，即人类的认识能力是有限的，并对超感官之物一无所知。在皮浪和阿尔克西拉乌斯之后一千三百年，哲学凭借其怀疑与怀疑论重又触及了人类认识的可能性。

1320 年，我们发现威廉再度来到了伦敦的方济各会。他致力于逻辑学与自然哲学的研究，并制定了基本命题。首先是逻辑学。我的天哪，威廉的前辈多么杂耍般地使用概念，他们在世界中放置了多么梦幻般的形而上学式的空中楼阁！然而像托马斯·阿奎那这样的人，是从何处知道他们所知道的东西？他们内心的确定性源于何处？他们仅仅是因为存在这些语词，所以才没有简洁地使用诸多概念吗？关于"必然性"的讨论是必要的吗？我们是否必须假设，确实存在着"普遍之物"，以解释为什么我们能进行普遍化？真的存在自阿拉伯人开始经院哲学家就在讨论的众多不同的理智？如果我完全无法以感官的方式经验到柏拉图的理念，那么我从何而知它是实际存在的？人们是否最好删除众多的"原则"、流传之物、思辨之物以及毫无根据之物。因为它们或许在人类语言之外毫无容身之所。

威廉的建议是极端的：他要求以"思维经济学的方式"进行思考，将所有不涉及**具体经验**或是**包含矛盾的**东西，全部删去；许久之后的 17 世纪，这种被称为"奥卡姆剃刀"的方法进入了哲学史。

如果我们坚持思维经济学，那么这门学问就会从我们对于现实的表象中获得大量的结论。我们生活在何种实在情形之中？与此相关的，我们一定会如何设想这个世界？威廉认为，就人类所能领会的范围来看，世界之中**不存在必然之物**。所有我们能够掌握之物都不是必然的，而是偶然的。它们也可能是另外的样子。对哲学家来说，认识到这一点并不容易。自柏拉图与亚里士多德以来的几乎所有哲学家难道不都是在尝试发现世界之中诸多个别之物背后不可见的必然性，以及它们隐蔽的秩序吗？他们的出发点难道不是认为，这些秩序是合理的，或者至少是合目的的吗？然而，当人类不再相信自己有认识能力去揭示世界的隐藏框架时，还能剩下些什么？

至少，威廉没有怀疑过，上帝以理性的视角筹划了这个世界，这个世界是合乎逻辑的。在这一点上，他确乎是一位中世纪的神职人员。正如威廉设想的那样，上帝完全不能不合逻辑地行事。毕竟逻辑是神圣的，并且这一点是从如下观点得出的，即上帝坚持他自己的逻辑。当然现在可以争论，如果上帝似乎是被迫遵循自己的逻辑理性且不能有任何矛盾，那么他是否还是全能的。因为一个全能的上帝当然也能够废除他自己的逻辑。虽然这样做是毫无逻辑的，但正如人们所见，这是一个因果循环。因此威廉更倾向于认为，上帝犯了一个错误（!），而不是造成了逻辑学和物理学上的恶作剧。因此可以推论，上帝不会让时间停止或倒流。他也不会创造无质料的身体以及由气体组成的脊椎动物。

但在这样的前提下我们到底如何能够认识事物？在亚里士多德与托马斯·阿奎那那里，我们通过与世界中的事物相协调而认识了这些事物。我们瞄准一个客体，在我们的内心目光前方构造一幅精神图像，即这一客体的表现。通过理智与这个客体的相互协调，我们达至客体，并由此在其普遍性中认识了它。在托马斯看来这是一种澄清行为，通过这种行为，上帝的理智与人的理智联结在一起。仿佛是上帝的电流点亮了我们头脑中的灯泡。

弗赖贝格的迪特里希驳斥了这种人类精神与外部世界的一致关系。在他看来，认识的舞台剧并非在理智与自然物**之间**发生，而是在上帝一人的理智本身**之内**发生。与此相反，威廉则从另一方面批评了这一看法。在迪特里希大谈理智之处，他是带着盎格鲁－撒克逊人的冷静在狭义上谈的。他无法设想，无论如何，人类会完全真实地触及上帝的理智。邓·司各脱也怀疑这样一种理智的启悟。当上帝在人之中照亮某物时，那是感受、想象与希望，但不是知性（Verstand）。出于这个原因，威廉认为事物的普遍性同样是不可认识的。我们只能领会那些我们在感觉中体验到的个体之物。除此之外我们唯一能做的，就是通过符合逻辑的，也就是前后一致的语句，将事物相互联系起来。而这恰恰是科学所擅长的：通过协调一致的、符合逻辑的关联关系创造知识。

与过去的决裂几乎不会被过高评价。在哲学与神学传统中，当一种陈述与现实相一致时，即如其自在所是时，那么它就是真的。但在威廉看来，当我们在个别之物中以感官的方式把握现实性时，才能与它取得一致。与之相反的情形就要涉及普遍性的陈述，那样的话现实对我们来说是隐蔽的。除了遵循逻辑的普遍原则，构造合逻辑的命题，我们不能做任何事情，同时怀着一个不可验证的希望：我们差不多能够命中那个自在存在的现实性。

从这一点上来看，威廉在一直未平息的共相争论中站在哪一方，就很清楚了。他同样没有解决方案，但是比起迄今为止所有给出的回答，他更钦佩这个问题本身。在他看来，这个问题处在一条无法克服的鸿沟中，即在我们能知道的东西与我们不能知道的东西之间的鸿沟。

如果我们的理智完全不能恰当地把握普遍之物，那么也就不应该断言，"人类"与"善"是真实的，这一点是完全清楚的。因为我们并没有真正认识"人类"与"善"。那些"唯实论者"认为"人类"是真实的，他们使用了一种他们**完全不可能拥有的**知识。威廉认为，我们实际上只能真实地把握世界之中的个别之物。我们当然可以用理智来概括这些个别之物。我们能够从众多个体的人那里看到他们的共同点，来有意义地谈论"人类"。与唯名论者不同，威廉认为"人类"不仅仅是一个语词，而且是一个有意义的概念，这个概念只能是现在这个样子，而不能是别的样子。以类似的方式，人们可以将威廉同阿伯拉尔一样归为"概念论者"：普遍概念仅仅存在于语言之中，但它们并非是偶然存在的。

威廉关于事物的洞察并不符合那个时代教会高层的看法。托马斯·阿奎那不正是建立了一个卓越的体系，它不仅证明了上帝，而且解释了一位有修养的神职人员如何能够掌握并传播世界真理？而现在威廉解释说，这样一种知识在根本上就是不可能的。这些问题，也许再加上一些他与牛津大学校长之间的私人争执，在1324年给威廉带来一场被迫的旅行，去往一个对他来说高度危险的地方。他被召往阿维尼翁，在罗马教皇面前为他的异端论点做个人辩护……

没有什么是必然的

在讨论威廉未来的命运之前，我们先把目光投向其他人是如何进一步思考他的思想的。其中之一就是奥特库尔的尼古拉（Nicolaus von Autrecourt）。他生于1300年前夕，1320—1327年间在巴黎学习神学。他是中世纪晚期邓·司各脱与奥卡姆的威廉的传统中第三位伟大的认知批判者。尼古拉精准地理解了威廉，尽管他们俩也许从未亲眼见过面。但威廉使他明白，只有那些逻辑上无矛盾的，才能成为真的。然而问题在于，由此从筐子的缝隙间落下的，不仅是每一个不合逻辑的命题，还有我们日常经验的可靠性。

威廉几乎没有怀疑过，我们能够通过感官的确定性来认识个别之物。而尼古拉认识到，这种确定性是不可靠的。因为我的感官会欺骗我。我常常不知道我是否搞错了。只要想想圣餐。教会要求人们相信，

496

面包是由圣体变成的，尽管这一信仰与所有的感官明见性相悖。如果说真理在对个别之物的感官感知中显现，那么下列两种情况中就有一种是错误的：要么是我对圣餐有错觉，因为我的感官没有把握圣体成为面包的转变；要么是教会宣称的"圣餐变体论"是错误的。

对我而言，对个别事物的感性认识缺乏一个真理标准，以无矛盾的方式有效的命题只适用于逻辑关系。但当我将某物认识为白色、灰色或红色时，我无法在逻辑上检验这一点。矛盾律在我的感官感觉上不起作用，也无法领会它。

剩下的只有逻辑学。但是如果逻辑学只是在命题的层面上发生，而我们根本并不拥有任何与事实看似可靠地相符之物时，逻辑学到底有什么价值？所有逻辑推论，所有从后果向原因的回溯，都不能向我们人类揭示出任何确定的真理！因为"从对事物实存的认识中，并不能明见地推断出事物是什么——这种明见性是通过追溯最高的认识原则或最高认识原则的确定性而获得的"[154]。

尼古拉质疑因果性，紧随这一思想而发生的是哲学史上的一次伟大成就。苏格兰人休谟在 18 世纪将会问道：我知道，两个事物以因果关系的方式彼此联结起来。但是我从何得知，这种联结是**必然的**？我们所谓的原因与结果之间的必然性，实际上难道不仅仅只是经验的观察？我难道不是只看到，某一个因果序列在不停地自我重复？正是康德，要竭力向尼古拉和休谟证明，凡是合乎时间顺序的，也是符合逻辑的。

尼古拉在 14 世纪提到，我们称之为因果性的东西，只是某种以被证明是定期发生的经验为基础的，也就是以习惯为基础的东西。在这种意义上，他可以说是所谓"规律性理论"的创始人。根据这种理论，原因与结果并不是必然的，而只是一种习惯性的相互作用。但在哲学史上，尼古拉从未真正具有过这样的地位。

　　1340 年，当他像之前的威廉一样被传唤至阿维尼翁时，他的事业便戛然而止。圣经和教会的世界，不能是一个没有必然性的世界。尼古拉由此招致了罗马教皇和教廷的猜疑。经过数年折磨人的审查与辩护，他终于被起诉了。尼古拉对此心存畏惧。他做出了让步，只做一些辩证式的思考。他公开撤回了自己的所有论题。但是罗马教皇并不相信他，并于 1346 年给他下达了终生的教学禁令。他要在巴黎公开烧毁自己的著作。实际上尼古拉只有一篇探究、一篇论文和三封通信被保留了下来。其余的作品全部遗失。尼古拉迁居到了梅斯，在那里他过上了平静的生活，并于 1369 年去世。

　　在一个多世纪的时间里，亚里士多德作为哲学家被讨论，被赞颂，被攻击。最终他的拥护者与评论者要么确保了他在神学中保留权利，要么将神学问题去魅转化为哲学问题。无论如何，亚里士多德的思想都取得了彪炳的胜利。14 世纪初，此岸重又成为此岸，而彼岸则被推向遥远的远方。生前的生活不断被研究，而死后的生活则从哲学关注中逐渐消失。

498

　　然而亚里士多德与他巨大的胜利一起渐渐褪色。他的形而上学与物理学对中世纪晚期的学者来说越理所当然，他们就越要批判它。因此邓·司各脱、奥卡姆的威廉与奥特库尔的尼古拉已经将亚里士多德的形而上学揭露为是思辨性的。然而还有像尼古拉那样的人也会批判他的物理学。在他看来，亚里士多德将时间与空间设想为球形的连续之物同样缺乏自然科学的意味。时间与空间不是永远处在运动之中吗？它们为了被推动，难道不是一定以某种方式由物质组成，比如由最精细的原子组成？如果至少空间由原子构成这一点没错的话，那么空间之外一定存在着什么——一种虚无（Nichts）。亚里士多德排除的正是这种虚无。而相反，尼古拉却认为这是可以设想的。要到数百年之后，爱因斯坦的相对论出现，这种虚无在物理学中才获得了恰当的位置。

尼古拉认为，对自然的物理学解释过于静态化。虽然在亚里士多德的物理学中万物都处于运动之中，但是这种运动在进一步的观察中几乎不具有动态性。换言之，自然物似乎被编制好了程序。它们的变化具有确定的可能性。可能性转变为现实的变化，并由此达到其目的的，在亚里士多德看来，人们就是这样谈论运动的。那么导致这种运动的推动力从何而来？亚里士多德对这个问题没有什么好的答案。尼古拉也没有找到答案。但他宣称，一定有一种压力，引起了推动力，由此导致了运动。

即使尼古拉没有得出新的物理学理论，他仍是最先为中世纪物理学引入两种全新思考的人之一：如果不再是一种内部程序引发了躯体的运动，就像亚里士多德所认为的那样，那么是什么引发了这种运动？文艺复兴时期的新物理学就是以此为起点的。而至少同样重要的是：如果时间与空间都是由原子组成的，那么所有一**切**难道不都是由原子组成的吗？我们的灵魂是由何种材料组成的？也许是由精神性的材料而非物质性的材料。但是精神性的材料难道不是一定也是某种意义上质料性的，且由原子组成的吗？在他的论文《输出秩序》（*Exigit ordo*）中，尼古拉提到一种原子式—精神性的思想材料（*entia atomalia spiritualia*）。[155]即使尼古拉在这里独立得出的是那些早期自然哲学家，像德谟克里特、斯多亚派以及伊壁鸠鲁学派已经提出的理论，但这对中世纪来说仍是全新的。对我们精神的物质式去魅过程开始高歌猛进……

在我们身上思考的质料

坚定不移地继续沿着奥特库尔的尼古拉所开辟的道路前进的，是

约翰·布里丹（Johannes Buridan），他是农民的儿子，来自法国北部的
皮卡第大区。1320 年左右，他获得了法国莱莫恩学院（Collège Lemoine）
的奖学金。紧接着，他转到了大学。1327 年，他获得了博雅学院的硕
士头衔，与此同时也第一次被选为校长。布里丹以亚里士多德注解专家
而享有盛名。中世纪哲学家中找不出第二人像布里丹那样熟悉亚里士多
德，不管是阿尔伯特、托马斯、邓·司各脱，还是奥卡姆的威廉。

在巴黎，布里丹加入了威廉追随者的圈子。然而他关于亚里士多
德的注解和辩难，远远超越了他的导师。当涉及共相问题时，他的观点
自然与威廉接近。和威廉一样，布里丹只认可个别之物的真实性。普遍
概念对他来说不是"真实的"，而是语言的抽象。亚里士多德（还有阿
维森纳）进行了一项观察，以解释一般概念之于对个别之物的认识的优
先性。当人们从远处看到某物，理智会立即清楚地认识到那是一个人还
是一只动物——此后人们才认识到个别之物，一个具体的人或是一只具
体的狗。因此，"动物"和"人类"在亚里士多德看来属于一种更高的
概念范围。对亚里士多德来说，它们比个别之物"更根本"。

也可以对亚里士多德的观察做出完全不同的解释。我们经常使用
一般概念只是因为，我们没有充分认识个别之物？布里丹正是如此论
证的。翁贝托·埃柯在他的长篇小说《玫瑰之名》中通过主人公巴斯
克维尔的威廉之口，说的也是这个解释：

> 当你在远处看到某物且无法知晓它是什么的时候，你会满足
> 于将它定义为外延不确定的躯体。当你靠得更近，如果你依旧无
> 法知晓它到底是一匹马还是一头驴时，也许你会将它定义为一种
> 动物。当你继续靠近它，你将会说出它是一匹马，但你依然无法
> 确定他到底是布鲁内卢斯（Brunellus）还是法维卢斯（Favellus）。
> 只有你靠得足够近时，才能清楚认识到它是一匹布鲁内卢斯（也

500

就是说这匹具体的而不是其他的马，就像你一直想要称呼它的那
样）。这最终就是一个完整的知识，独特的感知。[156]

埃柯在他的解释中想到了布里丹，使这位中世纪哲学专家为他的
读者所知。他并不是偶然地称那匹马为"布鲁内卢斯"。这个名字也是
在布里丹那里出现的，并且，是在他解释人们是如何从个别之物得出
普遍概念时出现的。因为柏拉图和亚里士多德彼此相似，所以我们能
将他们概括为"哲学家"与"人"。但柏拉图与"驴子布鲁内卢斯"相
互间几无相似。他们二者首先都处于"生物"中较高级的层次。布里
丹想要以此表达的，几乎是对整个欧洲形而上学祛魅：普遍概念并不是
更高的知识！它们并不是一种更高级理性的一部分。它们不是柏拉图
所说的理念，不是亚里士多德所说的世界的前定结构，也不是阿维森
纳与托马斯所说的上帝理智的表达途径。

布里丹认为，普遍概念之所以存在，是因为人类发现了它在抽象
和概括事物方面的实用性。因此我们就能用概括性的语词来归纳事物
之间彼此相似之点。这些相似点在布里丹看来并非偶然。因为通常情
况下，产生于同一或相似来源的事物就会特别相似。关于事物的这一
看法并未进一步发展至上帝的高度，而是扩展到"自然秩序体系"的
领域，18 世纪的自然研究者为当时不计其数的植物和动物试图建立的
就是这样一个体系。那个时代的人们会激烈争吵，动物界的种属、目
和门类是否与自然真正的秩序相一致，还是说这仅仅是为了便利的约
定俗成。到了 19 世纪的进化论才在此问题上有了更为清晰的见解，将
亲缘关系作为分类的基础，当然今天的生物学家也一定会承认，并不
真的存在"人类""鹰科"或"树木"，只存在个别的物种，它们与
"人类"的、"鹰科"的或"树木"的特征相吻合。

布里丹认为，普遍概念不是从自然中产生并存在的，而是被人类

按某种目的发明的。这与唯名论者所宣称的观点无异。而布里丹远远超越了唯名论。如果我们关于普遍认识的想法并非从上帝的理智中得到启示的，那么也许根本不存在这种理智。在这一点上，大部分唯名论者都十分小心，因为如果非物质的人类精神不是由上帝来统摄或启悟，那么它应当是什么呢？这一精神流体必然有其来源。因为在自然中不存在可以与人类理智相提并论之物。

与之相反，布里丹秉持着非常朴实的态度看待此事。他将一切超感官之物与人类理智分离开来。同时，作为一位精通专业的物理学家，他甚至认为人的理智是物质性的。布里丹比那位不幸的奥特库尔的尼古拉更坚持不懈地谈论纯粹物质的灵魂与纯粹物质的理智。我们的精神仿佛是一台生产思想的机器。

这种对事物的看法所具有的挑战性再清楚不过：如果不仅躯体是物质性的，而且精神也是物质性的，那么精神就不可能是不朽的。而在2、3世纪之交，逍遥学派的阿弗罗狄西亚的亚历山大（Alexander von Aphrodisias）所宣称的恰好也是这个观点；布里丹坚定地遵循这条道路。然而，认为精神是物质性的与有朽的，古代人是否这样想，或者14世纪的人是否这样想，这二者是不同的。提出这样一种看法是危险的。它必须被尽可能精心地加以修饰。

无论如何，布里丹必须说明，一个物质性的理智应当如何才能思考像普遍概念这样的非物质之物与抽象之物。布里丹没有对此感到为难。火焰渴望着什么？渴望某一块木材，或者在普遍意义上说，渴望某种能被点燃的可燃物。当一匹干渴的马面前没有水源时，它所欲求的是什么？它想要水，想要普遍意义上的止渴之物，想要某种无法在眼前看到的东西。如果无灵魂的火与相对而言无精神的马的渴望能指向非具体之物与普遍之物，为什么人类灵魂就不能有类似的功能？结果很清楚：为了追求普遍之物，并不需要任何更高级的理智或者非物质

502

503

性的道具！

布里丹偏巧是从一幅与他本身完全无关的画那里获得了他身后的名声。这幅画画的是"布里丹之驴"。当一头驴子面对两堆正好同样大小且摆放的距离与它同样远的草垛时，它应当如何决定去吃哪一堆？在布里丹那里根本没有这样一头驴子，它是在三百年之后才进入哲学讨论的。但无论如何，这与中世纪晚期的哲学家们有着一种松散的关联。布里丹想要解释，知性与意志彼此之间依赖程度有多深。邓·司各脱难道不是认为，意志与知性彼此只在开端处有短暂的交集？意志是有独立生命的？与之相反，布里丹援引了亚里士多德。后者已经指明了，这两者互相之间到底有何种程度的关联。当一个人（不是驴子！）需要在两种以知性看来是等值的可能性中进行选择时，我们的意志也不知道该怎么做。从这个意义上来说，我们的理智完全是预先给意志规定了界限。然而布里丹比亚里士多德更进一步，并且得出了自己的结论：人类决定支持或是反对某物的自由，既不是无限制的也不是全能的。就这一点来说，这是人世间的自由，而不是神性的自由。而且它总是被圈在那些具体的可能性之内。

所有亚里士多德称之为形而上学的东西，在布里丹那里都属于物理学。就此而言，布里丹理应被视为现代经验主义思想的先行者。在关于亚里士多德的著作《论灵魂》的注疏中，布里丹谈到一些动物也拥有智力。在他的分类中，他将人类视为特殊的智慧生物，将之安排在猴子旁边！人和猴子属于一方，较低智力的动物属于另一方——对于 14 世纪的教会而言，并没有比这更为大胆的挑衅了。

我们不知道布里丹得以毫发无损地幸免的背后原因。1340 年，当尼古拉不得不踏上他命中注定的前往阿维尼翁的旅途时，布里丹却第二次成为巴黎大学的校长。1360 年，他在平静与安宁中离世。他对当时和后世的影响巨大，激励了无数学生。在他所生活的那个世纪，再没有第二位哲学家能在学术界产生他那样的影响了。

布里丹坚定不移地将哲学奠基于经验之上。此外，就像在奥特库尔的尼古拉那里一样，亚里士多德的物理学自然是他的阻碍。像尼古拉与布里丹这样的知识分子都不再像牧师相信神启一样相信亚里士多德的真理。在他们看来，这位希腊人不再是知识人的救世主替身。布里丹也怀疑这位古代大师的运动学说，怀疑他的这一观点，即认为每个运动过程都是被自然地规划好，朝向其目标运动的。像尼古拉一样，布里丹也认为，每个运动都需要一个外部的推动，即一个引发它的**动力**（Impetus）。因此，"不动的推动者"在很久以前推动了世界并导致了运动，这个运动在天空与大地的物理学中延续下来。一个被旋转起来的陀螺，还会以仿佛自转的方式旋转很长时间。风车的车轮在风停了之后，也会继续旋转一会儿。

布里丹的新力学并不是物理学中最终的智慧。但是它为一种全新的思想做了准备，我们把这种思想与文艺复兴紧密联系在一起，和哥白尼与伽利略这样的名字联系在一起。中世纪的宇宙发生了更多的变化：理智成了物质性的，失去了其精神性。救赎历史在私人信仰的世界中被焚毁。自然重新回到关注的中心，超自然之物则被挤到了边缘。

所有这些都是对教会的自我认知的沉重打击，也宣告了一个新时代的到来。这是大变革的征兆。全新的关于天界和人类的物理学是巨大社会变革的组成部分。无论是罗吉尔·培根、奥卡姆的威廉还是约翰·布里丹，都不认为他们的自然哲学与当时的社会与政治挑战完全分离。在那个苦涩的贫穷与无耻的富有并存的时代，在那个战争与瘟疫肆虐的时代，他们想要改善人们的生活。但是对于社会的批判并不是教会领导者所希望看到的，他们更愿意借助剑和锁链来讨论相关的问题。在这个世界中许诺了现世天堂的人，是恰如其分的。而想要将世间变得更符合人性者，则生活在极大的危险之中……

诸神的黄昏

权力的阴暗面——统治的合法性——万物静止——被统治者的权利——

人身上的神性——新的坐标

权力的阴暗面

位于阿维尼翁的教皇行宫是一个可怖的、破旧失修的砖石建筑。游人乍看之下，这座明亮的砂岩建筑好像一座宜人的城堡耸立在这个地中海城市之上。有一句非洲谚语说道："巨大的猴面包树倒下时，小山羊在其上攀登跳跃。"同样，每年7月，一众演员、舞者、杂耍表演者、哑剧演员和歌者在阿维尼翁艺术节上叫叫嚷嚷、唱唱跳跳地经过行宫及其周边。而近看陡立的墙面，再细窥历史，这高墙铁门却越发散发出阴暗的气息来。毫无疑问：教皇在阿维尼翁的统治时期，是基督教文化和历史上黑暗的一章。

自从1309年美男子腓力以雷霆手段将教廷迁至阿维尼翁，基督教势力范围内曾经的世界统治者，就变成了法国王权的仆从。国王迫使教皇对他毫不留情地迫害圣殿骑士团一事漠视不理。这些圣殿骑士是十字军东征最大的核心力量，他们建立了一个严格组织的权力机构，坐拥大量财富，不向任何世俗统治屈膝称臣。身为放贷人，他们手中掌握着无数政要；法国国王也欠了他们一笔钱财。腓力需要五年时间与一位俯首帖耳的教皇，以便解散骑士团，处死修道士，没收他们的金银财宝。

作为回报，国王使他的教皇们能够过上豪奢的生活并且随意任人唯亲。教皇克莱芒六世（Clemens VI.）将于1348年买下整座阿维尼翁城。然而，外在的愈发豪华仅是硬币的正面。与此同时，倍受屈辱的教皇在教会政治中显得前所未有地喜怒无常、十分危险且无可妥协。尽管外表金光闪闪，位于普罗旺斯的教皇权力还是感觉自己被逼到了角落里。

1324年，当奥卡姆的威廉抵达阿维尼翁时，情况正是如此。他在牛津的教务长卢特莱尔已在此等候多时，并且准备好了一份针对威廉的弹劾文书。他的这位死对头把他作品中的56条原理标注出来，斥之为异端。教皇委员会将这份谬误清单缩减至51条，认为其中29条是异端，剩下22条有争议。这些指责极具威胁，因为委员会将威廉看作伯拉纠主义者——这是一个异教徒，他让每个人都自己掌握救赎，不承认奥古斯丁的恩典学说。如果教皇的属下们视某物如烈火般危险，那么他们就会想到火刑！

教会已经公开烧死了不计其数的异教徒。但是他们却准许威廉自由出入阿维尼翁的方济各会修士集会，对他的判决拖延了多年。1327年5月，当威廉在阿维尼翁已待了两年半时，另一位著名的嫌疑犯到了那里：霍赫海姆的爱克哈特，来自图林根多明我会的高级修士，广受称颂的巴黎大学大学士。现今他以爱克哈特大师（Meister Eckhart）之

508

名闻名于世。受科隆大主教的下属告发，他被迫像威廉一样到教皇面前自辩。他手上的牌也不怎么好。

1327 年 12 月，当方济各会的领袖切塞纳的米歇尔（Michael von Cesena）来到阿维尼翁时，情况也没有好转。米歇尔是教皇的激烈反对者。他深受修会创立者亚西西的方济各（Franz von Assisi，1181/1182—1226）的影响，想要带领过去百年间变得极为世俗化，并且非常富有的修会返回到它的原初状态：回到一种贫穷且俭朴的生活。修道士应该像圣徒一样过清贫的生活，是的，整个教会都应该以基督为榜样，过一种身无长物的生活。身负这一信念，米歇尔又一次出现在阿维尼翁的豪奢宫殿中。他是被教皇约翰二十二世（Johannes XXII.）传唤到此的，这位教皇因毫无节制而成为一个臭名昭著的敛财统治者，在摄政的 18 年间，他一步步上升为欧洲大陆最富有的人。这位耶稣基督的副手毫无顾忌地将所有那些认为正直的基督徒不应占有财产的人判定为异端……

统治的合法性

威廉和米歇尔是同一个修会的弟兄，这个修会原本打算做的，是净化充斥着世俗豪奢与浮华的教会。作为没有收入的托钵修会成员，方济各会的成员应当关心乡下以及更关心城市的穷人。此外他们应该过一种"圣徒般的"生活，即像耶稣及其门徒般俭朴。不同于本笃会修士、卡尔特会修士和西妥教团修士，亚西西的方济各的继承人并不在一个固定的修道院里居住一生，而是作为传道者和牧师生活在城市中心，并且能在任何时候被调移到其他任何地方。

托钵修会迅疾的发迹是一段不可思议的成功历史。在方济各会之前，多明我会就已建立。加尔默罗会也曾与方济各会服从于同一修会规定，此外奥斯定会隐修者后来也加入。但无疑是方济各会和多明我会获得了最大的成功。在西欧和中欧地区，他们无所不在地照顾着街头巷尾的穷人。特别是方济各会向穷人宣告，他们的救赎即将到来。此外，多明我会还发现了独立的女性，并接纳她们，使她们聚拢到修会中。托钵修会找到了那些俭朴的人们，并把虔诚深深扎入他们心中。在兴起的中世纪城市中，他们很快就成为城市图景中不可或缺的部分。同时，这些勤劳的修士成为一个经济要素，在这些城市中获得地产，并将他们的教舍迁到那里。

然而，在经济上越成功，越得到认可，修会就要对教会做出越多妥协。创建不过几十年，方济各会和多明我会的反抗和革命冲动就消失殆尽。他们现在反倒成了原来想要除掉的那个集团的一部分。在梵蒂冈教廷和地方教会之间的持续争斗中，托钵修会成员把自己当作教皇一派的善男信女。因为处境很好，方济各会很快停止宣传一个新时代即将降临人间。他们的乌托邦越来越四平八稳，也越来越苍白。虽然他们最初反对大学里的学术生活，但随后不久他们就向其蜂拥而去。在神学机构中周旋久了之后，那些多明我会和方济各会的成员也开始教授高深莫测的神学。特别是在巴黎，为了夺得教师职位，修会彼此间还产生了一些激烈的冲突。

这一切就是多明我会修士托马斯·阿奎那从保守的神学和"新的"亚里士多德哲学出发构思出伟大综合的背景。此外，他也不局限于到那时为止所谈论的那些认识论和自然哲学问题。约 1260 年，多明我会修士穆尔贝克的威廉（Wilhelm von Moerbeke）终于将亚里士多德的《政治学》也译成了拉丁语。中世纪的知识分子现在能怀着激动的心情读到，人就其本性而言是 *zôon politikon*，即政治的动物。这里说的是城邦的成年公民，他感到自己对公共利益负有义务，他能参与选举，自己也能被选举。亚里士多德还提及政治（*Politie*），即理性者的统治。所有这些内容在他的中世纪读者那里必定会导致极为不同的感受。对城市里的市民来说，这听起来是很诱人的。他们不是一直在与教会和封建君主争夺自主权吗？人们难道不应该像亚里士多德的城邦公民一样，从一切"非理性的"束缚中解放出来吗？

托马斯·阿奎那很快认识到，这是扔了一包多么危险的炸药。不需要封建君主，也不需要主教和神职人员。为了稳固地建立一个好的国家，甚至连基督教似乎也不是必需的。因为并非上帝规定了什么是正义的秩序，而是人的本性，是人作为建立国家和寻求其幸福的动物所具有的生物的—政治的特性规定了这一切。

托马斯知道，要获得这一爆炸性文本的解释权，时间紧迫。在作为鉴定专家为教皇工作并撰写《神学大全》（*Summa*）期间，他还抽时间给塞浦路斯国王呈送了一份政治指南:《论君主政治》（*De regimine principum*）。这一文本通常被学界视为仓促写就的即兴之作，也是经院哲学炫技弄巧的作品:尽管他通篇引用亚里士多德，但最终也不外乎是为教皇的绝对统治资格辩护。

在另外一些情况下，托马斯引以为依据的《尼各马可伦理学》和《政治学》中的一些章节，则被当今那些最伟大的亚里士多德追随者视为古希腊文化中有问题的遗产而摒弃:他引用了那些为奴隶制和奴役关系，以及为压迫妇女辩护的章节。在《神学大全》中，托马斯认为，妇女仅在生物学意义上是必要的，在其他方面一无是处。亚里士多德对幸福的追求，变成了对上帝的追求。在希腊哲学家那里人们应当为之奋斗一生的德性，在托马斯那里变成了我们必须接受的神之馈赠。同样的情形还适用于宇宙的神圣秩序。对人类来说，这一秩序以自然法则的形式被预先给定。作为最高的规则制定者，上帝一开始就规定了一切，制定了等级分明的结构。如果人接受这个秩序，就能生活得幸福且正确；如果不接受，就是违逆，一定会受到惩罚。

遗憾的是，完全合乎理性地实现这一永恒神圣的自然法则，对人类来说是不可能的。因此即使我们发现基督教的某些习俗规定、礼拜章程和法律条文是不合逻辑的，我们仍然不得不遵循上帝在旧约和新约中给予我们的启示。

就如在他的认识论和自然哲学中一样，托马斯也是从一种神性的秩序出发，深入到那些关于人类共同生活、法律、政治和经济等问题。最完美之物已被绝对地预先给定，关键只在于认识与实现它。上帝将每个人安排在世界中他预先指定的位置上，如农民、手工业人、商人、君主和神职人员。一切都如其所是地存在，经由神圣的**自然法**被规定下来。人类的"万民法"（*ius gentium*）——这是托马斯从西塞罗那里继承下来的概念——应该把这一自然法转换成公共法和私法。"市民法"（*ius civile*）是关于万民法针对各种特殊需求的具体阐释，它适用于单个共同体的法律，适用于城市或者国家。

托马斯将这些与在查士丁尼皇帝的带领下编纂出来的罗马法联系起来。然而他的法律和正义的观念不是人为的规定，而是上帝意志的表达。对他那个时代的人来说，托马斯不单单是一位神学家或哲学家，而是上帝的侍臣，他的精神具有高人一等的通达能力。托马斯所宣称的不是什么意见、观点或态度，而是一个逻辑推论体系，这个体系揭示了上帝隐蔽的决定。没有一位古代哲学家，甚至连柏拉图大概也不曾像托马斯和其他几位经院哲学家一般，被其同时代人视为权威。后来也没有哪一位现代哲学家获得过如此这般的世界解释权、如此这般的政治影响力，卢梭没有，康德没有，黑格尔也没有。

原因说起来很简单。暂且抛开博洛尼亚野心勃勃的法律学家不论，教育是神学家的专属领域。几乎所有中小学和多数大学都是教会的机构。巴黎、牛津和其他地方的受教育者所追求的，不是为无所事事的

512

知识分子准备的秘传的思想技艺，而是应服务于教会统治。他们所追求的应当是巩固教会的权力并将之拓展开来，应当为王公贵族建言献策，应当将教会的意见和教会的智慧传递到世俗权力中心。甚至连重大的争论，比如共相之争，在这一背景下也有了结果。"人类"是否真的存在，并非无事生非的争论。因为如果"人类""原罪"二者仅是语词，仅是语言上的约定俗成，那么"人类"究竟如何因"原罪"而堕落？我如何以哲学的方式观察这个世界，这决定了这个世界是什么：意识决定存在！

因此，托马斯在其卷帙浩繁的著作中所阐释的伦理、政治和法学的观念，也不只是为了对智慧的热爱。这些观念有着非常实践性的目标。相应地，这位天使博士（*Doctor Angelicus*）的结论也强硬且无情：对异教徒和犹太人采取最严厉的手段！托马斯在《神学大全》中写道，受洗成为基督徒，却发誓放弃其信仰的人，应当处死。犹太人在世间的位置是永远的奴隶，没有财产，处于奴役之中。只是出于策略上的考虑，他在宣教文《论犹太政治》（*Über Judenpolitik*）中解释道，基督教掌权者应该在采取行动时不要太冷酷无情。

相形之下，一位有影响力的托马斯的同时代人圣文德（Bonaventura，1221—1274）也不遑多让。托马斯为多明我会所做的贡献，圣文德对方济各会也做了。他在奇短的时间里，把平凡的亚西西的方济各托钵修会转变为一个受到严格领导的教会统治工具，转变为一个欣欣向荣的经济集团，并使其在巴黎大学成为一股影响广泛的势力。和托马斯同时，即 13 世纪 50 年代，圣文德还在巴黎教书。然而，刚刚在巴黎争得教席的方济各会陷入了动荡。修会领导人帕尔马的约翰（Johannes von Parma）与教皇发生了争执。他认为为修会预先制定行事规则的不应是罗马教廷，而是圣方济各。并且修会既不需要金钱，也不需要人手。

到底是方济各会的身份重要，还是精神—世俗的权力要求重要？
这就是问题所在。在这样的情形下，圣文德获得了教皇的信任。1257
年，他成了约翰的继任者。圣文德立马就采取行动对付这位老领导者。
教皇委员会将其同党投入监禁。约翰被打入冷宫。圣文德立即写成一
部圣方济各的传记，重新解释了他的一生。将来如果有人擅自谈论这
位修会创立者，就要面临严酷惩罚。正如对耶稣而言，保罗是一位教
条化的理论家，他把耶稣的学说引向明显的对立面，现在可怜的方济
各也同样碰上了圣文德。他不该作为社会伦理学家载入史册，而是作
为非政治传说中的媚俗人物。

　　作为哲学家，圣文德试图抵挡亚里士多德自然哲学的影响。他的
英雄是奥古斯丁、波爱修和伪狄奥尼索斯。不同于托马斯，这位方济
各会的领导者认为，基督教与亚里士多德的自然观是绝对不相容的。
不存在与这个世界无关的亚里士多德的救世史。后者倒是在柏拉图的
理念论和新柏拉图主义中更容易找到。正如奥古斯丁要求圣文德不要
在世间万物中寻找真理，而是要在自身中寻找。这对他来说也关乎
"启悟"。人们不应该在自然中探索，而是应该对自己的内心敏感起来，
从而对上帝敏感起来。

　　尽管圣文德至少和托马斯一样保守，他却得到了完全不同的政治
结果。凭借奥古斯丁，他唤醒了人类意志的力量，强调每个个人的个
体性，神性的逻各斯之光在每一个体身上闪烁。作为牧师和教师，这
位方济各会修士的理论基底是城市生活。他们与手工业者、商人和地
方政治家一起，为自主掌握自己的公民权利而斗争。不同于托马斯，
圣文德认为，不由选举产生的国王和诸侯，其统治是不合法的。而当
尘世中教皇的权威无谓地受到怀疑时，圣文德则要求世俗当权者证明
他们的合法性……

514

515　万物静止

上帝认为什么是正义的统治？整个 13 世纪，神学家和哲学家都在尝试这种技艺，即把统治者和王国的兴衰解释为可探究的上帝的决定的体现。这个世界必须不断被重新注解与解释，这解释也必须适合神圣的自然法则。每一次政治变动都意味着一项进行整体解释的新工作。

毫不奇怪，像托马斯这样醉心于永恒法则的思想家，不怎么看重变化。但变化依然到来了。它们的出现不仅是因为统治者的更迭和战争，而主要是由于城市的活力。贸易和变迁锻造了城市至今仍不可分割的统一性，并质疑旧有的教会—贵族世界秩序体系，这一体系是以静止状态为基础的。

繁荣的贸易、城市的经济实力和与此相伴的强大的托钵修会，迫使经院哲学的神学家面对这一棘手的经济问题：他们如何看待私有财产？基督教最初是以"共产主义"为方向的运动。私有财产的占有应该限制在最低限度。人们挣得的财物属于团体中的大多数人。教会以这样的方式获得了越来越多的世俗权力，从而同时也获得了土地和不动产。随着修建礼拜堂和大教堂的盛行，1139 年的第二次拉特兰会议规定，所有教会高层终身不得娶妻，这同样是为了阻止教会财产经由私人方式被继承。

一个富足的教会与富有的高层神职人员，这当然与最初要求的使516　徒般的生活方式极不相称。这种改变并非是由于这种情况，即自 5 世纪以来，教会残酷迫害、消灭向往"共产主义"生活方式的所有人和事。这在清洁派（Katharer）——其天主教对手如此称呼它——身上发生得尤为猛烈。几乎在 12 世纪欧洲所有地方，都有这一信仰流派的信徒。清洁派有自己的习俗与仪式，有自己的信条。如同摩尼教和诺斯替教，他们把世界严格划分为纯洁的彼岸和堕落的此岸。他们追求涤除此岸世界的污秽，过着禁欲、素食的生活，相信转世轮回，把他们的共同体置于一切之上。此外，因为清洁派在经济方面极为成功，在整个欧洲上下，他们都受到迫害，遭到屠杀，公开遭受火刑。最终，他们最后的高地，比如普罗旺斯的蒙特塞居和加达湖畔的西尔苗内，于 1244 年和 1276 年相继覆灭。

当教会权力的阴暗一面毫不留情地对付所有异己分子，只容忍如方济各会修士这样忠于教皇的、敷衍的"共产主义者"，而将其当作有用的工具时，基督教神学家正忙于论证私人财产的合法性。所以即使假设奥古斯丁已然同意这种意见，即"共产主义"只是理想人类具有的倾向。但因为原罪之后再也没有这样理想的人，所以共产主义的生活方式也被从这个世界排除出去了。自此以后，关于私有财产，不再有任何神圣法则适用，而只有人的法还适用。在这一点上，托马斯·阿奎那可能引用了罗马法的《万民法》和《市民法》，而罗马法是为人类事务而制定的。谁占有什么以及占有多少，这并非由上帝决定。邓·司各脱在这一问题上走得更远。对他来说，原罪不只使得财富的"共产主义"分享是不可能的。后者还被上帝以一种新的自然法秩序代替，这就是私人财产。

在财产方面，第二个需要经院哲学家集中心力钻研的问题接踵而来：事物价值几何？对于 13 世纪的基督教思想家来说，这在神圣的自然法之中都已预先规定，不成问题。《创世记》为此给出了第一个答案。上帝最先创造的东西价值最低——空气、水、土地，如此等等。自那时起，价值日复一日上升，直至最高的善：人。以此方式，圣经为经院哲学家提供了他们寻求的东西：一种自然的等级划分和一个自然的价值体系。

然而像托马斯一样的聪明人很快就发觉，在很多对人来说很重要的事情上，这一体系并不有效。珍珠比老鼠更有价值，就是这样，尽管上帝首先创造了海洋动物，然后创造了陆地动物。正如在权利方面，人们从价值上也必须十分准确地做出区分。世界原本的神圣秩序是什么，在人类世界中又是什么对什么有价值？在人的日常生活中，不仅上帝的价值秩序有效，而且还有一套实践性的人类价值秩序。商品世界中，最重要的价值是有用性。

托马斯解释说，人认为他需要的东西比他不需要的东西具有更高的价值。这一创新是如此精于世故，但同样并不太有效。因为从人类需求的角度来看，昂贵的珍珠和宝石相较之下显然比廉价的面包用处要少。为什么上帝赋予珍珠比面包更高的价值呢？这个问题因此也就不了了之，没有得到回答。只有一点是肯定的，即事物的价值一定与上帝的价值秩序有某种关系。那么，为什么人们往往贪求像珍珠和宝石这样如此没用的废物呢？

按照托马斯的观点，上帝不曾赋予内在价值的唯一东西就是金钱。在他看来，金钱是人造物，正如亚里士多德曾经写到过的，金钱是由于其有用性的缘故而被发明出来的。在这一点上，托马斯也赞同各国君主的实践，即任意地铸造以及重铸钱币。因此，世俗权贵与宗教统治者别无二致地一再减少钱币中的金、银含量，却不改变其币值。贵金属没有流进钱币生产中，而是进入了装饰和装潢中，装饰了修道院和教堂。

对中世纪的日常生活来说，钱币总归只扮演了次要的角色。易货贸易比金钱经济更重要。人们通常把某个商品的金额简单记在账上，随后在其他方面做出补偿。辅助工具多是树木的心材。债权人和债务人用符号把债务记在一块木头上，然后沿长边劈开木头。这样负债的人就有"某物被记在在符木上"。当偿还债务时，人们就拿着木头拼在一起，检查确保没有人做过改动。相反，金钱经济经常被饱受质疑地反复打量。它主要被使用在商人和大商贩的圈子里。不同于阿拉伯世界，在基督教的中世纪，商人长时间以来名声都不太好。中世纪的英雄不是什么远游的商贩，如航海家辛巴达，而是尊贵的骑士，他们彬彬有礼，有着高贵的教养，身怀勇敢的英雄之气，但遗憾的是，好像现实中几乎从未诞生过这样的人。

不管这时商品是否凭金钱支付，无论如何，中世纪学者一定是为此事挠破了头，即什么是一件商品公道的价格？对邓·司各脱来说，买一件物品应该大约跟生产它花费得一样多。必要时，商品会卖得贵一些或便宜些，邓·司各脱认为这是没有问题的。以此，他背离了中世纪的秩序结构，托马斯曾为经济规定了这个结构，就像为其他所有事规定的那样。灵活变动的价格在托马斯看来是一件可恶的事。手工业行会也这么认为。他们坚持，所有的价格都是固定价格。如果上帝和有用性决定了事物的价值，那么价格变化就是不允许的。因为上帝不会改变他的估价，什么是有用的，就一直是有用的。

519

偏离这一理想轨道的人会因为从事"高利贷"而变得可疑——这是一项严重的罪状。商品在市场上供应之前，人们不会买任何东西。人们出售商品也不盈利、不涨价，而是仅以收购价卖出。而且也没有贸易垄断。早在奥古斯丁那里，盈利、涨价和贸易垄断就与公共利益相矛盾。按照这一理想，中世纪经济就像柏拉图的理想国和马格尼西亚的经济一样静止不动。从城里的手工业者数目到培训学徒，一切都有规制。人们的需求应该以这一方式得到最好的**满足**，但**不应被唤醒**。

但是，现实则常常与理想产生矛盾。尽管基督教会与阿拉伯人一样，都官方谴责了利息，但整个中世纪是因利息而繁荣的。如我们已经看到的，柏拉图和亚里士多德早就把钱生钱看作不道德的、非自然的。但实际上，意大利北方的城市，特别是热那亚和威尼斯，早在12世纪就用大量金钱谋取利益。各国的君主在意大利为他们的军事行动筹款，或者在犹太人那里借钱。对于犹太人，从事手工业是被禁止的，相反收取利息是被允许的。中世纪经济对犹太人显示出双重标准。对各国君主来说，身为放贷人的犹太人是很有用的，但同时，人们又因此瞧不起他们。对犹太人的搜捕、屠杀在中世纪是黑暗的日常，而且，王室债务人也能因此从其沉重负担中解放出来。

从事物的固有价值，到公道的价格、适当的报酬和对"高利贷"的禁止，这一经济秩序的确立和坍塌都伴随着如下观念：上帝先行规定了这些规则。然而，如果人们怀疑这个先行给定的东西，又会如何呢？

被统治者的权利

当切塞纳的米歇尔和奥卡姆的威廉在阿维尼翁的教皇面前为自己辩护时，托马斯·阿奎那已经去世 50 多年了。这期间，中世纪世界已经发生了沧海桑田的变化。那些欺世盗名的阿维尼翁教皇不再能与他们并未完全基督教化的罗马和维泰博先辈们相提并论。作为中世纪思想家心目中的一个"共相"，神圣罗马帝国在此期间分崩离析了。就如托马斯在 13 世纪曾解释的，这个世界坚定不移地按照上帝的法则被构想和被塑造，但几乎承受不住经验的冲击，因为一切都在持续不断地变化。

在哲学中，如前所述，也有三大新思潮发展起来，自此以后，其活力就再也没有停息。弗赖贝格的迪特里希创造了"先验哲学"，这个观念即是说，所有存在只存在于意识之中。如果一个人不能在意识中经验到上帝，那么甚至上帝也不存在。在上帝和人之间，作为中介的教会权力几乎没有空间了。18 世纪晚期和 19 世纪早期的德国唯心论在此基础上构建了其哲学。拉蒙·鲁尔（Ramon Llull）将这一想法付诸实施，即把概念之间的关系数学化。此前神职人员依照其基督教偏好对世界做出合理解释的地方，现在应有独立且精确的唯一的逻辑来统辖——后来这一思想启发了莱布尼茨。一个逻辑—经验的纲领就由诸如威廉、尼古拉和布里丹等一批思想家启动了，这一纲领将所有思辨的内容排除在哲学之外。到了 20 世纪初，这一纲领被称为"牛津哲学"，并彻底变革了哲学。

521

所有这些思想变革也改变了思想家与政治的关系。教会不再是理所当然的。在米歇尔和威廉看来，这一古老的、早已千疮百孔的秩序急需修正。然而，期盼中教皇的发话并未到来。米歇尔在此期间锒铛入狱。威廉则极力支持他的修会领导人及其社会和政治观点。他们从这件事里全身而退的最后机会就是逃跑。1328 年 5 月 26 日，米歇尔、威廉与另外两位同伴从阿维尼翁逃到了海边，乘船去了比萨。在那儿等候他们的，正是巴伐利亚的路易四世（Ludwig IV. der Bayer）。一周之前，路易四世已在罗马加冕为神圣罗马帝国皇帝——由一位他自己挑选、任命的教皇来加冕。

自从约翰二十二世几年前采取反对国王的姿态，并开除了路易四世的教籍，他就成了路易四世的死敌。新皇帝认识到，要让教皇的统治资格陷入世人的怀疑，并露出非基督教的真面目，教会中的"向往清贫运动"是一种极好的手段。在这样的处境下，米歇尔和威廉这样的关键人物恰逢其时地来到他身边。对他来说，方济各会就是直指教会高层世俗统治资格的一支利矛。

米歇尔和威廉动身前往慕尼黑路易四世的宫廷。在那里他们遇见了帕多瓦的马西略（Marsilius von Padua，约 1280—1342/43）。他也是三年前从阿维尼翁的刽子手手中逃出来投奔路易的。他的思想比米歇尔和威廉还要激进。马西略来自帕多瓦——一个独立的意大利大学之城和贸易之城。1312 年，他成为巴黎博雅院的校长，他在那里悉心研究亚里士多德，特别是他的《政治学》。马西略从这些文本中得出的结论，比托马斯·阿奎那得出的远为丰富广泛。

在他的著作《和平的保卫者》（*Defensor pacis*）中，马西略彻底否定了教皇的统治。毫不奇怪，这本于 1324 年问世的书，引起了教皇约翰二十二世的不满。他称这本书为诸异端邪说之中无以复加的顶点。马西略不仅把这部作品献给了教皇的死敌路易四世，他还想设立高于所有统治者的法律！在马西略看来，统治唯一合法的理由是，通过正义的法律为人们提供保护。其他一切都是不正义。为了权力、土地和信仰引发战争，这根本就是最大的不正义。

马西略对路易四世影响很大。他应该作为顾问参与了路易四世在罗马的皇帝加冕仪式。路易发动政变，宣布教皇为异端，并宣布废黜之，马西略也暗中插手了此事。然而当米歇尔和威廉来到慕尼黑后，他的重要性似乎削弱了。现在国王对这两位宫廷新贵更有兴趣。教皇也做了同样的事情，他毫不犹豫地将威廉开除了教籍。米歇尔催促召开一个宗教会议，它应该澄清这些有争议的问题：教皇的权力资格，还有关于清贫和富有的问题。然而教皇不想开宗教会议，他想要新的盟友。他找到一位新的修会领导者，这位领导者取代了米歇尔的领导地位。在随后的时间里，米歇尔和教皇互相开除对方的教籍，指责对方为异端。同时，威廉满怀热情地忙于发展一门服务于国家和教会的新伦理学——这一伦理学的意图首先在于：把人们从不正义的统治者的奴役中拯救出来，并促进公共利益。

圣文德去世半个多世纪之后，威廉对君主统治的合法性产生了怀疑，这是方济各会的良好传统。然而如果质疑教皇的合法性，他就偏离了自圣文德以来就惯用的方济各会的理想轨道。但对威廉来说，不再有什么如教皇统治之类的永恒常量，有的只是函数值。如前所示，威廉猜想，人类思想的规则和世界的规则不是一一对应的。我们通过抽象概念所阐明的东西，不是神圣的世界建筑，而是我们的精神造就的纯粹语言的观念，无非如此。人们可以这样认为，上帝绝不是以语词来意指世界的。

如果确实如此，那么人类理性的权利显然将被剥夺。逻辑学家不再是借助上帝的帮助，由精神推断现实，而是一直囚困于自身之中。像托马斯这样的人在法律、国家或经济这些方面浇铸、固定下来的一切，又都重新流动起来。现在人们能够以此来构建不一样的东西。**唯一的法律**（*das* Recht）、国家（*den* Staat）、经济（*die* Wirtschaft）不再存在。中世纪的人们曾相信（今天也有很多人这样相信），他们并非没有别的选择。威廉认为，每种国家制度都要从个体的人及其需求出发，而非从共相出发。这个问题对威廉而言，和在柏拉图、亚里士多德或芝诺那里是一样的：国家及其法律与经济对人们来说，是有益的且有促进作用的吗？有益于公共利益的东西，就是合法的。如果它对此无益，就是不合法的，必须被改变。

出于其慕尼黑流亡者的身份，威廉想要所有统治者尽义务，去推动以公共利益为导向的政策。谁违背了这一点，就会丧失统治资格。统治者为人民而存在，而非人民为了统治者而存在。没有人有义务服从一位专制者。

在最后一点上，甚至托马斯·阿奎那也认为威廉有道理。然而，接下来的一条推论一定会令他大吃一惊并退避三舍。这条推论就是：适用于世俗统治者的东西，也应该适用于精神统治者。教皇也要对信徒有益，必须满足他们的要求。不然，威廉写道，所有基督徒就成了他的奴隶。无条件的教皇统治，现在变成了有条件的教皇统治：一个若滥用则可被撤销的权力机构！考虑到威廉实际上把他那个时代居住在阿维尼翁的教皇全部视为异端，因此这些言论是有迫切的现实意义的。与切塞纳的米歇尔不同，他认为教皇的统治几乎无法从内到外进行改

523

524

革。相反，他将一场群众运动置于教会力量之上。应该对教皇做出评价的人不是官员和专家，而是千千万万信仰基督教的普通教徒。

威廉革命性的建议没有丝毫机会得以实施。还有谁会做这样的事？米歇尔死于 1342 年，威廉死于五年之后，他们要以信仰基督的形式革新教会，但这一尝试没有得到圆满完成。然而这一强有力的思想已经存在于世上了，即世上不存在一个规定了人们的思想与行为的先行给定的秩序。这种思想不仅可以在威廉身上找到，还可以在这样一个人身上找到，他的思想和禀性与持怀疑态度的方济各修士几乎没有区别。这就是爱克哈特大师。

人身上的神性

他本可能成为某个大人物——修会里的高官要员，甚至即使不是教会里的高官要员，也差不了多少。然而霍赫海姆的爱克哈特决定，与其忠于他的事业，不如忠于他的思想。这给他带来了一场悲剧，但同时在哲学史中赋予了他的一个尊贵地位。

这位来自哥达郊区的年轻人天资过人。1275 年，15 岁的他成为多明我会修士。他在科隆大阿尔伯特的高等学校求学，1293 年前往巴黎。33 岁时，他达到了在大学教学的法定年龄。一年后他回到图林根，成了埃尔福特多明我会修道院院长。图林根修会的大主持正是弗赖贝格的迪特里希。他认识到年轻的爱克哈特的天赋，让他做了自己的副手。一次热烈的思想交流，也许是一段友谊，确定了两人彼此间的关系。

然而爱克哈特回到了巴黎。1302 年，他获得神学大学士学位，从此时开始，他就是"爱克哈特大师"了。一年后，他成了德国中部和北部的多明我会大主持。从这时起，他接任了德语区各种修会领导职位。1311 年，他获得了多明我学者的最高嘉奖。他可以再次去巴黎的大学讲课了。随后，在 1323/24 年再次回到科隆之前，他大概主要是在斯特拉斯堡停留。

他在刚过 60 岁时回到了科隆的修士们之中，此时的爱克哈特身为神学家和教会政治家，正值威望顶峰。然而这次回到他学习的场所，证明是一个灾难性的错误。两位名声不佳的修士在大主教那里让爱克哈特声名扫地，还指控他是异端。大主教是一位极其保守的宗教首脑。他强拉硬拽把机敏的爱克哈特送至宗教法庭。百余条罪状加诸其身。尽管北德和中德教区的副主教拔刀相助，宣称大主教在爱克哈特的案子中并无职权，但这件事也并没彻底结束。爱克哈特让人宣读一份声明，其中他笼统地宣示，他没有任何异端邪说的思想。他身陷困境，最后于 1327 年向教皇求助——这是第二个严重错误！这位基督的代言人就是那位阴暗的约翰二十二世，他已经把奥卡姆的威廉传召到身边。爱克哈特和他的副主教以及另两位支持者一同踏上了从科隆到阿维尼翁长达 900 公里的路程。在那儿人们会怎样指责他呢？是什么使他那样一位学识渊博的聪明人物，在敌人眼中如此危险呢？

乍看之下，爱克哈特的思想好像不是特别危险。他的绝大部分作品都在研究认识论问题以及为圣经作注。他计划的巨著《三部集》（*Opus tripartitum*）一直没有完成。爱克哈特想要准确地探明，人类灵魂和神性领域是如何相互作用的。不同于许多同时代的关键人物，他不想把哲学与神学分开。爱克哈特不是像奥卡姆的威廉一样清醒的理性主义者。他不想把神学从他的逻辑界限内排除，并将其归结为"直觉"。爱克哈特的出发点要更传统得多，这一点在教会眼中也是不太具革命性的。

但作为同时代人中的敏锐者，爱克哈特在面对所有幼稚的神学思想时也感到了不快。古老的东方的关于造物主的历史，即造物主从虚

526

无中创造出世界和人，然后把亚当的罪作为原罪保留下来，按自己的判断拯救这个或者那个人，这在爱克哈特看来是不可接受的，就像在邓·司各脱或者奥卡姆的威廉那里一样。和很多别的人一样，爱克哈特认为关于宇宙、尘世和人的问题，新柏拉图主义显然是较为明智的解答。所以他要竭力要让圣经中的上帝摆脱作为一个"人"的形态。这个创造一切、贯穿一切、照亮一切者，不可能是一个人。它甚至也不是什么存在物。

像普罗提诺和他的学生一样，爱克哈特把"太一"视作某种纯粹的球形之物，正如"神圣之物"。就像伪狄奥尼索斯那样，他认为这个神圣之物不具备任何特性。因为太一总比智慧的、有效的、正义的等描述包含更多的内涵。根据定义，这个无限超越于人类精神的东西，是无法用人类的语词来描述的："永恒神性之不可见的光芒中那隐藏的黑暗是不可认识的，也将永远无法被认识。"[157]

这就不是特别符合基督教的方式。所以爱克哈特努力要把这一新柏拉图主义的神的观念和基督教的上帝结合起来。这样，他就让这位三重意义的基督教创世神从"神圣之物"下降到更低一层，移居到世界舞台上。上帝在此看起来像一个较低的存在形式，一种神圣之物的人格化授权。虽然上帝是基督教信仰的实用基准点，但是谁完成了他的信仰，他就穿透了信仰向神圣之物靠近。

因此，对爱克哈特来说，上帝不是像坎特伯雷的安瑟尔谟所指的那种"无与伦比的东西"。提到上帝时，爱克哈特总是联想到作为更伟大东西的神圣之物。除此之外，爱克哈特的神圣世界秩序完全放弃了《创世记》中的创世行动。毋宁说，神圣世界秩序与《约翰福音》有关，并向中世纪读者呈现为纯粹的新柏拉图主义。"太初有言"——对爱克哈特来说意味着：理念作为"原型"从神圣之物那里涌出，带着神性的智慧渗透宇宙。在神性智慧的协助下，上帝在尘世展开。他一直不间断地这样做，甚至不只像在《创世记》中那样只有一次。与新柏拉图主义一样，在爱克哈特看来，世界彻彻底底是精神性的，物质性的东西只是第二位的、价值较低的。

正是在这一点上，爱克哈特的导师弗赖贝格的迪特里希参与进来。我们并不能准确地知道，迪特里希的思想在何种程度上对爱克哈特产生了影响。但我们知道，如果爱克哈特把神性的理智置于一切之上，也置于"存在"之上，那他就和迪特里希想的一样。上帝是纯粹的理智性，此外别无其他。上帝不存在，不像石头或者行星那样存在。上帝并不**在世界之中**，而是世界这个东西别无选择地贯穿着上帝。同样的事也在某些不完满的方面适用于人的理智。它不是世界中的事物之一，而是在其思想中独立地充斥了这个世界。

像阿维森纳、托马斯和迪特里希一样，在爱克哈特看来，人的理智是神圣的源头。然而，包括迪特里希在内，没有一位中世纪思想家像爱克哈特这样，把人推到如此接近上帝之处——这一观念后来极大地影响了青年黑格尔。爱克哈特在每个人类灵魂中为上帝保留了一个固定居所，即"灵魂深处"。这个灵魂深处是人类最原本的东西。它并非由上帝创造，却是永远神圣的。在我们灵魂的最深层，寂静如海洋中最深的深渊，上帝的微光在我们身上闪耀。然而这个最深的点同时也是最高点。这里有我们内心的天堂，我们在这里完全与自身相伴，从所有渴望、意念和担忧中获得解放。如果我们想要靠近上帝，那么我们必须开启前往我们的中心的旅程。我们必须沉浸在自身之中，专注于自身。

一切存在皆存在于我们的意识中，在这个理念上，爱克哈特继承了导师迪特里希。但这时他踏上了另一条道路。在迪特里希这位穿着形而上学家外衣的物理学家看来，正是精确的观察和严格的逻辑思考带领人们走向自身。但相反，在爱克哈特看来，存在着无需中介的终

528

极认识和自我认识。因而他与柏拉图一致，相信我们的感官根本不会认识新事物，而我们的灵魂认识某物时，它是在回忆此前所见过的东西。我们的内感官处理这种再回忆，我们的知性做出判断。而到达我们自身的最后一条通路是，运用理性和沉浸于我们的灵魂深处这两种不可分离的手段的相互作用。通过彻底转向我们自身，爱克哈特这样写道，我们"孕育出"上帝。探明自己的灵魂深处并和它完全融为一体，这是所有人的神性—自然的目标。基督所完成的也并无不同。所以我们称他为"圣子"。

529　　　最大程度也就是到这里，教会就应该失去了兴致。因为在爱克哈特看来，耶稣并不从根本上比我们每一个人更神圣。在把握灵魂深处并据此生活这一层面上，我们所有人都是神圣的。基督教无与伦比的核心特质就在于，它把耶稣尊为上帝唯一的儿子，对于这一宗教而言，爱克哈特的观点是很糟糕的。他在最真实的词义上把圣子民主化了。每个普通人都可以变得像基督一样神圣。普通人在爱克哈特这里至少和神职人员一样。他不仅用拉丁语写文章，还用德语写，这样的人屈指可数，他是其中一个。他还用大量优美的词汇和专业概念丰富了德意志的语言。

　　每个人都可以变得像基督一样神圣吗？爱克哈特是相信这一点的。实现这一目标不需要广博的学问，也不需要宗教式的幻视或幻听。人们只需要学习成为一个"生活的主人"，而非成为"阅读的主人"。人们必须像斯多亚主义者一样，控制自己的欲念，克服自己错误的渴望。人们必须在灵魂深处的"与世隔绝"中生活，而不是在生活的表面丢失自我。一个孕育出上帝的人也不指望上天国，不渴望在天堂得到酬赏。如果上帝的临近早就在他身上存在并闪耀，他还要在那里有什么大的期待呢？对这样一个人来说，彼岸不是目标。相反，他生活着，于人有益，与人为善，乐于助人，且"泰然自若"——爱克哈特用这个词丰富了德语语言。

最迟在这一点上，他肯定原本就很清楚，他将遭遇巨大的怒火。他大概并非没有缘由地在他的《三部集》引言中写道，他所思考的很多东西乍看之下一定显得令人愤慨。确实也是这样。爱克哈特写下这样的句子："一些头脑简单的人错误地认为，他们应该这样看待上帝，即上帝在那头，他们在这头。而对上帝而言不是这样的。上帝和我，我们是同一的。"[158] 主教和教士谈到上帝时就像谈到一个人、一个施恩行罚的暴君，这些人如果不是"头脑简单的人"，那还有谁是呢？爱克哈特的思想使他远离教会。不存在原罪！不存在信徒在天堂中获得酬赏！相反，存在的只是通过理性运用和专注获得的自我报答。千千万万的信徒，他们"泰然自若"，并且相信，完全无需教会就能变得神圣。这难道不是每一个教会权力和影响之结束的开端吗？

530

新的坐标

我们不知道，爱克哈特认为用他的思想去鼓舞所有阶层的人这件事在多大程度上是现实可行的。无论如何，找不到任何文字能够详细解释一个农民、手工业者或主教应该如何把他的职业生涯同这样一种苛求的"泰然自若"联系起来。在像奥卡姆的威廉这样的实用主义政治人物看来，爱克哈特的精神纲领对群众来说无论如何都是完全的胡思乱想。爱克哈特对他思想的政治后果有多深的思考，这件事非常模糊。当然他没有去挑动任何争论，但是争论找上了他。当他在科隆由于声名狼藉的修会教友的阴谋而沦为牺牲品时，阿维尼翁教廷应该很快就认识到，有哪些对教廷而言不祥的思想已经对他们产生了影响。

教皇的手下找到 28 条言论，他们不想让这些言论逍遥法外。爱克哈特再次为自己辩护道，他并没有蓄谋作恶。一个不想作恶的人，也不会作恶——这是他深信不疑的事。然而教皇委员会对这些信念伦理上的思考不感兴趣。当爱克哈特在阿维尼翁的多明我成员大会上焦躁不安地等待时，起诉人却无暇于此。他们毕竟还有对奥卡姆的威廉的诉讼要忙。比起一个多明我会修士想要把人性引诱到一种纯粹精神的生活的异端邪说，方济各会围绕切塞纳的米歇尔的争论在政治上远远更具爆炸性。爱克哈特快 70 岁了，健康状况也不是太好。他一如既往地否认他的每一条罪行，但他被吓到了，他承认，人们有可能误解了他。在候审过程中，他去世了。他没有经历 1329 年 5 月的判决。教皇宣布，爱克哈特受到了魔鬼的引诱，但是撤销了他的学说。这 28 条命题被判为异端邪说或疑似异端邪说。

教会在中德和北德各处宣布了对爱克哈特学术论点的判决。没有一部作品允许得到保留，哪怕它只含有这些论点中的一条。特别是德语作品遭到谴责。教皇对失去凌驾于普通人之上的权力感到深切担忧。然而爱克哈特的追随者人数众多。他们保护着他的遗产，匿名印刷他的著作。这位逝去的学者是一位殉道者、一位民族英雄。认为普通教众和教会高层平等，这一理念经由对爱克哈特的审判将演变成一场真正的政治运动。人们批评教会首脑的奢华、炫耀和傲慢，对宗教法庭破口大骂。人们努力像爱克哈特一样，通过母语作品为身边的普通人启蒙。

教士自觉地发现了母语，这对无限的教会权力来说，无疑是一次破坏。拉蒙·鲁尔已经用加泰罗尼亚语撰写了很多作品。在意大利，哲学家及诗人但丁·阿利吉耶里（Dante Alighieri，约 1265—1321）勾勒出一幅哲学—文学的时代风俗画，即《喜剧》（Commedia），他的仰慕者薄伽丘（Boccaccio）认为这部作品如此伟大，以至于称它为《神曲》（Göttliche Komödie）。但丁写下充满诗意的意大利语，讲述了他游

历地狱、天堂和炼狱的奇遇。这部作品在文学上是一个轰动事件，让　　532
它的作者声名大噪。他的哲学思考也包含其中。身受家乡佛罗伦萨的
命运之苦，但丁卷入了政治。这个富有的商人之城是教皇和皇帝的必
争之地。但丁反对朝他家乡伸手要钱的教皇。他写下了《论君主制》
（*Monarchia*）。在他看来，只有遥远的罗马—德意志皇帝是由上帝任命
统治世界的，而非眼前的这位教皇。

但丁是一位富有的商人、放贷人的儿子。在意大利北部那些日益
繁荣的城市里，城市贵族和信贷行业并不互相排斥，而是紧密地联合
在一起。这些城市中新兴的、以贸易为基础的富裕状况被证明是教皇
统治危险的对手。在打破中世纪权力结构的诸多原因中，这种富裕状
况是其中最重要的一个。在金钱冷酷的理性中，逐渐产生了对于同样
冷酷的教皇权力来说更为强大的对手。就这一点来说，意大利北部和
中部在我们看来是这样一个地方，在这里中世纪产生了最深的断裂。
对于这些商业之城中的生活来说，博洛尼亚的律师比神学家要更重要。

其中一位律师就是弗兰齐斯科·彼得拉克（Francesco Petrarca，
1304—1374）。他出生于阿雷佐。按照出身，他处于但丁的对立面，因
为他的父亲属于那些站在教皇一边的佛罗伦萨人。他以怀疑的态度与
全新的商人时代精神相对立。他也不属于理性主义者，后者在英格兰，
在巴黎，也在意大利，剖析教会的学说，并使其失效。他们一路凯歌。
作为与像奥卡姆的威廉和奥特库尔的尼古拉这样的人的同时代人，彼
得拉克并不欣赏他们清醒的洞察力。反而他为内心塑造的丧失而哀叹，
在他看来，这种丧失是与冰冷的新式哲学一道而来的。"为什么，"他
叹息道，"你们在纯粹的词汇前过早衰老，而忘记了事物呢？"[159]

彼得拉克并不想取消逻辑学。但他不认为逻辑学是唯一正确的认　　533
识方式。据他认为，某人要是 20 岁时不研究逻辑学，那是不理智的。
但是谁要是 40 岁时还主要研究逻辑学，那么他也是不理智的。在彼得

拉克看来，真正的知识不在于概念和联系，真正的知识是自我经验和世界经验。人只有在生活中才能变得智慧，而非通过概念技艺。他相信，在奥古斯丁的《忏悔录》中能看到一种相似的态度。但这位律师兼哲学家并非教会学说的辩护者。他把西塞罗、塞涅卡和柏拉图看作和奥古斯丁处于同等地位。他甚至在亚里士多德冷静的伦理学中找到了生活智慧。所以人们宣称彼得拉克为**人文主义**之父，人文主义是一种思想态度，它主要关心一点：人格的自由发展。按照这个理想，"人文主义"是一种不带任何偏见、教条或意识形态的态度，它在生活中以及在得到小心呵护的古代文献中寻找智慧。

在这个时代，像彼得拉克的朋友乔万尼·德丹第（Giovanni de Dondi）这样的意大利设计师造出了第一个机械表，并很快把它挂到教堂的高塔上，这一精神态度产生于这样一个时代，这难道是偶然吗？当对外部世界的测量蓬勃发展时，对内在性的新探索也开始了。测量世界的著名人物之一就是来自诺曼底的尼科尔·奥雷斯姆（Nikolaus von Oresme，1330之前—1383）。作为教会成员，他担任过很多高级职务，最后成了利雪（Lisieux）的主教。另外，他还做过法兰西国王的顾问。他把亚里士多德翻译成法语，研究数学和自然科学。尼科尔在中世纪首次完全以机械的方式解释宇宙。他认为地球绕着太阳转和反过来是一样可信的。他在数学上的最大贡献是坐标系。由此开始，每一质变都能定量地用数量来描摹。以同样理性的眼光，他写了一本书，反对诸侯的这一恶习，即通过重新铸币让货币增值或贬值。他对宫廷的影响让他成为历代政治上最具影响力的哲学家之一。

但是人文主义肯定不只是对精确测量的美好新世界的反作用。很多人道灾难也产生了影响。14世纪中期，西方历史上极具毁灭性的瘟疫席卷了整个欧洲。"黑死病"无所不在，它把每个个体一生的困苦戏剧性地拉到眼前。突然间，经院哲学家的概念殿堂是如此遥远！这场瘟疫让人们产生怀疑。在教会高层看来，它是上帝的惩罚，因为人们对他们的信仰产生了太多怀疑；在批评者看来，它是一个征兆，表明某些东西可能同教会奇妙非凡的神圣世界秩序不相符。

这一世界秩序实际上瓦解了。中世纪的世界观破碎了。从经济方面来看，成功的贸易城市越来越追求独立和自由，它们展示出颠覆的力量。从一种建立在永恒静止之上的经济中，产生了一个贸易和变迁的有活力的世界。供给经济逐渐演变为货币经济，它不了解，也不接受任何自然的界限。物理学的世界观和这种发展并行变化。自然和万物也进入运动之中。它们离开自己熟悉的轨道，此时也不再像亚里士多德物理学中那样按照理想计划"达到目的"。伴随着自由贸易，这个神圣世界法则的坚固逻辑消解了。"意志"突然重新出现在这里，摆布人和人的命运。这个人不仅是"人类"的一个单个样本，还是个体化且私人化的。在弗赖贝格的迪特里希和爱克哈特大师的思想中，甚至"自在之物"的客观性也被推到了边缘。突然之间处于中心的不再是这个世界，而是世界中人的意识。

所有这些发展不是像一块大毛毯一样互相交织在一起的，但它们至少部分上是互相纠缠的。它们意味着教会统治在西方的终结。这也许听起来如此令人惊讶：正是教堂尖塔上新挂的钟敲响，宣告了这一终结。哲学也作为神学以外的独立学科从隆隆的钟声中产生。哲学重新被接受为某种属我的东西。此外，哲学是否得多于失，这说起来绝不那么简单。因为它在自由和独立上获得了多少，同时在直接的政治影响上就失去了多少。从今往后只有少数哲学家能像托马斯·阿奎那、奥卡姆的威廉、帕多瓦的马西略或尼科尔·奥雷斯姆一样，在统治者眼中再度具有如此巨大的重要性。但是，哲学家总归是站在这些人物的肩膀上，为建立那个人们称之为"现代"的世界时代做出了贡献……

附　录

注 释

1. 柏拉图:《普罗泰戈拉篇》(*Protagoras*), 314d–315b。

2. 希罗多德:《历史》(*Historien*), I, 74。

3. 第欧根尼·拉尔修:《名哲言行录》(*Doxa*), I, 23–24。

4. 亚里士多德:《政治学》(*Politik*), 1259a。

5. 汉斯·沃尔施莱格:《在这个远离精神的时代》(*In diesengeistfernen Zeiten*, Diogenes, 1988), 21页。

6. 柏拉图:《泰阿泰德篇》(*Theaitëtos*), 174a。

7. 亚里士多德:《形而上学》(*Metaphysik*), 983b20f。

8. 亚里士多德:《论灵魂》(*Über die Seele*), 411a8f。

9. 亚里士多德:《论灵魂》, 405a19f。

10. 辛普里丘:《亚里士多德〈物理学〉评注》(Simplicius zu Aristoteles *Physik*), 24, 13ff。

11. 普鲁塔克:《道德论丛》(*Moralische Schriften*), 947f。

12. 埃提乌斯, I. 3, 4。

13. 亚里士多德:《形而上学》, 981b。

14. 菲洛劳斯, 9, 残篇 4。

15. 同上书, 12, 残篇 11。

16. 赫拉克利特, 残篇 121。

17. 同上书, 残篇 89。

18. 同上书, 残篇 32。

19. 同上书, 残篇 114。

20. 同上书, 残篇 114。

21. 同上书, 80。

22. 同上书, 残篇 53。

23. 同上书, 残篇 126。

24. 同上书，残篇 8。

25. 同上书，残篇 88。

26. 同上书，残篇 63-66；亦见希坡律陀，IX，10。

27. 同上书，残篇 114。

28. 同上书，残篇 94。

29. 同上书，残篇 90。

30. 巴门尼德，1，残篇 1。

31. 赫拉克利特，86，残篇 115。

32. 同上书，84，残篇 45。

33. 同上书，80，残篇 27。

34. 阿那克西曼德，12 A 29。

35. 阿那克西美尼，13 B 2。

36. 同上。

37. 恩培多克勒，59，残篇 78。

38. 恩培多克勒，197，残篇 130。

39. 恩培多克勒，196，残篇 128。

40. 恩培多克勒，194，残篇 138；196，残篇 128。

41. 恩培多克勒，192，残篇 136。

42. 恩培多克勒，193，残篇 137。

43. 恩培多克勒，19，残篇 8。

44. 恩培多克勒，35，残篇 22。

45. 恩培多克勒，44，残篇 35。

46. 恩培多克勒，50，残篇 27。

47. 恩培多克勒，31 A 72。

48. 恩培多克勒，95，残篇 60；94，残篇 57。

49. 恩培多克勒，181，残篇 117。

50. 恩培多克勒，152，残篇 107。

51. 恩培多克勒，148，残篇 105。

52. 恩培多克勒，167，残篇 110。

53. 恩培多克勒，165，残篇 102。

54. 恩培多克勒，172，残篇 115。

55. 恩培多克勒，183，残篇 127。

56. 恩培多克勒，184，残篇 146。

57. 柏拉图:《蒂迈欧篇》(*Timaios*)，89b。

58. 提奥弗拉斯特:《论知觉》(*Von den Sinneswahrnehmungen*)，25。

59. 埃提乌斯，IV，2。

60. 阿那克萨戈拉，101/102，残篇 21。

61. 阿那克萨戈拉，24，残篇 17。

62. 阿那克萨戈拉，55，残篇 12。

63. 阿那克萨戈拉，66，残篇 12，节录。

64. 亚里士多德:《论动物的构造》(*Von den Teilen der Tiere*)，IV，10，687a 7 ff。

65. 色诺芬:《回忆苏格拉底》(*Erinnerungen an Sokrates*)，I. 1，10。

66. 柏拉图:《泰阿泰德篇》，151e-f。

67. 色诺芬尼，43，残篇。

68. 同上书，22，残篇 11-25，残篇 15。

69. 亚里士多德:《政治学》，1266a。

70. 普罗泰戈拉，18，残篇 4。

71. 柏拉图:《第七封信》(*Siebenter Brief*)，325d-e。

72. 柏拉图，《斐多篇》(*Phaedon*)，78a。

73. 柏拉图:《理想国》(*Politeia*)，473e-d。

74. 柏拉图:《第七封信》，326a-b。

75. 柏拉图:《法律篇》(*Nomoi*)，IV，705a。

76. 柏拉图:《法律篇》，587e。

77. 柏拉图:《第七封信》，326b。

78. 塞斯·诺特博姆:《无中生有：双城史》(*Ex nihilo. Eine Geschichte von zwei Städten*, Lars Müller Verlag，2012)，22 页。

79. 柏拉图:《理想国》，556a。

80. 柏拉图:《理想国》，556b。

81. 柏拉图:《法律篇》，741e-742a。

82. 柏拉图:《法律篇》，896a。

83. 盖伦:《论希波克拉底的元素》(*Von den Elementen nach Hippokrates*)，I，2。

84. 德谟克利特，116，残篇 10。

85. 德谟克利特，117，残篇 11。

86. 柏拉图:《蒂迈欧篇》，90a。

87. 亚里士多德:《尼各马可伦理学》(*Nikomachische Ethik*), 1096a 11–17。

88. 亚里士多德:《尼各马可伦理学》, 1145b 2–7。

89. 亚里士多德:《形而上学》, 第一部分, 引论, II. A。

90. 赫拉克利特, 102, 残篇 82;103, 残篇 83。

91. 亚里士多德:《动物志》(*Historia animalium*), 690a 27。

92. 亚里士多德:《论动物的构造》(*Von den Teilen der Tiere*), 687a 8–10。

93. 亚里士多德:《尼各马可伦理学》, 1094b。

94. 亚里士多德:《政治学》, 1252b 30。

95. 亚里士多德:《尼各马可伦理学》, 1099b。

96. 同上。

97. 亚里士多德:《政治学》, 1292a。

98. 亚里士多德:《政治学》, 1260a。

99. 亚里士多德:《政治学》, 1262b 22–23。

100. 亚里士多德:《尼各马可伦理学》, 1123a 6–10。

101. 亚里士多德:《政治学》, 1280b 33。

102. 亚里士多德:《政治学》, 1267a 39–41。

103. 亚里士多德:《政治学》, 1258b 2–3。

104. 亚里士多德:《政治学》, 1258b 34–35。

105. 亚里士多德:《政治学》, 1327b。

106. 西塞罗:《学园派》(*Academica priora*), II, 72。

107. 塞克斯都·恩披里柯:《驳数学家》(*Adv. Math.*), 11.19–20。

108. 普鲁塔克:《驳克洛特姆》(*Adv. Colotem*), 1120C, 1121E–1122A。

109. 西塞罗:《论命运》(*De finibus*), 2.2。

110. 塞克斯度·恩披里柯:《驳数学家》, 7.1, 58。

111. 普鲁塔克:《驳克洛特姆》, 1120C, 1121E–1122A。

112. 卢克莱修: I. 958–997。

113. 伊壁鸠鲁:《致希罗多德的信》(*Brief an Herodot*), 63–67。

114. 西塞罗:《论神性》(*De natura deorum*), I. 43–49。

115. 伊壁鸠鲁:《论自然》, (*De natura*) 34. 21–22。

116. 伊壁鸠鲁:《准则学》(*Sent. Vat.*), 40。

117. 西塞罗:《论命运》, I. 29–32。

118. 伊壁鸠鲁:《致美诺伊克乌斯的信》(*Brief an Menoikeus*), 127–132。

119. 同上书，124–127。

120. 同上书，127–132。

121. 埃提乌斯，4.21. i–4。

122. 拉克坦提乌斯:《神圣制度》(Lactantius, *Divinae institutiones*)，7. 23。

123. 辛普里丘:《亚里士多德〈物理学〉评注》(*In Arist. Phys.*)，886，12–16。

124. 奥利金:《反塞尔索》(*Contra Celusum*)，4.68，5.20。

125. 西塞罗:《图斯库勒论辩集》(*Tusculanae disputationes*)，4.29，34–35。

126. 盖伦:《论希波克拉底和柏拉图的学说》(*De plac.Hippocr. et Plat.*)，5.2.3–7。

127. 参见斯托布斯（Stobaeus），2.90,19–91,9。

128. 第欧根尼·拉尔修: 7.32–33。

129. 同上。

130. 普鲁塔克:《论亚历山大的幸运与德性》(*De Alexandri magni fortuna*)，6，329A–B。

131. 爱比克泰德:《讨论集》(*Dissert*)，2.10.1–12。

132. 西塞罗:《论神性》，2，160。

133.《埃涅阿斯纪》(*Aeneis*)，VI，853ff。

134. PG 276f（早期斯多亚学派残篇，III，371）。

135. 卢克莱修:《物性论》(*Über die Natur der Dinge*)，V，834–836。

136. 塞涅卡:《书信集》(*Briefe*)，90，8。

137. 马可·奥勒留:《沉思录》(*Selbstbetrachtungen*)，VII. 17。

138. 同上书，VIII. 50。

139. 同上书，IV. 3。

140. 同上书，V. 16。

141. 同上书，IX. 29。

142. 柏拉图:《泰阿泰德篇》，176B ;《法律篇》，500C。

143. 普鲁塔克:《论食肉》(*Vom Fleischessen*)，引自海克·巴兰茨克、弗兰茨 - 特奥·戈特瓦尔德与汉斯·维尔纳·因根西普:《生—杀—食: 人类学维度》(Heike Baranzke, Franz-Theo Gottwald und Hans Werner Ingensiep: *Leben–Töten–Essen. Anthropologische Dimensionen*, Hirzel，2000)，138 页。

144. 普罗提诺，IV. 3. 27. 143–144。

145.《狄奥多西法典》(*Codex Theodosianus*)，XVI, 1, 2。

146.《弗拉维奥的证据》(*Testimonium Flavianum*)，第 18 卷，63–64。

147. 这方面的经典作品有莱昂·费斯汀格、亨利·W.里肯与斯坦利·沙赫特:《当预言失算》(Leon Festinger, Henry W. Riecken und Stanley Schachter: *When Prophecy Fails*, University of Minnesota Press, 1956)。

148. 奥古斯丁:《忏悔录》(*Bekenntnisse*, Reclam, 1977), 217 页。

149. 同上书, 227 页及以下。

150. 同上书, 331 页。

151. 同上书, 340 页。

152. 奥古斯丁:《上帝之城》(*De civitate dei*), XI, 26。

153. 同上书, IV, 4。

154. 引自约瑟夫·拉普 (Josef Lappe), 9 页。

155. 奥特库尔的尼古拉:《要求》(*Exigit ordo*) (nt 29), 见《书信集》(*Briefe*) (nt 13), 88 页。

156. 翁贝托·埃柯:《玫瑰之名》(*Der Name der Rose*, Bertelsmann, 1982), 40 页。

157. 爱克哈特大师: 布道 51,《德文著作》(*Die deutschen Werke*), 第 2 卷, 476 页及以下。

158. 爱克哈特大师: 布道 6, 第 1 卷, 111 页。

159. 彼得拉克:《三部剧》(*Seccretum*), I, 78。

选读文献

这一书目包含了对应于这部哲学史各章的精选权威文本。对于诸如柏拉图、亚里士多德、奥古斯丁与托马斯·阿奎那这样的大哲学家，这一书目主要满足于最为著名或容易掌握的少量导论和文献。进一步的参考，请详细研究和深入阅读。

哲学史

我们从卷帙浩繁的哲学史著述中选出：

杰出的大学者伯特兰·罗素：《西方哲学史》(Bertrand Russell: *Philosophie des Abendlandes* [1945], Anaconda 2012)（中译本可参考何兆武译，北京：商务印书馆，1963 年版)；

弗朗索瓦·夏特莱 等：《哲学史》(François Châteletu. a.: *Geschichte der Philosophie*, 8 Bände, Ullstein 1975)；

吕迪格·布勃纳（编）：《文本与论述中的哲学史》(Rüdiger Bubner [Hrsg.]: *Geschichte der Philosophiein Text und Darstellung*, 9 Bände, Reclam 2004, 2. Aufl.)；

弗兰茨·舒普：《哲学史概要》(Franz Schupp: *Geschichteder Philosophie im Überblick*, 3 Bände, Meiner 2005)；

安东尼·肯尼：《西方哲学史：古代—中世纪—近代—现代》(Anthony Kenny: *Geschichte der abendländischen Philosophie:Antike–Mittelalter–Neuzeit–Moderne*, 4 Bände, Wissenschaftliche Buchgesellschaft 2014, 2. Aufl)（中译本可参考《牛津西方哲学史》，王柯平、袁宪军、杨平、梁展译，长春：吉林出版集团有限责任公司，2010 年版)。

内容极其丰富详细的是那部由不同作者撰写，由沃尔夫冈·罗德（Wolfgang Röd）编撰的《哲学史》（*Geschichteder Philosophie*, Bd.1-14, Beck 1976-2015 f.）。其中第 1—5 卷与本书论述的时期有关。

一项更为广博的工程是由不同编者负责的《哲学史概论》（*Grundriss der Geschichte der Philosophie*, Schwabe 1983-2015 f.），30 卷迄今出版了 14 卷。其中第 1—5 卷与本书论述的时期有关。

雅典学园

与拉斐尔同时代的乔吉奥·瓦萨里（Giorgio Vasari，1511—1574）在他初版于 1550 年的作品《艺园名人传》（*Lebensbeschreibungen der berühmtesten Maler, Bildhauerund Architekten*）中记述了拉斐尔的生平。

关于拉斐尔的文本见乔吉奥·瓦萨里：《拉斐尔生平》（Giorgio Vasari: *Das Lebendes Raffael*, Wagenbach 2004）。

关于拉斐尔，还可参见卡佩伦的尤尔克·梅耶：《拉斐尔》（Jürg Meyer zur Capellen: *Raffael*, Beck 2010）。

关于《雅典学园》的细节，可参见乔万尼·雷亚莱：《签字厅》（Giovanni Reale: *La Stanza della Segnatura*, Bomiani 2010）；

康拉德·奥波胡博：《拉斐尔〈雅典学园〉中的对立与综合》（Konrad Oberhuber: *Polarität und Synthese In Raphaeles»Schule von Athen«*, Urachhaus 1983）；

格伦·W. 莫斯特：《拉斐尔与雅典学园：解读此画》（Glenn W. Most: *Raffael und die Schule von Athen. Über das Lesen der Bilder*, Fischer 1999）。

有关文艺复兴时期的柏拉图画像，参见恩诺·鲁道夫：《文艺复兴时期哲学中的柏拉图主义危机》（Enno Rudolph: *Die Krise des Platonismus in der Renaissance-Philosophie*），收录于他的《城邦与宇宙：柏拉图的自然哲学与政治哲学》（*Polisund Kosmos. Naturphilosophie und politische Philosophie bei Platon*, Wissenschaftliche Buchgesellschaft 1996），108–122 页。

古　代

从前在爱奥尼亚……

关于泰勒斯对日食的"推算"，参见威尔利·哈特纳:《晦暗期与泰勒斯对日食的预测：历史真相与现代神话》(Willy Hartner: *Eclipse Periods and Thales' Prediction of the Solar Eclipse. Historic Truth and Modern Myth*)，收录于《半人马座》(*Centaurus*)，第 14 卷，1969 年，60-71 页，

以及奥托·诺伊戈保尔:《古代的精密科学》(Otto Neugebauer:*The Exact Sciences in Antiquity*, Dover Publications 1969, 2. Aufl.)。

关于古希腊哲学的起源，参见"古典学家"布鲁诺·施耐尔:《精神的发现：对欧洲思想产生于希腊的研究》(Bruno Snell: *Die Entdeckung des Geistes. Studienzur Entstehung des europäischen Denkens bei den Griechen* [1946], Vandenhoeck & Ruprecht 2011, 9. Aufl.)；

艾瑞克·罗伯特森·多兹:《希腊人与非理性》(Eric Robertson Dodds: *The Greeks and the Irrational* [1951], University of California Press 1997)。

柏拉图关于泰勒斯的趣闻逸事是汉斯·布鲁门伯格思想的出发点:《色雷斯女奴的嘲笑：理论的史前史》(Hans Blumenberg: *Das Lachen der Thrakerin. Eine Urgeschichte der Theorie*, Suhrkamp 1987)。

关于早期希腊宗教，参见瓦尔特·布尔克特:《古风时期与古典时期的希腊宗教》(Walter Burkert: *Griechische Religion der archaischen und klassischen Epoche*, Kohlhammer 2010, 2. Aufl.)。

关于早期希腊世界的文学，参见赫尔曼·弗兰克尔:《希腊早期的诗与哲学：5 世纪中叶前的希腊史诗、抒情诗和散文发展史》(Hermann Fränkel: *Dichtung und Philosophie des frühen Griechentums. Eine Geschichte der griechischen Epik, Lyrik und Prosa bis zur Mitte des fünften Jahrhunderts*, Beck 1962, 2. Aufl.)。

这一章及以下数章中的前苏格拉底哲学家的残篇，引自威廉·卡佩勒（编）:《前苏格拉底思想家》(Wilhelm Capelle [Hrsg.]: *Die Vorsokratiker*, Kröner 2008, 9. Aufl.)。

此外参见 M. L. 格美利:《前苏格拉底思想家》(M. L. Gemelli: *Die Vorsokratiker*, 3 Bände, Artemis & Winkler 2000, 2009, 2010)；

亚普·曼斯菲尔德与奥利维尔·普利马维西:《前苏格拉底思想家》,希腊语 / 德语(Jaap Mansfeld und Oliver Primavesi: *Die Vorsokratiker*, Griechisch/Deutsch, Reclam 2011);

卡尔－弗里德里希·盖耶尔:《前苏格拉底思想家引述》(Carl-Friedrich Geyer: *Die Vorsokratiker zur Einführung*, Junius 1995);

克里斯多夫·拉普:《前苏格拉底思想家》(Christof Rapp: *Vorsokratiker*, Beck 2007, 2. Aufl.);

威廉·K. C. 古特里:《希腊哲学史》,第 1 卷(William K. C. Guthrie: *A History of Greek Philosophy*, Bd. 1)。

《早期前苏格拉底思想家与毕达哥拉斯学派》(*The Early Presocratics and the Pythagoreans*, Cambridge University Press 1962)。

关于阿那克西曼德,参见狄尔克·L. 库普里、罗伯特·哈恩与杰拉德·纳达夫:《语境里的阿那克西曼德: 关于希腊哲学起源的新研究》(Dirk L. Couprie, Robert Hahn und Gerard Naddaf: *Anaximander in Context. New Studiesin the Origins of Greek Philosophy*, State University of New York Press 2003)。

关于神话的含义与阐释,参见克里斯多夫·雅默:《〈穿法衣的上帝〉: 当代哲学神话—理论的界限与视角》(Christoph Jamme: »Gott an hat ein Gewand«. Grenzen und Perspektiven philosophischer Mythos-Theorienter Gegenwart, Suhrkamp 1999);

赫尔穆特·海特:《理性的原始神话: 论希腊神迹的哲学史谱系》(Helmut Heit: *Der Ursprungsmythos der Vernunft. Zur philosophiehistorischen Genealogie des griechischen Wunders*, Königshausen & Neumann 2007)。

万物的尺度

关于希腊债务经济的背景,详见弗里茨·格施尼泽:《希腊社会史》(Fritz Gschnitzer: *Griechische Sozialgeschichte*, Franz Steiner Verlag 2013, 2. Aufl.);

卡尔－威廉·魏尔维:《公元前 6 世纪前后阿提卡农民负债的原因和程度》(Karl-Wilhelm Welwei: *Ursachen und Ausmaß der Verschuldung attischer Bauern um 600 v. Chr.*),收录于《赫尔墨斯》(*Hermes*),133 期,2006 年,29–43 页;

约翰·刘易斯:《梭伦的雅典里的奴隶制和法纪未施》(John Lewis: *Slavery and Lawlessness in Solonian Athens*),收录于《堤》(*Dike*),2004 年,19–40 页;

大卫·格莱伯:《债：第一个五千年》(David Graeber: *Schulden. Die ersten 5000 Jahre*, Klett-Cotta 2012)，195–208 页。

经典的、无可逾越的货币理论见格奥尔格·齐美尔:《货币哲学》(Georg Simmel: *Philosophie des Geldes* [1900], Anaconda 2009)。

关于新近的数据资料，参见卡尔 – 海因茨·布罗德贝克:《货币的统治：历史与体系》(Karl-Heinz Brodbeck: *Die Herrschaft des Geldes. Geschichte und Systematik*, Wissenschaftliche Buchgesellschaft 2011, 2. Aufl.)；

克里斯多夫·图尔克:《过剩！货币哲学》(Christoph Türcke: *Mehr! Philosophie des Geldes*, Beck 2015)。

关于毕达哥拉斯，参见瓦尔特·布尔克特:《智慧与科学：毕达哥拉斯、菲洛劳斯及柏拉图研究》(Walter Burkert: *Weisheit Und Wissenschaft. Studien zu Pythagoras, Philolaos und Platon*, Hans Carl Verlag 1962)；

詹姆斯·A. 菲利普:《毕达哥拉斯与早期毕达哥拉斯主义》(James A. Philipp: *Pythagoras and Early Pythagoreanism*, University of Toronto Press 1966)；

克里斯多夫·里德维格:《毕达哥拉斯导论：生平，学说，影响》(Christoph Riedweg: *Pythagoras. Leben, Lehre, Nachwirkung. Eine Einführung*, Beck 2002)；

莱奥尼德·茨穆德:《毕达哥拉斯与早期毕达哥拉斯学派》(Leonid Zhmud: *Pythagoras and the Early Pythagoreans*, Oxford University Press 2012)。

关于数学与数字的起源，参见赫尔穆特·格里克:《数字概念史》(Helmuth Gericke: *Geschichte des Zahlbegriffs*, Bibliographisches Institut 1970)；《古代与东方的数学》(*Mathematik in Antike und Orient*, Springer 1984)。

关于理性与数字的关系，参见西尔维奥·维埃塔:《理性：一部世界史》(Silvio Vietta: *Rationalität. Eine Weltgeschichte*, Fink 2012)，69–124 页。

关于赫拉克利特，参见汉斯 – 格奥尔格·伽达默尔:《知识的开端》(Hans-Georg Gadamer: *Der Anfang des Wissens*, Reclam 1999)。

关于法对于逻格斯发展的意义，参见托比亚斯·莱夏特:《早期希腊的法与合理性》(Tobias Reichardt: *Recht und Rationalität im frühen Griechenland*, Königshausen & Neumann 2003)。

关于巴门尼德，参见乌沃·霍尔舍（编）:《巴门尼德：论存在者的本质（希德双语残篇）》(Uvo Hölscher [Hrsg.]: *Parmenides. Vom Wesen des Seienden. Die Fragmente griechisch und deutsch*, Suhrkamp 1986, 2. Aufl.)；

恩斯特·海奇:《巴门尼德：逻辑、存在论与自然科学的起源；残篇》(Ernst

Heitsch: *Parmenides. Die Anfänge der Logik, Ontologie und Naturwissenschaft; Die Fragmente*, Heimeran 1974）；

此外参见古典学者卡尔·莱恩哈特:《巴门尼德与希腊哲学史》（Karl Reinhardt [1916]: *Parmenides und die Geschichte der griechischen Philosophie*, Klostermann 2011, 5. Aufl.)。

人的本性

关于南意大利的希腊哲学，参见君特·寸茨:《珀尔塞福涅: 有关大希腊地区宗教和思想的三篇文章》（Günther Zuntz: *Persephone. Three Essayson Religionand Thought in Magna Graecia*, Clarendon Press 1971)；

詹姆斯·路希特:《早期希腊思想: 破晓之前》（James Luchte: *Early Greek Thought: Beforethe Dawn*, Bloomsbury Publishing 2011)。

关于希腊人的灵魂概念，参见古典学者弗兰茨·吕舍:《血、生命和灵魂: 在古希腊和希腊化时期、圣经和亚历山大里亚神学家那里三者之间的关系——关于牺牲宗教史之准备工作》（Franz Rüsche: *Blut, Lebenund Seele. Ihr Verhältnis nach Auffassung der griechischen und hellenistischen Antike, der Bibel und der alexandrinischen Theologen. Eine Vorarbeit zur Religionsgeschichte Des Opfers* [1930], Johnson Reprint 1968)；

此外关于早期希腊的灵魂观念，见简·尼古拉斯·布莱默:《早期希腊的灵魂概念》（Jan Nicolaas Bremmer: *The Early Greek Conception of the Soul*, Princeton University Press 1987, 2. Aufl.)；

克劳迪亚·弗伦策尔:《前苏格拉底思想家那里的动物、人类与灵魂》（Claudia Frenzel:*Tier, Mensch und Seelebei den Vorsokratikern*)，收录于弗里德里希·尼沃纳与让－鲁普·塞班:《动物的灵魂》（Friedrich Niewöhner und Jean-Loup Seban:*Die Seele der Tiere*, Harrassowitz 2001)，59–92 页。

关于希腊的灵魂构想，尤其是植物的灵魂见汉斯·维尔纳·因根西普:《植物灵魂的历史》（Hans Werner Ingensiep: *Geschichte der Pflanzenseele*, Kröner 2001)。

关于俄耳甫斯教和毕达哥拉斯主义的灵魂漫游，见赫尔穆特·参德尔:《欧洲的灵魂漫游史: 从古至今的另类宗教传统》（Helmut Zander: *Geschichte der Seelenwanderung in Europa. Alternative Religiöse Traditionen von der Antike bis heute*,

Wissenschaftliche Buchgesellschaft 1999）；

拉德克里夫·G. 埃德蒙兹第三:《古代俄耳甫斯主义再定义：希腊宗教研究》（Radcliffe G. Edmonds III: *Redefining Ancient Orphism. A Study in Greek Religion*, Cambridge University Press 2013）。

关于恩培多克勒，见瓦尔特尔·克兰茨:《恩培多克勒：古代形态与浪漫主义再创造》（Walther Kranz: *Empedokles. Antike Gestalt und romantische Neuschöpfung*, Artemis 1949）；

罗斯玛丽·赖特（编）:《恩培多克勒：现存残篇》（M. Rosemary Wright [Hrsg.]: *Empedocles. The Extant Fragments*, Yale University Press 1981）；

彼得·金斯利:《古代哲学、神话与魔法：恩培多克勒和毕达哥拉斯学派传统》（Peter Kingsley: *Ancient Philosophy, Mystery, and Magic. Empedocles and Pythagorean Tradition*, Clarandon Press 1995）。

关于阿那克萨戈拉，参见菲利克斯·M. 克莱维:《阿那克萨戈拉哲学：一次重构的尝试》（Felix M. Cleve: *The Philosophy of Anaxagoras. An Attempt at Reconstruction*, King's Crown Press 1949）；

马尔科姆·舍菲尔德:《阿那克萨戈拉研究随笔》（Malcolm Schofield: *An Essay on Anaxagoras*, Cambridge University Press 1980）。

流浪汉、他的弟子与雅典公共秩序

关于苏格拉底，参见安德烈亚斯·帕策尔（编）:《历史上的苏格拉底》（Andreas Patzer [Hrsg.]: *Der historische Sokrates*, Wissenschaftliche Buchgesellschaft 1987）;《苏格拉底研究：关于历史上的苏格拉底的十二篇论文》（*Studia Socratica. Zwölf Abhandlunge nüber den historischen Sokrates*, Narr 2012）；

格雷戈里·弗拉斯托斯:《苏格拉底：讽刺家与道德哲学家》（Gregory Vlastos: *Socrates. Ironist and Moral Philosopher*, Cambridge University Press 1991）；

格诺特·伯默:《苏格拉底此人》（Gernot Böhme: *Der Typ Sokrates*, Suhrkamp 1992）；

沃夫冈·H. 普雷格尔:《苏格拉底：哲学对话的肇始》（Wolfgang H. Pleger: *Sokrates. Der Beginndes philosophischen Dialogs*, Rowohlt 1998）；

爱克哈德·马滕斯:《苏格拉底导论》（Ekkehard Martens: *Sokrates. Eine Einführung*, Reclam 2004）；

君特·费加尔:《苏格拉底》(Günter Figal: *Sokrates*, Beck 2006, 3. Aufl.);

罗宾·沃特菲尔德:《苏格拉底为何会死: 消除神话》(Robin Waterfield: *Why Socrates Died. Dispellingthe Myths*, Norton 2009)。

关于阿提卡地区民主政治的发展与状况，参见约亨·布莱肯:《雅典民主政治》(Jochen Bleicken: *Die athenische Demokratie*, UTB 1995, 4. Aufl.)。

智者学派的重要文本，可见托马斯·席伦与托马斯·钦斯迈尔（编）:《智者学派: 文本选读（古希腊文 / 德文)》(Thomas Schirren und Thomas Zinsmaier [Hrsg.]: *Die Sophisten. Ausgewählte Texte. Griechisch/Deutsch*, Reclam 2003)。

此外参见卡尔·约阿希姆·克拉森:《诡辩术》(Carl Joachim Classen: *Sophistik*, Wissenschaftliche Buchgesellschaft 1976);

格奥尔格·B. 克菲尔德:《智者运动》(George B. Kerferd: *The Sophistic Movement*, Cambridge University Press 1981);

黑尔加·舍尔滕:《诡辩术: 城邦宗教与政治之威胁？》(Helga Scholten: *Die Sophistik. Eine Bedrohungfür die Religionund Politikder Polis?*, Akademie Verlag 2003)。

关于普罗泰戈拉，参见卡尔 – 马丁·迪茨:《阿布德拉的普罗泰戈拉及其思想研究》(Karl-Martin Dietz: *Protagoras von Abdera. Untersuchungen zu seinem Denken*, Habelt 1976);

约翰·M. 奥弗伊森:《阿布德拉的普罗泰戈拉》(Johannes M. Ophuijsen: *Protagoras of Abdera*, Brill Academic Publishers 2013)。

可购买到的柏拉图著作的权威译本有:《柏拉图全集》(*Platon. Sämtliche Werke*. 3 Bände, Wissenschaftliche Buchgesellschaft 2014)。

米歇尔·埃尔勒:《柏拉图》(Michael Erler: *Platon*, Beck 2006)。这可能是关于柏拉图及其思想最好的一本德文导论。

此外参见米歇尔·博特:《柏拉图》(Michael Bordt: *Platon*, Herder 1999);

乌维·诺伊曼:《柏拉图》(Uwe Neumann: *Platon*, Rowohlt 2001);

巴巴拉·岑普芬尼希:《柏拉图引论》(Barbara Zehnpfennig: *Platon zur Einführung*, Junius 2011, 4. Aufl.)。

表象与存在

关于柏拉图对话以及对话式的哲学，参见瓦尔特·布洛克尔:《柏拉图的谈话集》(Walter Bröcker: *Platos Gespräche* [1964], Klostermann 1999, 5. Aufl.);

赫尔曼·贡德特:《对话与辩证法: 论柏拉图对话之结构》(Hermann Gundert: *Dialog und Dialektik. Zur Struktur des platonischen Dialogs*, Grüner 1971);

托马斯·斯勒扎克:《柏拉图与哲学书写: 柏拉图早中期对话阐释》(Thomas Szlezák: *Platon und die Schriftlichkeit der Philosophie.Interpretationen zu den frühen und mittleren Dialogen*, De Gruyter 1985);《柏拉图后期对话中的辩证法家形象: 柏拉图与哲学书写（第二部）》(*Das Bild des Dialektikers in Platons späten Dialogen. Platon und die Schriftlichkeit der Philosophie. Teil II*, De Gruyter 2004);

狄斯金·克莱:《柏拉图的问题: 同沉默的哲学家对话》(Diskin Clay: *Platonic Questions. Dialogues with the Silent Philosopher*, Pennsylvania State University Press 2000);

恩斯特·海奇:《柏拉图及其辩证哲学的开端》(Ernst Heitsch: *Platon und die Anfänge seines dialektischen Philosophierens*, Vandenhoeck & Ruprecht 2004)。

关于德谟克利特，参见格莱德·伊卜舍:《德谟克利特: 伦理学残篇（古希腊文 / 德文）》(Gred Ibscher: *Demokrit. Fragmente zur Ethik: Griechisch/Deutsch*, Reclam 1995);

鲁道夫·洛布（编）:《德谟克利特: 哲学文本》(Rudolf Löbl [Hrsg.]: *Demokrit. Texte zu seiner Philosophie*, Rodopi 1989);《德谟克利特的原子物理学》(*Demokrits Atomphysik*, Wissenschaftliche Buchgesellschaft 1987);

格奥尔格·莱辛瑙尔:《德谟克利特的灵魂模型与原子物理学的原则》(Georg Rechenauer: *Demokrits Seelenmodell und die Prinzipien der atomistischen Physik*), 刊于多罗忒阿·弗雷德与布克哈特·莱斯（编）:《古代哲学中的身体与灵魂》(Dorothea Frede und Burkhard Reis [Hrsg.]: *Body and Soul in Ancient Philosophy*, De Gruyter 2009), 111–142 页。

关于柏拉图的对话《泰阿泰德篇》, 参见约翰·麦克道尔:《柏拉图的〈泰阿泰德篇〉》(John McDowell: *Plato's Theaetetos*, Clarendon Press 1973);

恩斯特·海奇:《柏拉图〈泰阿泰德篇〉中的考虑》(Ernst Heitsch: *Überlegungen Platons im Theaetet*, Steiner 1988);

约格·哈迪:《柏拉图〈泰阿泰德篇〉中的认识理论》(Jörg Hardy: *Platons Theorie des Wissens im »Theaitet«*, Vandenhoeck & Ruprecht 2001)。

关于柏拉图对神话的使用, 参见由马库斯·杨卡与克里斯蒂安·舍费尔:《神话学家柏拉图: 对柏拉图对话中的神话之新阐释》(Markus Janka und

Christian Schäfer [Hrsg.]: *Platon als Mythologe. Neue Interpretationen zu den Mythen in Platons Dialogen*, Wissenschaftliche Buchgesellschaft 2002)；

狄尔克・屈尔斯根：《神话的合理性：柏拉图的哲学神话及新柏拉图主义的诠释》(Dirk Cürsgen: *Die Rationalität des Mythischen. Der philosophische Mythos bei Platon und seine Exegese im Neuplatonismus*, De Gruyter 2002)；

凯瑟琳・克罗伯特・皮埃尔・德斯特里与弗朗西斯科・J. 冈萨雷斯：《柏拉图与神话：柏拉图神话的使用和地位之研究》(Catherine Collobert, Pierre Destrée und Francisco J. Gonzalez: *Plato and Myth. Studies on the Use and Status of Platonic Myths*, Brill Academic Publishers 2012)。

关于柏拉图哲学当中的善之理念，参见马塞尔・范阿克伦：《善的知识：柏拉图对话中德性知识的重要性与持续性》(Marcel van Ackeren: *Das Wissen vom Guten. Bedeutung und Kontinuität des Tugendwissens in den Dialogen Platons*, Grüner 2003)。

关于柏拉图哲学的总体情况，参见弗兰茨・冯库切拉：《柏拉图的哲学》(Franz von Kutschera: *Platons Philosophie*, 3 Bände, Mentis 2002)。

关于"理念论"，参见戈特弗里德・马丁：《柏拉图的理念论》(Gottfried Martin: *Platons Ideenlehre*, De Gruyter 1973)；

安德烈亚斯・格莱瑟：《柏拉图理念论导论：语言、逻辑与形而上学》(Andreas Graeser: *Platons Ideenlehre. Sprache, Logik und Metaphysik. Eine Einführung*, Haupt 1975)；

克努特・埃明：《逃至思想：柏拉图理念哲学的开端》(Knut Eming: *Die Fluch tins Denken. Die Anfänge der platonischen Ideenphilosophie*, Meiner 1993)。

金钱还是荣誉？柏拉图的国家

关于柏拉图的"政治性"灵魂设想，参见安德烈亚斯・格莱瑟：《柏拉图灵魂分离学说的难题：对柏拉图思想中连续性问题的思考》(Andreas Graeser: *Probleme der platonischen Seelenteilungslehre. Überlegungen zur Frage der Kontinuität im Denken Platons*, Beck 1969)；

托马斯・M. 罗宾逊：《柏拉图的心理学》(Thomas M. Robinson: *Plato's Psychology*, University of Toronto Press 1970)。

关于柏拉图的政治哲学，参见莱恩哈特・毛勒：《柏拉图的"国家"与民主：关于政治伦理学的历史分类学思考》（Reinhart Maurer: *Platons»Staat« und die Demokratie. Historisch-systematische Überlegungen zur politischen Ethik*, De Gruyter 1970）；

格奥尔格·克洛斯科:《柏拉图政治理论的演变》（George Klosko: *The Development of Plato's Political Theory*, Oxford University Press 2006, 2. Aufl.）；

关于《理想国》，参见奥洛夫·纪贡:《当下与乌托邦：柏拉图〈理想国〉阐释》（Olof Gigon: *Gegenwärtigkeit und Utopie. Eine Interpretation von Platons »Staat«*, Artemis 1976）；

雅各布·F. M. 阿伦茨:《城邦的统一：柏拉图国家研究》（Jacob F. M. Arends: *Die Einheitder Polis. Eine Studie über Platons Staat*, Brill Academic Press 1988）；

奥特弗里德·赫费（编）:《柏拉图:〈理想国〉》（Otfried Höffe [Hrsg.]: *Platon. Politeia*, Akademie Verlag 1997）。

关于《理想国》和《法律篇》的比较，参见安德烈亚斯·马尔库斯:《哲学家统治还是法律统治？：柏拉图〈理想国〉和〈法律篇〉研究》（Andreas Markus: *Philosophen-oder Gesetzesherrschaft? Untersuchungen zu Platons Politeia und den Nomoi*, Tectum 2006）。

关于柏拉图从早期作品到晚期作品中政治哲学的转变，参见克里斯朵夫·波博尼希:《重塑柏拉图的乌托邦：其晚期的伦理学和政治学》（Christopher Bobonich: *Plato's Utopia Recast. His Later Ethics and Politics*, Oxford University Press 2004）。

关于《法律篇》，参见赫尔维希·戈尔格曼斯:《柏拉图〈法律篇〉阐释》（Herwig Görgemanns: *Beiträge zur Interpretation von Platons Nomoi*, Beck 1960）；

恩斯特·桑德沃斯:《索特里亚：柏拉图式立法的哲学根据》（Ernst Sandvoss: *Soteria. Philosophische Grundlagen der platonischen Gesetzgebung*, Musterschmidt 1971）；

理查德·F. 斯塔利:《柏拉图〈法律篇〉导论》（Richard F. Stalley: *An Introduction to Plato's Laws*, Basil Blackwell 1983）；

塞斯·伯纳德特:《柏拉图的〈法律篇〉：存在之发现》（Seth Benardete: *Plato's »Laws«. The Discovery of Being*, University of Chicago Press 2000）；

巴巴拉·岑普芬尼希（编）:《法治与人治——柏拉图的〈法律篇〉》（Barbara Zehnpfennig [Hrsg.]: *Die Herrschaft der Gesetze und die Herrschaft des Menschen-Platons»Nomoi«*, Dunker & Humblot 2008）；

克里斯多夫·霍恩（编）:《柏拉图: 法律 /〈法律篇〉》(Christoph Horn [Hrsg.]: *Platon. Gesetze/Nomoi*, Akademie Verlag 2013)。

事物的秩序

关于柏拉图《蒂迈欧篇》中的自然哲学，参见达纳·R. 米勒:《柏拉图〈蒂迈欧篇〉中的第三种类》(Dana R. Miller:*The Third Kind in Plato's Timaeos*, Vandenhoeck & Ruprecht 2003)；

米莎·冯佩格尔:《柏拉图〈蒂迈欧篇〉中的万有灵魂》(Mischa von Perger: *Die Allseele in Platons Timaios*, Teubner 1997)；

菲利普·卡费克:《宇宙的灵魂赋予: 柏拉图〈斐多篇〉与〈蒂迈欧篇〉中的宇宙论、灵魂学说与神学》(Filip Karfík: *Die Beseelung des Kosmos. Untersuchungen zur Kosmologie, Seelenlehre und Theologie in Platons Phaidon und Timaios*, Saur 2004)；

洛塔尔·舍费尔:《天上的范式: 柏拉图论自然与国家》(Lothar Schäfer: *Das Paradigma am Himmel. Platon über Natur und Staat*, Alber 2005)；

恩斯特·A. 施密特:《柏拉图的时间理论: 宇宙、灵魂、数字与〈蒂迈欧〉中的永恒》(Ernst A. Schmidt: *Platons Zeittheorie. Kosmos, Seele, Zahl und Ewigkeit im Timaios*, Klostermann 2012)。

可购买到的亚里士多德全集有恩斯特·格鲁马赫、海尔穆特·弗拉沙尔（编）:《亚里士多德: 德文译著集》(Ernst Grumach, Hellmut Flashar [Hrsg.]: *Aristoteles. Werkein deutscher Übersetzung*. 20 Bände, Akademie Verlag 1956)。

推荐的导论有: 奥特弗里德·赫费:《亚里士多德》(Otfried Höffe: *Aristoteles*, Beck 2006, 3. Aufl.)。

此外参见大卫·罗斯:《亚里士多德》(David Ross: *Aristotle*, Routledge 1995, 6. Aufl.)；

沃尔夫冈·戴特尔:《亚里士多德》(Wolfgang Detel: *Aristoteles*, Reclam 2005)；

克里斯多夫·拉普:《亚里士多德引论》(Christof Rapp: *Aristoteles zur Einführung*, Junius 2012, 4. Aufl.)；

克里斯多夫·希尔兹:《亚里士多德》(Christopher Shields: *Aristotle*, Routledge 2007)；

海尔穆特·弗拉沙尔:《亚里士多德: 西方之师》(Hellmut Flashar: *Aristoteles. Lehrer des Abendlandes*, Beck 2013)。

适合的道德

关于《尼各马可伦理学》, 参见威廉·F. R. 哈迪:《亚里士多德的伦理学理论》(William F. R. Hardie: *Aristotle's Ethical Theory*, Oxford University Press [1968], 2. Aufl. 1981);

弗里茨-彼得·哈格尔 (编):《亚里士多德的伦理学与政治学》(Fritz-Peter Hager [Hrsg.]: *Ethik und Politikdes Aristoteles*, Wissenschaftliche Buchgesellschaft 1972);

道格拉斯·哈奇森:《亚里士多德的德性》(Douglas Hutchinson: *The Virtues of Aristotle*, Routledge [1986], 2. Aufl. 2015);

理查德·克劳特:《亚里士多德论人性之善》(Richard Kraut: *Aristotleon the Human Good*, Princeton University Press 1989);

萨拉·布洛迪:《亚里士多德的伦理学》(Sarah Broadie: *Ethics with Aristotle*, Oxford University Press 1991);

安东尼·肯尼:《亚里士多德论完美人生》(Anthony Kenny: *Aristotle on the Perfect Life*, Clarendon Press 1992);

奥特弗里德·赫费 (编):《尼各马可伦理学》(Otfried Höffe [Hrsg.]: *Nikomachische Ethik*, Akademie Verlag 1995);

大卫·波斯托克:《亚里士多德的伦理学》(David Bostock: *Aristotle's Ethics*, Oxford University Press 2000);

乌尔苏拉·沃尔夫:《尼各马可伦理学》(Ursula Wolf: *Nikomachische Ethik*, Wissenschaftliche Buchgesellschaft 2002)。

关于政治学, 参见君特·比恩:《亚里士多德政治哲学之奠基》(Günther Bien: *Die Grundlegung der politischen Philosophie bei Aristoteles*, Alber 1985, 2. Aufl.);

奥特弗里德·赫费 (编):《亚里士多德: 政治学》(Otfried Höffe [Hrsg.]: *Aristoteles. Politik*, Akademie Verlag 2001)。

关于政治学与经济学, 参见彼得·科斯洛夫斯基:《亚里士多德的政治学与经济学》(Peter Koslowski: *Politik und Ökonomie bei Aristoteles*, Mohr Siebeck 1993, 3. Aufl.)。

避世者与怀疑者

关于希腊化时期的哲学，参见马尔特·霍森菲尔德:《古代幸福学说: 犬儒主义与昔勒尼学派、斯多亚学派、伊壁鸠鲁学派和怀疑论——导论版德文译本中的原始资料》(Malte Hossenfelder: *Antike Glückslehren. Kynismus und Kyrenaismus, Stoa, Epikureismus und Skepsis. Quellen in deutscher Übersetzung und Einführungen*, Kröner 1996)。

关于希腊化时期哲学的权威评注版文集有: 阿图尔·隆与大卫·塞德利:《希腊化时期的哲学家: 文本与评注》(Arthur Long und David Sedley: *Die hellenistischen Philosophen. Texte und Kommentare* [1987], Metzler 2006, 2. Aufl)。

关于犬儒主义，参见格奥尔克·卢克:《犬的智慧: 德文译本与注解中的古代犬儒主义文本》(Georg Luck: *Die Weisheit der Hunde. Texte der antiken Kyniker in deutscher Übersetzung und Erläuterungen*, Kröner 1996);

玛格丽特·比勒贝克（编）:《现代研究当中的犬儒主义者》(Margarethe Billerbeck [Hrsg.]: *Die Kyniker in der modernen Forschung*, Grüner 1991);

米歇尔·翁弗雷:《作为犬的哲学家: 论犬儒主义者颠覆性思想的起源》(Michel Onfray: *Der Philosoph als Hund: vom Ursprung des subversiven Denkens bei den Kynikern*, Campus 1991);

克劳斯·多林:《犬儒主义者》(Klaus Döring: *Die Kyniker*, C. C. Buchner 2006)。

关于古代怀疑论，参见弗里多·里肯:《古代怀疑论者》(Friedo Ricken: *Antike Skeptiker*, Beck 1994);

罗伯特·J. 弗格林:《皮浪关于知识与辩护的反思》(Robert J. Fogelin: *Pyrrhonian Reflections on Knowledge and Justification*, Oxford University Press 1994);

J. 汉金森:《怀疑论者: 哲学家们的辩论》(R. J. Hankinson: *The Sceptics. The Arguments of the Philosophers*, Routledge 1995);

罗伯特·W. 莎普尔斯:《斯多亚主义、伊壁鸠鲁主义与怀疑论》(Robert W. Sharples: *Stoics, Epicureans and Sceptics*, Routledge 1996);

尤莉娅·安娜斯、乔纳森·巴恩森:《怀疑论的方式: 古代文本与现代阐释》(Julia Annas, Jonathan Barnes: *The Modes of Scepticism. Ancient Texts and Modern Interpretations*, Cambridge University Press 2008, 2. Aufl.);

马尔库斯·加布里埃尔:《古代与现代怀疑论导论》(Markus Gabriel: *Antike und moderne Skepsis zur Einführung*, Junius 2008)。

错误生活中的正确生活

关于亚里斯提卜,参见克劳斯·多林:《苏格拉底的学生亚里斯提卜与享乐主义者》(Klaus Döring: *Der Sokratesschüler Aristipp und die Kyrenaiker*, Franz Steiner Verlag 1988)。

关于伊壁鸠鲁,参见海因茨 – 米歇尔·巴特林:《伊壁鸠鲁:生活艺术理论》(Heinz-Michael Bartling: *Epikur: Theorie der Lebenskunst*, Junghans 1994);

米歇尔·埃尔勒:《伊壁鸠鲁》(Michael Erler: *Epikur*),收录于弗利多·里肯(编):《古代哲学家》(Friedo Ricken [Hrsg.]: *Philosophen der Antike*, Bd. 2, Kohlhammer 1996);

卡尔 – 弗里德里希·盖耶尔:《伊壁鸠鲁引论》(Carl-Friedrich Geyer: *Epikur zur Einführung*, Junius 2015, 3. Aufl.);

卡瑟琳娜·黑尔德:《伊壁鸠鲁的欢乐与宁静》(Katharina Held: *Hedone und Ataraxia bei Epikur*, Mentis 2007);

马尔特·霍森菲尔德:《伊壁鸠鲁》(Malte Hossenfelder: *Epikur*, Beck 2006)。

关于斯多亚派,有古典学者马克斯·波伦茨:《斯多亚派:精神运动史》(Max Pohlenz: *Die Stoa. Geschichte Einer geistigen Bewegung* [1949], 2 Bände, Vandenhoeck & Ruprecht 1992, 7. Aufl.)。

此外参见塞缪尔·桑贝斯基:《斯多亚派的物理学》(Samuel Sambursky: *The Physics of the Stoics*, Routledge 1959);

约翰·迈克尔·里斯特:《斯多亚派哲学》(John Michael Rist: *Stoic Philosophy*, Cambridge University Press 1969);

弗朗西斯·亨利·桑德巴赫:《斯多亚派》(Francis Henry Sandbach: *The Stoics*, Duckworth 1994, 2. Aufl.);

马克西米利安·弗施纳:《斯多亚派伦理学》(Maximilian Forschner: *Die stoische Ethik*, Wissenschaftliche Buchgesellschaft 1995, 2. Aufl.);

苏珊娜·博布钦:《斯多亚哲学中的决定论与自由》(Susanne Bobzien: *Determinism And Freedom in Stoic Philosophy*, Oxford University Press 1998);

布拉德·因伍德(编):《斯多亚派剑桥指南》(Brad Inwood [Hrsg.]: *The*

Cambridge Companion to the Stoics, Cambridge University Press 1999）；

罗伯特·碧斯:《斯多亚派的视为己有学说，第一卷：内容复现》（Robert Bees: *Die Oikeiosislehre der Stoa, Bd. 1. Rekonstruktion ihres Inhalts*, Königshausen & Neumann 2004）；

巴巴拉·古克斯（编）:《论老斯多亚派的伦理学》（Barbara Guckes [Hrsg.]: *Zur Ethik der älteren Stoa*, Vandenhoeck & Ruprecht 2004）；

塔德·布勒南:《斯多亚派的生活：情感、职责与宿命》（Tad Brennan:*The Stoic Life. Emotions, Duties, and Fate*, Clarendon Press 2007, 2. Aufl.）。

合法化与赋魅

关于埃拉托斯特尼及其时代的亚历山大里亚哲学，参见克劳斯·格乌斯:《昔勒尼的埃拉托斯特尼：希腊化时期的文化史与科学史研究》（Klaus Geus: *Eratosthenes von Kyrene. Studien zur hellenistischen Kultur-und Wissenschaftsgeschichte*, Beck 2002）。

埃拉托斯特尼的地理学残篇，见杜安·罗勒（编）:《埃拉托斯特尼的地理学：残篇与译文集（附评注和补充材料）》（Duane Roller [Hrsg.]: *Eratosthenes' Geography: Fragments Collected and translated, with commentary and additional material*, Princeton Universitiy Press 2010）。

波里比阿的罗马史，见波里比阿:《罗马的崛起》（Polybios: *Der Aufstieg Roms*, Marix 2010）。

关于波里比阿，参见弗兰克·W. 沃尔班克:《波里比阿、罗马与希腊化世界：随笔与反思》（Frank W. Walbank: *Polybius, Rome, and the Hellenistic World. Essays and Reflections*, Cambridge University Press 2006, 2. Aufl.）；

鲍里斯·德莱尔:《波里比阿：在罗马邦镇的生平与著作》（Boris Dreyer: *Polybios. Leben und Werk im Banne Roms*, Olms 2011）。

波赛东尼奥的残篇见威利·泰勒（编）:《波赛东尼奥：残篇》（Willy Theiler [Hrsg.]: *Poseidonios. Die Fragmente*, 2 Bände, De Gruyter 1982）。

此外参见于尔根·马利茨:《波赛东尼奥的历史学》（Jürgen Malitz: *Die Historien des Poseidonios*, Beck 1983）。

关于帕奈提奥斯和波赛东尼奥的文化理论，参见莱马·穆勒:《文化的发现：从荷马到塞涅卡的古代理论》（Reimar Müller: *Die Entdeckung der Kultur.*

Antike Theorien von Homer bis Seneca, Artemis & Winkler 2003），336–364 页。

西塞罗的著作见曼弗雷德·福尔曼（编）:《西塞罗：精选集》（Manfred Fuhrmann [Hrsg.]: *Cicero. Ausgewählte Werke*, 5 Bände, Akademie Verlag 2011）。

此外关于西塞罗，参见同一作者:《西塞罗和罗马共和国：一部传记》（*Cicero und die römische Republik. Eine Biographie*, Artemis & Winkler 2011, 5. Aufl.）;

克劳斯·布林格曼:《西塞罗》（Klaus Bringmann: *Cicero*, Wissenschaftliche Buchgesellschaft 2014, 2. Aufl.）;

维尔弗里德·斯特罗:《西塞罗：演说家、政治家、哲学家》（Wilfried Stroh: *Cicero. Redner, Staatsmann, Philosoph*, Beck 2010, 2.Aufl.）。

关于伊壁鸠鲁学派在罗马的遗风余韵，参见霍华德·琼斯:《伊壁鸠鲁传统》（Howard Jones: *The Epicurean Tradition*, Routledge 1992）。

塞涅卡的著作见曼弗雷德·罗森巴赫（编）:《塞涅卡:哲学文集》（Manfred Rosenbach [Hrsg.]: *Seneca. Philosophische Schriften*, 5 Bände, Wissenschaftliche Buchgesellschaft 2010, 2. Aufl.）。

此外关于塞涅卡，参见格雷戈尔·毛拉赫:《塞涅卡：生平与著作》（Gregor Maurach: *Seneca. Leben und Werk*, Wissenschaftliche Buchgesellschaft 2013, 6. Aufl.）。

爱比克泰德的著作以 Kindle 版本出版，见贝托尔德·施瓦姆:《爱比克泰德著作全集（全新修订本）》（Berthold Schwamm: *Epiktet. Das Gesamtwerk. Völlig neu überarbeitete Fassung*）。

关于爱比克泰德，参见安托尼·阿图尔·隆:《爱比克泰德：一种斯多亚和苏格拉底式的生活引导》（Anthony Arthur Long: *Epictetus. A Stoic and Socratic Guide to Life*, Clarendon Press 2002）。

马可·奥勒留的格言与沉思，见于马可·奥勒留:《沉思录》（Mark Aurel: *Selbstbetrachtungen*, marix Verlag 2011）（中译本可参考何怀宏译，北京：中央编译出版社，2008 年版）。

关于亚实基伦的安条克，参见约翰·格鲁克:《安条克与晚期阿卡德米学园》（John Glucker: *Antiochus and the Late Academy*, Vandenhoeck & Ruprecht 1978）;

大卫·塞德利（编）:《安条克的哲学》（David Sedley [Hrsg.]: *The Philosophy of Antiochus*, Cambridge University Press 2012）。

关于欧陀罗斯，参见约翰·迪隆:《欧陀罗斯与中期柏拉图主义的开端》（John Dillon: *Eudoros und die Anfänge des Mittelplatonismus*），收录于克莱门斯·琴岑（编）:《中期柏拉图主义》（Clemens Zintzen [Hrsg.]: *Der Mittelplatonismus*,

Wissenschaftliche Buchgesellschaft 1981 ），3-32 页。

关于斐洛，参见佩德尔·伯根：《亚历山大里亚的斐洛：时代的注释者》（ Peder Borgen: *Philo of Alexandria. An Exegete for His Time*, Brill Publishers 1997 ）；

奥托·恺撒:《亚历山大里亚的斐洛引论：思想的信仰》（ Otto Kaiser: *Philo von Alexandrien. Denkender Glaube. Eine Einführung*, Vandenhoeck & Ruprecht 2014 ）。

关于普鲁塔克，参见蒂莫西·E. 杜弗:《普鲁塔克生平：探索美德和恶习》（ Timothy E. Duff: *Plutarch's Lives. Exploring Virtueand Vice*, Oxford University Press 1999 ）。

普罗提诺的作品见理查德·哈德尔等（编）:《普罗提诺文集》（ Richard Harderu. a. [Hrsg.]: *Plotins Schriften*, 12 Bände, Meiner 2004 ）。

此外参见延斯·哈弗瓦森:《普罗提诺与新柏拉图主义》（ Jens Halfwassen: *Plotin und der Neuplatonismus*, Beck 2004 ）；

卡林·阿尔特:《普罗提诺》（ Karin Alt: *Plotin*, Buchner 2005 ）。

波菲利同基督教的论战，见德特莱夫·魏格特（编）:《反基督徒》（ Detlef Weigt [Hrsg.]: *Gegendie Christen*, Superbia 2004 ）。

他赞成素食主义的文章，见德特莱夫·魏格特（编）:《戒肉食》（ Detlef Weigt [Hrsg.]: *Über die Enthaltsamkeit von fleischlicher Nahrung*, Superbia 2004 ）。

奥古斯丁或上帝之恩典

关于历史上的耶稣，参见格尔德·泰森与安奈特·梅尔茨:《历史上的耶稣：一本教材》（ Gerd Theißen und Annette Merz: *Der historische Jesus. Ein Lehrbuch*, Vandenhoeck und Ruprecht 2011, 4. Aufl. ）；

约翰·多米尼克·克罗桑:《历史上的耶稣》（ John Dominic Crossan: *Der historische Jesus*, Beck 1994 ）。

关于时代背景，参见维尔纳·达尔海姆:《耶稣时代的世界》（ Werner Dahlheim: *Die Welt zur Zeit Jesu*, Beck 2015, 4. Aufl. ）。

关于耶稣的早期门徒，参见格尔德·泰森:《耶稣运动：价值革命的社会史》（ Gerd Theißen: *Die Jesusbewegung. Sozialgeschichte einer Revolutionder Werte*, Gütersloher Verlagshaus 2004 ）；《首批基督徒的宗教：原始基督教》（ *Die Religion der ersten Christen. Eine Theorie des Urchristentums*, Gütersloher Verlagshaus 2000 ）。

关于保罗，参见 E. P. 桑德斯:《保罗引论》(E. P. Sanders: *Paulus. Eine Einführung*, Reclam 2009) ;

乌多·施耐勒:《保罗：生平与著作》(Udo Schnelle: *Paulus.Lebenund Werk*, De Gruyter 2014, 2. Aufl.) ;

爱德华·洛瑟:《保罗》(Eduard Lohse: *Paulus*, Beck 2009, 2. Aufl.) ;

关于最初的基督教世纪史，参见雅罗斯拉夫·百利金:《天主教传统的出现（100—600）》(Jaroslav Pelikan:*The Emergence of the Catholic Tradition [100–600]*, University of Chicago Press 1971) ;

罗宾·拉内·福克斯:《从 2 世纪到君士坦丁大帝皈依时期地中海世界的异教徒与基督徒》(Robin Lane Fox: *Pagans and Christians in the Mediterranean World from the Second Century to the Conversion of Constantine*, Penguin 2006, 2. Aufl.) ;

彼得·布朗:《基督教欧洲之形成》(Peter Brown: *Die Entstehung Des christlichen Europa*, Beck 1996) ;

约格·劳斯特:《世界的赋魅：基督教文化史》(Jörg Lauster: *Die Verzauberung der Welt. Eine Kulturgeschichte des Christentums*, Beck 2015, 2.Aufl.)。

可购买到的奥古斯丁德文版著作有：威廉·格埃尔林斯（编）:《奥古斯丁：剧作—著作》(Wilhelm Geerlings [Hrsg.]: *Augustinus. Opera– Werke*, Schöningh 2002 ff.)，已出版 12 卷。

关于奥古斯丁，参见彼得·布朗:《神圣奥古斯丁：教会的教师与精神史的革新者》(Peter Brown: *Der heilige Augustinus. Lehrer der Kirche und Erneuerer der Geistesgeschichte*, Heyne 1973) ;

克里斯多夫·霍恩:《奥古斯丁》(Christoph Horn: *Augustinus*, Beck 2012, 2. Aufl.) ;

库尔特·弗拉施:《奥古斯丁思想引论》(Kurt Flasch: *Augustin. Einführung in sein Denken*, Reclam 1994) ;

威廉·格埃尔林斯:《奥古斯丁引传：生平与著作》(Wilhelm Geerlings: *Augustinus. Leben und Werk. Eine bibliographische Einführung*, Schöningh 2002)。

关于奥古斯丁与摩尼教徒，参见福克尔·亨宁·德雷克尔与米亚姆·库德拉:《奥古斯丁与摩尼教》(Volker Henning Drecoll und Mirjam Kudella: *Augustin und der Manichäismus*, Mohr Siebeck 2011)。

关于奥古斯丁的时代以及其后的历史背景，参见哈特文·布兰特:《古代的终结：晚期罗马帝国史》(Hartwin Brandt: *Das Ende der Antike. Geschicht edes spätrömischen Reiches*, Beck 2010, 4. Aufl.）；

彼得·丁策巴赫尔与维尔纳·海因茨：《古代晚期欧洲（300—600）：一部文化与心灵史》（Peter Dinzelbacher und Werner Heinz: *Europa in der Spätantike, 300–600. Eine Kultur-und Mentalitätsgeschichte*, Primus 2007）。

可购买到的波爱修的《哲学的慰藉》，见库尔特·弗拉施：《波爱修：哲学的慰藉》（Kurt Flasch: *Boethius. Trost der Philosophie*, DTV 2005）。（波爱修原著中译本可参考：《神学论文集 哲学的慰藉》，荣震华译，北京：商务印书馆，2012 年版。）

关于波爱修，参见亨利·查德威克：《波爱修：音乐、逻辑、神学与哲学的慰藉》（Henry Chadwick: *Boethius. The Consolations of Music, Logic, Theology and Philosophy*, Oxford University Press 1990, 2. Aufl.）；

玛格丽特·吉布森（编）：《波爱修：生平、思想与影响》（Margaret Gibson [Hrsg.]: *Boethius. His Life, Thought and Influence*, Blackwell Publishers 1982）。

曼弗雷特·福尔曼与约阿希姆·格鲁贝尔（编）：《波爱修》（Manfred Fuhrmann und Joachim Gruber [Hrsg.]: *Boethius*, Wissenschaftliche Buchgesellschaft 1984）；

约阿希姆·格鲁贝尔：《波爱修引论》（Joachim Gruber: *Boethius. Eine Einführung*, Hiersemann 2011）。

关于亚略巴古的狄俄尼索斯，参见保罗·罗勒姆：《伪狄奥尼索斯：文本评注及其影响简介》（Paul Rorem: *Pseudo-Dionysius. A Commentary on the Texts and Introduction to their Influence*, Oxford University Press 1993）；

比亚特·雷吉纳·苏赫拉：《亚略巴古的狄俄尼索斯：生平—著作—影响》（Beate Regina Suchla: *Dionysius Areopagita. Leben–Werk–Wirkung*, Herder 2008）。

中世纪

在教会的阴影下

关于中世纪哲学，参见库尔特·弗拉施的权威作品：《中世纪哲学思想：从奥古斯丁到马基雅维利》（Kurt Flasch: *Das philosophische Denken im Mittelalter. Von Augustin Bis Machiavelli*, Reclam 2013, 3. Aufl.）。

关于拜占庭帝国，参见拉尔夫－约翰·黎利：《拜占庭：东罗马帝国史（326—1453）》（Ralph-Johannes Lilie: *Byzanz. Geschichte des oströmischen Reiches 326–1453*, Beck 2014, 6. Aufl.）。

关于大格里高利，参见卡罗尔·斯特劳：《大格里高利：缺陷中的完美》（Carole Straw: *Gregory the Great. Perfection in Imperfection*, University of California Press 1991, 2. Aufl.）。

关于伊斯兰教扩张时期基督教与伊斯兰教的关系，参见迈克尔·杰弗斯与拉姆齐·吉布兰·比克哈奇（编）：《皈依与联结：伊斯兰土地上的本土基督教社团》（Michael Gervers und Ramzi Jibran Bikhazi [Hrsg.]: *Conversion and Continuity. Indigenous Christian Communities in Islamic Lands*, Pontifical Institute of Mediaeval 1990）。

关于加洛林王朝的文化革命，参见罗萨蒙德·麦基特里克（编）：《加洛林王朝的文化：模仿与创新》（Rosamond McKitterick [Hrsg.]: *Carolingian Culture. Emulation and Innovation*, Cambridge University Press 1993）。

关于中世纪哲学的社会历史背景，参见阿尔诺·博尔斯特的权威著作：《中世纪生活形式》（Arno Borst: *Lebensformen im Mittelalter* [1973], Nikol 2013）；

亚伦·J. 古尔耶维奇：《中世纪人的世界图景》（Aaron J. Gurjewitsch: *Das Weltbild des mittelalterlichen Menschen*, Beck 1997, 5. Aufl.）；

汉斯－维尔纳·戈茨：《中世纪的生活》（Hans-Werner Goetz: *Leben im Mittelalter*, Beck 2002, 7. Aufl.）。

爱留根纳的主要著作见《约翰·司格特·爱留根纳：论自然的区分》（*Johannes Scottus Eriugena. Über die Einteilung der Natur*, Meiner 1994）。

此外关于爱留根纳，参见德默特·莫兰：《约翰·司格特·爱留根纳的哲学：中世纪观念论研究》（Dermot Moran: *The Philosophy of John Scottus Eriugena. A Study of Idealism in the Middle Ages*, Cambridge University Press 2008, 2. Aufl.）。

安瑟尔谟的宣讲，见罗伯特·泰斯（编）：《坎特伯雷的安瑟尔谟：宣讲／致辞》（Robert Theis [Hrsg.]: *Anselm von Canterbury. Proslogion/Anrede*, Reclam 2005）。

此外关于安瑟尔谟，参见罗尔夫·薛伯格：《坎特伯雷的安瑟尔谟》（Rolf Schönberger: *Anselm von Canterbury*, Beck 2004）；

汉斯于尔根·费尔韦恩：《坎特伯雷的安瑟尔谟（1033—1109）：思想家、祈祷者、大主教》（Hansjürgen Verweyen: *Anselm von Canterbury. 1033–1109. Denker, Beter, Erzbischof*, Pustet 2009）。

关于阿伯拉尔，参见米歇尔·T. 克兰西:《阿伯拉尔：一种中世纪的人生》（Michael T. Clanchy: *Abaelard. Ein mittelalterliches Leben*, Primus 1999）;

斯蒂芬·恩斯特:《彼得·阿伯拉尔》（Stephan Ernst: *Petrus Abaelardus*, Aschendorff 2003）;

乌尔苏拉·尼格里（编）:《彼得·阿伯拉尔：生平—著作—影响》（Ursula Niggli [Hrsg.]: *Peter Abaelard. Leben–Werk–Wirkung*, Herder 2004）。

创世的意义与目的

关于中世纪对亚里士多德的接受，参见鲁德格尔·霍奈费尔德（编）:《大阿尔伯特与拉丁中世纪对亚里士多德接受的开端》（Ludger Honnefelder [Hrsg.]: *Albertus Magnus und die Anfänge der Aristoteles-Rezeption im lateinischen Mittelalter*, Aschendorff 2005）。

关于阿非利加的君士坦丁，参见查尔斯·布尔奈特与丹尼尔·雅克瓦特（编）:《阿非利加的君士坦丁与阿里·伊本－阿巴斯：医疗艺术与相关文本》（Charles Burnett und Danielle Jacquart [Hrsg.]: *Konstantin der Afrikaner und Ali ibn al-Abbas Al-Magūsī. Die Pantegni und verwandte Texte*, Brill Publishers 1995）。

关于阿维森纳，参见戈特哈德·施特罗迈尔:《阿维森纳》（Gotthard Strohmaier: *Avicenna*, Beck 2006, 2. Aufl.）。

阿维洛伊的文本中，容易获取的两个见帕特里克·O. 沙雷尔（编）:《阿维洛伊：关键文章——关于论证方法的研究》（Patric O. Schaerer [Hrsg.]: *Averroes. Die entscheidende Abhandlung. Die Untersuchung über die Methoden der Beweise*, Reclam 2010）。

此外关于阿维洛伊，参见奥利维尔·黎曼:《阿维洛伊及其哲学》（Oliver Leaman: *Averroes and his Philosophy*, Clarendon Press 1988）;

安科·冯屈格尔根:《阿维洛伊与阿拉伯的现代》（Anke von Kügelgen: *Averroes & die arabische Moderne*, Brill Publishers 1994）。

大阿尔伯特最重要的文本见于大阿尔伯特研究所（编）:《大阿尔伯特及其科学体系：关键文本（拉丁文／德文）》（Albertus-Magnus-Institut [Hrsg.]: *Albertus Magnus und sein System der Wissenschaften.Schlüsseltexte in Übersetzung Lateinisch/Deutsch*, Aschendorff 2011）。

此外参见阿尔伯特·齐默曼:《大阿尔伯特：他的时代、著作和影响》（Albert

Zimmermann: *Albertder Große. Seine Zeit, sein Werk, seine Wirkung*, De Gruyter 1981)；

英格里德·克莱默－鲁根伯格:《大阿尔伯特》(Ingrid Craemer-Ruegenberg: *Albertus Magnus*, St. Benno 2005, 2. Aufl.)；

鲁德格尔·霍奈费尔德:《大阿尔伯特与13世纪的文化转折点：在伟大哲学家与神学家的划时代意义的视角下》(Ludger Honnefelder: *Albertus Magnus und die kulturelle Wende im 13. Jahrhundert. Perspektiven auf die epochale Bedeutung des großen Philosophen und Theologen*, Aschendorff 2012)；

汉恩斯·莫勒:《大阿尔伯特》(Hannes Möhle: *Albertus Magnus*, Aschendorff 2015)。

托马斯·阿奎那的主要著作由约瑟夫·贝恩哈特编辑出版:《神学大全》(Joseph Bernhart [Hrsg.]: *Summeder Theologie*. 3 Bände, Kröner 1985)。

关于托马斯，参见列奥·埃尔德斯:《托马斯·阿奎那的形而上学》(Leo Elders: *Die Metaphysik des Thomas von Aquin*, Pustet 1987, 2. Aufl.)；《托马斯·阿奎那的自然哲学》(*Die Naturphilosophie des Thomas von Aquin*, Gustav-Siewerth-Akademie 2004)；

马克西米利安·弗施纳:《托马斯·阿奎那》(Maximilian Forschner: *Thomas von Aquin*, Beck 2006)；

罗尔夫·薛伯格:《托马斯·阿奎那引论》(Rolf Schönberger: *Thomas von Aquin zur Einführung*, Junius 2012, 4. Aufl.)；

福克尔·列平:《托马斯·阿奎那》(Volker Leppin: *Thomas von Aquin*, Aschendorff 2009)；

约瑟夫·皮佩尔:《托马斯·阿奎那：生平与著作》(Josef Pieper: *Thomas von Aquin. Leben und Werk*, Topos 2014)。

世界的祛魅

罗吉尔·培根《大著作》的选录，可见皮亚·A. 安托利克－皮佩尔（编）:《罗吉尔·培根：大著作——道德哲学选集（拉丁文/德文）》(Pia A. Antolic-Piper [Hrsg]: *Roger Bacon. Opus maius. Eine moralphilosophische Auswahl. Lateinisch/Deutsch*, Herder 2008)。

关于培根，此外参见杰里米亚·哈克特:《罗吉尔·培根与科学：纪念随笔集》(Jeremiah Hackett: *Roger Baconand the Sciences. Commemorative Essays*, Brill

Publishers 1997 ）。

　　关于弗赖贝格的迪特里希，参见库尔特·弗拉施（编）:《从迪特里希大师到爱克哈特大师》（ Kurt Flasch [Hrsg.]: *Von Meister Dietrich zu Meister Eckhart*, Meiner 1984 ）;《弗赖贝格的迪特里希: 1300 年前后的哲学、神学、自然研究》（ *Dietrich von Freiberg. Philosophie, Theologie, Naturforschungum 1300*, Klostermann 2007 ）。

　　《约翰·邓·司各脱: 上帝的可认知性——哲学与神学文本（拉丁文 / 德文)》（ Johannes Duns Scotus. *Über die Erkennbarkeit Gottes. Texte zur Philosophie und Theologie. Lateinisch/Deutsch*, Meiner 2002 ）。该书保存了邓·司各脱的主要文本。

　　关于邓·司各脱，参见鲁德格尔·霍奈费尔德:《约翰·邓·司各脱》（ Ludger Honnefelder: *Johannes Duns Scotus*, Beck 2005 ）; 以及他与其他人编辑的:《邓·司各脱（ 1308—2008 ）: 其著作的哲学面向》（ *Duns Scotus. 1308–2008. Die philosophischen Perspektiven seines Werkes*, Aschendorff 2011 ）。

　　奥卡姆的威廉的重要文本，可见吕迪·伊姆巴赫（编）:《奥卡姆的威廉: 知识与科学理论文本（拉丁文 / 德文)》（ Ruedi Imbach [Hrsg.]: *Wilhelm von Ockham. Texte zur Theorie der Erkenntnis und der Wissenschaft. Lateinisch/Deutsch*, Reclam 1984 ）。

　　关于奥卡姆的威廉，参见威廉·沃森库尔与罗尔夫·薛伯格（编）:《奥卡姆的当代》（ Wilhelm Vossenkuhl und Rolf Schönberger [Hrsg.]: *Die Gegenwart Ockhams*, VCH 1990 ）;

　　福克尔·列平:《奥卡姆的威廉: 博学者、争论者、托钵僧》（ Volker Leppin: *Wilhelm von Ockham. Gelehrter. Streiter. Bettelmönch*, Primus 2003 ）;

　　杨·P. 贝克曼:《奥卡姆的威廉》（ Jan P. Beckmann: *Wilhelm von Ockham*, Beck 2010, 2. Aufl. ）。

　　奥特库尔的尼古拉的书信由吕迪·伊姆巴赫编辑出版:《奥特库尔的尼古拉: 书信集（拉丁文 / 德文)》（ Ruedi Imbach [Hrsg.]: *Nicolaus von Autrecourt. Briefe. Lateinisch/Deutsch*, Meiner 2013 ）。

　　关于尼古拉的权威著作是约瑟夫·拉普:《奥特库尔的尼古拉: 他的生平、哲学、作品》（ Joseph Lappe: *Nicolaus von Autrecourt. Sein Leben, seine Philosophie, seine Schriften* [1921], Reprint, Nabu Press 2010 ）。

　　关于布里丹的权威著作有杰克·楚普柯:《约翰·布里丹: 14 世纪艺术大师肖像》（ Jack Zupko: *John Buridan. Portrait of a Fourteenth-Century Arts Master*,

University of Notre Dames Press 2003, 2. Aufl. ）；

居乌拉·克里马：《约翰·布里丹》（Gyula Klima: *John Buridan*, Oxford University Press 2008 ）。

诸神的黄昏

马丁·格莱夏特通过他的著作让人们了解了阿维尼翁的教皇们：《教皇的统治：第一部分：从开端到阿维尼翁的教皇》（Martin Greschat: *Das Papsttum.Teil 1. Von den Anfängenbis zu den Päpsten in Avignon*, Kohlhammer 1986 ）。

关于奥卡姆的威廉同教皇教会的冲突，参见将基面贯巳：《奥卡姆与中世纪晚期的政治演说》（Takashi Shogimen: *Ockham and Political Discourse in the Late Middle Ages*, Cambridge University Press 2010 ）。

关于从 13 世纪过渡到 14 世纪期间的教会与世俗政权的合法化问题，参见于尔根·米特克：《中世纪政治理论：从托马斯·阿奎那到奥卡姆的威廉》（Jürgen Miethke: *Politiktheorie im Mittelalter. Von Thomas von Aquin bis Wilhelm von Ockham*, UTB 2008 ）。

关于托钵修会的角色，参见迪特尔·贝尔克：《贫困与历史：中世纪晚期托钵修会史研究》（Dieter Berg: *Armut und Geschichte. Studien zur Geschichte der Bettelorden im Hohen und Späten Mittelalter*, Butzon & Bercker 2001 ）。

关于圣文德，参见克里斯多夫·M. 库伦：《圣文德》（Christopher M. Cullen: *Bonaventure*, Oxford University Press 2006 ）。

关于中世纪的经济及其理论，参见阿尔弗雷德·比尔金：《论政治经济学的社会进程：经济史与教义史研究》（Alfred Bürgin: *Zur Soziogenese der politischen Ökonomie. Wirtschaftshistorische und dogmengeschichtliche Betrachtungen*, Metropolis 1996, 2. Aufl. ）；

雅克·勒高夫：《重利与巨痛：中世纪的经济与宗教》（Jacquesle Goff: *Wucherzins und Höllenqualen. Ökonomie und Religion im Mittelalter*, Klett-Cotta 2008, 2. Aufl. ）；《中世纪的金钱》（*Geld im Mittelalter*, Klett-Cotta 2011 ）。

帕多瓦的马西略反对教皇，赞同公民自治的论战文章，见帕多瓦的马西略：《和平的保卫者》（Marsilius von Padua: *Der Verteidiger des Friedens*, Reclam 1997 ）；

关于马西略，参见弗兰克·戈特哈特：《帕多瓦的马西略与巴伐利亚路易的罗马征途：政治理论与政治手段》（Frank Godthardt: *Marsilius von Padua und der Romzug Ludwigs des Bayern. Politische Theorie und politisches Handeln*, Vandenhoeck & Ruprecht 2011）。

爱克哈特大师的文集，见尼克劳斯·拉吉尔（编）：《爱克哈特大师：作品集（2卷本）》（Niklaus Largier [Hrsg.]: *Meister Eckhart Werke in zwei Bänden*, Deutscher Klassiker Verlag 2014）。

关于爱克哈特，参见库尔特·卢：《爱克哈特大师：神学家、布道者、神秘主义者》（Kurt Ruh: *Meister Eckhart. Theologe, Prediger, Mystiker*, Beck 1989, 2. Aufl.）；

库尔特·弗拉施：《爱克哈特大师：基督教的哲学家》（Kurt Flasch: *Meister Eckhart. Philosophdes Christentums*, Beck 2011, 3. Aufl.）；

迪特马尔·米特：《爱克哈特大师》（Dietmar Mieth: *Meister Eckhart*, Beck 2014）。

尼科尔·奥雷斯姆针对诸侯货币贬值的批评，见《尼科尔·奥雷斯姆：货币贬值宣传册》（*Nicolas von Oresme. Traktat über Geldabwertung. De mutatione monetarum*, Kadmos 2001）。

关于彼特拉克，参见格哈特·霍夫迈斯特：《彼特拉克》（Gerhart Hoffmeister, *Petrarca*, Metzler 1997）；

弗洛里安·诺伊曼：《彼特拉克》（Florian Neumann: *Petrarca*, Rowohlt 1998, 2. Aufl.）。

致　谢

非常感谢那些以他们各自的方式为此书的成功做出贡献的人，尤其是我的第一批读者：汉斯－尤尔根（Hans-Jürgen）与格奥尔克·若纳坦·普莱希特（Georg Jonathan Precht），以及蒂姆·埃希（Timm Eich）与迪特尔·容（Dieter Jung）。我要特别感谢克里斯多夫·雅莫（Christoph Jamme），他友好的建议与明智的批评于我而言始终是可靠的。

人物索引

索引所示页码为本书页边码

内容索引

图片说明

说明所示页码为本书页边码

第 21 页：
拉斐尔（Raffael），雅典学园（Die Schule von Athen）
© picture-alliance / akg-images

所有插图：
© The Saul Steinberg Foundation/Artists Rights Society (ARS), NewYork

1. 第 11 页
《线》（The Line），第一面板（first panel），1959 年
油墨纸本，48.3×61cm
索尔·斯坦伯格基金会（The Saul Steinberg Foundation），纽约

2. 第 37 页
无题，1960 年
油墨纸本
最早刊登于《纽约客》（The New Yorker），1960 年 6 月 18 日

3. 第 63 页
无题，1961 年
油墨纸本，36.8×58.4cm

耶鲁大学拜内克珍本与手稿图书馆（Beinecke Rare Book and Manuscript Library）
最早刊登于《纽约客》（The New Yorker），1961 年 10 月 7 日

4. 第 90 页
无题，1948 年
油墨纸本，36.2×28.6cm
耶鲁大学拜内克珍本与手稿图书馆（Beinecke Rare Book and Manuscript Library）

5. 第 118 页
无题，1961 年
油墨与铅笔纸本，36.8×29.2cm
耶鲁大学拜内克珍本与手稿图书馆（Beinecke Rare Book and Manuscript Library）
最早刊登于《纽约客》（The New Yorker），1961 年 7 月 29 日

6. 第 149 页
无题，约 1965 年
油墨纸本

最早刊登于斯坦伯格的《巡视者》
(*The Inspector*), 1965 年

7. 第 180 页
《彩虹反射》(*Rainbow Reflected*), 1974
年
油墨、彩色蜡笔、彩色铅笔、铅笔以
及橡皮图章纸本
74.6 × 100.3cm
索尔·斯坦伯格基金会 (The Saul
Steinberg Foundation), 纽约

8. 第 210 页
《检阅》(*Parade*), 1952 年
混合媒介纸本, 36 × 57.5cm
私人收藏

9. 第 248 页
《双脚在椅》(*Feet on Chair*), 1946 年
油墨与铅笔纸本, 25.1 × 23.5cm
安东·范达伦 (Anton van Dalen) 收藏

10. 第 279 页
无题, 1961 年
油墨纸本
最早刊登于《纽约客》(*The New Yorker*),
1961 年 7 月 29 日

11. 第 298 页
《爱欲 I》(*Erotica I*), 1961 年
油墨及彩色铅笔纸本, 36.8 × 58.4cm
索尔·斯坦伯格基金会 (The Saul

Steinberg Foundation), 纽约

12. 第 334 页
无题, 1977 年
油墨、水彩及彩色蜡笔纸本,
36.8 × 53.3cm
芝加哥艺术学院 (The Art Institute of
Chicago) 藏; 索尔·斯坦伯格基金会
(The Saul Steinberg Foundation) 赠送
最早刊登于《纽约客》(*The New Yorker*),
1977 年 11 月 21 日

13. 第 373 页
无题, 1966 年
油墨纸本
最早刊登于保罗·蒂利希 (Paul
Tillich), 《我对绝对之物的探寻》(*My
Search for Absolutes*), 1967 年

14. 第 415 页
无题, 1966—1967 年
油墨纸本, 50.2 × 32.9cm
耶鲁大学拜内克珍本与手稿图书
馆 (Beinecke Rare Book and Manuscript
Library)
最早刊登于保罗·蒂利希 (Paul
Tillich), 《我对绝对之物的探寻》(*My
Search for Absolutes*), 1967 年

15. 第 450 页
无题, 1966—1967 年
油墨纸本, 50.2 × 32.9cm

耶鲁大学拜内克珍本与手稿图书
馆（Beinecke Rare Book and Manuscript
Library）
最早刊登于保罗·蒂利希（Paul Tillich），
《我对绝对之物的探寻》（*My Search for
Absolutes*），1967 年

16. 第 475 页
《A 至 B》（*A to B*），1960 年

油墨及拼贴纸本
最早刊登于斯坦伯格（Steinberg），《迷
宫》（*The Labyrinth*），1960 年

17. 第 506 页
无题，1969 年
油墨纸本
最早刊登于《纽约客》（*The New Yorker*），
1969 年 8 月 30 日

译后记

不久之前，艾伦伯格（Wolfram Eilenberger）在他的畅销哲学书《魔术师的时代：哲学的黄金十年（1919—1929）》的中译本出版时接受了一个访谈，引起了中国学界相当广泛的共鸣。艾伦伯格谈到了当代德国哲学的贫瘠化，并指出"学院成了产业，围着自己转，生产空话。有人算过，一篇哲学学术论文平均只有两个半读者，审稿的评阅人可能都要比读者多"。而他本人则一直致力于哲学普及化的工作，以对抗哲学学院化的倾向，他从2011年开始主编的双月刊《哲学杂志》发行量已经超过10万，这本以"将问题带向市场，让公众帮助解决"为使命的哲学刊物，可能比所有德语哲学的主流学术期刊发行量加起来还多。

近20年来，哲学的大众化转向在欧洲已成为潮流。在经历了从康德、黑格尔、谢林到狄尔泰、卡西尔、胡塞尔和海德格尔的学院化时代之后，哲学正在新的时代境况中努力呈现出不一样的面貌，变得平易近人、接近日常生活，同时也成为一种文化消费品。促成这一变化的原因，一方面是学院化和专业化的哲学发展前景越来越狭窄，在现代知识系统中不断被边缘化，另一方面，让哲学重回生活、恢复古典时期哲学面貌的理念给了这些致力于哲学大众化的思想家信心和动力，毕竟在苏格拉底时代，哲学是街头巷尾人人可谈之事，而在近代以前，大部分我们叫得出名字的哲学家也都不在大学哲学系里谋生。

从这个意义上说，哲学的非学院化时期实际上在哲学史上占据了大半篇幅，而我们将之作为论题提出来，则是19世纪末哲学进入完全的学院化时代的伴生现象。粗略地看，如果说学院化哲学体现出专业化、系统化的"经院哲学式"的共同特征，那么非学院化的哲学则更多的是反体系、反系统、更易被普通人阅读和接受。叔本华、尼采是后一阵营的佼佼者，差不多同时代的施泰纳（Rudolf Steiner）也可以算是非学院哲学家中的一员，他在教育、建筑、艺术、农业、医疗等领域对日常世界的影响，超过了之前和之后的大部分学院哲学家。

时至今日，如果我们在德国大型书店里的哲学专柜前驻足，就会看到大部分仍是尼采、施泰纳的著作，以及当代流行的彼得·斯劳特戴克（Peter Sloterdijk）、威廉·施密德（Wilhelm Schmid）、马库斯·加布里埃尔（Markus Gabriel）以及韩炳哲（Byung-Chul Han）的畅销著作，而不是康德、卡西尔或者胡塞尔的大部头论著。从某个意义上说，这些畅销哲学家维持着今日德国哲学之活力。而这些非学院派的哲学畅销书虽然造就了一种大众能够阅读的哲学，但并不意味着他们变得流俗肤浅或者哗众取宠，而只是努力将细密的哲思用亲近大众的文风表现出来。就如同在本书中，作者书写的不是老套的哲学家历史，也不是单纯的问题史或者概念史，而是把哲学史叙事放在更为宽广的历史背景下叙述，是更亲近日常生活世界的思想史。

本书作者理查德·大卫·普莱希特是目前德国当红的大众哲学家之一，被称为"摇滚歌星式"的哲学家，他的流行哲学读物和 Ted 演讲使哲学被大众分享。最近他还从大名鼎鼎的彼得·斯劳特戴克和吕迪格·萨弗兰斯基（Rüdiger Safranski）手中接下了德国电视二台（ZDF）的脱口秀节目"哲学四重奏"（Das Philosophische Quartett），担任主持人，节目名称则直接改为"Precht"。尽管他与新媒体的亲近、将哲学包装为文化消费品的做法受到了各方的非议，但至少这提供了一条学院化之外的发展路径，我们需要做的只是，在思想的深刻性和严肃性，与流行性、商业化之间找到一个合适的平衡点。

　　本书的翻译工作始自 2016 年上半年。当时我之所以接手这个翻译，一方面是由于一直关注当代哲学大众化的趋向，另一方面也是读过德文文本后觉得全书语言比较流畅通俗，易于翻译。因此我请杨妍璐、周烨楠、王朝璐和林延伟四位研究生与我共同翻译，初稿完成后，又邀请刘环、李逸超和薛宇杰共同完成校对和部分重译。因此本书的翻译是一个团队共同合作完成的，具体翻译分工按章节顺序如下：周烨楠、王俊；杨妍璐、王俊；王朝璐、王俊；杨妍璐、刘环；周烨楠、薛宇杰；王朝璐、刘环；林延伟、薛宇杰；周烨楠、薛宇杰、王俊；王朝璐、王俊；杨妍璐、李逸超、刘环；周烨楠、薛宇杰；王朝璐、李逸超、刘环；杨妍璐、薛宇杰；周烨楠、薛宇杰；王俊；杨妍璐、李逸超、刘环；王朝璐、王俊；周烨楠、王俊；林延伟。王俊完成整部译稿最后的校对修改。

　　在此我要特别感谢世纪文景的李頔编辑的牵线和督促，而薛宇杰编辑为此书付出了比常规责编多得多的辛劳。还有帮助校对的刘环博士和李逸超博士，以及翻译初稿的周烨楠、杨妍璐、王朝璐和林延伟四位同学。

　　希望本书在中文世界也能够畅销，起到哲学普及的作用。

王俊

2020 年 6 月 21 日于浙大紫金港

文
景

Horizon

社 科 新 知　文 艺 新 潮

认识世界：古代与中世纪哲学

［德］理查德·大卫·普莱希特 著

王俊 等 译

出 品 人：姚映然
策划编辑：李 頔
责任编辑：薛宇杰　李 頔
装帧设计：许晋维
美术编辑：安克晨
审 图 号：GS（2020）2869号

出　　品：北京世纪文景文化传播有限责任公司
　　　　　（北京朝阳区东土城路8号林达大厦A座4A 100013）
出版发行：上海人民出版社
印　　刷：山东临沂新华印刷物流集团有限责任公司
制　　版：北京楠竹文化发展有限公司

开 本：700mm×1020mm　1/16
印 张：33　　字 数：371,000　　插页：2
2021年4月第1版　　2021年8月第3次印刷
定 价：89.80元
ISBN：978-7-208-16751-3/B·1503

图书在版编目（CIP）数据

认识世界：古代与中世纪哲学 /（德）理查德·大
卫·普莱希特（Richad David Precht）著；王俊等译
. 一上海：上海人民出版社，2020
（普莱希特哲学史）
书名原文：Erkenne die Welt: Eine Geschichte
der Philosophie, Band 1: Antike und Mittelalter
ISBN 978-7-208-16751-3

I.①认… II.①理… ②王… III.①哲学史－世界
IV.①B1

中国版本图书馆CIP数据核字（2020）第201867号

本书如有印装错误，请致电本社更换 010-52187586